KURZLEHRBÜCHER
FÜR DAS JURISTISCHE STUDIUM
———
GITTER, SOZIALRECHT

SOZIALRECHT

EIN STUDIENBUCH

VON

Dr. WOLFGANG GITTER

o. Professor an der Universität Bayreuth

2., neubearbeitete Auflage

C.H. BECK'SCHE VERLAGSBUCHHANDLUNG
MÜNCHEN 1986

CIP-Kurztitelaufnahme der Deutschen Bibliothek

Gitter, Wolfgang:
Sozialrecht : e. Studienbuch / von Wolfgang Gitter. – 2., völlig neubearb. Aufl. – München : Beck, 1986.
(Kurzlehrbücher für das juristische Studium)
ISBN 3 406 31590 9

ISBN 3 406 31590 9

Satz: Fotosatz Otto Gutfreund, Darmstadt
Druck: C. H. Beck'sche Buchdruckerei, Nördlingen

Vorwort zur 2. Auflage

Seit der 1. Auflage sind eine Reihe von Gesetzen ergangen, die sozialrechtliche Materien geändert oder ergänzt haben. Aus der Fülle von Einzelregelungen heben sich die wichtigen Ergänzungen des zehnten Buches des Sozialgesetzbuchs zur Zusammenarbeit der Leistungsträger und ihre Beziehungen zu Dritten sowie die Neuregelung der Hinterbliebenenversorgung im Sozialversicherungsrecht hervor. Sämtliche Ergänzungen und Neuregelungen sind in der 2. Auflage berücksichtigt worden (Stand 1. Januar 1986).

Die im Vorwort zur 1. Auflage dargelegte Zielsetzung ist uneingeschränkt beibehalten worden. Das Kurzlehrbuch kann und will angesichts der Stoffülle nur einen „ersten Einstieg" in das Sozialrecht ermöglichen, durch den das erforderliche Grundwissen vermittelt wird. Zur notwendigen Vertiefung ist dann die jeweils einschlägige Literatur angegeben.

Für Sichtung und Bearbeitung des umfangreichen Materials schulde ich wiederum meinem Mitarbeiter, Herrn Akademischen Rat Dr. Jochem Schmitt, besonderen Dank. Unterstützt haben ihn dabei die Rechtsreferendare Frau Gabriele Köhler und Herr Wieland Henker, denen gleichfalls mein Dank gilt.

Bayreuth, im Januar 1986   Wolfgang Gitter

Aus dem Vorwort zur 1. Auflage (1981)

Das Sozialrecht hat lange Zeit an den Universitäten ein Randdasein geführt. Die Folge davon war, daß auch keine der Bedeutung der Materie entsprechende wissenschaftliche Bearbeitung erfolgte. In den letzten Jahren ist jedoch ein auffälliger Wandel eingetreten. Es hat sich nicht zuletzt durch den Erlaß der ersten Teile des Sozialgesetzbuchs eine intensive wissenschaftliche Diskussion sozialrechtlicher Fragestellungen entwickelt. Sozialrechtliche Lehrveranstaltungen werden nunmehr an allen Universitäten angeboten. Das Sozialrecht bzw. das Sozialversicherungsrecht ist Teilgebiet einer Wahlfachgruppe.

Das vorliegende Buch wendet sich an alle Studenten der Rechtswissenschaft, denen es die Grundlagen des Sozialrechts vermitteln will. Es ist daher so aufgebaut, daß der Student den Zugang auch ohne spezielle Vorkenntnisse findet. Deshalb erscheint es auch für interessierte Studenten der Wirtschaftswissenschaften und Studenten der Fachhochschulen für Sozialwesen geeignet. Für die Wahlfachstudenten soll dieses Buch einen „ersten Einstieg" in das Sozialrecht vermitteln, der dann durch die angegebene Literatur vertieft werden kann.

Sozialrecht ist eine Rechtsmaterie, die in einer Fülle von Gesetzen, teils veraltet, unübersichtlich und schwer verständlich geregelt ist; das Sozialgesetzbuch wird erst im Laufe der Zeit Abhilfe schaffen. Zudem befindet sich das Sozialrecht in einem steten Wandel. Das erschwert notwendigerweise die Darstellung. Es erscheint wenig sinnvoll, alle Einzelheiten, die möglicherweise einer baldigen Änderung unterliegen, eingehend darzustellen. Auf der anderen Seite ist dem Studenten auch nicht damit gedient, wenn ihm nur abstrakte Grundsätze vermittelt werden. Im Buch ist daher versucht worden, einen Mittelweg zu begehen, was allerdings nur durch Verzicht auf die Darstellung einer Reihe von Einzelfragen, insbesondere im Bereich der Sozialen Entschädigung und Sozialhilfe möglich war. Dagegen ist der sozialrechtliche „Kernbereich", die Sozialversicherung, eingehender dargestellt worden.

Wolfgang Gitter

Inhalt

Abkürzungen IX

Erster Teil. Allgemeines zum Sozialrecht

§ 1. Begriff des Sozialrechts 1
§ 2. Die historische Entwicklung 6
§ 3. Das Sozialrecht in der Rechts- und Wirtschaftsordnung 25

Zweiter Teil. Sozialversicherung

1. Abschnitt. Grundlagen der Sozialversicherung

§ 4. Begriff und Wesen der Sozialversicherung 41
§ 5. Gestaltungsprinzipien 50
§ 6. Rechtsgrundlagen 54

2. Abschnitt. Krankenversicherung

§ 7. Personenkreis 58
§ 8. Leistungen und Versicherungsfälle 67
§ 9. Träger der gesetzlichen Krankenversicherung 80
§ 10. Finanzierung 82

3. Abschnitt. Unfallversicherung

§ 11. Personenkreis 87
§ 12. Leistungen und Versicherungsfälle 96
§ 13. Haftungsausschlüsse, Regreß und gesetzlicher Forderungsübergang ... 116
§ 14. Träger der gesetzlichen Unfallversicherung 124
§ 15. Finanzierung 126

4. Abschnitt. Rentenversicherung

1. Unterabschnitt. Rentenversicherung der Arbeiter und Angestellten

§ 16. Personenkreis 129
§ 17. Leistungen und Versicherungsfälle 134
§ 18. Träger der gesetzlichen Rentenversicherung der Arbeiter und Angestellten – Finanzierung 152

2. Unterabschnitt. Knappschaftliche Rentenversicherung

§ 19. Personenkreis 153
§ 20. Leistungen und Versicherungsfälle 155
§ 21. Träger der knappschaftlichen Rentenversicherung – Finanzierung 158

3. Unterabschnitt. Rentenversicherung der Handwerker

§ 22. Personenkreis 159
§ 23. Leistungen und Versicherungsfälle 160
§ 24. Träger der Handwerkerversicherung – Finanzierung 161

4. Unterabschnitt. Altershilfe für Landwirte

§ 25. Personenkreis 162
§ 26. Leistungen und Versicherungsfälle 163
§ 27. Träger der landwirtschaftlichen Altershilfe – Finanzierung 168

5. Unterabschnitt. Rentenversicherung nach dem Künstlersozialversicherungsgesetz

§ 28. Personenkreis 170
§ 29. Finanzierung 173

Dritter Teil. Arbeitsförderung

§ 30. Personenkreis 178
§ 31. Leistungen und Leistungsvoraussetzungen 180
§ 32. Träger der Arbeitsförderungsmaßnahmen – Finanzierung 200

Vierter Teil. Sozialversorung (soziale Entschädigung bei Gesundheitsschäden)

§ 33. Versorgungsfälle 203
§ 34. Leistungen 207
§ 35. Durchführungsbehörden und Kostenträger 213

Fünfter Teil. Sozialhilfe

§ 36. Leistungen und Leistungsvoraussetzungen 216
§ 37. Träger der Sozialhilfe – Finanzierung 223

Sechster Teil. Weitere Bereiche des Sozialrechts

1. Abschnitt. Ausbildungsförderung

§ 38. Anspruchsvoraussetzungen 225
§ 39. Anspruchsinhalt 229
§ 40. Durchführungsbehörden und Finanzierung 230

2. Abschnitt. Minderung des Familienaufwandes

§ 41. Bundeskindergeldgesetz 233
§ 42. Unterhaltsvorschußgesetz 237

3. Abschnitt. Zuschuß für eine angemessene Wohnung

§ 43. Leistungsvoraussetzungen und Leistungen 241
§ 44. Zuständigkeit und Finanzierung 244

4. Abschnitt. Jugendhilfe

§ 45. Leistungsempfänger 246
§ 46. Leistungen 247
§ 47. Zuständigkeit und Finanzierung 251

Siebter Teil. Sozialrechtliches Verwaltungsverfahren und Sozialgerichtsbarkeit

§ 48. Sozialrechtliches Verwaltungsverfahren 253
§ 49. Sozialgerichtsbarkeit 267

Anhang: Hinweise zum Aufbau sozialrechtlicher Fallösungen .. 274

Sachverzeichnis 287

Abkürzungen

aF	alte Fassung
AFG	Arbeitsförderungsgesetz
Anm.	Anmerkung
AnVNG	Angestelltenversicherungs-Neuregelungsgesetz
ArVNG	Arbeiterrentenversicherungs-Neuregelungsgesetz
AuB	Arbeit und Beruf (Zeitschrift)
AuR	Arbeit und Recht (Zeitschrift)
AVAVG	Gesetz über Arbeitsvermittlung und Arbeitslosenversicherung
AVG	Angestelltenversicherungsgesetz
BAföG	Bundesausbildungsförderungsgesetz
BArbBl.	Bundesarbeitsblatt (Zeitschrift)
BB	Der Betriebs-Berater (Zeitschrift)
BBauBl	Bundesbaublatt
BfAEG	Gesetz über die Errichtung der Bundesversicherungsanstalt für Angestellte
BG	Die Berufsgenossenschaft (Zeitschrift)
BGBl	Bundesgesetzblatt
BGB	Bürgerliches Gesetzbuch
BGSG.	Bundesgrenzschutzgesetz
BKGG	Bundeskindergeldgesetz
BKK	Die Betriebskrankenkasse (Zeitschrift)
BKVO	Berufskrankheitenverordnung
BR-Drucks.	Bundesrats-Drucksache
Breith.	Breithaupt, Sammlung von Entscheidungen
BSeuchG	Bundes-Seuchengesetz
BSHG	Bundessozialhilfegesetz
BSGE	Entscheidungen des Bundessozialgerichts
BT-Drucks.	Bundestags-Drucksache
BVerfG E	Entscheidungen des Bundesverfassungsgerichts
BVerwG E	Entscheidungen des Bundesverwaltungsgerichts
BVG.	Bundesversorgungsgesetz
DAngVers	Die Angestelltenversicherung (Zeitschrift)
DÖV	Die öffentliche Verwaltung (Zeitschrift)
DOK	Die Ortskrankenkasse (Zeitschrift)
DVBl	Deutsches Verwaltungsblatt (Zeitschrift)
FamRZ.	Zeitschrift für das gesamte Familienrecht
FEVS	Fürsorgerechtliche Entscheidungen der Verwaltungs- und Sozialgerichte
GAL.	Gesetz über eine Altershilfe für Landwirte
GewO	Gewerbeordnung
GFG.	Graduiertenförderungsgesetz
GG	Grundgesetz

GK-AFG	Eckert/Hess u.a., Gemeinschaftskommentar zum Arbeitsförderungsgesetz
GK-SGB	Bley/Gitter/Gurgel/Heinze/Müller/Schroeter/Schwerdtfeger, Sozialgesetzbuch/Sozialversicherung/Gesamtkommentar
HGB	Handelsgesetzbuch
HHG	Häftlingshilfegesetz
Hrsg.	Herausgeber
HwVG	Handwerkerversicherungsgesetz
idF	in der Fassung
JGG	Jugendgerichtsgesetz
JWG	Jugendwohlfahrtsgesetz
JZ	Juristenzeitung
KHG	Krankenhausfinanzierungsgesetz
KrV	Die Krankenversicherung (Zeitschrift)
KSVG	Künstlersozialversicherungsgesetz
KVLG	Gesetz über die Krankenversicherung der Landwirte
LAG	Gesetz über den Lastenausgleich
LFZG	Lohnfortzahlungsgesetz
LSG	Landessozialgericht
MuSchuG	Mutterschutzgesetz
NDV	Nachrichtendienst des Deutschen Vereins für öffentliche und private Fürsorge
NJW	Neue Juristische Wochenschrift (Zeitschrift)
OEG	Gesetz über die Entschädigung für Opfer von Gewalttaten
OVG	Oberverwaltungsgericht
RAG	Rentenanpassungsgesetz
RdA	Recht der Arbeit (Zeitschrift)
Rdnr.	Randnummer
RehaAnglG	Gesetz über die Angleichung der Leistungen zur Rehabilitation
RGBl	Reichsgesetzblatt
RKG	Reichsknappschaftsgesetz
RVA EuM	Entscheidungen und Mitteilungen des Reichsversicherungsamts
RVO	Reichsversicherungsordnung
SGB	Sozialgesetzbuch
SGb	Die Sozialgerichtsbarkeit (Zeitschrift)
SGG	Sozialgerichtsgesetz
SozR.	Sozialrecht (Loseblattsammlung)
SozSich.	Soziale Sicherheit (Zeitschrift)
SozVers	Die Sozialversicherung (Zeitschrift)

StGB	Strafgesetzbuch
SVG	Soldatenversorgungsgesetz
UhVG	Unterhaltsvorschußgesetz
USK	Urteilssammlung für die gesetzliche Krankenversicherung
VersR	Versicherungsrecht (Zeitschrift)
VSSR	Vierteljahresschrift für Sozialrecht (Zeitschrift)
VVDStRL	Veröffentlichungen der Vereinigung Deutscher Staatsrechtslehrer
VVG	Versicherungsvertragsgesetz
VwGO	Verwaltungsgerichtsordnung
WEG	Wohnungseigentumsgesetz
WEX	Zacher u.a., Wahlfach Sozialrecht Examinatorium
WoGG	2. Wohngeldgesetz
WzS	Wege zur Sozialversicherung (Zeitschrift)
ZDG	Zivildienstgesetz
ZfS	Zentralblatt für Sozialversicherung, Sozialhilfe und Versorgung
ZfSH	Zeitschrift für Sozialhilfe
ZRP	Zeitschrift für Rechtspolitik
ZSR	Zeitschrift für Sozialreform

Erster Teil. Allgemeines zum Sozialrecht

Literatur: *Bley,* Sozialrecht, 4. Auflage 1982; *Bogs u.a.,* Soziale Sicherung in der BRD, 1966; *Burdenski/von Maydell/Schellhorn,* Kommentar zum Sozialgesetzbuch – Allgemeiner Teil, 2. Auflage 1981; *Dembowski u.a.,* Das neue Sozialgesetzbuch, 2. Auflage 1974; *Dembowski/Schroeder-Printzen,* Sozialgesetzbuch (SGB-AT), 1976; *Doetsch (Hrsg.),* Handbuch des Sozialrechts, 1975 ff.; *Erlenkämper,* Sozialrecht, 1984; *Giese,* AT-SGB, 1976 ff.; *Grüner,* Sozialgesetzbuch (SGB), 1980 ff.; *Hauck/Haines,* Sozialgesetzbuch (SGB I), 1976 ff.; *Henke,* Grundzüge des Sozialrechts, 1977; *Jahn,* Sozialgesetzbuch (SGB) für die Praxis, 1976 ff.; *Kemeny,* Sozialgesetzbuch (SGB), Allgemeiner Teil, 1976; *Koch/Hartmann,* Die Rentenversicherung im Sozialgesetzbuch, 1975 ff.; *Rohwer-Kahlmann/Frentzel,* Das Recht der sozialen Sicherheit, 1969; *Rohwer-Kahlmann/Ströer,* SGB I, 1979; *Rüfner,* Einführung in das Sozialrecht, 1977; *Ruland,* Sozialrecht, in: von *Münch,* Besonderes Verwaltungsrecht, 7. Auflage 1985; *Schewe/Schenke/Meurer/Hermsen,* Übersicht über die soziale Sicherung, 10. Auflage 1977; *Wannagat (Hrsg.),* Jahrbuch des Sozialrechts der Gegenwart, 1979 ff.; *Wannagat (Hrsg.),* Sozialgesetzbuch, Allgemeiner Teil, 1977; *Wertenbruch,* Sozialverfassung-Sozialverwaltung, 1974; *Wertenbruch (Hrsg.),* Bochumer Kommentar zum SGB, Allgemeiner Teil, 1979; *Wolff/Bachof,* Verwaltungsrecht III, 4. Auflage 1978, §§ 139 bis 155; *Zacher,* Das Vorhaben des Sozialgesetzbuches, 1973; *Zacher,* Materialien zum SGB, 1975 ff.; *Zacher,* Sozialgesetzbuch, 1976 ff.

§ 1. Begriff des Sozialrechts

Literatur: *Bley,* Das Recht der Sozialleistungsverwaltung als Teil des Systems öffentlich-rechtlicher Kompensationsleistungen, SGB 1973, 479; *Von Maydell,* Die „sozialen Rechte" im Allgemeinen Teil des Sozialgesetzbuches, DVBl 1976, 1; *Rode,* Was ist Sozialrecht, ZSR 1969, 641 und 724; *Schulin,* Sozialversicherungsrecht, 2. Auflage 1985; *Wannagat,* Das Sozialgesetzbuch, RdA 1973, 209; *Wannagat,* Rechtsprechung und soziale Sicherheit, in: Alfred Christmann (Hrsg.), Sozialpolitik, Ziele und Wege, Festschrift für Walter Arendt, 1974, S. 365; *Wannagat,* Das Sozialrecht im sozialen Rechtsstaat, in: Sozialrecht und Sozialpolitik, Festschrift für Kurt Jantz, 1968, S. 55; *Zacher,* Grundfragen theoretischer und praktischer sozialrechtlicher Arbeit, VSSR 1976, 1; *Zacher,* Zur Rechtsdogmatik sozialer Umverteilung, DöV 1970, 3; *Zacher,* Wahlfachexaminatorium, Sozialrecht, (WEX) 2. Auflage 1981.

Die Frage, was unter dem Begriff „Sozialrecht" zu verstehen ist, ist bis heute umstritten.[1] Sozialrecht ist u.a. definiert worden als die Zusammenfassung jener Rechtsgebiete, „die sich durch eine gesteigerte Intensität ihres sozialpolitischen Gehalts auszeichnen",[2] oder als „jener Teilbereich des Rechts, dem im Interesse eines Ausgleichs sozialer Gegensätze in besonderer Weise die Beseitigung von Defiziten einzelner oder bestimmter Bevölkerungsgruppen an materieller Absicherung, Chancen-

---

[1] Vgl. Zacher, Materialien zum Sozialgesetzbuch, A 19, insbesondere Anm. 45; Rode, ZSR 1969, 641 und 724.
[2] Zacher, VSSR 1976, 1, 7.

gleichheit und Entfaltungsmöglichkeit obliegt".[3] Andere verstehen unter Sozialrecht „das Recht der Verhinderung und Beseitigung individueller Güterdifferenzen durch transitive Leistungen eines Trägers öffentlicher Verwaltung",[4] „das der sozialen Gerechtigkeit und der sozialen Sicherung dienende Recht, das spezifische Aufgaben der Daseinsfür- und -vorsorge erfüllt"[5] oder „die umfassende Ordnung der Erwartungen, die in der Gesellschaft hinsichtlich der wirtschaftlichen und dienstleistenden Sicherung und der annähernd egalitären Entfaltung der physischen oder ökonomischen Existenz der einzelnen durch das Gemeinwesen bestehen, und der Erfüllung dieser Erwartungen".[6] Diese und ähnliche Sozialrechtsbegriffe, die auch als materielle, sozialpolitische oder positive Sozialrechtsbegriffe bezeichnet werden,[7] und die für die Zuordnung einer Norm zum Sozialrecht auf ihre Funktion oder auf ihren sozialpolitischen Gehalt abstellen, haben jedoch den Nachteil, daß sie sich kaum für eine klare gegenständliche Abgrenzung des Sozialrechts gegenüber anderen Rechtsgebieten eignen.

Die Problematik eines sozialpolitischen Sozialrechtsbegriffs, d.h. eines Sozialrechtsbegriffs, der für die Zuordnung eines Rechtsgebietes zum Sozialrecht auf die gesteigerte Intensität seines sozialpolitischen Gehalts abstellt, liegt darin, daß eine derartige Begriffsbestimmung an graduellen Unterschieden des sozialpolitischen Gehalts der jeweiligen Rechtsmaterie anknüpfen muß. Wann die geforderte gesteigerte Intensität des sozialpolitischen Gehalts vorliegt, läßt sich aber kaum eindeutig feststellen. Unter dem Aspekt des gesteigerten sozialpolitischen Gehalts müßte man auch eine Vielzahl zivilrechtlicher Materien, z.B. das Mieterschutzrecht oder das Abzahlungsgesetz, dem Sozialrecht zuordnen, obwohl diese Materien nach einhelliger Meinung nicht dem Sozialrecht zuzurechnen sind. Sozialpolitische Sozialrechtsbegriffe erweisen sich damit als wenig geeignet, das Sozialrecht eindeutig von anderen Rechtsgebieten abzugrenzen.

Dies gilt letztlich auch für den Versuch von Zacher, zu einem positiven Sozialrechtsbegriff zu gelangen, indem man den Begriff des Sozialrechts in der Weise abstrahiert und zugleich substantiiert, daß man das Sozialrecht definiert als „die umfassende Ordnung der Erwartungen, die in der Gesellschaft hinsichtlich der wirtschaftlichen und dienstleistenden Sicherung und der annähernd egalitären Entfaltung der physischen und ökonomischen Existenz der einzelnen durch das Gemeinwesen bestehen, und der Erfüllung dieser Erwartungen".[8] Ein derartiger Sozialrechtsbegriff entfernt sich, wie auch Zacher einräumt, zum einen von den

---

[3] Wertenbruch, Sozialverwaltungsrecht, S. 346; Henke, S. VI.
[4] Bley, S. 24.
[5] Schulin, S. 1.
[6] Zacher, VSSR 1976, 1, 7.
[7] Wertenbruch, Sozialverwaltungsrecht, S. 343.
[8] Zacher, VSSR 1976, 1, 7.

Grenzziehungen des Gesetzes und der juristischen und politischen Umgangssprache.[9] Zum anderen ermöglicht er auch keine annähernd sichere Abgrenzung des Sozialrechts von anderen Rechtsgebieten.

Dieses Ziel ist vielmehr nur zu erreichen, wenn man von einem formellen oder pragmatischen Sozialrechtsbegriff ausgeht, der versucht, eine gegenständliche Festschreibung vorzunehmen. Eine derartige Festschreibung ist früher z. B. in der Weise vorgenommen worden, daß man unter dem Begriff Sozialrecht im wesentlichen die Materien Sozialversicherung und Sozialhilfe, das Recht der Kriegsopferversorgung und das Recht der Arbeitsförderung zusammenfaßte.[10] Nach dem Inkrafttreten des Allgemeinen Teils des Sozialgesetzbuches (SGB I) kann man bei einer formellen Betrachtungsweise den Begriff des Sozialrechts nunmehr in der Weise definieren, daß man unter Sozialrecht jene Materien versteht, die in dieses Gesetz aufgenommen worden sind.[11] Einer derartigen pragmatischen Definition des Sozialrechts, die an die in den §§ 3 bis 10 SGB I genannten Rechtsmaterien anknüpft, kann man zwar entgegenhalten, sie werde der Dynamik dieses Rechtsgebietes nicht gerecht und sie sei für eine wissenschaftliche Systembildung ungeeignet,[12] sie ermöglicht jedoch im Gegensatz zu den vorgenannten materiellen, sozialpolitischen oder positiven Sozialrechtsbegriffen eine eindeutige gegenständliche Abgrenzung des Sozialrechts und wird daher im folgenden zugrundegelegt.

Dem Sozialrecht sind danach zuzuordnen die Rechtsmaterien Bildungs- und Arbeitsförderung, Sozialversicherung (Krankenversicherung, Unfallversicherung, Rentenversicherung), soziale Entschädigung bei Gesundheitsschäden, Minderung des Familienaufwandes (Kindergeld und Unterhaltsvorschüsse), Zuschuß für eine angemessene Wohnung (Wohngeld), Jugendhilfe, Sozialhilfe und Eingliederung Behinderter (Rehabilitation).

Ausgehend von den klassischen Sozialrechtsmaterien wird das Sozialrecht herkömmlicherweise untergliedert in die Sozialversicherung, die Sozialversorgung oder soziale Entschädigung und die Sozialhilfe oder Fürsorge.[13]

Die Sozialversicherung ist nach dieser Einteilung gekennzeichnet durch ein versicherungsmäßiges Gegenseitigkeitsverhältnis von Leistungen und Beiträgen, da ihre Leistungen überwiegend durch Beiträge der Arbeitnehmer und der Arbeitgeber finanziert werden. Die Höhe der

---

[9] Zacher, VSSR 1976, 1, 7.
[10] Wannagat, Sozialrecht und Sozialpolitik, S. 55.
[11] Vgl. Wannagat, RdA 1973, 209, 210; ders. Rechtsprechung und soziale Sicherheit, S. 365, 367; Wertenbruch, Sozialverfassung-Sozialverwaltung, S. 2.
[12] Von Maydell in: Burdenski/von Maydell/Schellhorn, Einleitung Rdnr. 5; vgl. auch Zacher, VSSR 1976, 1, 6f.
[13] Bachof in: Wolff/Bachof, § 139 III; Wannagat, S. 1ff., 33ff.; Wertenbruch, Sozialverwaltungsrecht, S. 341.

Versichertenbeiträge bemißt sich in der Sozialversicherung im Gegensatz zur Privatversicherung nicht nach dem Versicherungsrisiko, sondern nach der Leistungsfähigkeit des Versicherten, da zu den Grundprinzipien der Sozialversicherung neben dem Risikoausgleich auch ein sozialer Ausgleich gehört. Die Gewährung der Versicherungsleistungen erfolgt ohne eine Prüfung der Bedürftigkeit und ihre Bemessung richtet sich nicht nach dem tatsächlich entstandenen Vermögensbedarf, sondern nach durchschnittlichen Erfahrungssätzen. Die Leistungsgewährung erfolgt damit nach den Grundsätzen der Typisierung und der Abstraktion.[14]

Die Sozialversorgung unterscheidet sich von der Sozialversicherung dadurch, daß kein versicherungsmäßiges Gegenseitigkeitsverhältnis besteht und die sozialen Entschädigungsleistungen nicht aus Beiträgen, sondern aus Steuermitteln finanziert werden. Ebenso wie die Leistungen der Sozialversicherung werden die Leistungen zur sozialen Entschädigung jedoch für einen typischen Bedarf unabhängig von der individuellen Bedürftigkeit des Leistungsempfängers gewährt.

Innerhalb der sozialen Entschädigung kann man weiterhin unterscheiden zwischen der sog. Allgemeinversorgung und der Sonderversorgung. Zur Allgemeinversorgung oder Staatsbürgerversorgung, für die das Finalprinzip gilt,[15] gehören diejenigen Leistungen, deren Rechtsgrund allein im Sozialstaatsprinzip liegt und deren Leistungsberechtigte durch Merkmale bestimmt werden, die potentiell jeder Mensch erfüllen kann. Die Sonderversorgung ist dagegen eine dem Kausalprinzip folgende Entschädigung für ein der Allgemeinheit erbrachtes oder von ihr verursachtes Opfer.[16]

Die Sozialhilfe ist schließlich dadurch gekennzeichnet, daß die Leistungen erbracht werden aufgrund einer Bedürftigkeitsprüfung zur Deckung eines dringenden individuellen Bedarfs, soweit keine andere Hilfe erlangt werden kann. Durch diese Individualisierung der Hilfeleistung und ihre Subsidiarität unterscheidet sich die Sozialhilfe von der Sozialversicherung und der sozialen Entschädigung. Finanziert wird die Sozialhilfe, ebenso wie die sozialen Entschädigungsleistungen, durch Steuermittel.[17]

Während die vorgenannte Untergliederung des Sozialrechts an die klassischen Sozialrechtsmaterien anknüpft, stellen neuere Systematisierungen primär auf die Funktion der einzelnen Sozialleistungen ab.

Zu diesen neueren Systematisierungen gehört insbesondere die von Zacher befürwortete Gliederung des Sozialrechts in Vorsorgesysteme, Entschädigungssysteme und Ausgleichssysteme.

---

[14] Zum Begriff der Sozialversicherung und den ihr zugrundeliegenden Gestaltungsprinzipien ausführlich §§ 4f.
[15] Von Maydell, DVBl 1976, 1, 5.
[16] Bachof in: Wolff/Bachof, § 139 III b; Bley, S. 27; Wannagat, S. 7ff.
[17] Bachof in: Wolff/Bachof, § 139 III c; Bley, S. 28; Wannagat, S. 7.

§ 1. Begriff des Sozialrechts

Vorsorgesysteme im Sinne dieser Einteilung zielen auf soziale Gefahren, gegen die kollektive Vorsorge möglich ist (Krankheit, Mutterschaft, Invalidität, Alter, Unfall, Arbeitslosigkeit), und sind gekennzeichnet durch den grundsätzlichen vorgängigen leistenden Einbezug des zu sichernden Personenkreises.

Entschädigungssysteme zielen demgegenüber auf den Ausgleich von Schäden in Fällen, in denen das schädigende Ereignis oder der Geschädigte in einer besonderen Verantwortung der Allgemeinheit steht. Sie schützen gegen soziale Gefahren, gegen die Vorsorge nicht möglich oder nicht zumutbar ist (z.B. Krieg, lebensrettendes und sonstwie helfendes Eintreten für andere usw.).

Ausgleichssysteme zielen schließlich auf die Garantie einer menschenwürdigen sozialen Existenz oder die notwendige Angleichung der sozialen Entfaltungsmöglichkeiten des Einzelnen an seine Bedürfnisse, insbesondere an gesellschaftlich „normale" oder sonstwie erwünschte Standards, wo menschenwürdige Existenz- und Entfaltungschancen weder durch Vorsorge- noch durch Entschädigungssysteme ausreichend gewährleistet sind (Sozialhilfe, Kindergeld, Ausbildungs-, Berufs- und Arbeitsförderung, Wohngeld).[18]

Zu ähnlichen Ergebnissen gelangt die von Bley vorgeschlagene Unterscheidung zwischen schadensausgleichenden und nachteilsausgleichenden Systemen. Nach dieser Einteilung dienen dem Schadensausgleich die Vorsorgesysteme und Entschädigungssysteme, dem Nachteilsausgleich die Ausgleichssysteme im Sinne von Zacher.[19] Der Aufbau dieses Lehrbuches orientiert sich im wesentlichen an der klassischen Gliederung des Sozialrechts in die Sozialversicherung, die soziale Entschädigung und die Sozialhilfe, auch wenn nicht zu verkennen ist, daß diese Begriffe Idealtypen bezeichnen, die kaum einmal in reiner Form verwirklicht sind und daß gerade die Einordnung einiger neuerer Sozialrechtsbereiche ohne eine Überdehnung der Begriffe, insbesondere des Begriffs der sozialen Entschädigung, kaum möglich ist.

Dies wird z.B. deutlich, wenn man den Versuch unternimmt, das Recht der Minderung des Familienaufwandes, d.h. im wesentlichen das Kindergeldrecht, einem der klassischen Sozialrechtsbereiche zuzuordnen. Da die Sozialversicherung durch ein versicherungsmäßiges Gegenseitigkeitsverhältnis von Beiträgen und Leistungen gekennzeichnet ist, ist offensichtlich, daß die Minderung des durch die Unterhaltsleistung an Kinder verursachten Familienaufwandes keinesfalls als Bestandteil der Sozialversicherung angesehen werden kann. Das Kindergeldrecht ist auch nicht als Bestandteil der Sozialhilfe anzusehen, da diese gekennzeichnet ist durch eine erhebliche Notlage, aus der der Einzelne sich ohne

---

[18] Zacher, DÖV 1970, 3 ff.; ders. WEX S. 16 ff.
[19] Bley, SGb 1973, 479 ff.; ders., S. 29.

die staatliche Hilfe nicht selbst befreien kann.[20] Das Kindergeld wird aber nicht erst dann gezahlt, wenn die wirtschaftlichen Belastungen, die der Unterhalt eines Kindes hervorruft, so groß sind, daß sie zu einer Notlage des Unterhaltsleistenden führen. Die Leistung des Kindergeldes ist vielmehr allein daran orientiert, daß jede Unterhaltsleistung an Kinder sich wirtschaftlich nachteilig auswirkt. Auch eine Zuordnung des Kindergeldrechts zur sozialen Entschädigung ist zumindest nicht unproblematisch. Das Kindergeldrecht gehört zweifellos nicht zur Sonderversorgung, da diese eine dem Kausalprinzip folgende Entschädigung für ein der Allgemeinheit erbrachtes oder von ihr verursachtes Opfer ist.[21] Derjenige, der einem Kind Unterhalt leistet, erbringt aber kein Sonderopfer, sondern hält sich im Rahmen des sozial üblichen, so daß es sich bei der Minderung des Familienaufwandes nicht um eine Sonderversorgung handelt. Das Kindergeldrecht läßt sich dagegen der Allgemeinversorgung zurechnen, wenn man diese in der Weise definiert, daß zur Allgemeinversorgung diejenigen Leistungen gehören, deren Rechtsgrund allein im Sozialstaatsprinzip liegt und deren Leistungsberechtigte durch Merkmale bestimmt sind, die potentiell jeder Mensch erfüllen kann. Berücksichtigt man aber, daß das Recht der Kriegsopferversorgung den Ausgangspunkt und Kernbereich des sozialen Entschädigungsrechtes bildet, so erscheint auch diese Zuordnung wenig glücklich.[22]

Ähnliche Einordnungsprobleme wie im Fall des Kindergeldes ergeben sich auch für andere neuere Sozialrechtsbereiche, wie z.B. das Recht der Ausbildungsförderung oder das Wohngeldrecht. Diese Materien werden daher im folgenden nicht einem der drei klassischen Sozialrechtsbereiche zugeordnet, sondern sie werden im Anschluß an das Recht der Sozialversicherung, das soziale Entschädigungsrecht und das Recht der Sozialhilfe getrennt dargestellt.

§ 2. Die historische Entwicklung

Literatur: *Bechtel*, Wirtschafts- und Sozialgeschichte Deutschlands, 1967; *Bücher*, Beiträge zur Wirtschaftsgeschichte, 1922; *Gitter*, Schadensausgleich im Arbeitsunfallrecht, 1969; *Peters*, Die Geschichte der sozialen Versicherung, 3. Aufl. 1978; *Richter, A.*, Grundlagen des Rechts der sozialen Sicherheit, 1979; *Richter, L.*, Sozialversicherungsrecht, 1931; *Schürbel*, Geschichte der sozialen Krankenversorgung, I. Band, 1929; *Stolleis*, Quellen zur Geschichte des Sozialrechts, 1976; *Vogel*, Bismarcks Arbeiterversicherung, ihre Entstehung im Kräftespiel der Zeit, 1951; *Wannagat*, Lehrbuch des Sozialversicherungsrechts, I. Band, 1965; *Wernet*, Soziale Handwerksordnung, 1939; *Wickenhagen*, Geschichte der gewerblichen Unfallversicherung, 1980.

---

[20] Vgl. BR-Drucks. 286/73, S. 19f.
[21] Bachof in: Wolff/Bachof § 139 IIIb; Bley, S. 27.
[22] Zur Einordnung des Kindergeldrechts vgl. Gitter, BochKomm SGB-AT, § 6 Rdnr. 3ff.

§ 2. Die historische Entwicklung 7

Die Formen der sozialen Sicherung haben sich in der Vergangenheit immer wieder geändert und sich den wechselnden äußeren Bedingungen angepaßt. Ein kurzer historischer Rückblick muß zwangsläufig ein unvollständiges Bild vermitteln, da die einzelnen Maßnahmen nur aus der jeweiligen politischen, gesellschaftlichen, wirtschaftlichen und geistigen Situation heraus zu verstehen sind. Er ist aber dennoch von Interesse, da er zeigt, daß die Wurzeln unseres heutigen Systems der sozialen Sicherheit bis in das Altertum zurückreichen.

Die Frage nach der sozialen Sicherung vor den Wechselfällen des Lebens trat in der Regel solange nicht ernstlich in Erscheinung, wie sich die Völker im Agrarstadium befanden und der Einzelne in einen Familienverband eingegliedert war, der ihn im Bedarfsfall unterstützte. Zu einem Problem wurde die soziale Sicherung bei Krankheit, Erwerbsunfähigkeit und Alter erst, als sich die Völker vom Agrarstadium zu Handels- oder Industrievölkern fortentwickelten.

I. Das Altertum

Bei den Griechen trat ein entsprechender Wandel der gesellschaftlichen Verhältnisse nach den Perserkriegen ein (500 bis 448 v. Chr.).[1] Handel und Gewerbe blühten auf, große Handelsplätze entstanden und alsbald stand einem kleinen Kreis von Reichen ein immer größer werdender Prozentsatz von notleidenden Armen gegenüber. Um staatsgefährdende revolutionäre Strömungen zu unterbinden, wurde neben anderen Maßnahmen, wie der Errichtung vieler öffentlicher Bauten zur Minderung der Arbeitslosigkeit, auch eine staatliche Armenfürsorge eingerichtet.[2] Unbemittelte Bürger wurden bei Erwerbslosigkeit oder Arbeitsunfähigkeit mit Geld, Nahrung und Kleidung unterstützt, außerdem erhielten sie ärztliche Behandlung durch Armenärzte. Finanziert wurden diese Maßnahmen durch Steuermittel und durch Spenden. Darüber hinaus gab es zahlreiche Selbsthilfeeinrichtungen, insbesondere Krankenhilfsvereine und Gilden der Handwerker.

Die Entwicklung in Rom verlief ähnlich wie in Griechenland.[3] Nach den drei Punischen Kriegen (264 bis 126 v. Chr.) verarmte ein großer Teil der Bürger, so daß eine öffentliche Armenfürsorge eingerichtet werden mußte, deren Leistungen zunächst in Getreidelieferungen, später auch in der Verteilung von Brot, Öl und Fleisch bestanden. Seit Beginn unserer Zeitrechnung gab es darüber hinaus Kranken- und Sterbekassenvereine, die der staatlichen Aufsicht unterstanden. Die Krankenkassenvereine erhoben neben einem Eintrittsgeld laufende Beiträge, dafür erhielten die

---

[1] Wannagat, S. 41.
[2] Peters, S. 15 f.
[3] Wannagat, S. 42.

Mitglieder ärztliche Hilfe, Heilmittel, und als Ersatz des Verdienstausfalles Geld und Lebensmittel. Die Sterbekassenvereine, die die Begräbniskosten übernahmen und die Hinterbliebenen unterstützten, wurden durch ein Eintrittsgeld sowie eine Umlage der Kosten bei jedem Sterbefall finanziert.[4] Mit der Anerkennung der christlichen Religion als Staatsreligion verloren diese Vereine an Bedeutung, da die christlichen Gemeinden für die bedürftigen Gemeindemitglieder sorgten. Um 460 war das Elend jedoch so groß geworden, daß die Mittel der Kirche nicht mehr ausreichten. Der Staat mußte helfend eingreifen und errichtete u.a. Krankenhäuser und Waisenhäuser. Der Zerfall des Römischen Reiches brachte es dann mit sich, daß die Kirche die Fürsorge für die Bedürftigen wieder allein übernahm.

Bei den germanischen Stämmen bestand bis zum Mittelalter kein Bedürfnis für staatliche Einrichtungen zugunsten von Hilfsbedürftigen. Sie waren noch Bauern, zusammengeschlossen in Sippen, die einander beistanden und für den Einzelnen sorgten.

II. Das Mittelalter

Soziale Aufgaben wurden im Mittelalter zunächst im wesentlichen nur von kirchlichen Einrichtungen wahrgenommen. Die Mönche und Nonnen der Klöster versorgten in eigenen Krankenhäusern die Kranken, daneben bestand eine ambulante Krankenfürsorge. Bedürftige wurden auch mit Geld, Lebensmitteln und Kleidung versorgt.[5]

Dies änderte sich jedoch, nachdem im deutschen Raum Stadtgründungen erfolgten. Landvertriebene Bauern, ehemalige Soldaten und Arbeitslose strömten vom Land in die Städte und wurden zu einem sozialen Problem. Die Stadtverwaltungen versuchten durch öffentliche Einrichtungen die Armennot zu bekämpfen, indem sie u.a. öffentliche Hospitäler errichteten und Witwen und Waisen unterstützten.[6] Dennoch wurden nur die dringlichsten Mißstände beseitigt. Die Städte wurden mit dem Ausmaß der Armut nicht fertig und ihre Fürsorgemaßnahmen erstreckten sich auch nicht auf Ortsfremde. Dies führte zur Entstehung zahlreicher Selbsthilfeeinrichtungen.

Im Bereich des Handwerks schlossen sich freie Handwerker und Gesellen zu Zünften oder Innungen zusammen.[7] Diese erfüllten zunächst berufsständische und karitative Aufgaben, dann in immer stärkerem Maße aber auch soziale Aufgaben zur Unterstützung der in Not geratenen Handwerkerfamilien und der Gesellen mit ihren Angehörigen. Es wurden soziale Unterstützungskassen eingerichtet, die sog. „Zunftbüch-

---

[4] Peters, S. 17.
[5] Peters, S. 19.
[6] Bechtel, S. 183 ff.
[7] Wannagat, S. 44 f.

sen", in die die Meister regelmäßig bestimmte Beiträge einzuzahlen hatten. Bei Krankheit wurde ärztliche Behandlung gewährt, die Heilmittel wurden gestellt und gegebenenfalls die Unterbringung im Krankenhaus veranlaßt. Vielfach wurde auch für die Zeit der Arbeitsunfähigkeit ein Krankengeld bezahlt.[8] Später gründeten die Gesellen dann eigene Unterstützungskassen, die sog. Gesellenbruderschaften, weil es zu erheblichen Differenzen mit den Meistern gekommen war.

Neben den Institutionen der Handwerker[9] gehören auch die Selbsthilfeeinrichtungen der Bergarbeiter (Knappen) zu den Vorläufern der Sozialversicherung.[10] Ursprünglich waren die Bergleute selbständige Unternehmer (Eigenlehner), die aufgrund einer Ermächtigung durch den Regalherren die Mineralien selbst gewannen.[11] Sie zogen in Gemeinschaften im Land umher und schürften im Stollenbau. Die Gefährlichkeit ihres Berufes und das Zusammenleben in einer oft abgeschiedenen Gegend stärkte ihr Zusammengehörigkeitsgefühl. Sie bildeten Bruderschaften, die sich gegenseitigen Schutz gewährleisteten. Zur Linderung der Not von Verunglückten und Kranken wurden durch Umlagen finanzielle Probleme beseitigt, die Kranken wurden in eigenen Berghospitälern gepflegt und die Beerdigung wurde übernommen.[12]

Im 13. und 14. Jahrhundert reichte der Stollenbau nicht mehr aus, man mußte in größere Tiefen gehen. Die entstehenden Unkosten konnten von den Eigenlehnern nicht mehr aufgebracht werden, sie nahmen daher in ihre Gemeinschaften Geldgeber auf, die mit ideellen Anteilen am Bergbau beteiligt wurden, aber selbst nicht mitarbeiteten. Die Eigenlehner mußten nach und nach ihre Anteile verkaufen und wurden zu Lohnarbeitern. An den Bruderschaften änderte das zunächst nichts, sie wurden fortgesetzt durch die für Lohn arbeitenden Knappen. Es entwickelte sich ein besonderes Bergrecht, das in der Folgezeit in den sog. Bergordnungen festgehalten wurde. Die ehemals freiwilligen Leistungen für die Bedürftigen wurden durch die Bergordnungen zur Pflicht gemacht. Finanziert wurden sie durch den von den Bergleuten zu entrichtenden sog. Büchsenpfennig. Aus den Büchsenkassen wurden später die Knappschaftskassen, an die auch die Landesherren Zuschüsse leisteten. Die Kassen gewährten nicht nur ärztliche Behandlung und Krankengeld im Krankheitsfall, sondern auch kleine Renten bei Invalidität sowie eine Hinterbliebenenunterstützung für Witwen. Bei längerer Krankheit erfolgte die Behandlung in Lazaretten, die aus den Mitteln der Kassen und der Unternehmer finanziert wurden. Nach einem Betriebsunfall wurde dem Verletzten der Lohn bis zu vier Wochen weitergezahlt.

---

[8] Wannagat, S. 45.
[9] Wernet, S. 499 ff.
[10] Richter, L., S. 13.
[11] Wannagat, S. 45.
[12] Richter, A., S. 24 ff.

Anders als für die Handwerker und die bergmännisch Tätigen ergab sich im landwirtschaftlichen Bereich noch nicht die Notwendigkeit soziale Einrichtungen zu schaffen. Die Arbeitnehmer waren zwar von ihrem Gutsherren abhängig und durften sich nur mit seiner Genehmigung einen anderen Arbeitsplatz suchen, diesem Abhängigkeitsverhältnis stand aber eine umfassende Fürsorge durch den Gutsherren gegenüber,[13] die dem Arbeitnehmer bei Krankheit oder im Alter zumindest das Existenzminimum garantierte.

III. Die Neuzeit bis 1880

Mit Ende des 18. Jahrhunderts fand ein tiefgreifender Wandel in allen Bereichen der Gesellschaft statt. Die Entwicklung der Technik ermöglichte die Schaffung von Großbetrieben in immer größerer Zahl, das Industriezeitalter begann. Die Bevölkerung in den Städten nahm durch die stetige Zuwanderung vom Lande sprunghaft zu. Damit einhergehend lockerten sich die Familienbande, das Zunft- und Gildenwesen verfiel immer mehr. Die sozialen Hilfeleistungen des Mittelalters reichten nicht mehr aus, staatliches Eingreifen war dringend geboten.

Im Preußischen Allgemeinen Landrecht von 1794 wurde daher erstmals gesetzlich festgelegt, daß es die Aufgabe des Staates sei, für die Bedürftigen zu sorgen, die sich ihren Unterhalt nicht selbst verschaffen oder von anderen hierzu verpflichteten Personen erhalten können. Ein Rechtsanspruch wurde den Hilfesuchenden allerdings nicht gewährt und das Gesetz machte auch keine Aussagen über Art und Umfang der öffentlichen Hilfeleistungen sowie die Aufbringung der Mittel. Detailliert geregelt wurden dagegen u. a. Ansprüche von Dienstboten, Landarbeitern und Handwerksgesellen gegen ihre Arbeitgeber im Krankheitsfall. Entsprechende Vorschriften für die Fabrikarbeiter fehlten jedoch und gerade die Arbeiterschicht bedurfte des Schutzes in immer stärkerem Maße.

Die Aufhebung der Erbuntertänigkeit der Bauern[14] und die Einführung der Gewerbefreiheit[15] und der Freizügigkeit[16] hatten die rechtlichen Voraussetzungen für die freie Wahl des Wohnsitzes und des Arbeitsplatzes geschaffen. In den entstehenden Industriestädten bildete sich eine große Lohnarbeiterschicht. Die ehemaligen Bauern und Handwerker fanden in den Fabriken zwar einen Arbeitsplatz, gleichzeitig verloren sie aber alle alten Gemeinschaftsbindungen und waren isoliert den Wechselfällen des Lebens ausgesetzt. Das große Angebot von Arbeitskräften drückte das Lohnniveau, um überhaupt existieren zu können, mußte die

---

[13] Wannagat, S. 44.
[14] Preußische Reformgesetzgebung von 1807 bis 1810.
[15] Edikt vom 7. September 1811 und Gewerbeordnung vom 17. Januar 1845.
[16] Preußisches Freizügigkeitsgesetz vom 21. Mai 1860.

ganze Familie mitarbeiten, 14 bis 16 Stunden täglich wurde auch von Kindern gearbeitet. Bei Krankheit, Invalidität, Alter und Arbeitslosigkeit war der Arbeiter mit seiner Familie auf die Armenpflege angewiesen.

1. Krankenversicherung

Ansätze für eine Besserstellung der Arbeitnehmer im Krankheitsfall wurden in der Preußischen Gewerbeordnung vom 17. Januar 1845 verwirklicht. Die bestehenden Kassen wurden reformiert und die Möglichkeit der Neugründung von Kassen auch für Fabrikarbeiter geschaffen. Die Gemeinden wurden ermächtigt, durch Ortsstatut den Beitritt zu den entsprechenden Kassen für alle am Ort lebenden Gesellen und Gehilfen zu erzwingen. Die Fabrikarbeiter waren von dieser Regelung zunächst ausgenommen, wurden aber durch Verordnung vom 9. Februar 1849 einbezogen. Die Gewerbeordnung enthielt allerdings keine Vorschriften über die Organisation der Kassen, die Leistungen und die Aufbringung der Mittel. Die Verordnung von 1849 ermächtigte die Gemeinden außerdem, durch Ortsstatut auch die selbständig Gewerbetreibenden dazu zu zwingen, Vereinigungen zur Unterstützung ihrer Beschäftigten zu bilden und Beiträge zu leisten. Erstmals wurde damit eine Beitragspflicht der Arbeitgeber statuiert. Von dieser Ermächtigung machten zwar nicht allzu viele Gemeinden Gebrauch, dennoch entstanden aber einige Zwangshilfskassen, viele Fabrikarbeiterkassen und eine Anzahl von freien Hilfskassen.

Der nächste Schritt folgte mit dem Gesetz betreffend die gewerblichen Unterstützungskassen vom 3. April 1854, wonach durch Ortsstatut die Pflicht zur Bildung neuer Kassen für alle unselbständigen Arbeiter eingeführt und der Beitragzwang auf Lehrlinge ausgedehnt werden konnte. Nach diesen Gesetzen herrschte Kassenzwang, d. h. bestimmte Arbeitergruppen gehörten bestimmten Kassen an.

Die Gewerbeordnung des Norddeutschen Bundes vom 21. Juni 1869 behielt das System des Kassenzwangs bei, es wurde aber gleichzeitig die Möglichkeit der freien Wahl zwischen Zwangskassen und freien Kassen eingeführt. Nach dem Gesetz vom 7. April 1876 konnten beide Kassenarten durch die Zulassung der höheren Verwaltungsbehörde die Rechte einer eingeschriebenen Hilfskasse erwerben, d. h. den Status einer juristischen Person unter Beschränkung der Haftung auf das Kassenvermögen. Sie blieben jedoch weiterhin privatrechtliche Körperschaften.[17] Das Gesetz zur Abänderung der Gewerbeordnung vom 8. April 1876 regelte dann das gewerbliche Hilfskassenwesen einheitlich. Nur die Mitgliedschaft bei einer eingeschriebenen Hilfskasse entband von der Beitragspflicht zur Zwangskasse. Weiterhin konnten die Arbeitgeber verpflichtet

---

[17] Wannagat, S. 49.

werden, ihre Arbeiter anzumelden sowie Vorschüsse und Beiträge zu leisten. Die beiden letztgenannten Gesetze können als unmittelbare Vorgänger des Krankenversicherungsgesetzes von 1883 angesehen werden.

Die erste öffentlich-rechtliche (Berg-)Arbeiterversicherung brachte das Gesetz betreffend die Vereinigung der Berg-, Hütten- und Salinenarbeiter in Knappschaften vom 10. April 1854, das mit einigen Änderungen in das Allgemeine Berggesetz für die Preußischen Staaten vom 24. Juni 1865 übernommen wurde. Alle Bergarbeiter unterlagen danach dem Versicherungszwang und mußten Beiträge entrichten. Die Arbeitgeber mußten sich an diesen Beiträgen beteiligen. Im Krankheitsfall wurde u. a. Krankengeld gewährt, bei Arbeitsunfähigkeit war eine lebenslängliche Invalidenrente vorgesehen und beim Tod des Versicherten erhielten Witwen und Waisen Unterstützung.

1876 gab es in Deutschland 5239 eingeschriebene Hilfskassen mit 869 204 Mitgliedern.[18] Damit war aber nur die Hälfte der Arbeiter gegen Krankheit versichert. Da der Versicherungszwang von der örtlichen Regelung abhängig war, verlor der Arbeiter außerdem mit dem Ortswechsel oftmals seine Versicherung. Relativ gut gesichert waren lediglich die Bergleute.

2. Unfallversicherung

Vorläufer der späteren Unfallversicherung war das Reichshaftpflichtgesetz vom 7. Juni 1871. Die Haftung der Betriebsunternehmer besonders gefährlicher Bereiche wurde erweitert. Während ihre Haftung bei Betriebsunfällen in der Vergangenheit ausnahmslos von einem Verschuldensnachweis abhängig war, wurde durch das Reichshaftpflichtgesetz für die Unternehmer der Eisenbahn eine vom Verschulden unabhängige Gefährdungshaftung eingeführt (§ 1 Reichshaftpflichtgesetz). Für Bergwerke, Fabriken, Steinbrüche und Gruben blieb es zwar bei der Verschuldenshaftung, sie wurde jedoch dadurch wesentlich erweitert, daß der Betriebsunternehmer auch für das Verschulden seiner Bevollmächtigten und seiner Repräsentanten einzustehen hatte (§ 2 Reichshaftpflichtgesetz). Nach dem Reichshaftpflichtgesetz hatte der Unternehmer bei Unfällen für die Heilungs- bzw. Beerdigungskosten sowie sonstige Vermögensnachteile Ersatz zu leisten. Die Land- und Forstwirtschaft sowie das Baugewerbe wurden durch das Reichshaftpflichtgesetz nicht erfaßt. Diese vom Gesetz nicht erfaßten Berufsgruppen bildeten daher Zusammenschlüsse zu Unfallversicherungsgenossenschaften, während im knappschaftlichen Bereich besondere Haftpflichtkassen entstanden.

---

[18] Peters, S. 46.

3. Rentenversicherung

Eine gesetzliche Regelung für die Altersversorgung der Arbeiter erfolgte nicht. Zwar bat Bismarck als preußischer Ministerpräsident am 18. März 1863 in einem Schreiben den Minister des Inneren um eine Äußerung über die Errichtung von Altersversorgungsanstalten entsprechend dem französischen Vorbild, die Regierungspräsidenten äußerten sich aber ablehnend und die Antwort fiel dementsprechend negativ aus.[19] Für bedürftige alte Menschen wurde nur im Rahmen der Fürsorge gesorgt. Grundlegend hierfür war das Gesetz des Norddeutschen Bundes über den Unterstützungswohnsitz vom 6. Juni 1870, das ein Jahr später auf das Deutsche Reich mit Ausnahme Bayerns ausgedehnt wurde. Nach den Ausführungsgesetzen der Länder erhielten die Bedürftigen allerdings nur das Existenzminimum.[20] Außerdem trat die Fürsorge – ähnlich wie die heutige Sozialhilfe – nur subsidiär ein, d. h. wenn nicht von seiten der Verwandten der Unterhalt gesichert werden konnte und die eigenen Mittel verbraucht waren. Der Bedürftige hatte auch kein subjektiv-öffentliches Recht auf die Fürsorgeleistungen und ihre Inanspruchnahme war mit entwürdigenden Nebenfolgen wie dem Verlust des Wahlrechts in staatlichen, kommunalen und kirchlichen Angelegenheiten und des Rechts auf Bekleidung öffentlicher Ämter verbunden.

Der Schutz der Arbeitnehmer vor den Wechselfällen des Lebens blieb damit trotz der dargestellten positiven Ansätze bruchstückhaft. Hier lag eine der Ursachen für die sozialen Spannungen, die sich nach dem Erlaß der Sozialistengesetze von 1878 weiter verschärften. In dieser Situation mußte der Staat erneut eingreifen.

IV. Die grundlegenden Sozialversicherungsgesetze (1880–1890)

Im Frühjahr 1881 entstand der erste Entwurf für ein Unfallversicherungsgesetz. Aus seiner amtlichen Begründung geht hervor, welche Motive maßgebend für das Gesetzeswerk waren:[21]

„Daß der Staat sich in höherem Maße als bisher seiner hilfsbedürftigen Mitglieder annehme, ist nicht bloß eine Pflicht der Humanität und des Christentums, von welchem die staatlichen Einrichtungen durchdrungen sein sollen, sondern auch eine Aufgabe staatserhaltender Politik, welche das Ziel zu verfolgen hat, auch in den besitzlosen Klassen der Bevölkerung, welche zugleich die zahlreichsten und am wenigsten unterrichteten sind, die Anschauung zu pflegen, daß der Staat nicht bloß eine notwendige, sondern auch eine wohltätige Einrichtung sei."

Eines der verfolgten Ziele war also die Versöhnung mit der Arbeiterschaft. Dies wird auch in der Kaiserlichen Botschaft vom 17. November 1881 deutlich. Darüber hinaus ist sie aber auch insoweit bemerkenswert,

---

[19] Peters, S. 48.
[20] Wannagat, S. 58.
[21] Reichstags-Drucks. 1882, S. 31.

als in ihr bereits der Gedanke des Sozialstaatsprinzips anklingt, indem dem Einzelnen ein Anspruch auf staatliche Fürsorge in sozialen Notlagen zuerkannt wird.

„Schon im Februar dieses Jahres haben Wir Unsere Überzeugung aussprechen lassen, daß die Heilung der sozialen Schäden nicht ausschließlich im Wege der Repression sozialdemokratischer Ausschreitungen, sondern gleichmäßig auf dem der positiven Förderung des Wohles der Arbeiter zu suchen sein werde. Wir halten es für Unsere Kaiserliche Pflicht, dem Reichstag diese Aufgabe von neuem ans Herz zu legen, und würden Wir mit umso größerer Befriedigung auf alle Erfolge, mit denen Gott Unsere Regierung sichtlich gesegnet hat, zurückblicken, wenn es Uns gelänge, dereinst das Bewußtsein mitzunehmen, dem Vaterlande neue und dauernde Bürgschaften seines inneren Friedens und den Hilfsbedürftigen größere Sicherheit und Ergiebigkeit des Beistandes, auf den sie Anspruch haben, zu hinterlassen... In diesem Sinne wird zunächst der von den verbündeten Regierungen in der vorigen Session vorgelegte Entwurf eines Gesetzes über die Versicherung der Arbeiter gegen Betriebsunfälle mit Rücksicht auf die im Reichstage stattgehabten Verhandlungen über denselben einer Umarbeitung unterzogen, um die erneute Beratung desselben vorzubereiten. Ergänzend wird ihm eine Vorlage zur Seite treten, welche sich eine gleichmäßige Organisation des gewerblichen Krankenkassenwesens zur Aufgabe stellt. Aber auch diejenigen, welche durch Alter oder Invalidität erwerbsunfähig werden, haben der Gesamtheit gegenüber einen begründeten Anspruch auf ein höheres Maß staatlicher Fürsorge, als ihnen bisher hat zu Theil werden können."

Die kaiserliche Botschaft hat die drei Hauptzweige der sozialen Versicherung, die Kranken-, die Unfall- sowie die Alters- und Invalidenversicherung bereits in ihren Grundzügen beschrieben. Die Arbeiterversicherung wurde im wesentlichen in die Form der Versicherung gekleidet und gehörte dem öffentlichen Recht an. Auf der Grundlage der Selbstverwaltung stand sie unter staatlicher Aufsicht. Die Beiträge wurden von den Arbeitern und den Arbeitgebern aufgebracht, in der Rentenversicherung waren außerdem Staatszuschüsse vorgesehen. Im Versicherungsfall hatte der Berechtigte ohne Berücksichtigung seiner Vermögensverhältnisse einen öffentlich-rechtlichen Anspruch auf Leistungen, der in einem prozeßartigen Verfahren durchgesetzt werden konnte. Alle Industriearbeiter und die schlechter verdienenden Angestellten wurden in die Pflichtversicherung einbezogen, in der Unfallversicherung zunächst jedoch nur die in besonders gefährlichen Arbeitsbereichen Tätigen.

Die Gründe für die Dreiteilung in Krankenversicherung, Unfallversicherung und Alters- und Invalidenversicherung sind in der geschichtlichen Entwicklung zu suchen. Die Krankenversicherung hatte als Grundlage die eingeschriebenen Hilfskassen und die Gemeindeversicherungen, die Unfallversicherung löste die Haftung des Unternehmers nach dem Haftpflichtgesetz ab und für die Altersversorgung mußte eine neue Regelung geschaffen werden.

1. Krankenversicherung

Zuerst wurde das Gesetz betreffend die Krankenversicherung der Arbeiter vom 15. Juni 1883 verabschiedet. Es führte die Versicherungspflicht für den oben genannten Personenkreis ein, berechtigte aber

§ 2. Die historische Entwicklung   15

darüber hinaus auch andere Personen zum Beitritt, falls ihr Jahresverdienst eine bestimmte Höhe nicht überschritt. Die Leistungen bestanden in freier ärztlicher Behandlung und Gewährung von Arzneimitteln bis zu höchstens 13 Wochen. Bei Erwerbsunfähigkeit wurde vom dritten Tage an bis zur 13. Woche Krankengeld bezahlt, dessen Höhe mindestens 50% des Entgeltes betrug, nach dem die Beiträge bemessen waren. Weiterhin wurde für mindestens 4 Wochen nach der Niederkunft Wochenhilfeunterstützung gewährt. Beim Tode des Versicherten erhielten die Hinterbliebenen Sterbegeld für die Beerdigungskosten. Die Beiträge übernahmen zu ⅓ die Arbeitgeber und zu ⅔ die Arbeitnehmer, sie lagen zwischen 3 und 6% des Arbeitslohns. Entsprechend dieser Verteilung waren in den Selbstverwaltungsorganen der Krankenkassen ⅔ Vertreter der Arbeitnehmer und ⅓ der Arbeitgeber. Die Kassensatzung konnte über die Mindestleistung hinaus weitere Leistungen gewähren, die Familienangehörigen der Versicherten konnten unter bestimmten Voraussetzungen einbezogen werden.

Sowohl die Einführung des Sterbegeldes als auch die Familienhilfe stießen im Reichstag auf erheblichen Widerstand.[22] Man war der Ansicht, daß das Prinzip der Versicherung verlassen werde, wonach nur der Beitragszahler auch Anspruch auf Leistungen habe. Die Regierung hingegen betonte, daß Leistungen an Familienangehörige „dem Prinzip der Solidarität des deutschen Hauses und der deutschen Familie" entsprächen.[23]

In organisatorischer Hinsicht wurde auf den schon bestehenden Kassen aufgebaut. Aus den örtlichen Hilfskassen für Arbeiter bestimmter Berufszweige wurden durch Beschluß der Gemeinde Ortskrankenkassen und aus den Fabrikkrankenkassen die Betriebskrankenkassen. Die Innungskrankenkassen und die landesrechtlichen Knappschaftskassen blieben als Träger der neuen Krankenversicherung bestehen. Daneben entstanden die Gemeindekrankenkassen, denen die Personen angehörten, die nicht in einer der vorgenannten Kassen Pflichtmitglieder waren.

In den folgenden Jahren wurden die Angehörigen des Transportgewerbes und die Arbeiter der land- und forstwirtschaftlichen Betriebe in die Krankenversicherung einbezogen, die gesetzliche Unterstützungsdauer wurde von 13 auf 26 Wochen verlängert und die Wochenhilfeunterstützung auf 6 Wochen erweitert.

2. Unfallversicherung

Das erste Unfallversicherungsgesetz erging am 6. Juli 1884 und trat am 1. Oktober 1885 in Kraft. Erst der dritte Entwurf war angenommen

---

[22] Abgeordneter Hirsch in: Stenographische Berichte des Reichstags, 72. Sitzung 1883, S. 2107.
[23] Direktor des Reichsamts des Inneren, Bosse in: Stenographische Berichte des Reichstags, 1883, S. 2108.

worden. Anders als in der Krankenversicherung lagen noch keine praktischen Erfahrungen vor. Das Reichshaftpflichtgesetz hatte sich als unzulänglich erwiesen. Es wäre möglich gewesen, durch ein neues Gesetz lediglich die Haftung des Unternehmers weiter zu verschärfen. Die Regierung lehnte dies aber ab, weil sie erkannte, daß erhebliche soziale Spannungen zwischen Arbeitgeber und Arbeitnehmer als Folge einer erweiterten Haftung des Unternehmers unausbleiblich waren. Sie befürwortete eine öffentlich-rechtliche Regelung, die den Vorteil hatte, daß gegebenenfalls staatliche Zuschüsse gewährt werden konnten. Grundgedanke der Unfallversicherung war in erster Linie die Ablösung der unternehmerischen Haftung.

Ebenso wie in der Krankenversicherung wurde Versicherungszwang eingeführt, dem die Arbeiter und die schlechter bezahlten Betriebsbeamten besonders gefährdeter Betriebe unterstellt waren. Alle Betriebsunfälle, die den Tod oder eine Minderung der Erwerbsfähigkeit zur Folge hatten, wurden entschädigt. Die Leistungen umfaßten die gesamten Kosten des Heilverfahrens vom Beginn der 14. Woche nach Eintritt des Unfalls, im Todesfall erhielten die Hinterbliebenen einen Betrag für die Beerdigungskosten. Nach Ablauf der gesetzlichen Krankenfürsorge erhielten der Verletzte oder seine Hinterbliebenen eine Rente, die ⅔ des Arbeitsentgelts nicht übersteigen durfte. Die Entschädigung war nunmehr vom Verschulden des Unternehmers und seiner Angestellten unabhängig, an die Stelle der Verschuldenshaftung trat die Versicherung der Unfallopfer durch eine kraft öffentlich-rechtlicher Fürsorgepflicht der Unternehmer finanzierte Unfallversicherung.[24] Die Beiträge wurden allein von den Unternehmern getragen, die damit ihre abgelöste Haftpflicht abdeckten. Der Anspruch des Arbeitnehmers auf Entschädigung richtete sich nicht mehr gegen den Unternehmer, sondern gegen die Berufsgenossenschaft. Sie bestand aus Verbänden der Betriebsunternehmer, die für größere Bezirke nach Berufszweigen gegründet wurden und sich selbst verwalten sollten. Die Satzungen mußten vom Reichsversicherungsamt bzw. dem zuständigen Landesversicherungsamt genehmigt werden. Die Berufsgenossenschaften durften Unfallverhütungsvorschriften erlassen und ihre Beachtung mit Geldstrafen durchsetzen.[25]

Zwischen 1885 und 1900 wurden durch mehrere Änderungsgesetze insbesondere die land- und forstwirtschaftlichen Betriebe, das Bauwesen und die Seefahrt in den Versicherungsschutz einbezogen.

3. Rentenversicherung

Als drittes der grundlegenden Sozialversicherungsgesetze erging das Gesetz betreffend die Invaliditäts- und Altersversicherung vom 22. Juni

---

[24] Gitter, S. 36.
[25] Ausführlich Wannagat, S. 66 f.

§ 2. Die historische Entwicklung 17

1889, das am 1. Januar 1891 in Kraft trat. Versicherungspflichtig waren alle Arbeiter und Angestellten bis zu einem bestimmten Jahresverdienst. Ein gewisser Kreis von Selbständigen konnte sich freiwillig versichern, auch bestand die Möglichkeit der Weiterversicherung nach dem Ausscheiden aus der versicherungspflichtigen Tätigkeit.

Invalidenrente wurde gewährt, wenn die Erwerbsfähigkeit des Versicherten soweit gemindert war, daß er nicht mehr wenigstens ⅙ seines früheren bzw. des ortsüblichen Verdienstes erzielen konnte.

Mit Vollendung des 70. Lebensjahres wurde dem Versicherten Altersrente gezahlt, der Gesetzgeber ging davon aus, daß von diesem Zeitpunkt an Erwerbsunfähigkeit gegeben sei. Die Wartezeit für die Altersrente betrug 30, für die Invalidenrente 5 Beitragsjahre. Verstarb der Versicherte vorher, wurde in bestimmten Fällen eine Beitragsrückerstattung gewährt, die den Hinterbliebenen zugute kam.

Ansonsten sah das Gesetz keine Leistungen an Witwen und Waisen vor. Dieser Lücke im Gesetz war man sich bewußt, der Gesetzgeber fürchtete jedoch die finanziellen Auswirkungen einer Hinterbliebenenversorgung. Man ging davon aus, daß die Witwe zur Sicherung ihres Unterhaltes berufstätig sein müßte und verschob eine gesetzliche Regelung auf später. Die Beiträge lagen bei 1,7% des Arbeitsverdienstes, sie wurden je zur Hälfte von Arbeitnehmern und Arbeitgebern getragen. Daneben wurde ein staatlicher Jahreszuschuß aus Steuermitteln von 50 Mark je Rente gewährt. Für die Bemessung der Beiträge galt das Kapitaldeckungsverfahren, die Beiträge sollten ausreichen, um die Renten der nächsten 10 bis 15 Jahre zu finanzieren. Träger der Versicherung waren die Landesversicherungsanstalten.

Eine Gesetzesänderung (1899) erweiterte den versicherungspflichtigen Personenkreis und definierte den Begriff der Erwerbsunfähigkeit neu.

Diese drei grundlegenden Gesetze bezeichnet man als die „klassische Sozialversicherung". Ihre Grundstrukturen sind bis heute erhalten geblieben.

V. Die Entwicklung bis 1918

Am 19. Juli 1911 wurden in der Reichsversicherungsordnung (RVO) die Gesetze der drei Versicherungszweige zusammengefaßt. Eine einheitliche Organisation der Versicherungsbehörden für Verwaltung und Rechtsprechung (Versicherungsämter, Oberversicherungsämter, Reichsversicherungsamt), ein einheitliches Verfahren und die Hinterbliebenenversicherung waren die wesentlichen Fortschritte, die dieses Gesetzgebungswerk brachte.

Am 20. Dezember 1911 wurde das Versicherungsgesetz für Angestellte verabschiedet. Das sachliche Recht entsprach der Invaliden- und Hinterbliebenenversicherung der RVO, sah aber für die Angestellten wesentlich günstigere Leistungen vor. Die Witwe eines Angestellten bekam in jedem Fall Rente, die Witwe eines Arbeiters nur bei Invalidität. Waisenrente wurde bis zum 18. Lebensjahr gewährt, für die Kinder eines Arbeiters dagegen nur bis zum 15. Lebensjahr. Ruhegeld wurde bereits mit 65 Jahren bezahlt, bei Arbeitern dagegen erst mit 70 Jahren und die Arbeitsunfähigkeit war günstiger definiert. Die Versicherungspflicht war anders als bei Arbeitern an eine Einkommensgrenze gebunden. Das Gesetz trug damit dem besonderen Standesbewußtsein der Angestellten Rechnung, die sich von den Arbeitern distanzierten.

VI. Die Sozialgesetzgebung von 1918 bis 1945

Das Angestelltenversicherungsrecht wurde durch die sog. Große Novelle vom 18. November 1922 wesentlich abgeändert und 1924 neu gefaßt. Es hieß nunmehr Angestelltenversicherungsgesetz (AVG). Der Versicherungsfall der Berufsunfähigkeit wurde durch Gesetz vom 7. März 1929 erweitert. Der Berufsunfähigkeit im engeren Sinne gleichgestellt wurde die Vollendung des 60. Lebensjahres bei mindestens einjähriger Arbeitslosigkeit. Eine entsprechende Regelung für Arbeiter wurde erst 1957 getroffen.

Am 23. Juni 1923 erging das Reichsknappschaftsgesetz und faßte das in zahlreichen Landesgesetzen enthaltene Knappschaftsrecht zusammen.

Die Sozialversicherung der kaiserlichen Zeit erfaßte das Risiko der Arbeitslosigkeit nicht. Eine gesetzliche Regelung erfolgte erstmals als sog. Demobilmachungsmaßnahme durch die Verordnung über die Erwerbslosenfürsorge vom 13. November 1918, die die Gemeinden verpflichtete, eine Fürsorge für Erwerbslose einzurichten. Das Arbeitsnachweisgesetz vom 22. Juli 1922 schuf dann die Grundlagen für die Arbeitsvermittlung und 1926 wurde eine Krisenunterstützung als Ergänzung der Erwerbslosenfürsorge eingeführt. Eine grundlegende Zusammenfassung brachte das Gesetz über Arbeitsvermittlung und Arbeitslosenversicherung vom 16. Juli 1927. Versicherungspflichtig waren im wesentlichen die (Zwangs-)Mitglieder der Kranken-, Angestellten- und Knappschaftsversicherung. Die Arbeitslosenunterstützung wurde bei Erfüllung der Anwartschaftszeit für höchstens 26 Wochen gewährt, danach blieb es bei der Krisenunterstützung. Die Finanzierung erfolgte durch Beiträge, die je zur Hälfte von den Versicherten und den Arbeitgebern aufgebracht wurden. Trägerin der Arbeitsvermittlung und Arbeitslosenversicherung wurde eine Reichsanstalt, die auch für Berufsberatung und Lehrstellenvermittlung zuständig war. Als Unterabteilungen wurden Landesarbeitsämter und Arbeitsämter vorgesehen.

Im übrigen war die Entwicklung der Sozialversicherung in der Weimarer Zeit geprägt durch die Notwendigkeit, sich der Änderung der wirtschaftlichen und sozialen Verhältnisse nach dem Ersten Weltkrieg –

Arbeitslosigkeit und Geldentwertung – anzupassen. In der Krankenversicherung wurde die Versicherungspflichtgrenze für Angestellte erhöht, weitere Personenkreise wurden für versicherungspflichtig erklärt und durch Notverordnung eine Krankenscheingebühr eingeführt. Ebenfalls durch Notverordnungen erfolgten Einschränkungen im Bereich des Leistungsrechts. In der gesetzlichen Unfallversicherung wurde der Versicherungsschutz ausgedehnt. 1925 bezog man erstmals bestimmte gewerbliche Berufskrankheiten ein, 1928 wurde die gesetzliche Unfallversicherung auf weitere Betriebe ausgedehnt. In der Folgezeit ergingen im Zeichen der Weltwirtschaftskrise Notverordnungen, die Einschränkungen bei der Rentengewährung brachten. Auch in der Invalidenversicherung erfolgten Einschränkungen durch Notverordnungen.

In der nationalsozialistischen Zeit wurde durch das Gesetz über den Aufbau der Sozialversicherung vom 5. Juli 1934 die Selbstverwaltung beseitigt. Der Oberbegriff „Rentenversicherung" für die Invaliden-, Angestellten- und Knappschaftsversicherung wurde erstmals im Gesetz verwendet. Verfahrensrechtlich bedeutsam waren die erste und zweite Verordnung über die Vereinfachung des Lohnabzugs vom 1. Juli 1941 und vom 24. April 1942. Das Beitragsmarkenverfahren wurde durch das Lohnabzugsverfahren ersetzt; der Arbeitgeber hatte die Beiträge der Versicherten zur Kranken-, Renten- und Arbeitslosenversicherung einzubehalten und zusammen mit seinem Anteil an die zuständige Krankenkasse abzuführen. Diese leitete dann die ihr nicht zustehenden Beiträge an die anderen Versicherungsträger weiter.

In der Krankenversicherung wurden die Leistungen durch Erlasse in den Jahren 1941 und 1943 wesentlich verbessert, das Gesetz zum Schutz der erwerbstätigen Mütter von 1942 erweiterte die Leistungen der Wochenhilfe und der Familienwochenhilfe. 1941 wurden auch die Rentner in die Krankenversicherung einbezogen.

Auch in der Unfallversicherung wurde der Schutz weiter ausgebaut. Die Zahl der nichtversicherten Betriebe wurde immer kleiner. Das 6. Gesetz über Änderungen der Unfallversicherung vom 9. März 1942 beseitigte das System der Betriebsunfallversicherung; an die Stelle der Betriebe und Tätigkeiten traten versicherte Personengruppen. Weitere Berufskrankheiten wurden durch Verordnungen vom 16. Dezember 1936 und vom 29. Januar 1943 einbezogen.

In der Rentenversicherung brachte das Gesetz über den Ausbau der Rentenversicherung vom 21. Dezember 1937 Leistungsverbesserungen. An die Stelle der Dreivierteldeckung trat die Halbdeckung, d. h., die Anwartschaft galt als erfüllt, wenn die Zeit vom Eintritt in die Versicherung bis zum Versicherungsfall zur Hälfte mit Beiträgen belegt war. Nichtversicherungspflichtige Personen bis zum 40. Lebensjahr konnten der Invaliden- und Angestelltenversicherung freiwillig beitreten. Die Ungleichbehandlung der Waisen von Arbeitern und Angestellten wurde beseitigt.

Durch das Gesetz über die Altersversorgung für das Deutsche Handwerk vom 21. Dezember 1938 wurde erstmals ein großer Berufszweig von Selbständigen in die Sozialversicherung einbezogen.

Im Bereich der Arbeitslosenversicherung machte die Verordnung über die Arbeitslosenhilfe vom 5. September 1939 den Bezug von Arbeitslosenunterstützung abhängig von der Bedürftigkeit des Arbeitslosen. Damit wurde der Versicherungsgedanke verlassen und das Fürsorgeprinzip entscheidend.

VII. Die Sozialgesetzgebung von 1945 bis zur Gegenwart

Die Sozialversicherung befand sich nach Kriegsende in einer finanziell katastrophalen Lage, die sich durch die Währungsreform noch verschlechterte.[26] Dennoch erbrachte die Sozialversicherung bereits kurz nach Kriegsende wieder Leistungen.

Die Besatzungsmächte hoben zwar die typisch nationalsozialistischen Vorschriften auf, die Kranken-, Unfall- und Rentenversicherung wurden hiervon aber kaum betroffen. Eine einheitliche Regelung für alle Besatzungszonen erfolgte nicht. Die Entwicklungen in den einzelnen Zonen gingen verschiedene Wege, in den drei Westzonen wurde jedoch im wesentlichen das bisherige Versicherungssystem beibehalten. Aufgaben der Sozialpolitik und der Sozialversicherung mit der entsprechenden Gesetzgebungskompetenz wurden dem Wirtschaftsrat übertragen. 1948 erging das Sozialversicherungs-Anpassungsgesetz, 1949 entsprechende Gesetze für die Knappschafts- und die Unfallversicherung. Ebenfalls gesetzlich geregelt wurde die Wiedergutmachung für die Verfolgten des Nationalsozialismus in der Sozialversicherung.

Mit dem Inkrafttreten des Grundgesetzes für die Bundesrepublik Deutschland vom 23. Mai 1949 wurde die Gesetzgebungsbefugnis wieder an die zuständigen deutschen Instanzen zurückgegeben. Die Sozialversicherungsgesetzgebung mußte zunächst die eingetretene Rechtszersplitterung beseitigen und das Recht den veränderten Verhältnissen angleichen. Dieses Ziel wurde im wesentlichen schon in der ersten Legislaturperiode des Bundestages erreicht. Bereits 1951 wurde außerdem die Selbstverwaltung wieder hergestellt und das Sozialgerichtsgesetz von 1953 führte die grundgesetzlich geforderte Trennung zwischen Verwaltung und Rechtsprechung herbei.

Die Entwicklung des Sozialrechts nach dem Zweiten Weltkrieg wird im übrigen geprägt durch eine ständige Ausdehnung des versicherten bzw. anspruchsberechtigten Personenkreises und eine Verbesserung der Leistungen in allen Bereichen des Sozialrechts.

Im Bereich der gesetzlichen Krankenversicherung führte das Gesetz

---

[26] Peters, S. 125 ff.

über die Krankenversicherung der Rentner vom 12. Juni 1956 die Pflichtversicherung der Rentner ein. Das Gesetz über die Krankenversicherung der Landwirte vom 10. August 1972 unterstellte auch Landwirte der Versicherungspflicht. Der sozialen Sicherung der Behinderten diente das Gesetz über die Sozialversicherung Behinderter vom 7. Mai 1975, das auch diesen Personenkreis in die gesetzliche Kranken- und Rentenversicherung einbezog. Durch Gesetz vom 24. Juni 1975 wurden Studenten und bestimmte Praktikanten der gesetzlichen Krankenversicherung unterstellt. Das Gesetz über die Sozialversicherung der selbständigen Künstler und Publizisten vom 27. Juli 1981 erweiterte den Kreis der gesetzlich krankenversicherten Personen schließlich um selbständige Künstler und Publizisten.

Auch die Leistungen der gesetzlichen Krankenversicherung wurden ständig erweitert. Das Gesetz zur Verbesserung der wirtschaftlichen Sicherung der Arbeiter im Krankheitsfall vom 26. Juni 1957 führte eine Leistungsverbesserung für die krankenversicherten Arbeiter herbei; der Arbeitgeber wurde zu einem Zuschuß zu den Leistungen aus der gesetzlichen Kranken- oder Unfallversicherung im Krankheitsfalle verpflichtet. Das Gesetz über die Fortzahlung des Arbeitsentgelts im Krankheitsfalle und über Änderungen des Rechts der gesetzlichen Krankenversicherung vom 27. Juli 1969 brachte mit Wirkung vom 1. Januar 1970 auch Arbeitern einen Anspruch auf Lohnfortzahlung im Krankheitsfall bis zur Dauer von 6 Wochen gegen ihren Arbeitgeber. Damit erfolgte die Gleichstellung mit den Angestellten. Erneut weiterentwickelt wurde das Recht der Krankenversicherung durch das Gesetz vom 21. Dezember 1970, durch das die Versicherungspflichtgrenze angehoben und dynamisiert wurde. Maßnahmen zur Früherkennung von Krankheiten wurden erstmals in den Leistungskatalog miteinbezogen. Das Leistungsverbesserungsgesetz vom Dezember 1973 führte als weitere neue Leistungen u. a. die Haushaltshilfe sowie Krankengeld und Sonderurlaub bei Pflege eines erkrankten Kindes ein. Das Strafrechtsreform-Ergänzungsgesetz vom 30. August 1975 räumte den Versicherten der gesetzlichen Krankenversicherung schließlich Ansprüche auf Hilfen in Fragen der Empfängnisregelung und auf Leistungen bei einer nicht rechtswidrigen Sterilisation und bei einem nicht rechtswidrigen Schwangerschaftsabbruch ein.

Eine Reform der Unfallversicherung erfolgte durch das Unfallversicherungsneuregelungsgesetz vom 30. April 1963. Auch in die gesetzliche Unfallversicherung wurden in der Folgezeit weitere Personen einbezogen. Die zahlenmäßig größte Bedeutung hatte insoweit das Gesetz über Unfallversicherung für Schüler und Studenten sowie Kinder in Kindergärten vom 18. März 1971.

In der Rentenversicherung wurde die Gliederung in die drei großen Versicherungszweige für die Arbeiter, die Angestellten und die im Bergbau Beschäftigten zwar beibehalten, eine grundlegende Neuordnung und

Umgestaltung erfolgte jedoch bereits durch das Arbeiterrentenversicherungs-Neuregelungsgesetz und das Angestelltenversicherungs-Neuregelungsgesetz vom 23. Februar 1957 sowie das Knappschaftsrentenversicherungs-Neuregelungsgesetz vom 21. Mai 1957. Das materielle Recht der drei Zweige der Rentenversicherung wurde einander angeglichen, die Rechts- und Gesetzeseinheit wieder hergestellt. An die Stelle der bisherigen Bezeichnung „Invalidenversicherung" trat die Bezeichnung „Rentenversicherung der Arbeiter". Das System der Rentenberechnung wurde völlig neu gestaltet. Eine neue Rentenformel wurde zugrundegelegt, die eine Beziehung der anrechnungsfähigen Versicherungszeiten zu dem durchschnittlichen Bruttojahresarbeitsentgelt aller Versicherten herstellt und damit eine Angleichung an die allgemeine Lohnentwicklung bewirkt.

Ebenso wie in den anderen Zweigen der Sozialversicherung wurde auch in den gesetzlichen Rentenversicherungen der Kreis der versicherten Personen erweitert. Nachdem das Fremdrenten- und Auslandsrentengesetz vom 7. August 1953 Flüchtlinge und Vertriebene in die Rentenversicherung eingegliedert hatte, unterstellte das Gesetz über eine Altershilfe für Landwirte vom 27. Juli 1957 die selbständigen Landwirte der Versicherungspflicht. Damit wurde nach den Handwerkern eine zweite große Gruppe von Selbständigen in das System der sozialen Sicherung einbezogen. Eine Ergänzung der Rentenreform von 1957 erfolgte durch das Fremdrenten- und Auslandsrenten-Neuregelungsgesetz vom 25. Februar 1960, das die Vertriebenen in das neue Rentensystem eingliederte. Zu einer erneuten Ausdehnung des Kreises der versicherten Personen kam es schließlich durch das Künstlersozialversicherungsgesetz vom 27. Juli 1981, durch das selbständige Künstler und Publizisten in der Rentenversicherung der Angestellten versichert wurden.

Das Rentenversicherungsänderungsgesetz vom 9. Juni 1965 verbesserte eine Anzahl von Berechnungsvorschriften, das Zweite Rentenversicherungsänderungsgesetz vom 23. Dezember 1966 erklärte auch die Beschäftigung bei Ehegatten für versicherungspflichtig mit der Möglichkeit der Befreiung und der Nachentrichtung von Beiträgen. Weitere entscheidende Änderungen brachte das Finanzänderungsgesetz vom 21. Dezember 1967; die Versicherungspflichtgrenze für Angestellte in der Rentenversicherung fiel ersatzlos fort, alle Angestellten wurden unabhängig von der Höhe ihres Einkommens versicherungspflichtig. Das Rentenreformgesetz vom 16. Oktober 1972 und das 4. Rentenversicherungsänderungsgesetz vom 30. März 1973 dehnten die Versicherungsberechtigung auf weitere Personenkreise aus und führten die flexible Altergrenze ein. Eine Rente nach Mindesteinkommen und die um 6 Monate vorgezogene Rentenanpassung verbesserten auch die Höhe der laufenden Renten. Das 20. und das 21. Rentenanpassungsgesetz vom 27. Juni 1977 und vom 25. Juli 1978 dienten dagegen in erster Linie dazu, die finanziellen Grundlagen der Rentenversicherung zu verbessern.

§ 2. Die historische Entwicklung 23

Auch das Gesetz über eine Altershilfe für Landwirte wurde mehrfach geändert und ergänzt. Das 4. und das 5. Änderungsgesetz vom 29. Juli 1969 und vom 21. Dezember 1970 führten zur Strukturverbesserung in der Landwirtschaft die Landabgaberente sowie die Möglichkeit zur Nachentrichtung von Beiträgen ein. Das 6. Änderungsgesetz vom 26. Juli 1972 erhöhte das Altersgeld und die Landabgaberente. Durch das Zweite Agrarsoziale Ergänzungsgesetz vom 9. Juli 1980 wurde auch die soziale Absicherung der jüngeren Witwen und Witwer verbessert.

Auswirkung auf die Rentenversicherung hatte auch das Erste Gesetz zur Reform des Ehe- und Familienrechts vom 14. Juni 1976, wonach die von den Ehegatten während der Ehe erworbenen Anwartschaftszeiten auf Altersversorgung im Falle der Scheidung nach dem Prinzip des Zugewinnausgleichs aufgeteilt werden. Die bedeutendste Neuregelung im Rahmen der gesetzlichen Rentenversicherung ist jedoch zweifellos das Gesetz zur Neuordnung der Hinterbliebenenrenten sowie zur Anerkennung von Kindererziehungszeiten in der gesetzlichen Rentenversicherung, das am 1. Januar 1986 in Kraft getreten ist. Durch dieses Gesetz wurde nicht nur das sog. „Baby-Jahr" eingeführt, sondern es wurden auch die früher bestehenden Ungleichbehandlungen zwischen Männern und Frauen im Hinblick auf die Gewährung von Hinterbliebenenrenten beseitigt.

Das Recht der Arbeitsförderung unterlag ebenfalls zahlreichen, überwiegend der Leistungsverbesserung dienenden Änderungen. Mit Wirkung vom 1. Mai 1952 wurde die Bundesanstalt für Arbeitsvermittlung und Arbeitslosenversicherung mit Sitz in Nürnberg gebildet. Die Arbeitsämter und die Landesarbeitsämter wurden aus dem Hoheitsbereich der Länder in die Bundesanstalt übergeführt.

Die Bezeichnung Arbeitslosenhilfe anstelle von Arbeitslosenfürsorge wurde durch das Gesetz vom 16. April 1956 eingeführt, das im übrigen Leistungsverbesserungen zum Inhalt hatte. 1957 wurde das Gesetz über Arbeitsvermittlung und Arbeitslosenversicherung aus dem Jahre 1927 grundlegend neu gestaltet. Das Recht der Arbeitslosenversicherung wurde hiermit vereinheitlicht und erheblich verbessert. Weitere Leistungsverbesserungen, wie z. B. die Einführung der Leistungen zur produktiven Winterbauförderung im Jahre 1959, folgten. 1969 trat an die Stelle des Gesetzes über Arbeitsvermittlung und Arbeitslosenversicherung das Arbeitsförderungsgesetz. Die bisherige Einrichtung wurde in Bundesanstalt für Arbeit umbenannt. Ihr Aufgabenkreis wurde erheblich erweitert, insbesondere im Bereich der Förderung der beruflichen Bildung und der Arbeits- und Berufsförderung Behinderter. Als weitere Leistungen der Arbeitsförderung wurde 1974 in das Arbeitsförderungsgesetz der Anspruch auf Konkursausfallgeld und die Entrichtung der rückständigen Sozialversicherungsbeiträge der Arbeitnehmer aufgenommen. 1979 erging das Fünfte Änderungsgesetz zum Arbeitsförderungsgesetz, das eine

Verbesserung der Förderung der beruflichen Bildung und der Vermittlungsfähigkeit von Arbeitslosen zum Inhalt hatte.

Ebenfalls durch eine ständige Verbesserung des Leistungsangebotes gekennzeichnet war auch die Entwicklung jener Sozialrechtsbereiche, die nicht zur Sozialversicherung gehören. Gegenstand des Rechts der sozialen Entschädigung bei Gesundheitsschäden war zunächst nur die Entschädigung von Kriegsopfern, die durch das Bundesversorgungsgesetz vom 20. Dezember 1950 einer einheitlichen Regelung zugeführt wurde. In der Folgezeit wurde der Kreis der Anspruchsberechtigten mehrfach erweitert. Bereits 1955 wurden Personen einbezogen, die aus politischen Gründen außerhalb der Bundesrepublik Deutschland in Gewahrsam genommen worden waren (Häftlingshilfegesetz), 1961 folgten jene Personen, die einen Impfschaden erlitten hatten (Bundesseuchengesetz) und 1976 wurde auch den Opfern von Gewalttaten ein Entschädigungsanspruch eingeräumt (Opferentschädigungsgesetz). Die Leistungen wurden ebenfalls ständig verbessert. Neben zahlreichen Rentenerhöhungen erfolgten auch grundlegende Änderungen wie die Einführung des Berufsschadensausgleichs für Schwerbehinderte und die Dynamisierung der Renten.

Eine umfassende Neuregelung des Sozialhilferechts brachte das Bundessozialhilfegesetz vom 30. Juni 1961, das an die Stelle der Verordnung über die Fürsorgepflicht vom 13. Februar 1924 und der Reichsgrundsätze über Voraussetzung, Art und Maß der öffentlichen Fürsorge vom 4. Dezember 1924 trat. Die Grundsätze des Fürsorgerechts – die Subsidiarität und die Individualisierung der Leistungen – wurden zwar beibehalten, erstmals wurde dem Hilfebedürftigen aber ein Rechtsanspruch auf die Sozialhilfeleistungen eingeräumt. Seit 1961 ist das Leistungsangebot u. a. erweitert worden durch die Einführung der Hilfen zur Überwindung besonderer sozialer Schwierigkeiten (1974) und der Hilfen zur Familienplanung, bei nicht rechtswidrigen Sterilisationen und bei nicht rechtswidrigen Schwangerschaftsunterbrechungen (1975). Neue Personengruppen wurden durch die Anhebung von Einkommensgrenzen in den Kreis der Anspruchsberechtigten einbezogen.

Das umfangreichste gesetzgeberische Vorhaben auf dem Gebiet des Sozialrechts ist die Schaffung des Sozialgesetzbuches. Das bisher in zahlreichen Einzelgesetzen unübersichtlich geregelte Sozialrecht soll vereinfacht werden, um das Rechtsverständnis des Bürgers und damit sein Vertrauen in den sozialen Rechtsstaat zu fördern, die Rechtsanwendung durch Verwaltung und Rechtsprechung zu erleichtern und die Rechtssicherheit zu gewährleisten.[27] Von den insgesamt vorgesehenen Büchern des SGB sind bisher in Kraft getreten: Der Allgemeine Teil (SGB I) am 1. Januar 1976, die Gemeinsamen Vorschriften für die Sozialversicherung

---

[27] BT-Drucks. 7/868.

(SGB IV 1) am 1. Juli 1977 und die Vorschriften für das Verwaltungsverfahren (SGB X), von denen zuletzt das 3. Kapitel – Zusammenarbeit der Leistungsträger und ihre Beziehungen zu Dritten – am 1. Juli 1983 in Kraft getreten ist. Die weiteren, einzelne Teilmaterien des Sozialrechts regelnden Bücher werden im Laufe der nächsten Legislaturperioden folgen.

§ 3. Das Sozialrecht in der Rechts- und Wirtschaftsordnung

I. Sozialrecht und Verfassungsrecht

Literatur: *Benda,* Bundessozialgericht und Sozialstaatsklausel, NJW 1979, 1001; *Bley,* Die Relevanz verfassungsrechtlicher Grundentscheidungen im materiellen Sozialrecht, SGb 1974, 321; *Bogs,* Bestandsschutz für sozialrechtliche Begünstigungen als Verfassungsproblem, RdA 1973, 26; *Bogs,* Die Sozialversicherung im Staat der Gegenwart, 1973; *Meydam,* Zur Renaissance der Eigentumsdiskussion im Sozialversicherungsrecht und ihrem Nutzen, SozSich 1975, 292; *Papier,* Verfassungsschutz sozialrechtlicher Rentenansprüche, -anwartschaften und -„erwerbsberechtigungen", VSSR 1973, 33; *Rüfner,* Das Sozialrecht in der Rechtsprechung des Bundesverfassungsgerichts (II), VSSR 1974, 68; *Schmidt-Bleibtreu/Klein,* Kommentar zum Grundgesetz, 6. Auflage 1983; *Schulz,* Entschädigungen für Opfer von Straftaten, ZRP 1973, 148; *Wand,* Das Sozialrecht in der Rechtsprechung des Bundesverfassungsgerichts (I), VSSR 1974, 52; *Wolff/Bachof,* Verwaltungsrecht I, 9. Aufl. 1974.

Das Sozialrecht wird im Grundgesetz nur hinsichtlich der Gesetzgebungs- und Verwaltungskompetenz ausdrücklich angesprochen. Neben diesen Kompetenzregelungen sind jedoch auch zahlreiche Grundrechte sowie das Sozialstaatsprinzip für das Sozialrecht von Bedeutung.

1. Gesetzgebungs- und Verwaltungskompetenz

Das Sozialrecht ist ganz überwiegend Bundesrecht. Zwar enthält das Grundgesetz keine Gesetzgebungskompetenz des Bundes für „das Sozialrecht", da man den umfassenden Begriff des Sozialrechts bei der Schaffung des Grundgesetzes noch nicht kannte, der Grundgesetzgeber hat dem Bundesgesetzgeber jedoch die konkurrierende Gesetzgebung für die damals bekannten klassischen Gebiete des heutigen Sozialrechts zuerkannt.

Eine konkurrierende Gesetzgebungskompetenz des Bundes besteht gemäß Art. 74 GG im wesentlichen für die öffentliche Fürsorge (Art. 74 Nr. 7 GG), für die Kriegsschäden und die Wiedergutmachung (Art. 74 Nr. 9 GG), für die Versorgung der Kriegsbeschädigten und der Kriegshinterbliebenen (Art. 74 Nr. 10 GG), für die Arbeitsvermittlung sowie die Sozialversicherung einschließlich der Arbeitslosenversicherung (Art. 74 Nr. 12 GG) und für die Regelung der Ausbildungsbeihilfen (Art. 74 Nr. 13 GG). Darüber hinaus steht dem Bund seit 1969 auch die konkurrierende Gesetzgebungskompetenz für die wirtschaftliche Sicherung der Krankenhäuser und die Regelung der Krankenhauspflegesätze zu (Art. 74 Nr. 19a GG).[1] Damit besitzt der Bund die konkurrierende Gesetzgebungskompetenz für das Recht der Ausbildungsförderung (Art. 74 Nr. 13 GG), der Arbeitsförderung und der Sozialversicherung (Art. 74 Nr. 12 GG) sowie das Wohngeldrecht,[2] die Jugendhilfe und die Sozialhilfe (Art. 74 Nr. 7 GG). Darüber hinaus läßt sich, auch wenn es insoweit an einer einheitlichen Kompetenzregelung fehlt,[3] aus Art. 74 GG auch die Gesetzgebungskompetenz des Bundes für wesentliche Teile des Rechts der sozialen Entschädigung bei Gesundheitsschäden herleiten. Die Gesetzgebungskompetenz des Bundes für soziale Entschädigungsleistungen nach dem Bundesversorgungsgesetz ergibt sich z.B. aus Art. 74 Nr. 10 GG, die Gesetzgebungskompetenz für soziale Entschädigungsleistungen nach dem Häftlingshilfegesetz aus Art. 74 Nr. 6 GG.[4]

Die Einordnung neuerer Sozialleistungsbereiche in dieses System von Gesetzgebungskompetenzen kann allerdings ebenso wie deren Einordnung in die klassische Dreiteilung des Sozialrechts Schwierigkeiten bereiten. Dies gilt in besonderem Maße wiederum für das Kindergeldrecht.[5]

Das Recht der Minderung des Familienaufwandes in Form des Kindergeldrechts hat zwar stets eine bundesgesetzliche Regelung erfahren, indessen bereitet das Auffinden einer entsprechenden Gesetzgebungskompetenz Schwierigkeiten. Diese ließ sich unter der Geltung des Kindergeldgesetzes vom 13. November 1954[6] aus Art. 74 Nr. 12 GG herleiten, da das Kindergeld nach dem Kindergeldgesetz von 1954 aus Familienausgleichskassen bezahlt wurde, deren Träger den Berufsgenossenschaften angegliedert waren und die ihre notwendigen Mittel aus den Beiträgen der Arbeitgeber erhielten.[7] Nachdem das Kindergeld nach dem Bundeskindergeldgesetz vom 14. April 1974 nunmehr aber durch die Bundesanstalt für Arbeit gezahlt und aus öffentlichen Mitteln finanziert wird[8] und somit das Versicherungsprinzip überhaupt nicht mehr gilt, ist es nicht mehr möglich, das Kindergeldrecht der Sozialversicherung zuzurechnen und die Gesetzgebungskompetenz des Bundes aus Art. 74 Nr. 12 GG herzuleiten. Auch die übrigen in Art. 74 GG angeführten Gesetzgebungskompetenzen des Bundes auf dem Gebiet des Sozialrechts

---

[1] Eingefügt durch das 22. Änderungsgesetz vom 12. Mai 1969, BGBl I S. 363.
[2] Zur Gesetzgebungskompetenz bezüglich des Wohngeldrechts aus Art. 74 Nr. 7 GG Gitter, BochKomm SGB-AT, § 7 Rdnr. 14; a.A. Schellhorn in: Burdenski/von Maydell/Schellhorn § 7 Rdnr. 12, der die Gesetzgebungskompetenz aus Art. 74 Nr. 18 GG herleitet.
[3] Vgl. Schulz, ZRP 1973, 148, 149; Schnapp, BochKomm SGB-AT, § 5 Rdnr. 12 ff.
[4] Schmidt-Bleibtreu/Klein Art. 74 Rdnr. 21, 26.
[5] Zur Zuordnung des Kindergeldrechts zur Sozialversicherung, sozialen Entschädigung oder Sozialhilfe s.o. § 1.
[6] BGBl I S. 333.
[7] Vgl. BVerfG E 11, 105, 112.
[8] Vgl. ausführlich unten § 40 III.

umfassen das Kindergeldrecht nicht. Im Ergebnis wird man aber dennoch davon ausgehen müssen, daß dem Bund auch für das Kindergeldrecht die konkurrierende Gesetzgebungskompetenz zukommt. Als 1949 das Grundgesetz geschaffen wurde, kannte man den umfassenden Begriff „Sozialrecht" noch nicht, man erfaßte aber alle damals bekannten Gebiete des Sozialrechts durch Art. 74 Nr. 7, 9, 10, 12 und 13 GG und räumte dem Bundesgesetzgeber insoweit die konkurrierende Gesetzgebungskompetenz ein. Das sozialrechtliche Teilgebiet der Minderung des Familienaufwandes in Form des Kindergeldrechts war dem Gesetzgeber nicht bekannt, so daß er insoweit keine Kompetenzregelungen treffen konnte. Aus der umfassenden Kompetenzerteilung für alle zum damaligen Zeitpunkt bekannten Gebiete des Sozialrechts läßt sich aber für den Gesetzgeber heute im Wege einer systematischen und historischen Auslegung ermitteln, daß dem Bundesgesetzgeber eine umfassende konkurrierende Gesetzgebungskompetenz für das gesamte Sozialrecht eingeräumt worden ist.[9]

Im Ergebnis ist damit davon auszugehen, daß dem Bundesgesetzgeber die konkurrierende Gesetzgebungskompetenz für alle Bereiche des Sozialrechts zusteht. Von dieser Gesetzgebungskompetenz hat der Bundesgesetzgeber weitgehend Gebrauch gemacht, so daß landesgesetzliche Bestimmungen daneben heute kaum noch von Bedeutung sind. Landesgesetzlich geregelt sind im wesentlichen nur noch Versorgungseinrichtungen für die Alterssicherung der freien Berufe, insbesondere für Ärzte, Tierärzte und Apotheker,[10] sowie die Blindenhilfe.

Ausgeführt werden die vom Bundesgesetzgeber erlassenen Gesetze auf dem Gebiet des Sozialrechts grundsätzlich durch die Länder als eigene Angelegenheiten im Sinne der Art. 83, 84 GG. Zu beachten ist jedoch, daß diejenigen Sozialversicherungsträger, deren Zuständigkeit sich über das Gebiet eines Bundeslandes hinaus erstreckt, als bundesunmittelbare Körperschaften geführt werden (Art. 87 Abs. 2 GG), so daß es sich insoweit um bundeseigene Verwaltung handelt. Dies gilt auch dann, wenn der Bund von seiner Befugnis Gebrauch gemacht hat, für Angelegenheiten, für die ihm die Gesetzgebungskompetenz zusteht, selbständige Bundesoberbehörden oder neue bundesunmittelbare Körperschaften oder Anstalten des öffentlichen Rechts durch Bundesgesetz zu errichten (Art. 87 Abs. 3 S. 1 GG). Von dieser Befugnis hat der Bundesgesetzgeber bisher im wesentlichen Gebrauch gemacht durch die Errichtung der Bundesversicherungsanstalt[11] und der Bundesknappschaft.[12]

---

[9] Gitter, BochKomm SGB-AT, § 6 Rdnr. 19.
[10] Vgl. Wannagat, S. 389f.; Schewe/Schenke/Meurer/Hermsen, S. 143ff.
[11] Vgl. das Gesetz über die Errichtung der Bundesversicherungsanstalt für Angestellte vom 7. August 1953, BGBl I S. 857.
[12] Vgl. das Gesetz über die Errichtung der Bundesknappschaft vom 28. Juli 1969, BGBl I S. 974.

Die Bedeutung der Art. 74 und 87 GG geht nicht über diejenige von Kompetenzregelungen hinaus. Eine Verfassungsgarantie des bestehenden Systems der Sozialversicherung oder seiner tragenden Organisationsprinzipien ist ihnen nicht zu entnehmen. Der Gesetzgeber hat vielmehr die Möglichkeit, den sich ständig wandelnden Verhältnissen im Interesse der sozialen Sicherheit auch mit neuen Lösungen gerade im Bereich der Organisation Rechnung zu tragen.[13]

2. Sozialstaatsprinzip und Grundrechte

Neben den vorgenannten Gesetzgebungs- und Verwaltungskompetenzen sind für das Sozialrecht insbesondere das Sozialstaatsprinzip und zahlreiche Grundrechte von Bedeutung. Zwar räumen sie dem Einzelnen keine subjektiv öffentlichen Rechte auf die Gewährung bestimmter Sozialleistungen ein, sie beeinflussen jedoch, wie ein Blick auf die Rechtsprechung des Bundesverfassungsgerichts zeigt, insbesondere die Sozialgesetzgebung.

Das Sozialstaatsprinzip wendet sich in erster Linie an den Gesetzgeber.[14] Es verpflichtet den Staat, sich um einen erträglichen Ausgleich widerstreitender Interessen und um die Herstellung erträglicher Lebensbedingungen für alle, die in Not geraten sind, zu bemühen, und eine annähernd gleichmäßige Förderung des Wohls aller Bürger und die annähernd gleiche Verteilung der Lasten anzustreben.[15] Bei der Verwirklichung dieser Ziele steht dem Gesetzgeber jedoch ein weiter Entscheidungsspielraum zu, da das Sozialstaatsprinzip nicht dahingehend ausgelegt werden darf, daß mit seiner Hilfe jede Einzelregelung, deren Anwendung in bestimmten Fällen zu Härten und Unbilligkeiten führt, modifiziert werden könnte.[16] Selbständige Ansprüche auf Sozialleistungen unmittelbar aus dem Sozialstaatsprinzip sind daher vom Bundesverfassungsgericht immer abgelehnt worden, sofern nicht gleichzeitig ein Verstoß gegen den Gleichheitssatz vorlag.[17] Aus dem Sozialstaatsprinzip in Verbindung mit dem Gleichheitssatz hat das Bundesverfassungsgericht dagegen u. a. hergeleitet, daß dem Einzelnen zumindest ein Anspruch auf Zutritt zu vorhandenen Einrichtungen zustehen kann.[18]

Als Grenze des Entscheidungsspielraums des Gesetzgebers ist u. a. das Recht auf freie Entfaltung der Persönlichkeit (Art. 2 Abs. 1 GG) von Bedeutung. Dieses wird durch sozialrechtliche Regelungen insbesondere dann tangiert, wenn der Einzelne zwangsweise in eine sozial sichernde Versorgungseinrichtung einbezogen und zur Beitragszahlung verpflichtet

---

[13] BVerfG E 39, 302, 314f.; vgl. auch BVerfG E 36, 383, 392; Bogs, S. 619ff.
[14] BVerfG E 36, 73, 84.
[15] BVerfG E 1, 97, 105.
[16] BVerfG E 26, 44, 61f.; 34, 118, 136.
[17] Vgl. Rüfner, VSSR 1974, 68, 80 m.w.N.
[18] Vgl. BVerfG E 33, 303, 331ff. (numerus-clausus-Urteil).

wird. Einen unzulässigen Eingriff in das Recht auf freie Entfaltung der Persönlichkeit hat das Bundesverfassungsgericht in derartigen Fällen bisher jedoch stets verneint,[19] indem es entweder auf das Schutzbedürfnis des in die Versicherungspflicht einbezogenen Personenkreises abstellte[20] oder die bedeutenden wirtschaftlichen Vorteile der erzwungenen Vorsorge betonte.[21]

Größere Bedeutung als das Recht auf freie Entfaltung der Persönlichkeit hat für das Sozialrecht Art. 3 GG als Grenze des Entscheidungsspielraums des Gesetzgebers. Das Bundesverfassungsgericht betont zwar auch im Sozialrecht die Freiheit des Gesetzgebers und überprüft gesetzliche Bestimmungen nicht daraufhin, ob die Lösung des Gesetzes die gerechteste oder zweckmäßigste ist, sondern beanstandet sie nur, wenn sich sachliche Gesichtspunkte schlechthin nicht finden lassen,[22] dennoch hat das Bundesverfassungsgericht aber eine Anzahl sozialrechtlicher Bestimmungen unter Berufung auf Art. 3 GG für nichtig erklärt. Hierzu gehörten u. a. der Ausschluß versicherungsfreier Arbeitnehmerehegatten von der freiwilligen Versicherung,[23] der Ausschluß der bei ihren Eltern beschäftigten Kinder und der bei ihren Kindern beschäftigten Eltern von der Arbeitslosenversicherung[24] und der Ausschluß von Empfängern bestimmter Sozialhilfeleistungen vom Bezug von Wohngeld.[25] Die größte Bedeutung hatte jedoch die Entscheidung des Bundesverfassungsgerichts zur Verfassungsmäßigkeit der Ungleichbehandlung von Witwen und Witwern im bisherigen Rentenversicherungsrecht. Das Bundesverfassungsgericht hatte die frühere Regelung, die von der sog. Hausfrauenehe als dem Regelfall ausging, in einer Entscheidung vom 12. März 1975[26] zwar als noch verfassungsmäßig angesehen, angesichts des sich wandelnden Rollenverständnisses und der zunehmenden Erwerbstätigkeit verheirateter Frauen hatte es dem Gesetzgeber aber aufgegeben, diese Materie bis 1984 neu zu regeln. Dies war der auslösende Faktor für die Neuregelung der Hinterbliebenenrenten, die zum 1. Januar 1986 in Kraft getreten ist.[27]

Von Bedeutung für das Sozialrecht sind weiterhin die Art. 6 und 12 GG. Art. 6 Abs. 1 GG verpflichtet den Staat nicht nur, die Familie zu respektieren, sondern auch sie zu fördern.[28] Dies gilt nicht nur für den

---

[19] BVerfG E 10, 354, 363; 12, 319, 323; 29, 221, 235; 29, 245, 254; ausführlich Rüfner, VSSR 1974, 68, 80.
[20] BVerfG E 10, 354, 368.
[21] BVerfG E 29, 221, 237f.; 29, 245, 254.
[22] Vgl. BVerfG E 17, 210, 216; 34, 118, 131.
[23] BVerfG E 18, 257.
[24] BVerfG E 18, 366; 20, 374; 20, 379.
[25] BVerfG E 27, 220; weitere Nachweise zur Überprüfung sozialrechtlicher Gesetze anhand von Art. 3 GG bei Bley, SGb 1974, 321, 327f.
[26] BVerfG E 39, 169.
[27] Vgl. ausführlich unten § 17 III 1.
[28] BVerfG E 24, 119, 135.

immateriell-persönlichen, sondern auch für den materiell-wirtschaftlichen Bereich.[29] Für verfassungswidrig hat das Bundesverfassungsgericht daher unter Berufung auf Art. 6 Abs. 1 GG z. B. sozialrechtliche Bestimmungen erklärt, die einen Wegfall der Waisenrente im Fall der Wiederverheiratung vorsahen.[30] Das Grundrecht der Berufsfreiheit (Art. 12 Abs. 1 GG) ist im wesentlichen von Bedeutung für das Kassenarztrecht. Art. 12 Abs. 1 GG verbietet es dem Gesetzgeber insoweit, die Zulassung als Kassenarzt[31] oder als Kassenzahnarzt[32] von Voraussetzungen abhängig zu machen, die die Berufswahl in unzulässiger Weise einschränken.[33] Eine derartige unzulässige Einschränkung der Berufswahlfreiheit hat das Bundesverfassungsgericht seinerzeit darin gesehen, daß die Zulassung zur Kassenarztpraxis von einer Verhältniszahl abhängig gemacht wurde. Ob das Bundesverfassungsgericht heute bei einer erneuten Entscheidung zu diesem Problemkreis zu demselben Ergebnis gelangen würde, erscheint zweifelhaft. Insoweit ist nämlich zu berücksichtigen, daß sich seit 1960 die Zahl der Kassenärzte nahezu verdoppelt hat und daß in demselben Zeitraum die Ausgaben der gesetzlichen Krankenversicherung um das 15fache gestiegen sind. Da zu befürchten ist, daß sich diese Entwicklung bei einem ungehinderten Zugang zur kassenärztlichen Tätigkeit fortsetzen wird, erscheint es durchaus möglich, daß das Bundesverfassungsgericht bei einer erneuten Überprüfung zu dem Ergebnis gelangen würde, daß zumindest geringfügige Eingriffe in die Zulassungsfreiheit mit Art. 12 GG zu vereinbaren sind.

Die Frage nach der Bedeutung der Eigentumsgarantie des Art. 14 Abs. 1 GG im Sozialrecht stellt sich schließlich, wenn der Einzelne Sozialleistungen erhält oder er ein entsprechendes Anwartschaftsrecht besitzt und diese Positionen durch gesetzgeberische Maßnahmen entzogen oder geschmälert werden. In derartigen Fällen hat das Bundesverfassungsgericht im Ergebnis bisher allerdings stets die Auffassung vertreten, die Eigentumsgarantie des Art. 14 Abs. 1 GG sei nicht verletzt worden. Dies erklärt sich zunächst daraus, daß subjektiv-öffentliche Rechte nur dann als Eigentum angesehen werden, wenn sie das Äquivalent eigener Leistungen sind. Beruhen sie dagegen auf staatlicher Gewährung, werden sie grundsätzlich nicht von der Eigentumsgarantie erfaßt.[34] Dem Eigentumsschutz des Art. 14 Abs. 1 GG können daher im wesentlichen nur Rechte aus der Sozialversicherung unterliegen.[35] Auch insoweit hat der

---

[29] Vgl. BVerfG E 17, 1; 17, 38; 17, 62; 28, 104, 112.
[30] BVerfG E 28, 324, 347f.; vgl. auch BVerfG E 29, 57; 29, 71; zur Bedeutung des Art. 6 Abs. 5 GG für das Sozialrecht vgl. BVerfG E 17, 148, 153; 22, 163.
[31] BVerfG E 11, 30.
[32] BVerfG E 12, 144.
[33] Zur Bedeutung des Art. 12 GG im Sozialrecht vgl. auch BVerfG E 16, 286, 294.
[34] Vgl. BVerfG E 14, 288, 293; 24, 220, 227; 29, 22, 33f.; 29, 283, 302.
[35] Zum Eigentumsschutz hinsichtlich sozialer Entschädigungsansprüche mit haftungsrechtlichen Substraten, Bley, S. 54ff.

§ 3. Das Sozialrecht in der Rechts- und Wirtschaftsordnung

Gesetzgeber allerdings die Möglichkeit, die Rechtsposition des Versicherten zu modifizieren. Eine bestimmte Höhe der Leistungen, eine bestimmte Art der Rentenberechnung oder der Beginn der Leistungspflicht des Sozialversicherungsträgers gehören nach der Rechtsprechung des Bundesverfassungsgerichts nicht zum feststehenden Inhalt der Anwartschaft des Berechtigten.[36] Durch Art. 14 Abs. 1 GG geschützt ist nur der Kernbestand der Rechtsposition des Berechtigten, so daß dem Gesetzgeber ein weiter Gestaltungsspielraum für die Ausgestaltung und damit auch für die Beschränkung der Positionen verbleibt. Soweit Gesetzesänderungen nicht in den Kernbestand der Rechtspositionen des Versicherten eingreifen, sind sie nur als Inhaltsbestimmungen im Sinne des Art. 14 Abs. 1 S. 2 GG anzusehen.[37] Die Eigentumsgarantie des Art. 14 Abs. 1 GG ist für das Sozialrecht damit letztlich kaum von praktischer Bedeutung.[38]

II. Beziehungen zu anderen Rechtsgebieten

Literatur: *Birk,* Bundessozialgericht und Arbeitsrecht, NJW 1979, 1017; *Gitter,* Zivilrechtliche Institute im Rahmen des Sozialversicherungsrechts, VSSR 1977, 323; *Gitter,* Bundessozialgericht und Zivilrecht, NJW 1979, 1024; *Henke,* Die Rechtsformen der sozialen Sicherung und das Allgemeine Verwaltungsrecht, VVDStRL 28, 149; *Krause,* Bundessozialgericht und Allgemeines Verwaltungsrecht, NJW 1979, 1007; *Krejci,* Das sozialversicherungsrechtliche Beschäftigungsverhältnis nach österreichischem und deutschem Recht, VSSR 1977, 301; *Rüfner,* Die Rechtsformen der sozialen Sicherung und das Allgemeine Verwaltungsrecht, VVDStRL 28, 187; *Seiter,* Sozialversicherungsrechtliches Beschäftigungsverhältnis und Arbeitsverhältnis, VSSR 1976, 179.

Das Sozialrecht ist nicht nur durch seine verfassungsrechtlichen Anknüpfungspunkte in die Gesamtrechtsordnung eingebunden, es weist auch Bezüge zu zahlreichen anderen Rechtsgebieten auf. Dies gilt insbesondere für das Verwaltungsrecht, aber auch für das Zivilrecht und das Arbeitsrecht.

1. Sozialrecht und Verwaltungsrecht

Das Sozialrecht ist ein Teilgebiet des öffentlichen Rechts. Dem öffentlichen Recht zuzurechnen sind zunächst die Beziehungen zwischen Sozialleistungsempfängern und Sozialleistungsträgern, da mit dem Sozialleistungsträger grundsätzlich ein Beteiligter eines Sozialrechtsverhältnisses ein Träger hoheitlicher Gewalt ist.[39] Auch die Beziehungen der

---

[36] BVerfG E 11, 221, 226; 20, 52, 54; 22, 241, 253.
[37] BVerfG E 11, 221, 226.
[38] Bley, S. 46; Bogs, RdA 1973, 26; Meydam, SozSich 1975, 292; Papier, VSSR 1973, 33; Wand, VSSR 1974, 52, 61.
[39] Rüfner, S. 28; vgl. auch Henke, VVDStRL 28, 149 ff.; Rüfner, VVDStRL 28, 187, 216 ff.; zur Subjektstheorie Wolff in: Wolff/Bachof, § 22 II c.

Sozialleistungsträger untereinander und zu anderen Hoheitsträgern sind aus diesem Grund dem öffentlichen Recht zuzurechnen.[40] Ausnahmsweise privatrechtlich ausgestaltet sind nach bisher h. M. lediglich die Beziehungen zwischen den Sozialleistungsträgern einerseits und Krankenhäusern und Apotheken, deren sich die Sozialleistungsträger zur Erfüllung ihrer Leistungspflichten gegenüber den Sozialleistungsempfängern bedienen, andererseits.[41]

Innerhalb des öffentlichen Rechts ist das Sozialrecht ein Teilgebiet des Verwaltungsrechts, und zwar ganz überwiegend des Rechts der Leistungsverwaltung. Der Eingriffsverwaltung zuzurechnen ist im wesentlichen nur die Einziehung von Pflichtbeiträgen in den verschiedenen Zweigen der Sozialversicherung.[42]

Infolge der Zuordnung des Sozialrechts zum Verwaltungsrecht gelten für das sozialrechtliche Verwaltungsverfahren grundsätzlich dieselben Regelungen, die auch in anderen Bereichen des Verwaltungsrechts Anwendung finden. Dies gilt auch für die wichtigsten Institute des allgemeinen Verwaltungsrechts, den Verwaltungsakt und den öffentlich-rechtlichen Vertrag. Sie sind – neben speziellen sozialrechtlichen Handlungsformen wie z. B. dem Beitritt zu einem Zweig der Sozialversicherung[43] – auch für das Sozialrecht von wesentlicher Bedeutung und unterliegen weitgehend denselben Regeln wie in anderen Bereichen des Verwaltungsrechts.[44] Soweit die Besonderheiten des Sozialrechts abweichende Regelungen erfordern – dies gilt insbesondere für die Rücknahme von Verwaltungsakten – wird hierauf im Anschluß an die Darstellung des materiellen Sozialrechts eingegangen.[45]

Die Zugehörigkeit des Sozialrechts zum Verwaltungsrecht zeigt sich auch bei der Gewährung von Rechtsschutz in sozialrechtlichen Streitigkeiten. Sie erfolgt teilweise durch die allgemeinen Verwaltungsgerichte und teilweise durch die Sozialgerichte als besondere Verwaltungsgerichte. Auch für das sozialgerichtliche Verfahren gelten im wesentlichen dieselben Regelungen wie für das allgemeine verwaltungsgerichtliche Verfahren. Auf Abweichungen, die überwiegend dazu dienen, dem rechtsunkundigen Bürger die Verfolgung von Sozialleistungsansprüchen zu erleichtern, wird ebenfalls im Anschluß an das materielle Sozialrecht eingegangen.[46]

---

[40] Vgl. Wannagat, S. 194.
[41] Vgl. unten § 8 VII.
[42] Wannagat, S. 195 f.
[43] Vgl. unten § 7 III.
[44] Zum Verwaltungsakt im Sozialrecht ausführlich Krause, NJW 1979, 1007, 1011 ff.
[45] Vgl. unten § 48.
[46] Vgl. unten § 49.

2. Sozialrecht und Zivilrecht

Auch wenn das Sozialrecht dem Verwaltungsrecht zuzurechnen ist, weist es doch zugleich zahlreiche Berührungspunkte mit dem Zivilrecht, insbesondere mit dem Schadensersatzrecht und dem Familienrecht auf. Berührungspunkte zwischen dem Sozialrecht und dem Schadensersatzrecht ergeben sich immer dann, wenn ein Sozialversicherter oder seine Hinterbliebenen einen Schadensersatzanspruch gegen einen Dritten erlangen, der ihnen durch Krankheit, Unfall, Invalidität oder durch den Tod des Ernährers erwachsen ist. Erbringt wegen dieses schädigenden Ereignisses ein Sozialversicherungsträger Leistungen, geht der zivilrechtliche Schadensersatzanspruch im Wege einer Legalzession in gleicher Höhe auf den Sozialversicherungsträger über.[47] Weitere Berührungspunkte zwischen dem Sozialrecht und dem Schadensersatzrecht ergeben sich insbesondere im Bereich der gesetzlichen Unfallversicherung. Erleidet ein versicherter Arbeitnehmer einen Arbeitsunfall, der auf ein schuldhaftes Verhalten seines Arbeitgebers oder eines anderen Arbeitnehmers zurückzuführen ist, so erlangt er entgegen den allgemeinen Regelungen keinen zivilrechtlichen Schadensersatzanspruch gegen seinen Schädiger. An dessen Stelle tritt vielmehr ein Anspruch auf Leistungen der gesetzlichen Unfallversicherung. Die zivilrechtliche Schadensersatzpflicht des Unternehmers bzw. anderer Betriebsangehöriger wird durch das Unfallversicherungsrecht unmittelbar beschränkt.[48] Dies gilt auch für Schmerzensgeldansprüche gem. § 847 BGB.[49]

Verbindungen zwischen dem Sozialrecht und dem Familienrecht resultieren daraus, daß die Inanspruchnahme zahlreicher Sozialleistungen von familienrechtlichen Beziehungen abhängig ist. Zu denken ist insoweit insbesondere an die Gewährung von Hinterbliebenenrenten in der gesetzlichen Unfallversicherung, den gesetzlichen Rentenversicherungen und nach dem Recht der sozialen Entschädigung bei Gesundheitsschäden. Teilweise setzt die Inanspruchnahme von Sozialleistungen außerdem voraus, daß der Sozialleistungsempfänger anderen Personen zum Unterhalt verpflichtet ist, oder daß Hinterbliebenen ein Unterhaltsanspruch gegen einen verstorbenen Versicherten zustand. Dies gilt für verschiedene Leistungen nach dem Recht der Arbeitsförderung ebenso wie für einige Leistungen der Sozialversicherung. In diesen Fällen besteht ein enger Zusammenhang zwischen den sozialrechtlichen Regelungen einerseits und den §§ 1601ff. BGB andererseits.[50]

Insbesondere in der Vergangenheit haben sich außerdem Berührungs-

---

[47] vgl. §§ 116ff. SGB X.
[48] §§ 636, 637 RVO; vgl. ausführlich Gitter, Schadensausgleich im Arbeitsunfallrecht, S. 238ff.
[49] Vgl. BVerfG NJW 1973, 502.
[50] Vgl. Gitter, NJW 1979, 1024, 1029f.

punkte zwischen dem Sozialrecht und dem Zivilrecht dadurch ergeben, daß das Sozialrecht zahlreiche Regelungslücken enthielt, die von Rechtsprechung und Schrifttum durch einen Rückgriff auf die entsprechenden zivilrechtlichen Vorschriften geschlossen wurden. Dies gilt beispielsweise für den Zugang, die Anfechtung und die Auslegung von Willenserklärungen,[51] die Anwendung des Grundsatzes von Treu und Glauben,[52] die Möglichkeit der Aufrechnung[53] und der Übertragung von Forderungen,[54] die Geschäftsführung ohne Auftrag[55] und die Rechtsnachfolge in Ansprüche bzw. Verpflichtungen gegenüber einem Sozialleistungsträger.[56] Insoweit hat sich der Einfluß des Zivilrechts auf das Sozialrecht nach dem Inkrafttreten des Sozialgesetzbuches allerdings etwas verringert, da zumindest einige der vorgenannten Fragen durch das SGB geregelt worden sind.[57]

3. Sozialrecht und Arbeitsrecht

Speziell das Sozialversicherungsrecht steht schließlich auch in engen Beziehungen zum Arbeitsrecht.

Berührungspunkte zwischen dem Arbeitsrecht und dem Sozialversicherungsrecht ergeben sich zunächst hinsichtlich der Entstehung von Sozialversicherungsverhältnissen. Die Versicherungspflicht in den verschiedenen Zweigen der Sozialversicherung und nach dem Recht der Arbeitsförderung ist – sieht man von insbesondere in neuerer Zeit eingeführten Ausnahmen ab – grundsätzlich davon abhängig, daß der Betroffene in einem Beschäftigungsverhältnis steht.[58] Da unter einer Beschäftigung im Sinne des Sozialversicherungsrechts jede nichtselbständige Arbeit, insbesondere in einem Arbeitsverhältnis,[59] zu verstehen ist, stimmt der Begriff des sozialrechtlichen Beschäftigungsverhältnisses inhaltlich mit dem des Arbeitsverhältnisses im Sinne des Arbeitsrechts überein.[60] Wird ein (faktisches) Arbeitsverhältnis begründet, entsteht damit grundsätzlich auch ein sozialversicherungsrechtliches Beschäftigungsverhältnis und der betroffene Arbeitnehmer unterliegt der Versicherungspflicht in den verschiedenen Zweigen der Sozialversicherung.[61]

---

[51] Vgl. BSG E 30, 135; BSG SozR 2200 § 1248 RVO Nr. 3; SozR 2200 § 1409 RVO Nr. 2.
[52] Vgl. BSG E 7, 199, 201; 13, 202, 205; 32, 52, 54; 34, 211, 213; 41, 275, 278.
[53] BSG E 15, 36, 37; 24, 131, 132; 28, 288, 289.
[54] BSG E 10, 160; 11, 60; 13, 94.
[55] Vgl. BSG E 6, 197, 200; 12, 31; 15, 56, 57.
[56] Vgl. BSG E 15, 157, 158; 25, 146, 148; 28, 102, 106f.
[57] Vgl. §§ 51, 53, 56ff. SGB I; zur Anwendung zivilrechtlicher Institute im Sozialrecht Gitter, VSSR 1977, 323; ders. NJW 1979, 1024.
[58] Vgl. §§ 165 Abs. 1 Nr. 1 und 2, Abs. 2, 539 Abs. 1 Nr. 1, 1227 Abs. 1 Nr. 1 RVO, § 2 Abs. 1 Nr. 1 AVG, § 1 Abs. 1 Nr. 1 RKG, § 168 Abs. 1 AFG.
[59] § 7 Abs. 1 SGB IV.
[60] Vgl. Seiter, VSSR 1976, 179; Krejci, VSSR 1977, 301.
[61] Zum Begriff der Beschäftigung ausführlich unten § 7 I.

§ 3. *Das Sozialrecht in der Rechts- und Wirtschaftsordnung*   35

Begriffliche Gemeinsamkeiten zwischen dem Arbeitsrecht und dem Sozialversicherungsrecht bestehen außerdem z. B. hinsichtlich der Unterscheidung zwischen Arbeitern und Angestellten. Soweit diese Unterscheidung für das Recht der gesetzlichen Krankenversicherung und der gesetzlichen Rentenversicherungen von Bedeutung ist, erfolgt die Abgrenzung anhand derselben Kriterien, die auch im Arbeitsrecht Anwendung finden.[62] Eine enge Verbindung zwischen dem Arbeitsrecht und dem Sozialversicherungsrecht ergibt sich schließlich auch daraus, daß zahlreiche Sozialversicherungsleistungen darauf ausgerichtet sind, einen Ausfall an Arbeitsentgelt auszugleichen. Dies gilt für das Arbeitslosengeld nach dem Recht der Arbeitsförderung und das Krankengeld aus der gesetzlichen Krankenversicherung ebenso wie für verschiedene Renten aus der gesetzlichen Unfallversicherung und den gesetzlichen Rentenversicherungen. Darüber hinaus sind alle diese Leistungen nicht nur durch ihre Funktion mit dem Arbeitsrecht verknüpft, sondern auch dadurch, daß sich ihre Höhe an dem ausgefallenen Arbeitsentgelt orientiert.

III. Sozialrecht und Wirtschaftsordnung

Literatur: Sozialbericht 1969/70 BT-Drucks. VI/643, BR-Drucks. 208/70; Sozialbericht 1971 BT-Drucks. VI/2155, BR-Drucks. 212/71; Sozialbericht 1972 BT-Drucks. VI/3432, BR-Drucks. 288/72; Sozialbericht 1973 BT-Drucks. 7/1167, BR-Drucks. 680/73; Sozialbudget 1974 BT-Drucks. 7/2853, BR-Drucks. 797/74; Sozialbudget 1976 BT-Drucks. 7/4953, BR-Drucks. 252/76; Sozialbudget 1978 BT-Drucks. 8/1805, BR-Drucks. 210/78; Sozialbudget 1980 , BR-Drucks. 407/80; Sozialbudget 1983, BR-Drucks. 565/83; Stat. Jahrbuch 1985 für die Bundesrepublik Deutschland.

Die Aufwendungen für Leistungen zur sozialen Sicherung und ihr Anteil am Bruttosozialprodukt sind in der Vergangenheit nahezu ständig angestiegen. Im Jahre 1983[63] betrugen die Ausgaben für Leistungen zur sozialen Sicherung bereits ca. 534 Milliarden DM. Dies entspricht einem Anteil am Bruttosozialprodukt von etwa 31,9 %.[64] Pro Kopf der Bevölkerung wurden 1982 im Durchschnitt Sozialleistungen in Höhe von etwa 8500 DM[65] in Anspruch genommen. Andererseits mußte ein Arbeitnehmer etwa 17,0 % seines Bruttolohnes für Sozialversicherungsbeiträge aufwenden.[66] Hinzu kommt die indirekte Belastung durch Steuern, die zur Finanzierung von Sozialleistungen verwendet werden.
Diese wenigen Zahlen zeigen bereits, wie groß die Bedeutung des

---

[62] Vgl. Birk, NJW 1979, 1017, 1022; zur Abgrenzung von Arbeitern und Angestellten ausführlich unten § 7 I.
[63] Alle Angaben für das Jahr 1983 beruhen auf den Angaben des Sozialberichts 1983, BR-Drucks. 565/83.
[64] Vgl. BR-Drucks. 565/83 S. 76.
[65] Vgl. BR-Drucks. 565/83 S. 56.
[66] Vgl. BR-Drucks. 565/83 S. 121.

Rechts der sozialen Sicherheit sowohl für die gesamtwirtschaftliche Entwicklung als auch für jeden Einzelnen ist. Diese Auswirkungen sind bei jeder möglicherweise wünschenswerten Änderung sozialrechtlicher Bestimmungen zu berücksichtigen und nur vor diesem Hintergrund sind zahlreiche bereits durchgeführte oder geplante Reformen zu verstehen. Im folgenden soll daher kurz dargestellt werden, welche wirtschaftliche Bedeutung dem Recht der sozialen Sicherheit insgesamt zukommt und wie sich diese entwickelt hat. Auf die Bedeutung einzelner Bereiche des Sozialrechts – sowohl im Hinblick auf die Anzahl der betroffenen Personen als auch bezüglich der finanziellen Auswirkungen – wird außerdem jeweils in den entsprechenden Abschnitten eingegangen.

Das Sozialbudget umfaßt nicht nur jene Leistungen, die aufgrund sozialrechtlicher Bestimmungen im Sinne der oben entwickelten Definition des Sozialrechts[67] erbracht werden. Diese stellen vielmehr nur einen Teilbereich – allerdings den bedeutendsten – des gesamten Systems der sozialen Sicherung dar. Ebenfalls der sozialen Sicherung dienen aber auch Leistungen aufgrund beamtenrechtlicher Vorschriften, direkte Leistungen von Arbeitgebern und direkte staatliche Leistungen. Als soziale Leistungen nach beamtenrechtlichen Vorschriften sind Pensionen, Familienzuschläge und Beihilfen zu berücksichtigen,[68] als direkte Arbeitgeberleistungen u.a. die Entgeltfortzahlung bei Krankheit oder Mutterschaft sowie Leistungen der betrieblichen Altersversorgung[69] und als indirekte staatliche Leistungen Maßnahmen zur Vermögensbildung, Steuerermäßigungen in Form von Freibeträgen oder dem Ehegattensplitting und Leistungen im Wohnungswesen durch den sozialen Wohnungsbau.[70] Bezieht man diese Leistungen mit ein, so hat sich das Sozialbudget und die Sozialleistungsquote, d.h. der Anteil des Sozialbudgets am Bruttosozialprodukt, in den vergangenen 20 Jahren wie folgt entwickelt.[71]

Die nachstehende Tabelle zeigt nicht nur, daß das Sozialbudget in den vergangenen Jahren ständig gestiegen ist, sie macht auch deutlich, daß die Entwicklung des Sozialbudgets und der Sozialleistungsquote nicht nur von gesetzgeberischen Maßnahmen, insbesondere in Form von Leistungsverbesserungen, beeinflußt wird, sondern daß sie auch von der gesamtwirtschaftlichen Entwicklung abhängig ist.

Der überdurchschnittlich starke Anstieg des Sozialbudgets zwischen 1970 und 1974 – jährlich zwischen 12,7 und 14% – ist im wesentlichen

---

[67] Siehe oben § 1.
[68] Vgl. BR-Drucks. 565/83 S. 98.
[69] BR-Drucks. 565/83 S. 101.
[70] BR-Drucks. 565/83 S. 113 ff.
[71] Vgl. BT-Drucks. 8/1805 und BR-Drucks. 407/80; BArbBl 1985, Heft 4, S. 133 ff.; die Zahlen für 1984 beruhen auf Schätzungen des Statistischen Bundesamtes, vgl. BArbBl 1985, Heft 4, S. 7 f.

Jahr	Bruttosozialprodukt Mrd. DM	%	Sozialbudget Mrd. DM	%	Sozialleistungs-quote %
1960	303,0		62,8		20,7
1961	331,4	+ 9,4	69,8	+11,1	21,0
1962	360,5	+ 8,8	76,3	+ 9,4	21,2
1963	382,1	+ 6,0	81,5	+ 6,8	21,2
1964	419,6	+ 9,8	89,1	+ 9,3	21,2
1965	458,2	+ 9,2	112,7	(+26,4)[72]	24,6
1966	487,4	+ 6,4	124,7	+10,6	25,6
1967	493,7	+ 1,3	133,4	+ 7,0	27,0
1968	535,2	+ 8,4	141,8	+ 6,3	26,5
1969	597,7	+11,7	153,6	+ 8,3	25,7
1970	679,0	+13,6	174,7	+13,8	25,5
1971	756,0	+11,3	198,8	+13,8	26,1
1972	827,2	+ 9,4	224,0	+12,7	26,9
1973	920,1	+11,2	252,6	+12,8	27,3
1974	986,9	+ 7,3	288,1	+14,0	28,9
1975	1030,3	+ 4,4	330,2	+14,6	32,1
1976	1123,8	+ 9,1	353,8	+ 7,1	31,5
1977	1193,3	+ 6,2	379,2	+ 7,2	31,8
1978	1278,5	+ 7,1	403,5	+ 6,0	31,3
1979	1395,0	+ 9,1	425,1	+ 5,4	30,5

auf gesetzgeberische Maßnahmen zur Leistungsverbesserung zurückzuführen. Dennoch ist die Sozialleistungsquote nicht in vergleichbarer Weise angestiegen, da das Bruttosozialprodukt entsprechend hohe Zuwachsraten verzeichnete.

Eine ungünstige wirtschaftliche Entwicklung hat dagegen auch dann einen Anstieg der Sozialleistungsquote zur Folge, wenn keine Leistungsverbesserungen eingeführt werden, da sie einerseits zu einem geringeren Wachstum des Bruttosozialproduktes führt und andererseits die Aufwendungen für Sozialleistungen – insbesondere für Leistungen der Arbeitsförderung – ansteigen. Dies zeigen z.B. die Jahre von 1974 bis 1977, in denen das Bruttosozialprodukt nur mäßig anstieg. Gleichzeitig erhöhten sich die Ausgaben der Bundesanstalt für Arbeit und – als Folge der hohen Lohnsteigerungen in der Zeit vor 1975[73] – die Rentenleistungen beträchtlich. Beide Effekte ließen das Sozialbudget und die Sozialleistungsquote deutlich ansteigen.

---

[72] Die überdurchschnittliche Steigerung des Sozialbudgets zwischen 1964 und 1965 ist eine Folge der Einkommenssteuerreform 1965.
[73] Zur verzögerten Rentenanpassung siehe unten § 17 II 4.

Als dritter wesentlicher Faktor neben gesetzgeberischen Maßnahmen und der wirtschaftlichen Entwicklung ist schließlich die Altersstruktur der Bevölkerung zu berücksichtigen. In der Bundesrepublik Deutschland ist der Anteil der Altersgruppe über 65 Jahren an der Gesamtbevölkerung von 1970 bis 1983 von 13,2 auf 14,9 % gestiegen. Dies führt zwangsläufig zu einer Erhöhung der Ausgaben für die Alterssicherung. Die hieraus resultierende Zunahme des Sozialbudgets hat – sofern nicht gleichzeitig das Bruttosozialprodukt entsprechend ansteigt – gleichzeitig eine Erhöhung der Sozialleistungsquote zur Folge. Hierin ist auch die Ursache für die zahlreichen Änderungen der Rentenbemessungsgrundlage in den vergangenen Jahren und die Erhöhung des Beitragssatzes in der gesetzlichen Rentenversicherung auf 19,2 % zum 1. Juni 1985 zu sehen.[74]

Insgesamt gesehen haben sich diese Faktoren in den letzten Jahren jedoch in etwa die Waage gehalten. Die Sozialleistungsquote ist jedenfalls – wie die folgende Übersicht zeigt – in etwa konstant geblieben:

Jahr	Bruttosozialprodukt Mrd. DM	%	Sozialbudget Mrd. DM	%	Sozialleistungsquote %
1980	1 485,7		476,8		32,1
1981	1 545,1	+4,0	509,2	+6,8	32,9
1982	1 599,1	+3,5	525,0	+3,1	32,8
1983	1 671,6	+4,5	533,9	+1,7	31,9
1984	1 750,0	+4,7	549,5	+2,0	31,4

Versucht man festzustellen, welche Bereiche der sozialen Sicherung den größten Anteil am Sozialbudget haben, so bietet sich zunächst eine Aufgliederung des Sozialbudgets nach Institutionen an. Den größten Anteil haben danach bezogen auf das Jahr 1983:[75]

Institutionen	Ausgaben in Mrd. DM
Gesetzliche Rentenversicherung	162,4
Gesetzliche Krankenversicherung	101,0
Gesetzliche Unfallversicherung	11,2
Arbeitsförderung	39,5
Kindergeld	15,4
Beamtenrechtliche Systeme (Pensionen, Beihilfen u.a.)	50,5
Direkte Arbeitgeberleistungen (Lohnfortzahlung, betriebliche Altersversorgung u.a.)	36,8

---

[74] Vgl. dazu unten § 17 II 4.
[75] BR-Drucks. 565/83 S. 76; BArbBl 1985, Heft 4, S. 133.

Institutionen	Ausgaben in Mrd. DM
Entschädigungsleistungen (Kriegsopferversorgung u.a.)	17,9
Soziale Hilfen und Dienste (Sozialhilfe, Vermögensbildung u.a.)	45,2
Indirekte Leistungen	45,0

Diese Zusammenstellung zeigt bereits, welche überragende Bedeutung der Sozialversicherung, insbesondere der Kranken- und Rentenversicherung, innerhalb des Systems der sozialen Sicherheit zukommt.

Noch deutlicher wird die Bedeutung von sozialen Leistungen im Krankheitsfall und im Alter, wenn man das gesamte Sozialbudget nicht nach Institutionen, sondern nach Funktionen gliedert. Eine derartige am Leistungszweck orientierte Gliederung bietet insofern ein anderes Bild, als häufig Leistungen verschiedener Institutionen demselben Zweck dienen. Dies zeigt sich z.B., wenn man den Funktionsbereich „Gesundheit" betrachtet. Ihm dienen nicht nur die Leistungen der gesetzlichen Krankenversicherung, sondern auch die Lohnfortzahlung im Krankheitsfall als direkte Arbeitgeberleistung und die Gewährung von Invalidenrenten.

Bei einer Gliederung nach Funktionen haben den größten Anteil am Sozialbudget folgende Bereiche:[76]

Funktionen	Anteil am Sozialbudget
Alter und Hinterbliebene	39,4%
Krankheit	32,0%
Ehe und Familie (Kindergeld, Steuerermäßigungen u.a.)	12,1%
Beschäftigung (Arbeitsförderung)	5,3%
Sonstige Bereiche	7,6%

Der Anteil der Leistungen des Funktionsbereichs Alter und Hinterbliebene ist infolge der Altersstruktur der Bevölkerung und der Inanspruchnahme der flexiblen Altersgrenze in den vergangenen Jahren auf knapp 40% angestiegen. Bis 1987 soll der Anteil der Alters- und Hinterbliebenenleistungen nahezu konstant bleiben. Der Anteil des Funktionsbereichs Gesundheit soll weiterhin knapp ⅓ des Sozialbudgets betragen und der Anteil des Funktionsbereichs Beschäftigung soll bis 1987 wieder auf 8,7% sinken.[77]

Betrachtet man die Quellen, aus denen die Leistungen zur sozialen

---

[76] BR-Drucks. 565/83 S. 57ff.; BArbBl 1985, Heft 4, S. 136f.
[77] Vgl. BR-Drucks. 565/83 S. 57.

Sicherung finanziert werden, so ergibt sich für das Jahr 1983 folgendes Bild:[78]

Finanzierungsart	Mrd. DM	Anteil in %
Beiträge der Arbeitnehmer	106,7	19,5
Beiträge der Selbständigen	5,3	1,0
Beiträge von sonstigen Personen	35,8	6,5
Tatsächliche Beiträge v. Arbeitgebern	127,7	27,3
Unterstellte Beiträge von Arbeitgebern (Entgeltfortzahlung, Betriebsrenten u.a.)	70,3	12,8
Zuweisungen aus öffentl. Mitteln	179,6	32,8
Sonstiges	22,8	4,1

Den größten Anteil an der Finanzierung des Sozialbudgets haben also Beiträge von Versicherten und von Arbeitgebern mit zusammen 63,1%. Der Beitragsanteil an der Finanzierung ist in der Vergangenheit bereits angestiegen und soll bis 1987 weiter steigen auf ca. 65 bis 66%. Auf den einzelnen Arbeitnehmer bezogen bedeutet dies, daß der durchschnittliche Gesamtbeitrag zur Renten-, Kranken- und Arbeitslosenversicherung für einen versicherungspflichtigen Arbeitnehmer allein zwischen 1974 und 1982 von 29,2% auf 34% des beitragspflichtigen Entgelts angestiegen ist (Arbeitnehmer- und Arbeitgeberbeiträge).

---

[78] Vgl. BR-Drucks. 565/83 S. 116ff.; BArbBl 1985, Heft 4, S. 138.

Zweiter Teil. Sozialversicherung

Literatur: *Albrecht,* Zum Begriff des Angestellten in der Sozialversicherung, SozVers 1976, 57; *Bley/Gitter/Gurgel u.a.,* Sozialgesetzbuch-Sozialversicherung-Gesamtkommentar, 1959 ff.; *Brackmann,* Handbuch der Sozialversicherung, 1949 ff.; *Caesar,* Sozialversicherung, 1970; *Figge,* Sozialversicherungs-Handbuch für die betriebliche Praxis, 1970 ff.; *Hauck/Haines,* Sozialgesetzbuch SGB IV 1, Gemeinsame Vorschriften für die Sozialversicherung, 1977 ff.; *Jäger,* Sozialversicherungsrecht, 9. Aufl. 1982; *Jahn,* Allgemeine Sozialversicherungslehre, 2. Aufl. 1980; *Koch/Hartmann u.a.,* Die Rentenversicherung im Sozialgesetzbuch, 1975 ff.; *Krause/von Maydell/ Merten/Meydam,* Gemeinschaftskommentar zum SGB IV, Gemeinsame Vorschriften für die Sozialversicherung (GK-SGB IV), 1978; *Leopold,* Die Selbstverwaltung in der Sozialversicherung, 3. Aufl. 1980; *Schulin,* Sozialversicherungsrecht, 2. Auflage 1985; *Wannagat,* Lehrbuch des Sozialversicherungsrechts, I. Band, 1965.

1. Abschnitt. Grundlagen der Sozialversicherung

Literatur: *Bogs, H.,* Die Sozialversicherung im Staat der Gegenwart, 1973; *Bruck-Möller,* Kommentar zum Versicherungsvertragsgesetz, 1. Band, 8. Aufl. 1961; *Gärtner,* Privatversicherungsrecht, 2. Aufl. 1980; *Gitter,* Schadensausgleich im Arbeitsunfallrecht, 1969; *Hax,* Die Entwicklungsmöglichkeiten der Individualversicherung in einem pluralistischen System der sozialen Sicherung, 1968; *Leisner,* Sozialversicherung und Privatversicherung, 1974; *Merten,* Zur Rechtsnatur der Beziehungen zwischen dem versicherten Beschäftigten und seinem Arbeitgeber im Sozialversicherungsrecht, in: Festschrift für Karl Sieg, 1976, S. 383; *Möller,* Sozialversicherung und Privatversicherung, SGb 1970, 81; *Piloty,* Die Arbeiterversicherungsgesetze, Band I: Invalidenversicherungsgesetz vom 13. Juli 1899, 1900; *Richter, L.,* Sozialversicherungsrecht, 1931; *Rosin,* Das Recht der Arbeiterversicherung, 1893; *Rüfner,* Die Rechtsformen der sozialen Sicherung und das Allgemeine Verwaltungsrecht, VVDStRL 28, 187; *Tomandl,* Grundriß des österreichischen Sozialrechts, 2. Aufl. 1980; *Wannagat,* Auf dem Wege zur Volksversicherung, in: Festschrift für Erich Fechner, 1973, S. 207; *Wertenbruch,* Sozialverfassung – Sozialverwaltung, 1974; *Wolff/Bachof,* Verwaltungsrecht II, 4. Aufl. 1976.

§ 4. Begriff und Wesen der Sozialversicherung

Sozialversicherung ist „eine staatlich organisierte, nach den Grundsätzen der Selbstverwaltung aufgebaute öffentlich-rechtliche, vorwiegend auf Zwang beruhende Versicherung großer Teile der arbeitenden Bevölkerung für den Fall der Beeinträchtigung der Erwerbsfähigkeit und des Todes sowie des Eintritts der Arbeitslosigkeit" (Wannagat).[1]

I. Kernstück dieser Definition ist die Aussage, daß es sich bei der Sozialversicherung um eine **Versicherung** handelt. Diese Zuordnung der

---

[1] S. 25.

Sozialversicherung unter den Oberbegriff der Versicherung war und ist nicht unumstritten.

Zwei Theorien standen sich schon bei Einführung der ersten Arbeiterversicherungsgesetze zur Entscheidung dieser Frage gegenüber: Die Versicherungs- und die Fürsorgetheorie. Während die Versicherungstheorie die Auffassung vertrat, daß auch die Sozialversicherung unter den Oberbegriff der Versicherung fällt, wenn auch nicht alle für die Privatversicherung maßgeblichen Grundsätze auf die Sozialversicherung übertragen werden könnten,[2] ging die Fürsorgetheorie davon aus, daß die Sozialversicherung eine öffentlich-rechtliche sozialpolitische Fürsorge, aber keine Versicherung sei.[3]

1. Eine Entscheidung dieser Frage setzt eine Auseinandersetzung mit dem Begriff der „Versicherung" voraus. Dabei ist an der für die Privatversicherung maßgeblichen Begriffsbildung anzuknüpfen.

Versicherung wird danach als eine Gemeinschaft gleichartig Gefährdeter mit selbständigen Rechtsansprüchen auf wechselseitige Bedarfsdeckung bezeichnet.[4] Entscheidendes Merkmal der Versicherung ist sonach der Zusammenschluß gleichartig Gefährdeter zu Gefahrengemeinschaften. Dabei kann es zunächst noch dahinstehen, wie dieser Zusammenschluß erfolgt, ob freiwillig oder durch Zwang. Wichtig ist nur, daß derartige Gefahrengemeinschaften gebildet werden, um auftretende Risiken besser auf eine größere Zahl von Gefährdeten verteilen zu können.

Zu diesem Zwecke erwirbt die Gefahrengemeinschaft gegen jedes ihrer Mitglieder einen selbständigen Rechtsanspruch auf Deckung ihres Bedarfs, nämlich den Anspruch auf die Prämie. Deren Ansammlung dient dazu, im Falle des Gefahreintritts bei einem der Mitglieder, die dadurch entstandene Einbuße abzudecken. Auf Deckung dieses Bedarfs wiederum erwirbt das Mitglied gegen die Gefahrengemeinschaft einen selbständigen Rechtsanspruch.

2. Fragt man sich nun, ob auch die Sozialversicherung diese Voraussetzungen erfüllt, so wird man dies grundsätzlich bejahen können.

In den verschiedenen Versicherungszweigen werden große Gefahrengemeinschaften gebildet, beispielsweise stellt die Krankenversicherung einen Zusammenschluß derer, die vom Risiko „Krankheit", oder die Unfallversicherung aller derer, die vom Risiko „Arbeitsunfall" bedroht sind, dar. Diese großen Gefahrengemeinschaften erwerben gegen die Versicherten bzw. ihre Arbeitgeber selbständige Rechtsansprüche auf Beiträge bzw. Umlagen. Im Falle des Eintritts der Gefahr erwirbt der Versicherte gegen die Gemeinschaft einen Anspruch auf Deckung seines Bedarfs in Gestalt der Versicherungsleistungen.

---

[2] Piloty, S. XII.
[3] Rosin, S. 255 ff.
[4] Bruck-Möller, § 1 Anm. 3.

§ 4. Begriff und Wesen der Sozialversicherung

Nun würde man es sich freilich zu einfach machen, wenn man schon diese Übereinstimmungen genügen lassen würde, um die Sozialversicherung wie die Privatversicherung dem Oberbegriff der „Versicherung" unterzuordnen. Zwischen beiden Institutionen gibt es nämlich eine Reihe von Unterschieden,[5] die auch auf die Rechtsnatur Einfluß haben könnten.

Ein wesentlicher Unterschied besteht darin, daß die Privatversicherung grundsätzlich auf Vertragsfreiheit, die Sozialversicherung dagegen auf Versicherungszwang beruht. Jedoch gilt diese Feststellung nur „grundsätzlich", da beispielsweise in der Kraftfahrzeug-Haftpflichtversicherung, die als Privatversicherung betrieben wird, ebenfalls ein staatlicher Zwang zum Abschluß und zur Aufrechterhaltung der Versicherung besteht. Der Grund dafür liegt darin, daß es im Interesse aller Verkehrsteilnehmer dem Kraftfahrzeughalter nicht überlassen werden kann, ob er eine Versicherung eingeht oder nicht. Auf der anderen Seite ist aber auch in der Sozialversicherung das Prinzip des Versicherungszwangs nicht lückenlos durchgeführt, da in den verschiedenen Versicherungszweigen die Möglichkeit freiwilliger Versicherung unter bestimmten Voraussetzungen besteht. Vertragsfreiheit und Versicherungszwang können folglich nicht als notwendige Kriterien für das Vorliegen einer „Versicherung" angesehen werden.

Auch bezüglich der Trägerschaft bestehen auffällige Unterschiede zwischen Privat- und Sozialversicherung. Die Privatversicherung wird von Aktiengesellschaften oder Versicherungsvereinen auf Gegenseitigkeit betrieben, die Sozialversicherung dagegen von Körperschaften des öffentlichen Rechts durchgeführt. Indessen bestehen auch im Privatversicherungsrecht insofern Ausnahmen, als nach § 192 Abs. 2 VVG Versicherungsverhältnisse bei einer nach Landesrecht errichteten öffentlichen Anstalt bestehen können. In einem solchen Falle handelt es sich dann um öffentlich-rechtliche Versicherungsverhältnisse wie im Sozialversicherungsrecht, während sonst im Privatversicherungsrecht zivilrechtliche Rechtsbeziehungen begründet werden.[6] Damit zeigt sich, daß es gewisse Überschneidungen auch im Hinblick auf die Trägerschaft und die Rechtsform gibt. Trägerschaft und Rechtsform vermögen daher gleichfalls keine zwingende Aussage über das Vorliegen einer „Versicherung" zu machen.

Mit der Rechtsform im engen Zusammenhang stehen die teilweise unterschiedlichen Zielsetzungen zwischen Privat- und Sozialversicherung. Zwar treffen sich Privat- und Sozialversicherung in der maßgeblichen Zielrichtung, den Versicherten Schutz vor den Folgen des Eintritts bestimmter Risiken zu gewähren, die Privatversicherung verfolgt dabei

---

[5] Vgl. hierzu Wannagat, S. 25 ff.
[6] Wannagat, S. 27.

aber auch betriebswirtschaftliche Tendenzen, während die Sozialversicherung allein einer sozialpolitischen Zielsetzung unterliegt. Schon die Kaiserliche Botschaft von 1881[7] hat diese Zielrichtung betont, indem die „Heilung sozialer Schäden" als Ziel der Gesetzgebung genannt wurde und seither hat sich grundsätzlich an dieser Zielsetzung der Sozialversicherung, dem Schutzbedürftigen zu helfen und dem sozialen Frieden zu dienen, nichts geändert.[8] Es wäre allerdings verfehlt, diese Zielrichtung der Privatversicherung völlig absprechen zu wollen. So wurde die Kraftfahrzeug-Haftpflichtversicherung nicht nur unter dem sozialen Aspekt des Schutzes der Verkehrsunfallopfer eingeführt, sondern ihre Entwicklung unter maßgeblicher Beteiligung der Versicherungsgesellschaften zeigt auch, etwa bei der Einrichtung von Haftungsfonds für die Opfer von Schwarzfahrern und bei Unfallflucht, daß die soziale Ausrichtung und Ausgestaltung auch der Privatversicherung nicht fremd ist. Wenn sonach auch bezüglich der Intensität der sozialen Zielrichtung Unterschiede bestehen, so läßt sich daraus jedenfalls nicht folgern, daß in einem Falle „Versicherung" vorliegt, im anderen dagegen nicht. Vielmehr findet diese verstärkte soziale Komponente in der Bezeichnung als „Sozial-Versicherung" Ausdruck.

Die stärkere soziale Komponente der Sozialversicherung gegenüber der Privatversicherung zeigt sich auch bei zwei Abweichungen, die häufig herangezogen werden, um der Sozialversicherung den Versicherungscharakter abzusprechen. Es handelt sich einmal darum, daß die Beiträge in der Sozialversicherung nicht unbedingt dem individuellen Risiko entsprechen. So hat beispielsweise in der Krankenversicherung der Versicherte auch Anspruch darauf, daß an seine Ehefrau und die unterhaltsberechtigten Kinder die Sachleistungen (ärztliche und zahnärztliche Behandlung, Krankenhauspflege usw.) erbracht werden. Da der Beitrag nach dem Arbeitsentgelt bemessen wird, zahlt sonach der Junggeselle und der Familienvater mit mehreren Unterhaltsberechtigten bei gleichem Einkommen den gleichen Beitrag, obwohl letzterer im Hinblick auf die Leistungsberechtigung ein wesentlich größeres Risiko darstellt. Sicher liegt darin eine bedeutsame Abweichung gegenüber der Privatversicherung, bei der die Prämie dem individuellen Risiko entspricht. Aber diese Ausgestaltung der Beitragspflicht trägt wiederum dem sozialen Charakter der Sozialversicherung Rechnung, ohne daß dadurch schon der Versicherungscharakter ausgeschlossen wäre.

Gravierender ist dagegen der Einwand,[9] daß in der Sozialversicherung zwei die Privatversicherung kennzeichnende Merkmale, nämlich die Entgeltlichkeit und Ungewißheit, nicht notwendigerweise vorliegen

---

[7] Vgl. oben § 2 IV.
[8] Wannagat, S. 27.
[9] Vgl. Wannagat, S. 11 ff.

müssen. Was die Ungewißheit angeht, so ist es für die Versicherung typisch, daß sie Schutz vor dem Eintritt zukünftiger ungewisser Ereignisse gewähren will. Wo der Schadenseintritt gewiß ist, ist für eine Versicherung an sich kein Raum. In der Sozialversicherung wird dagegen Versicherungsschutz auch in Fällen gewährt, in denen schon bei Versicherungsbeginn feststeht, daß das versicherte Risiko eintritt. So beginnt beispielsweise in der Krankenversicherung die Mitgliedschaft mit dem Eintritt in die versicherungspflichtige Beschäftigung (§ 306 RVO). Mit diesem Zeitpunkt erwirbt der Versicherte gem. § 206 RVO Anspruch auf die Versicherungsleistungen, auch wenn er bereits eine Krankheit „mitbringt", also zum Zeitpunkt des Versicherungsbeginns bereits krank im Sinne von behandlungsbedürftig ist. Hier liegt ganz sicher ein Unterschied zur Privatversicherung, der gegen den Versicherungscharakter der Sozialversicherung sprechen könnte. Aber man muß sich bewußt sein, daß dieser Fall nicht die Regel, sondern die Ausnahme darstellt und zudem wiederum die stärkere soziale Ausrichtung der Sozialversicherung erkennen läßt.

Ähnliches gilt für die Frage der Entgeltlichkeit.[10] In der Privatversicherung wird gem. § 38 Abs. 2 VVG der Versicherer von der Verpflichtung zur Leistung frei, wenn die Prämie zur Zeit des Eintritts des Versicherungsfalls noch nicht gezahlt ist. In der Sozialversicherung besteht zwar auch mit Beginn der Versicherungspflicht die Verpflichtung zur Beitragszahlung, die dem Arbeitgeber obliegt. Wenn dieser seine Verpflichtung nicht erfüllt, hat dies aber für den Versicherten nicht die Folge, daß er im Falle des Eintritts des Versicherungsfalls des Anspruchs auf die Versicherungsleistungen verlustig geht. Ihm stehen vielmehr in der Kranken- und Unfallversicherung diese Ansprüche zu, obwohl Beiträge nicht entrichtet worden sind. Das erscheint deshalb sinnvoll, weil der Versicherte selbst keinen Einfluß auf die Beitragszahlung hat und ist zugleich ein weiteres Kennzeichen der **Sozialversicherung**.

Zusammenfassend ist festzustellen, daß die Sozialversicherung gegenüber der Privatversicherung eine Reihe von Abweichungen und Besonderheiten aufweist. Dennoch überwiegen die versicherungsmäßigen Elemente auch in der Sozialversicherung, so daß man sie zusammen mit der Privatversicherung dem Oberbegriff der Versicherung zuordnen kann. Beiden obliegt die Deckung von Risiken, wobei in der Sozialversicherung aus sozialen Motiven bestimmte Einschränkungen versicherungsmäßiger Prinzipien vorgenommen worden sind.

Sozialversicherung und Privatversicherung stehen auch nicht beziehungslos nebeneinander. Die Privatversicherung hält vielmehr dort, wo aus sozialen Gründen nicht die Notwendigkeit besteht, bestimmten Bevölkerungsgruppen Schutz zu gewähren, die entsprechenden Versi-

---

[10] Wannagat, S. 13.

cherungsmöglichkeiten bereit. Sie stellt darüber hinaus gegenüber dem notwendigerweise bis zu einem gewissen Grade pauschalierenden Leistungssystem der Sozialversicherung geeignete Ergänzungen des Versicherungsschutzes unter Berücksichtigung subjektiver Bedürfnisse zur Verfügung. Deshalb ist es auch Aufgabe des Gesetzgebers, stets ein ausgewogenes Verhältnis von Sozialversicherung und Privatversicherung zu erhalten,[11] durch das einerseits der soziale Schutz gewährleistet, andererseits aber auch den individuelleren und flexibleren Gestaltungsmöglichkeiten der Privatversicherung Raum gegeben wird.

3. Bei grundsätzlicher Bejahung des versicherungsrechtlichen „Kerns" der Sozialversicherung ist allerdings nicht zu verkennen, daß daneben Elemente der Versorgung und Fürsorge treten.[12] Versorgungsrechtliche Elemente weist beispielsweise die sog. unechte Unfallversicherung auf, d.h. die Einbeziehung von Personengruppen in die Unfallversicherung, die nicht in einem Arbeitsverhältnis stehen, wie z.B. Nothelfer, Blutspender usw. Hier wird unter der Bezeichnung als Versicherung ein Ausgleich bewirkt, der an sich in den Bereich der Versorgung (sozialen Entschädigung) gehören würde.[13]

Fürsorgerische Elemente sind in einem weiteren Sinne sozialer Fürsorge und nicht im modernen Sinn als Elemente der Sozialhilfe zu verstehen. Mit der Sozialhilfe, die nach dem Grundsatz der Subsidiarität aufgebaut ist und Leistungen bei entsprechendem Bedarf erbringt, hat die Sozialversicherung wenig Berührungspunkte.[14] Dagegen ist die Sozialversicherung stark mit Elementen staatlicher Fürsorge durchsetzt, die sich beispielsweise darin äußern, daß in einigen Bereichen der Sozialversicherung, so in der Rentenversicherung, der Knappschaftsversicherung und der Altershilfe für Landwirte, teilweise erhebliche Zuschüsse zur Finanzierung geleistet werden.

II. Der Einfluß des Staats auf die Sozialversicherung zeigt sich aber nicht nur an diesen Besonderheiten der Finanzierung. Die Sozialversicherung ist – wie es in der Eingangsdefinition hieß – eine staatlich organisierte, öffentlich-rechtliche, vorwiegend auf Zwang beruhende Versicherung. Alle diese Begriffselemente stehen in einem engen Zusammenhang.

Die Versicherungsträger sind Körperschaften des öffentlichen Rechts (§ 29 SGB IV); sie führen mit der Sozialversicherung eine öffentliche Aufgabe durch. Die Rechtsbeziehungen zwischen den Versicherungsträgern und den Versicherten sowie deren Arbeitgebern sind öffentlich-rechtlich ausgestaltet.[15] Für eine privatautonome Gestaltung ist daher im

---

[11] Leisner, S. 184.
[12] Bley, S. 127 ff.; Tomandl, S. 29; Wannagat, S. 31.
[13] Gitter, Schadensausgleich im Arbeitsunfallrecht, S. 71.
[14] Wannagat, S. 32.
[15] Merten, S. 383; Wannagat, S. 193 ff.

§ 4. Begriff und Wesen der Sozialversicherung 47

Bereich der Sozialversicherung grundsätzlich kein Raum. Die Pflichtversicherung tritt unabhängig vom Willen der Versicherten kraft Gesetzes ein, der Arbeitgeber hat kraft öffentlichen Rechts die Beiträge abzuführen und der Versicherte diese Beitragsabführung zu dulden und schließlich muß sich der Versicherte mit den gesetzlich festgelegten Versicherungsleistungen zufriedengeben. Selbst bei freiwilligem Beitritt entsteht ein öffentlich-rechtliches Verhältnis,[16] das den durch Gesetz und Satzung festgelegten Bestimmungen unterliegt.

Diese öffentlich-rechtliche Ausgestaltung der Sozialversicherung garantiert ein hohes Maß an Effektivität. Einmal wird dadurch erreicht, daß der Schutz vor existenziellen Notfällen umfassend verwirklicht wird. Man kann sich nicht – aus welchen subjektiven Gründen auch immer – diesem Schutz entziehen. Im Fall des Risikoeintritts besteht immer ein Anspruch gegen den leistungsfähigen öffentlich-rechtlichen Versicherungsträger. Dieser hat den Anspruch unter Beachtung des Grundsatzes der Gesetzmäßigkeit der Verwaltung zu erfüllen, wodurch eine Gleichbehandlung der Versicherten garantiert ist. Wenn und soweit die Versicherungsträger Ermessensleistungen erbringen können, sind sie dabei an die für die Ermessensausübung geltenden Grundsätze gebunden (§ 39 SGB I). Auf der anderen Seite werden den Versicherungsträgern die Beiträge öffentlich-rechtlich geschuldet und sie können sich zur Durchsetzung ihrer Ansprüche der im öffentlichen Recht vorgesehenen Zwangsmittel bedienen. Die Sozialversicherung ist also zugleich gebende Leistungsverwaltung und nehmende Eingriffsverwaltung.[17]

III. Es handelt sich aber bei der Sozialversicherung nicht um unmittelbare Staatsverwaltung, sondern um eine mittelbare Staatsverwaltung, die durch die Selbstverwaltung gekennzeichnet ist. Selbstverwaltung bedeutet die „dezentralisierte Verwaltung eigener Angelegenheiten eines unterstaatlichen Trägers öffentlicher Verwaltung im eigenen Namen und auf eigene Kosten".[18] Neben diesen Begriff der Selbstverwaltung im Rechtssinne tritt der Begriff der Selbstverwaltung im politischen Sinne oder „ehrenamtliche Selbstverwaltung". Gemeint ist damit, daß die Selbstverwaltung durch die ehrenamtlich besetzten Organe ausgeübt wird (§ 31 SGB IV). Dabei war ursprünglich der Gedanke genossenschaftlicher Selbstverwaltung bestimmend, der aber im Laufe der Zeit von einer sozialen Selbstverwaltung durch die Verbände der Sozialpartner überlagert worden ist.[19] Der Bereich, in dem sich die ehrenamtliche Selbstverwaltung frei entscheiden kann, ist nun allerdings sehr eingeschränkt. In der Gegenwart besteht die Aufgabe der Sozialversicherungsträger vor-

---

[16] BSG E 14, 104, 107.
[17] Bogs, H., S. 571.
[18] Wolff in: Wolff/Bachof § 77 Ib.
[19] Krause in: GK-SGB IV § 29 Rdnr. 35.

wiegend darin, die detaillierte Sozialgesetzgebung zu vollziehen. In diesem Bereich läßt sich nur sehr bedingt von einer Selbstverwaltung sprechen. Die Selbstverwaltung hat sich daher weitgehend eingeengt auf die vom Gesetz eingeräumte und im Rahmen des Gesetzes bestehende organisatorische Selbständigkeit und die Erledigung dessen, was den Versicherungsträgern als Maßnahmen vorbeugender, heilender und rehabilitierender Fürsorge für ihre Versicherten obliegt.[20] Im Hinblick darauf erscheint es zutreffend, wenn davon gesprochen wird, daß von der Selbstverwaltung im Rechtssinne in der Sozialversicherung allenfalls noch „Restbestände"[21] vorhanden sind oder ihr nur noch ein Spielraum „im Randbereich"[22] eingeräumt ist.

IV. Was den durch die Sozialversicherung erfaßten Personenkreis angeht, so ist in der Definition Wannagats von „großen Teilen der Bevölkerung" die Rede. Dazu sind bei den einzelnen Versicherungszweigen nähere Ausführungen gemacht. Generell kann man heute sagen, daß sich die Sozialversicherung „auf dem Wege zur Volksversicherung"[23] befindet. Sie hat sich von der ursprünglich auf Arbeiter beschränkten sozialen Sicherung, die damals im Hinblick auf deren Schutzbedürfnis primär notwendig war, durch stetige Einbeziehung weiterer Personenkreise in Richtung auf eine Volksversicherung entwickelt. Das gilt für alle Versicherungszweige, hat aber beispielsweise in der Rentenversicherung durch die Öffnung dieses Versicherungszweigs für alle Personen, die im Geltungsbereich der RVO ihren Wohnsitz oder gewöhnlichen Aufenthalt haben und nicht anderweitig versichert sind (§ 1233 RVO) besonders sichtbaren Ausdruck gefunden.

Volksversicherung darf nun allerdings nicht mit Staatsbürgerversorgung, wie sie beispielsweise in den skandinavischen Ländern eingeführt ist, verwechselt werden. Die Staatsbürgerversorgung wird allein aus Steuermitteln finanziert, also nicht durch Beiträge, die am Arbeitseinkommen des späteren Anspruchsberechtigten orientiert sind. Die Leistungen der Staatsbürgerversorgung sind für alle Staatsbürger gleich und stärker am Existenzminimum ausgerichtet, so daß es regelmäßig zusätzlicher Sicherungen bedarf. Demgegenüber sind in der Sozialversicherung die Leistungen beitragsbezogen und damit auch einkommensbezogen und individualisiert. Diese Ausgestaltung läßt deutliche Vorteile der Sozialversicherung gegenüber der Staatsbürgerversorgung sichtbar werden. Sozialpsychologisch erscheint es wichtig, daß der Versicherte davon ausgehen kann, daß er durch seine Beiträge seinen Versicherungsanspruch erarbeitet hat und ihm nicht nur Leistungen von „hoher Hand"

---

[20] BVerfGE 39, 302, 313 f.; Krause in: GK-SGB IV § 29 Rdnr. 30.
[21] Wertenbruch, Sozialverfassung – Sozialverwaltung, S. 58.
[22] Rüfner, VVDStRL 28, 187, 194.
[23] Wannagat, Festschrift für Erich Fechner, S. 207.

§ 4. Begriff und Wesen der Sozialversicherung

gewährt werden. Darüber hinaus ist sichergestellt, daß die Leistungen stärker auf die Bedürfnisse der persönlichen Lebensführung, auf den erreichten Lebensstandard zugeschnitten sind. Es kann allerdings bei zeitlich begrenzter und niedriger Beitragszahlung der Fall eintreten, daß die Leistungen der Sozialversicherung den Lebensbedarf nicht decken, so daß der Versicherte oder seine Hinterbliebenen auf ergänzende Sozialleistungen, insbesondere die Sozialhilfe, angewiesen sind. Der Normalfall ist dies aber nicht. Nach einem normalen Arbeitsleben sind die Versicherungsleistungen vielmehr regelmäßig so hoch, daß sie unter Berücksichtigung wegfallender Steuer- und Beitragsbelastungen als angemessener Lohn- bzw. Unterhaltsersatz anzusehen sind.[24] Die Sozialversicherung erweist sich somit als bedeutsamste Einrichtung zur Existenzsicherung, die im Gegensatz zur Staatsbürgerversorgung nicht nur nivellierende, am Existenzminimum orientierte Leistungen gewährt, sondern individualisierte, der Lebensleistung und dem erreichten Lebensstandard entsprechende Leistungen.[25]

V. Die Leistungen in der Sozialversicherung werden ausgelöst durch bestimmte existenzielle Notfälle, die als Versicherungsfälle typisiert sind. Es handelt sich nach der Eingangsdefinition um Fälle „der Beeinträchtigung der Erwerbsfähigkeit und des Todes und des Eintritts der Arbeitslosigkeit". Leistungen für den Fall der Beeinträchtigung der Erwerbsfähigkeit finden sich in allen Versicherungszweigen, sei es, daß diese durch Krankheit, Mutterschaft, Arbeitsunfall oder in sonstiger Weise ausgelöst worden ist. Auch für den Todesfall sind in allen Versicherungszweigen, in der Krankenversicherung das Sterbegeld, in den anderen Zweigen Hinterbliebenenrenten, als Leistungen vorgesehen. Speziell für den Fall des Eintritts der Arbeitslosigkeit erbringt die Arbeitslosenversicherung Leistungen.

Ein neuer Versicherungsfall stellt allerdings eine gewisse Kombination von Elementen der Definition Wannagats dar. Es handelt sich um die sog. Erziehungsrente (§ 1265a RVO), bei der zwar auch am Tod des geschiedenen Ehegatten angeknüpft wird, aber eine auf Kindererziehung beruhende Unzumutbarkeit einer unterhaltssichernden Erwerbstätigkeit hinzukommen muß. In dieselbe Richtung zielt das Modell der Sachverständigenkommission zur Reform der sozialen Sicherung der Frau und der Hinterbliebenen. Nach diesen Reformvorschlägen sollte gleichfalls der Tod des Versicherten nicht immer zur Witwenrente führen, sondern

---

[24] Im Jahre 1983 betrug die Rente eines Durchschnittsverdieners mit 40 Versicherungsjahren 65% des vergleichbaren Nettoarbeitsentgelts, vgl. BR-Drucks. 565/83 S. 78.
[25] Vgl. hierzu Soziale Sicherung in der Bundesrepublik Deutschland, Bericht der Sozial-Enquete-Kommission, Rdnr. 517f.; Wannagat, S. 225f.

nur dann, wenn minderjährige Kinder zu erziehen waren bzw. die Witwe beim Tod des Versicherten ein bestimmtes Alter erreicht hatte.[26]

Diese Vorschläge sind allerdings nicht Gesetz geworden. Die durch das Gesetz über Hinterbliebenenrenten und Kindererziehungszeiten getroffene Regelung knüpft primär weiterhin am Tod des Versicherten als leistungsauslösendem Faktor an.

§ 5. Gestaltungsprinzipien

Grundsätzlich gilt für die Sozialversicherung wie für alle Sozialleistungsbereiche, daß sie „der Verwirklichung sozialer Gerechtigkeit und sozialer Sicherheit" dienen und „ein menschenwürdiges Dasein" sichern soll (§ 1 SGB I).[1] Diese grundsätzliche Zielbestimmung des Sozialleistungssystems hat für die Sozialversicherung eine spezielle Ausrichtung erfahren, die teilweise schon bei der Auseinandersetzung mit Begriff und Wesen der Sozialversicherung angesprochen wurde; sie läßt sich in den folgenden Prinzipien zusammenfassen.

I. Das soziale Schutzprinzip

Dieses Prinzip ist seit der Einführung der Sozialversicherung für diese Institution bestimmend. Ursprünglich ging es darum, den Arbeitern, die dieses Schutzes am dringendsten bedurften, für existenzielle Notfälle eine Absicherung zu gewähren.

Die dargestellte Entwicklung läßt erkennen, daß das Bedürfnis nach sozialem Schutz sich auf immer größere Personenkreise bis hin zu den Selbständigen erstreckte, nicht zuletzt auch im Hinblick darauf, daß überkommene Sicherungsformen, wie etwa Ersparnisse, infolge der Geldwertentwicklung ihre Bedeutung verloren. Es wuchs aber auch das Bedürfnis, weitere existenzielle Notfälle in den Versicherungsschutz einzubeziehen. So hat in allen Versicherungszweigen eine Erweiterung bzw. Differenzierung der Versicherungsfälle stattgefunden. Schließlich wurden auch die Leistungen immer weiter verbessert, so daß heute deren Funktion nicht mehr in einer Sicherung des Existenzminimums, sondern eines angemessenen Lohn- bzw. Unterhaltsersatzes besteht.

Die Ausdehnung des versicherten Personenkreises, die Erweiterung der Versicherungsfälle und die Verbesserung der Leistungen hat also zu einem nahezu umfassenden sozialen Schutz der Bevölkerung durch die Sozialversicherung geführt.

---

[26] Kritisch zu diesen Vorschlägen Bley, S. 215f., im Hinblick auf das Fehlen des Aspekts der Zumutbarkeit.

[1] Vgl. hierzu Wertenbruch, BochKomm SGB-AT, § 1 Rdnr. 15; ders., Sozialverfassung – Sozialverwaltung, S. 14ff.

II. Das Solidaritätsprinzip

Dieser soziale Schutz wird in der Sozialversicherung dadurch ermöglicht, daß der Einzelne in Solidargemeinschaften eingegliedert wird, die auf der einen Seite bis zu einem gewissen Grade seine Selbstverantwortung und Entfaltungsfreiheit beschränken, andererseits aber seine ausreichende Versorgung sichern und ihm dadurch die Entfaltung der eigenen Persönlichkeit ermöglichen.[2] Der Grundsatz der Solidarität erschöpft sich aber nicht in der Forderung nach Hilfe für den Einzelnen, vielmehr kann sich daraus auch das Verlangen nach einem der sozialen Gerechtigkeit entsprechenden Ausgleich zwischen den Mitgliedern der Gemeinschaft und darüber hinaus zwischen ganzen Bevölkerungsgruppen ergeben.[3]

So werden die Mitglieder der Solidargemeinschaft entsprechend ihrem Einkommen zu Beiträgen herangezogen, wodurch bespielsweise in der Krankenversicherung die Höherverdienenden die Lasten mittragen, die Minderverdienende verursachen. Ob man in diesem Zusammenhang auch die Heranziehung der Arbeitgeber zur regelmäßig hälftigen Beitragszahlung nennen kann, mag im Hinblick darauf fraglich erscheinen, daß die Beitragshälfte volkswirtschaftlich gesehen als Lohnbestandteil anzusehen ist.[4] Aus dieser Sicht wäre es denkbar, den Arbeitnehmer mit dem ganzen Sozialversicherungsbeitrag zu belasten. Jedoch wären gegen einen Verzicht auf den Arbeitgeberbeitrag sozialethische Gründe anzuführen: Ebenso wie der Versicherte mit seinem Beitragsanteil das Gefühl der Eigenvorsorge behält, wird durch den Beitragsanteil des Arbeitgebers dessen Bereitschaft wach gehalten, sozialfürsorgliche Verantwortung für die seinen Unternehmergewinn mit ermöglichenden Arbeitnehmer zu tragen.[5] Schließlich sind auch die Zuschüsse des Bundes in diesem Zusammenhang zu erwähnen, die aus Steuermitteln erbracht werden, wodurch auch Bevölkerungskreise, die nicht der Sozialversicherung angehören und keinen Anspruch auf Leistungen haben, mit zur Finanzierung herangezogen werden.

Durch das Finanzierungsverfahren der Rentenversicherung (§§ 1383 ff. RVO, §§ 110 ff. AVG) wirkt letztlich die Solidarität über die gegenwärtig arbeitende und Beiträge leistende Generation hinaus auf die aus dem Erwerbsleben ausgeschiedene Generation einerseits und die künftige Generation andererseits, da mit den jetzt geleisteten Beiträgen die jetzt zu zahlenden Renten finanziert werden in der Erwartung, daß die künftige Generation die Renten für die dann im Rentenalter Stehenden aufbringen wird. Man spricht in diesem Zusammenhang vom „Generationenver-

---

[2] Wannagat, S. 173.
[3] Wannagat, S. 176; vgl. auch Bley, S. 51.
[4] Bogs, S. 89; Wannagat, S. 176.
[5] Bogs, S. 90.

trag", wobei man sich bewußt sein muß, daß es sich allenfalls um eine gesetzlich verbürgte Annahme handelt, daß in Zukunft ebenso verfahren wird.[6] Es wird in Zukunft darauf ankommen, das Solidaritätsprinzip insoweit nicht zu überspannen, die arbeitende Bevölkerung also nicht durch zu hohe Beiträge zu einem unzumutbaren Konsumverzicht zugunsten der Rentnergeneration zu zwingen.

III. Das Prinzip des sozialen Ausgleichs

Als eine spezielle Ausprägung des Solidaritätsprinzips im Rahmen der Sozialversicherung ist das Prinzip des sozialen Ausgleichs anzusehen. Wannagat[7] sieht darin zu Recht „einen der Grundpfeiler der deutschen Sozialversicherung".

Dieser soziale Ausgleich findet in mehrfacher Hinsicht statt. Einmal vollzieht sich der soziale Ausgleich innerhalb der Versichertengemeinschaft. Wie schon erwähnt, werden dadurch, daß die Beiträge nach dem Arbeitseinkommen bemessen werden, die Höherverdienenden zur Lastentragung für die Minderverdienenden herangezogen. Anders als in der Privatversicherung ist also nicht das spezielle Risiko des Einzelnen für die Beitragslast maßgebend. So zahlt beispielsweise der gut verdienende Junggeselle in der Krankenversicherung einen höheren Beitrag als der schlechter verdienende Familienvater, obwohl letzterer nicht nur selbst die gleichen Sachleistungen wie der Junggeselle in Anspruch nehmen kann, sondern zudem einen Anspruch auf Leistungen der Familienhilfe (§ 205 RVO) an seinen unterhaltsberechtigten Ehegatten und die unterhaltsberechtigten Kinder hat. Hier wird zugleich die Notwendigkeit des Versicherungszwangs deutlich, da ohne diesen Zwang gutverdienende „gute Risiken", beispielsweise ledige jüngere Arbeitnehmer, in die am speziellen Risiko orientierte Privatversicherung abwandern würden. Dadurch würde letztlich aus der Sozialversicherung eine Versicherung „schlechter Risiken" werden, was notwendigerweise zu hohen Beiträgen und/oder hohen Staatszuschüssen führen müßte.

Beispiele für den sozialen Ausgleich innerhalb der Rentenversicherung stellen die Rechtsinstitute der Ersatz- und Ausfallzeit und der Hinterbliebenenversorgung dar. Im ersteren Falle handelt es sich darum, daß Beitragszahlungen, die sich letztlich in Ansprüchen gegen die Versichertengemeinschaften niederschlagen, fingiert werden, weil der Versicherte entweder Opfer von Gruppenschicksalen wie Kriegsdienst oder Gefangenschaft wurde, oder durch sein Einzelschicksal, etwa durch Arbeitsunfähigkeit wegen Krankheit, gegenüber anderen Versicherten benachteiligt würde. Durch die Anrechnung dieser Zeiten wird der soziale Ausgleich

---

[6] Wannagat, S. 117.
[7] S. 176.

bewirkt. Gleiches gilt für die Hinterbliebenenversorgung, die mangels höherer Beitragszahlung der Familienväter versicherungstechnisch nicht zu erklären ist. Die Rentenversicherung löst sich also vom versicherungstechnischen Äquivalenzprinzip, der Entsprechung von Leistung und Gegenleistung, indem sie einen sozialen Ausgleich zugunsten der Versicherten mit Familien herbeiführt.

Ein sozialer Ausgleich anderer Art kann aber auch zwischen den Versichertengemeinschaften erfolgen. So ist beispielsweise in der Unfallversicherung in der Strukturkrise des Bergbaus ein Finanzausgleichsverfahren zwischen der Bergbau-Berufsgenossenschaft und den anderen Versicherungsträgern der gewerblichen Wirtschaft geregelt worden, das letzteren einen Teil der finanziellen Unfallast des Bergbaus überbürdet.[8] Desgleichen findet in der Rentenversicherung ein Finanzausgleichsverfahren zwischen der Arbeiterrentenversicherung und der Angestelltenversicherung statt, das der erheblichen Zunahme der Zahl von Angestelltenberufen, die einem noch nicht abgeschlossenen Trend entspricht, Rechnung trägt. Auf diese Weise werden die finanziellen Folgen jener Berufsstrukturveränderung finanziell ausgeglichen.

IV. Eingeschränkte Bedeutung des Subsidiaritätsprinzips

Das Subsidiaritätsprinzip ist an sich kein Gestaltungsprinzip der Sozialversicherung, sondern der Sozialhilfe. Es hat dort in § 2 BSHG in der Weise Ausdruck gefunden, daß Leistungen nicht erhält, wer sich selbst helfen kann oder wer die erforderliche Hilfe von anderen, besonders von Angehörigen oder von Trägern anderer Sozialleistungen – dazu gehören in erster Linie die Sozialversicherungsträger – erhalten kann. Die Leistungen der Sozialversicherung sind demgegenüber niemals subsidiär; der Anspruch auf die Leistung der Sozialversicherung steht dem Versicherten unabhängig davon zu, ob er über ein Vermögen verfügt oder durch Angehörige oder andere Sozialleistungen seinen Lebensbedarf decken könnte. Das ist eine zwangsläufige Folge davon, daß der Sozialversicherungsanspruch durch Beiträge „erkauft" worden ist. Es ist also hervorzuheben, daß das Subsidiaritätsprinzip für das Leistungsrecht der Sozialversicherung nicht maßgeblich ist.

Dennoch ist das Subsidiaritätsprinzip auch auf die Sozialversicherung nicht ohne Einfluß.[9] Versteht man darunter, daß die Gemeinschaft erst dann zum Eingreifen verpflichtet ist, wenn sich der Einzelne aus eigener Initiative oder Kraft nicht mehr zu helfen vermag, dann stellen sich für das Sozialversicherungsrecht eine Reihe von Problemen. Jede Ausdehnung des versicherten Personenkreises, jede Einbeziehung weiterer Risi-

---

[8] Siehe dazu Bogs, S. 410 m.w.N.
[9] Wannagat, S. 180f.

ken, aber auch die Frage der Höhe der Leistungen muß dann am Subsidiaritätsprinzip gemessen werden. Es fragt sich beispielsweise, ob ein bestimmter Personenkreis wirklich sozial schutzbedürftig ist, ferner ob ein Risiko aus Gründen des sozialen Schutzes in die Sozialversicherung einbezogen werden muß, oder ob nicht geeignete zumutbare und ausreichende Möglichkeiten der Eigenvorsorge, insbesondere durch Privatversicherung, bestehen. Weiter fragt es sich, ob die Höhe bestimmter Versicherungsleistungen nur so bemessen werden soll, daß darauf vom Einzelnen eine Eigenvorsorge aufgebaut werden kann und tunlichst auch sollte.[10] Schließlich können unter dem Aspekt des Subsidiaritätsprinzips staatliche Zuschüsse in Frage gestellt und ihre Ersetzung durch Beiträge diskutiert werden.

Die angeschnittenen Fragenbereiche bedürfen bei jeder Neuregelung oder Änderung des Sozialversicherungsrechts der Diskussion. Dabei wird regelmäßig das Spannungsverhältnis zwischen dem sozialen Schutzprinzip und dem Solidaritätsprinzip einerseits und dem Subsidiaritätsprinzip andererseits sichtbar. Eine gewisse Tendenz in Richtung auf eine stärkere Betonung des sozialen Schutzprinzips und des Solidaritätsprinzips ist unverkennbar. Diese Tendenz ist insoweit sachgerecht, als die Veränderung der Lebensverhältnisse in bestimmtem Umfang dazu zwingt, den sozialen Schutz zu verstärken. Dennoch muß vor einer Überbetonung dieser Prinzipien und damit vor einer weitgehenden Ausschaltung des Subsidiaritätsprinzips gewarnt werden, weil dies letztlich zum totalen Versorgungsstaat, der nicht der Wertordnung des Grundgesetzes entspricht, führen würde.

§ 6. Rechtsgrundlagen

Der Allgemeine Teil des Sozialgesetzbuchs (SGB I) gilt für das gesamte Sozialrecht. Speziell für die Sozialversicherung ist der § 4 SGB I relevant, der ein Recht auf Zugang zur Sozialversicherung normiert. Indessen ist dieses soziale Recht wie alle anderen sozialen Rechte relativiert.[1] Einmal besteht dieses Recht schon nach § 4 SGB I nur im „Rahmen dieses Gesetzbuchs", so daß damit auf die besonderen Voraussetzungen der noch in das Sozialgesetzbuch aufzunehmenden Sozialversicherungsgesetze verwiesen wird. Darüber hinaus wird in § 2 SGB I klargestellt, daß aus den nachfolgenden sozialen Rechten Ansprüche nur insoweit geltend

---

[10] Bogs, S. 602; ders., S. 593 f. zum sog. Dreisäulen-Modell: Gesetzliche Rentenversicherung als Grundsicherung; (über-)betriebliche Zusatzversicherungen und freie Eigenvorsorge für die Lebenslagen des Alters und der vorzeitigen Invalidität.

[1] Vgl. hierzu Wertenbruch, BochKomm SGB-AT, § 2 Rdnr. 12 f., insbesondere zur Kritik an den „sozialen Rechten" durch Schnapp/Meyer, DRV 1973, 66 und von Maydell, DVBl 1971, 1.

gemacht werden können, als deren Voraussetzung und Inhalt durch die Vorschriften der besonderen Teile des SGB I – insoweit handelt es sich auch hier um die noch aufzunehmenden Sozialversicherungsgesetze – im einzelnen bestimmt ist.

Weitere Vorschriften des SGB I, die sich speziell auf die Sozialversicherung beziehen, sind die §§ 21 bis 23 sowie für die Arbeitslosenversicherung § 19. Hier sind jeweils die Leistungen aufgelistet, auf die ein Anspruch besteht und gleichzeitig ist angegeben, wer für die Gewährung dieser Leistungen zuständig ist. Ziel dieser Normen, die sich im Abschnitt „Einweisungsvorschriften" befinden, ist es, dem Bürger einen Überblick über die möglichen Ansprüche zu geben und ihn zugleich auf den Träger hinzuweisen, an der er sich wenden kann.

In seinem dritten Abschnitt enthält das SGB I Gemeinsame Vorschriften für alle Leistungsbereiche, also nicht speziell für die Sozialversicherung. Allerdings spielen viele dieser Normen gerade für die Sozialversicherung eine große Rolle, so beispielsweise die besondere Handlungsfähigkeit des § 36 SGB I, die Verzinsung der Ansprüche auf Geldleistungen gemäß § 44 SGB I, die Pfändung von Geldleistungsansprüchen gem. § 54 SGB I oder die Sonderrechtsnachfolge gem. § 56 SGB I, um nur einige der für die Sozialversicherung relevanten Normen zu nennen.

Ausschließlich für die Sozialversicherung gilt das SGB IV, die Gemeinsamen Vorschriften für die Sozialversicherung. Wie schon der Name besagt, handelt es sich dabei um einen „Allgemeinen Teil" des Sozialversicherungsrechts. Es finden sich hier insbesondere eine Reihe gemeinsamer Begriffsbestimmungen, z.B. über Beschäftigung und über selbständige Tätigkeit (§§ 7 ff. SGB IV) oder Arbeitsentgelt und sonstiges Einkommen (§§ 14 ff. SGB IV), sowie Vorschriften über Leistungen und Beiträge (§§ 19 ff. SGB IV), ferner die Versicherungsträger und die Selbstverwaltung (§§ 29 ff. SGB IV) sowie die Aufsicht (§§ 87 ff. SGB IV).

Der „Besondere Teil" des Sozialversicherungsrechts ist noch nicht in das Sozialgesetzbuch integriert. Die Krankenversicherung, Unfallversicherung und Rentenversicherung der Arbeiter sind in der RVO geregelt, die Angestelltenversicherung im AVG, die knappschaftliche Kranken- und Rentenversicherung im RKG, die Altershilfe für Landwirte im GAL und die Arbeitslosenversicherung im AFG. Die Rechtsanwendung wird durch dieses Nebeneinander spezieller Gesetze und der beiden Teile des SGB (I und IV) nicht erleichtert. Es ist aber damit zu rechnen, daß die besonderen Gesetze in den nächsten Jahren in das Sozialgesetzbuch eingegliedert werden.

2. Abschnitt. Krankenversicherung

Literatur: *Albrecht,* Die Versicherungspflicht in der Krankenversicherung, 5. Aufl. 1977; *Albrecht,* Zum Begriff des Angestellten in der Sozialversicherung, SozVers 1976, 57; *Brackmann,* Der persönliche und räumliche Geltungsbereich nach dem Sozialgesetzbuch – Allgemeiner Teil –, BG 1977, 173; *Brandecker,* Krankenhausfinanzierungsgesetz, Bundespflegesatzverordnung und Folgerecht, 1976 ff.; *Brünger,* Versicherungsfreiheit bei geringfügigen Beschäftigungen, KrV 1979, 279; *Buchner,* Der Mutterschutz auf dem Wege vom Arbeitsrecht zur Familienpolitik, NJW 1979, 1793; *Gerlach,* Sonstige Hilfen, WzS 1976, 97; *Gitter/Wendling,* Flankierende Maßnahmen nach dem Strafrechtsreform-Ergänzungsgesetz in: Sterilisation und Schwangerschaftsabbruch (Hrsg. Eser/Hirsch), 1980; *Groß/Bröhl,* Fälle zum Leistungsrecht der gesetzlichen Krankenversicherung, 1978; *Henke,* Ergänzende Maßnahmen zur Neuregelung des Schwangerschaftsabbruchs, NJW 1976, 1773; *Henke,* Gedanken zu den „sonstigen Hilfen" im Bereich der gesetzlichen Krankenversicherung, SGb 1977, 6; *Hoernigk/Romann/Schroetungen,* Krankenversicherung; *Krauskopf,* Soziale Krankenversicherung, 2. Aufl. 1973 ff.; *Krauskopf/Ziegler,* Krankenhausfinanzierungsgesetz, 2. Aufl.; *Marburger,* Zur Diskussion: Mehrleistungen im Bereich der gesetzlichen Krankenversicherung, SozSich 1973, 303; *Matzke-Schirmer,* Empfängnisregelung, Sterilisation und Schwangerschaftsabbruch, BBK 1975, 293; *von Maydell,* Der Geltungsbereich des deutschen Sozialversicherungsrechts, BlStSozArbR 1977, 73; *Meydam,* Die abgeleiteten Leistungen der gesetzlichen Krankenversicherung, in: Sozialrechtstage 1979, Hrsg. Rechts- und Wirtschaftswissenschaftliche Fakultät der Universität Bayreuth, S. 92; *Meydam,* Zum Sachleistungsprinzip in der gesetzlichen Krankenversicherung, SGb 1977, 92; *Meydam,* Eigentumsschutz und sozialer Ausgleich in der Sozialversicherung, Frankfurt 1973; *Noell,* Die Krankenversicherung der Landwirte, 6. Aufl. 1978; *Nolte,* Krankenversicherung der Studierenden, 1975; *Nolte,* Krankenversicherung der Rentner, 2. Aufl. 1978; *Peters,* Handbuch der Krankenversicherung, 17. Aufl. 1970 ff.; *Roeßler, Viefhuß, Thiemeyer und Krasney,* Der Krankheitsbegriff, ZSR 1976, 386; *Schirmer,* § 218 (Schwangerschaftsabbruch) und die flankierenden Leistungen der Krankenkassen, BKK 1976, 185; *Schroeter,* Der Mutterschaftsurlaub – eine neue Sozialleistung, BB 1979, 993; *Stolt/Vesper,* Die Ersatzkassen der Krankenversicherung, 7. Aufl. 1973; *Töns,* Die Mutterschaftshilfe der Krankenkassen, 1966 ff.; *Töns,* Sonstige Hilfen als Leistung der Krankenversicherung, DOK 1976, 177; *Wanner,* Strafrechtsreform-Ergänzungsgesetz – nach Abschluß der Strafrechtsreform, KrV 1976, 170; *Zmarzlik,* Vom Mutterschutz zum Mutterschaftsurlaub, AuR 1979, 171; *Zuck,* Die Gewährung der Krankenhauspflege durch bestimmte Krankenhäuser, NJW 1979, 590.

Das Recht der gesetzlichen Krankenversicherung ist im wesentlichen enthalten in den §§ 165 bis 536 RVO, im Gesetz über die Krankenversicherung der Landwirte (KVLG) und im Gesetz über die Sozialversicherung der selbständigen Künstler und Publizisten (KSVG).

Leistungen der gesetzlichen Krankenversicherung erhalten nach diesen Bestimmungen ca. 56 Mill. Personen, d. h. etwa 90% der Bevölkerung der Bundesrepublik Deutschland. Auf sonstige Weise, überwiegend durch eine private Krankenversicherung, sind ca. 6 Mill. gegen die Risiken einer Krankheit versichert. Nicht versichert nur etwa 0,3% der Bevölkerung.

Die Aufwendungen für die Leistungen der gesetzlichen Krankenversicherung sind in den vergangenen Jahren ständig gestiegen. Der durchschnittliche Anstieg betrug

1960–1965 10,75%
1965–1970 10%
1970–1975 19,5%
1975–1980 7%

Gleichzeitig ist auch der Anteil der Krankenversicherungskosten am Bruttosozialprodukt ständig gestiegen. Während er 1950 noch 2,6% betrug, mußten 1982 bereits 6,1% des Bruttosozialproduktes für die Leistungen der gesetzlichen Krankenversicherung aufgewendet werden. In absoluten Zahlen bedeutet dies, daß die Aufwendungen der gesetzlichen Krankenversicherung allein zwischen 1974 und 1983 von 52 Mrd. DM auf 100 Mrd. DM angestiegen sind. 1987 werden sie voraussichtlich 117 Mrd. DM betragen. Den größten Anteil an den Ausgaben von 100 Mrd. DM im Jahre 1983 hatten die Aufwendungen für

Krankenhauspflege	30,9 Mrd. DM
Ärzte, Zahnärzte, sonstige Heilpersonen, Zahnersatz	30,7 Mrd. DM
Apotheken, sonstige Heil- und Hilfsmittel	19,7 Mrd. DM
Krankengeld	6,3 Mrd. DM

Die Ursachen für die ständige Kostensteigerung sind vielfältig. Die Leistungsverbesserungen trugen hierzu ebenso bei wie eine ungünstige Struktur des Mitgliederbestandes. Von 1974 bis 1979 stieg z.B. die Mitgliederzahl insgesamt nur um ca. 2%, der Anteil der Rentner dagegen um 9%.

Die Kostenentwicklung im Bereich der gesetzlichen Krankenversicherung war Anlaß für vielfältige Bemühungen, die zu einer Kostendämpfung beitragen sollen. Hierzu gehörte die Einführung der konzertierten Aktion im Gesundheitswesen durch das Krankenversicherungs-Kostendämpfungsgesetz von 1977, die Regelungen des Kostendämpfungsergänzungsgesetzes vom 1. Januar 1982 und die Reform des Krankenhausfinanzierungsgesetzes durch das am 1. Januar 1985 in Kraft getretene Krankenhaus-Neuordnungsgesetz. Diese gesetzgeberischen Maßnahmen und die gesamtwirtschaftliche Entwicklung, insbesondere die Situation auf dem Arbeitsmarkt, die zu einem Absinken des Krankenstandes führte, hatten zur Folge, daß der durchschnittliche Beitragssatz von 12,0% im Jahre 1982 auf 11,7% im Jahre 1985 gesunken ist.[1]

Es ist jedoch zweifelhaft, ob diese positive Tendenz sich fortsetzt. Insbesondere die steigenden Ausgaben der Krankenkassen für ärztliche Leistungen, die nicht zuletzt auf die wachsende Zahl von Kassenärzten zurückzuführen sind, geben Anlaß zu der Befürchtung, daß die Beiträge in Zukunft wieder steigen werden.

---

[1] Vgl. zu den statistischen Angaben BR-Drucks. 565/83 S. 76, 80ff.; BArbBl 1985, Heft 6, S. 90.

§ 7. Personenkreis

Hinsichtlich des versicherten Personenkreises ist zu unterscheiden zwischen Pflichtversicherten und freiwillig Versicherten (Versicherungsberechtigten).

I. Pflichtversicherte

Als Pflichtversicherte bezeichnet man jene Personen, die kraft Gesetzes oder – was allerdings im Bereich der Krankenversicherung nicht von Bedeutung ist – kraft Satzung von der Sozialversicherung erfaßt werden (§ 2 Abs. 1 SGB IV). Ihr Sozialversicherungsverhältnis entsteht in der Regel mit dem Eintritt des Tatbestandes, an den das Gesetz oder die Satzung die Rechtsfolge der Versicherungspflicht knüpft, und es besteht fort, solange die im Gesetz oder in der Satzung genannten Voraussetzungen gegeben sind. Soweit nicht ausnahmsweise die Möglichkeit einer Befreiung von der Versicherungspflicht besteht,[1] kommt es für die Begründung und den Fortbestand des Sozialversicherungsverhältnisses auf den möglicherweise entgegenstehenden Willen der Beteiligten ebenso wenig an, wie auf die Erfüllung gesetzlicher Meldepflichten (vgl. § 317 Abs. 1 S. 1 RVO) und die tatsächliche Beitragsleistung. Auch auf den Inhalt des Versicherungsverhältnisses, d. h. auf die zu gewährenden Leistungen und die Höhe der Beiträge, können die Beteiligten, sieht man von einigen gesetzlich vorgesehenen Ausnahmen im Bereich der Rentenversicherung ab, grundsätzlich keinen Einfluß nehmen.[2] Auf diese Weise soll sichergestellt werden, daß die Versicherungspflichtigen, bei denen es sich um Personen handelt, die vom Gesetzgeber als besonders schutzbedürftig angesehen worden sind, auch tatsächlich geschützt werden.[3] Insgesamt stellen die Pflichtversicherten ca. 87% der gesetzlich krankenversicherten Personen.[4]

Zum Kreis der Versicherungspflichtigen gehören zunächst Arbeiter und Angestellte, die gegen Entgelt **beschäftigt sind** (§ 165 Abs. 1 Nr. 1 und 2, Abs. 2 RVO). Eine ähnliche Formulierung findet sich auch in § 539 Abs. 1 Nr. 1 RVO, wonach die aufgrund eines Arbeits-, Dienst- oder Lehrverhältnisses **Beschäftigten** kraft Gesetzes der gesetzlichen Unfallversicherung unterliegen und in § 1227 Abs. 1 Nr. 1 RVO, der die Versicherungspflicht in der Rentenversicherung der Arbeiter auf Perso-

---

[1] Vgl. unten § 7 II 2.
[2] Krause in: GK-SGB IV § 2 Rdnr. 51 ff.; Krauskopf in: Krauskopf/Schroeder-Printzen Vorbem. vor § 165 Anm. 2; Hauck in: Hauck/Haines § 2 Anm. 3.
[3] Bley, S. 142.
[4] Vgl. BArbBl 80, Heft 3, S. 94.

nen erstreckt, die „als Arbeitnehmer ... **beschäftigt sind**" (vgl. auch § 2 Abs. 1 Nr. 1 AVG, § 1 Abs. 1 Nr. 1 RKG). Dem Begriff der „Beschäftigung" kommt damit für das gesamte Sozialversicherungsrecht wesentliche Bedeutung zu.

§ 7 Abs. 1 SGB IV definiert Beschäftigung als nicht selbständige Arbeit, insbesondere in einem Arbeitsverhältnis. Die Beschäftigung bildet damit den Gegensatz zur normalerweise nicht der Versicherungspflicht unterliegenden selbständigen Arbeit.

Eine Beschäftigung im Sinne des § 7 Abs. 1 SGB IV liegt vor, wenn Arbeit in persönlicher Abhängigkeit von einem Dritten, in der Regel dem Arbeitgeber, geleistet wird.[5] Eine persönliche Abhängigkeit im Sinne dieser Definition ist dann zu bejahen, wenn der Betroffene in einen fremden Betrieb eingegliedert und dem Weisungs- bzw. Direktionsrecht seines Arbeitgebers in Bezug auf Zeit, Dauer, Ort und Inhalt der geleisteten Tätigkeit unterworfen ist.[6] In der persönlichen Abhängigkeit ist in der Regel gleichzeitig eine wirtschaftliche Abhängigkeit enthalten.[7] Diese ist jedoch nicht zwingend erforderlich, ein Beschäftigungsverhältnis kann vielmehr auch dann gegeben sein, wenn der Betroffene nur in einem persönlichen, nicht aber auch in einem wirtschaftlichen Abhängigkeitsverhältnis steht.[8]

Die Weisungsgebundenheit und damit das persönliche Abhängigkeitsverhältnis können im Einzelfall stark eingeschränkt sein. Dies gilt insbesondere für mit Diensten höherer Art Beschäftigte,[9] mitarbeitende Familienangehörige[10] und für Tätigkeiten aufgrund mitgliedschaftlicher oder gesellschaftsrechtlicher Beziehungen.[11] In derartigen Grenzfällen kann nur durch eine Würdigung aller Tätigkeitsmerkmale und der beruflichen Stellung insgesamt geklärt werden, ob eine selbständige Berufsausübung oder eine nicht selbständige Beschäftigung vorliegt. Bedeutsame Anhaltspunkte für die Abgrenzung von abhängiger Arbeit und selbständiger Tätigkeit sind dabei das Vorhandensein eines eigenen Unternehmerrisikos sowie die Verfügungsmöglichkeit über die eigene Arbeitskraft.[12] Ohne Bedeutung ist dagegen der von den Vertragspartnern gewählte Vertragstyp und dessen Bezeichnung; entscheidend ist vielmehr die tatsächliche Gestaltung der Verhältnisse.[13] Nach diesen Grundsätzen hat die Rechtsprechung in den verschiedenen Zweigen der Sozialversiche-

---

[5] BSG E 8, 278, 282; 11, 257, 259; 15, 65, 69.
[6] BSG E 3, 30, 35; Wannagat, S. 308f.; Hauck in: Hauck/Haines § 7 Anm. 3ff.
[7] Vgl. BSG E 35, 20, 21.
[8] Merten in: GK-SGB IV § 7 Rdnr. 16f.
[9] Vgl. BSG BB 77, 349; BB 73, 1310; SGb 68, 241.
[10] BSG E 3, 30; 17, 1.
[11] BSG E 13, 196; 14, 1.
[12] BSG E 11, 257, 260; 35, 20, 21; USK 79129.
[13] BSG E 24, 29, 30; 31, 1, 2f.

rung u. a. als abhängig Beschäftigte angesehen: Berufssportler,[14] Bezirksstellenleiter von Toto- und Lottoverwaltungen,[15] Filialleiter,[16] Mannequins,[17] Sportlehrer[18] und Vertragsfußballspieler.[19] Nicht abhängig beschäftigt, sondern selbständig tätig sind dagegen: Handels- und Versicherungsvertreter (§§ 84ff. HGB),[20] Interviewer,[21] Künstler,[22] Reiseleiter[23] und Tankstelleninhaber.[24]

Liegt eine Beschäftigung in persönlicher Abhängigkeit von einem Dritten vor, so entsteht das Sozialversicherungsverhältnis auch dann, wenn kein Arbeitsvertrag geschlossen worden oder dieser z. B. mangels einer Genehmigung durch den gesetzlichen Vertreter (§ 108 BGB) oder wegen eines Verstoßes gegen ein gesetzliches Verbot oder die guten Sitten (§§ 134, 138 BGB) nichtig ist.[25]

Das Sozialversicherungsverhältnis der abhängig Beschäftigten beginnt normalerweise mit dem Beginn des Tages, an dem die versicherungspflichtige Beschäftigung aufgenommen wird und nicht erst mit dem Eintritt in die Beschäftigung (vgl. § 306 Abs. 1 RVO).[26] Eine Ausnahme besteht jedoch in den Fällen des sog. „mißglückten Arbeitsversuchs". Ein solcher liegt dann vor, wenn objektiv feststeht, daß der Beschäftigte bei der Aufnahme der Arbeit zu ihrer Verrichtung nicht fähig war oder die Arbeit nur unter Gefährdung seiner Gesundheit – etwa unter der Gefahr einer weiteren Verschlimmerung seines Leidens – würde verrichten können, und wenn er die Arbeit entsprechend der darauf zu gründenden Erwartung vor Ablauf einer wirtschaftlich ins Gewicht fallenden Zeit aufgegeben hat. Von einem mißglückten Arbeitsversuch kann dagegen nicht gesprochen werden, wenn der Beschäftigte entgegen der ungünstigen Erwartung tatsächlich brauchbare Arbeit über einen wirtschaftlich ins Gewicht fallenden Zeitraum geleistet hat.[27] Der Zweck der Konstruktion des mißglückten Arbeitsversuches ist darin zu sehen, daß entsprechend dem Versicherungsprinzip der Erwerb von Versicherungsschutz ohne eine nennenswerte Beitragsleistung ausgeschlossen werden soll.[28]

---

[14] BSG Breith. 1962, 571.
[15] BSG Breith. 1965, 639; E 35, 20.
[16] BSG E 11, 257.
[17] Bayer. LSG Breith. 1965, 179.
[18] BSG E 20, 6.
[19] BSG E 16, 98.
[20] LSG Bremen NJW 55, 1455; LSG Rheinland/Pfalz SGb 55, 382; LSG Nordrhein-Westfalen Breith. 1956, 678.
[21] BSG SGb 75, 52.
[22] BSG SGb 73, 181, 183f.
[23] BSG E 36, 7; anders Bayer. LSG Breith. 1965, 720.
[24] Vgl. BSG Breith. 1967, 274.
[25] Wannagat, S. 310.
[26] BSG E 26, 124, 125.
[27] BSG E 15, 89; SozR 2200 § 165 RVO Nr. 34.
[28] Bley, S. 175.

§ 7. Personenkreis

Ist ein Beschäftigungsverhältnis im Sinne der oben genannten Definition gegeben und handelt es sich um ein entgeltliches, so sind Arbeiter in der gesetzlichen Krankenversicherung ohne Rücksicht auf die Höhe ihres Verdienstes versicherungspflichtig, Angestellte dagegen nur, wenn ihr regelmäßiger Jahresarbeitsverdienst 75 vom Hundert der für die Jahresbezüge in der Rentenversicherung der Arbeiter geltenden Beitragsbemessungsgrenze (§ 1385 Abs. 2 RVO) nicht übersteigt (§ 165 Abs. 1 Nr. 2 RVO), da der Gesetzgeber davon ausging, daß die höher verdienenden Angestellten wegen ihrer wirtschaftlichen und sozialen Stellung nicht schutzbedürftig sind.[29]

Für die Unterscheidung von Arbeitern und Angestellten, die nur historisch zu erklären ist, ist – sofern sich nicht aus den §§ 165a oder 165b RVO eindeutig ergibt, ob ein Beschäftigter als Arbeiter oder als Angestellter anzusehen ist – auf die Art der verrichteten Tätigkeit abzustellen.

Als Arbeiter gilt, wer als lediglich ausführende Hilfskraft hauptsächlich seine körperliche Arbeitskraft zur Verfügung stellt. Die Eigenschaft als Arbeiter wird nicht dadurch ausgeschlossen, daß die Arbeit im Einzelfall besondere Kenntnisse und eine gewisse geistige Tätigkeit erfordert. Als Angestellter wird demgegenüber angesehen, wer eine Tätigkeit ausübt, die durch eine überwiegend geistige Art der Beschäftigung geprägt ist und dadurch in Gegensatz zu vorwiegend körperlicher Arbeit tritt.[30] Im Einzelfall kann diese Abgrenzung – Arbeiter ist, wer vorwiegend körperliche, Angestellter dagegen, wer überwiegend geistige Arbeit verrichtet – zu durchaus problematischen Ergebnissen führen, da in spezialisierten sog. Arbeiterberufen mitunter nicht unerhebliche geistige Fähigkeiten verlangt werden, während andererseits zu den Angestelltenberufen auch Berufe gerechnet werden, die nur in geringem Umfang geistiger Art sind, wie dies z.B. bei der Verrichtung einfachster Büroarbeiten der Fall ist (vgl. § 165b Abs. 1 Nr. 3 RVO).[31]

Bei Tätigkeiten, die sowohl körperliche als auch geistige Arbeit in sich vereinigen, ist entscheidend, welcher Tätigkeitsbereich der Gesamttätigkeit das Gepräge gibt.[32] Die Rechtsprechung hat u. a. folgende Berufe als Arbeiterberufe qualifiziert: Fahrkartenverkäufer,[33] Kassierer,[34] Kraftfahrer,[35] Krankenhauspflegerin[36] sowie Schulhausmeister.[37] Als Angestellte

---

[29] Schulin, S. 25.
[30] Brackmann, S. 302d bis g; Bley, S. 143; zur Unterscheidung von Arbeitern und Angestellten in der Sozialversicherung vgl. außerdem Albrecht, SozVers 76, 57.
[31] Brackmann, S. 302d.
[32] BSG E 29, 108, 110.
[33] Bayer. LSG Breith. 1963, 378.
[34] BSG E 4, 17, 20.
[35] BSG E 24, 123.
[36] Bayer. LSG AV 73, 232.
[37] RVA AN 1925, 314.

wurden dagegen u. a. angesehen: Masseure in einer Krankenanstalt,[38] Verkäufer[39] und Vertragsfußballspieler.[40] Bei hauptamtlichen Betriebsratsmitgliedern kommt es auf die zuvor ausgeübte Tätigkeit an.[41]

Die Versicherungspflicht gemäß § 165 Abs. 1 Nr. 1 und 2 RVO erfaßt auch Lehrlinge. Diese gehören im Rahmen der gesetzlichen Krankenversicherung je nach ihrem Ausbildungsziel zu den Arbeitern bzw. Angestellten (§§ 165a Nr. 2, 165b Abs. 2 RVO, vgl. auch § 7 Abs. 2 SGB IV). Im Gegensatz zu den Arbeitern und Angestellten werden sie auch dann von der Versicherungspflicht erfaßt, wenn sie nicht gegen Entgelt beschäftigt sind (§ 165 Abs. 2 RVO).

Der Krankenversicherungsschutz für Arbeiter und Angestellte bleibt auch dann bestehen, wenn sie infolge von Arbeitslosigkeit Arbeitslosengeld oder Arbeitslosenhilfe erhalten (§ 155 Abs. 1 Arbeitsförderungsgesetz-AFG) oder wenn sie Kurzarbeiter- oder Schlechtwettergeld beziehen (§ 162 Abs. 1 AFG).

Neben den bisher genannten sind in den vergangenen Jahren eine Anzahl weiterer Personengruppen in den Kreis der Pflichtversicherten aufgenommen worden. Hierzu gehören zunächst jene Personen, die in Einrichtungen der Jugendhilfe durch Beschäftigung für eine Erwerbstätigkeit befähigt werden sollen oder die in Einrichtungen für Behinderte an berufsfördernden Maßnahmen teilnehmen (§ 165 Abs. 1 Nr. 2a RVO).[42] Sie sind selbst dann krankenversicherungspflichtig, wenn sie kein Entgelt beziehen.

Rentner gehören ebenfalls zu den pflichtversicherten Personen, wenn sie eine Rente aus der Rentenversicherung der Arbeiter oder der Angestellten beziehen, soweit sie nicht anderweitig versichert sind (§ 165 Abs. 1 Nr. 3, Abs. 6 RVO). Ihr Versicherungsverhältnis beginnt mit der Stellung des Rentenantrages und endet mit ihrem Tod oder dem endgültigen Entzug der Rente (§§ 306 Abs. 2, 312 Abs. 2 RVO).

Weiterhin gehören seit 1974 zum Kreis der Pflichtversicherten jene Personen, die wegen berufsfördernder Maßnahmen zur Rehabilitation Übergangsgeld beziehen (§ 165 Abs. 1 Nr. 4 RVO)[43] sowie seit 1975 Studenten und Praktikanten (§ 165 Abs. 1 Nr. 5 und 6 RVO).[44]

Schließlich unterliegen auch einer Reihe von selbständig Erwerbstäti-

---

[38] BSG E 10, 82.
[39] BSG E 31, 63 ff.
[40] BSG E 16, 98.
[41] BSG E 24, 123 ff.
[42] Eingefügt durch das Gesetz über die Sozialversicherung Behinderter vom 7. Mai 1975, BGBl I, S. 1061, 1062.
[43] Eingefügt durch das Gesetz über die Angleichung der Leistungen zur Rehabilitation vom 7. August 1974, BGBl I, S. 1881, 1883 ff.
[44] Eingefügt durch das Gesetz über die Krankenversicherung der Studenten vom 24. Juni 1975, BGBl I, S. 1536 ff.

gen der Versicherungspflicht. Die größte Gruppe[45] bilden dabei die seit 1972 nach dem KVLG versicherten Unternehmer, deren Unternehmen eine auf Bodenbewirtschaftung beruhende Existenzgrundlage bildet (§ 2 Abs. 1 Nr. 1 KVLG), und ihre mitarbeitenden Familienangehörigen (§ 2 Abs. 1 Nr. 3, Abs. 3 und 4 KVLG). Nach § 166 RVO sind schließlich u. a. Hausgewerbetreibende (vgl. § 12 Abs. 1 SGB IV), selbständige Lehrer und Erzieher, Hebammen und selbständige Pflegekräfte pflichtversichert, soweit ihr regelmäßiges Jahreseinkommen 75 vom Hundert der Beitragsbemessungsgrenze des § 1385 Abs. 2 RVO nicht übersteigt. Diese Personen sind, obwohl sie ihren Beruf selbständig ausüben, in den Kreis der Pflichtversicherten aufgenommen worden, weil ihre Erwerbsstellung in der Regel eine starke Abhängigkeit vom Arbeitgeber aufweist, so daß sie insofern Arbeitnehmern vergleichbar und entsprechend schutzbedürftig sind.[46] Seit dem 1. Januar 1983 sind auch selbständige Künstler und Publizisten in der gesetzlichen Krankenversicherung und Rentenversicherung pflichtversichert, soweit sie nicht ständig einen in gleicher Weise tätigen Arbeitnehmer beschäftigen (§§ 1, 2, 61 Abs. 1 KSVG; zahlreiche Ausnahmen: §§ 4 bis 7 KSVG).

II. Versicherungsfreiheit

Vom Grundsatz der Versicherungspflicht für die vorgenannten Personengruppen bestehen einige eng auszulegende[47] Ausnahmen, die als Versicherungsfreiheit bezeichnet werden.[48] Dabei ist zu unterscheiden zwischen der Versicherungsfreiheit kraft Gesetzes und der Versicherungsfreiheit kraft Antrags, die das Gesetz auch als Befreiung von der Versicherungspflicht bezeichnet.

1. Versicherungsfreiheit kraft Gesetzes

Versicherungsfrei kraft Gesetzes sind zunächst grundsätzlich Personen, die nur eine geringfügige Beschäftigung oder eine geringfügige selbständige Tätigkeit ausüben (§ 168 RVO). Dem liegt die Überlegung zugrunde, daß diese Tätigkeiten keine Schutzbedürftigkeit indizieren, weil sie nicht die materielle Lebensgrundlage der Betroffenen sein können.[49] Unter welchen Voraussetzungen eine Beschäftigung oder eine selbständige Tätigkeit als geringfügig anzusehen ist, ergibt sich dabei aus

---

[45] Schewe/Schenke/Meurer/Hermsen, S. 186.
[46] Schulin, S. 27; Bley, S. 149f.
[47] BSG E 14, 185, 191.
[48] Teilweise werden unter den Begriff Versicherungsfreiheit im weiteren Sinne allerdings nicht nur die Ausnahmen von der Versicherungspflicht, sondern auch die Fälle fehlender Tatbestandsmäßigkeit, wie etwa bei höher verdienenden Angestellten, gefaßt, vgl. Merten in: GK-SGB IV § 2 Rdnr. 60f.
[49] Bley, S. 157.

§ 8 SGB IV. Seit dem 1. Januar 1985 gilt danach eine Beschäftigung oder selbständige Tätigkeit als geringfügig, wenn sie regelmäßig weniger als 15 Stunden in der Woche ausgeübt wird und das Entgelt regelmäßig im Monat ⅐ der Bezugsgröße des § 18 SGB IV, die jährlich vom Bundesminister für Arbeit und Sozialordnung bekanntgegeben wird, nicht übersteigt. Bei einem höheren Entgelt gilt die Beschäftigung dennoch als geringfügig, wenn das Entgelt ⅙ des Gesamteinkommens nicht überschreitet. Übt ein Arbeitnehmer mehrere Nebenbeschäftigungen bei verschiedenen Arbeitgebern nebeneinander aus, so sind bei der Prüfung, ob die genannten Grenzen erreicht bzw. überschritten werden, die wöchentlichen Arbeitszeiten und die Arbeitsentgelte aus den einzelnen Beschäftigungen zu addieren.[50]

Neben den nur geringfügig Beschäftigten sind einige Personengruppen kraft Gesetzes versicherungsfrei, die auf andere Weise ausreichend gegen die Risiken einer Krankheit geschützt sind. Hierzu gehören u. a. Beamte, Richter, sonstige Beschäftigte im öffentlichen Dienst und Geistliche der als öffentlich-rechtliche Körperschaften anerkannten Religionsgesellschaften, wenn ihnen eine Anwartschaft auf Ruhegehalt und Hinterbliebenenversorgung gewährleistet ist (vgl. §§ 169, 172 RVO). Die Versicherungsfreiheit kraft Gesetzes erstreckt sich aber nur auf die Beamtentätigkeit selbst, nicht dagegen auf außerdem verrichtete andere Beschäftigungen.[51]

Die nach dem KSVG versicherten selbständigen Künstler und Publizisten sind ebenfalls kraft Gesetzes von der Versicherungspflicht frei, wenn sie ein Jahreseinkommen erzielen, das ⅙ der nach § 18 SGB IV geltenden Bezugsgröße, bei höherem Einkommen ⅙ des Gesamteinkommens, nicht übersteigt (§ 3 Abs. 1 KSVG). Insoweit entspricht § 3 Abs. 1 KSVG § 168 RVO bzw. § 8 SGB IV. Im Unterschied zu § 8 SGB IV stellt aber § 3 Abs. 1 KSVG für die Geringfügigkeitsgrenze nicht auf das Monatseinkommen, sondern auf das Jahreseinkommen ab. Damit soll der Besonderheit Rechnung getragen werden, daß Einkommen aus selbständiger, künstlerischer oder publizistischer Tätigkeit außerordentlichen Schwankungen unterliegen können.[51a] Eine Ausnahme von der Versicherungsfreiheit geringfügig Beschäftigter gilt allerdings für Berufsanfänger, d. h. für die ersten fünf Jahre nach erstmaliger Aufnahme der künstlerischen bzw. publizistischen Tätigkeit. Berufsanfänger haben allerdings ein Wahlrecht, ob sie sich in der gesetzlichen Krankenversicherung oder in der privaten Krankenversicherung versichern wollen. Diese Regelung soll dem Umstand Rechnung tragen, daß die Aufnahme einer selbständigen Tätigkeit als Künstler oder Publizist regelmäßig mit besonderer Unsicherheit und wirtschaftlichem Risiko verbunden ist.

---

[50] Vgl. zur Geringfügigkeit ausführlich Brünger, KrV 79, 279.
[51] BSG E 40, 208.
[51a] Vgl. BT-Drucks. 9/26, S. 18.

2. Versicherungsfreiheit kraft Antrags

Die Möglichkeit der Versicherungsfreiheit kraft Antrags, d. h. der Versicherungsbefreiung (vgl. §§ 173 ff. RVO, § 4 KVLG), besteht insbesondere für Personengruppen, die in der Vergangenheit nicht sozialversicherungspflichtig waren und die demzufolge in eigener Verantwortung bereits Vorsorge getroffen haben und die nunmehr aufgrund bestimmter Ereignisse krankenversicherungspflichtig werden.

Auf Antrag von der Versicherungspflicht befreit werden zunächst alle Rentner, die bei einem Krankenversicherungsunternehmen versichert sind und für sich und ihre Angehörigen, für die ihnen Familienkrankenpflege zusteht, Vertragsleistungen erhalten, die der Art nach der Krankenhilfe entsprechen. Voraussetzung ist allerdings, daß der Antrag binnen eines Monats nach Beginn der Mitgliedschaft bei der zuständigen Kasse gestellt wird (§ 173a RVO). Angestellte können sich von der Versicherungspflicht befreien lassen, wenn sie bisher nicht versicherungspflichtig waren, weil ihr regelmäßiger Jahresarbeitsverdienst 75 vom Hundert der für Jahresbezüge in der Rentenversicherung der Arbeiter geltenden Beitragsbemessungsgrenze überstieg (§ 165 Abs. 1 Nr. 2 RVO), und die nunmehr versicherungspflichtig werden, weil die Jahresarbeitsverdienstgrenze erhöht wird (§ 173b Abs. 1 RVO). Weitere Befreiungsmöglichkeiten bestehen für Personen, die wegen berufsfördernder Maßnahmen zur Rehabilitation Übergangsgeld beziehen, Studenten und Praktikanten (§ 165 Abs. 1 Nr. 4 bis 6, §§ 173c ff. RVO). Voraussetzung für die Befreiung von der Versicherungspflicht ist in allen genannten Fällen neben einem entsprechenden Antrag, daß der Berechtigte bei einem Krankenversicherungsunternehmen versichert ist und für sich und seine Angehörigen, für die ihm Familienkrankenpflege zusteht, Vertragsleistungen erhält, die ihrer Art nach den Leistungen der Krankenhilfe in der gesetzlichen Krankenversicherung entsprechen. Ohne Bedeutung ist, ob das Krankenversicherungsunternehmen privat- oder öffentlich-rechtlich organisiert ist.[52] Auch müssen die gewährten Vertragsleistungen nur ihrer Art nach und nicht auch in ihrem Umfang den Leistungen der gesetzlichen Krankenversicherung entsprechen.[53] Sinn der Versicherungsbefreiung ist es in den genannten Fällen, eine unnötige mehrfache Belastung mit Vorsorgeaufwendungen zu verhindern.[54] Auf Antrag werden schließlich gem. § 7 KSVG Personen von der Versicherungspflicht befreit, die in drei aufeinanderfolgenden Jahren ein Arbeitseinkommen erzielt haben, das über der für diese Jahre geltenden Jahresarbeitsverdienstgrenze gem. § 165 Abs. 1 Nr. 2 RVO lag. § 7 Abs. 1 KSVG modifiziert damit die allgemein geltende Regelung für höher

---

[52] Peters § 173a Anm. 3.
[53] BSG SozR 2200 § 173a RVO Nr. 4.
[54] Merten in: GK-SGB IV § 2 Rdnr. 55.

verdienende Angestellte im Hinblick auf die Besonderheiten der Einkommenserzielung bei selbständigen Künstlern und Publizisten.

III. Versicherungsberechtigte

Neben den bisher angesprochenen Pflichtversicherten sind in der gesetzlichen Krankenversicherung auch eine größere Zahl von sog. Versicherungsberechtigten freiwillig gegen Krankheit versichert. Dabei ist zu unterscheiden zwischen Personen, denen die Möglichkeit des freiwilligen Beitritts zur gesetzlichen Krankenversicherung eingeräumt worden ist (vgl. §§ 176ff. RVO, §§ 6, 49a f. KVLG) und den zur Fortsetzung des Versicherungsverhältnisses Berechtigten (vgl. § 313 RVO, § 5 KVLG).

1. Beitrittsberechtigte

Das Sozialversicherungsverhältnis der Beitrittsberechtigten kommt, anders als bei den Pflichtversicherten, nicht unmittelbar und ohne ihr Zutun von Gesetzes wegen zustande, sondern aufgrund einer Willenserklärung des Versicherungsberechtigten. Einer Mitwirkung des Sozialversicherungsträgers oder eines Verwaltungsaktes bedarf es zur Begründung des Sozialversicherungsverhältnisses dagegen nicht. Das Sozialversicherungsverhältnis eines Beitrittsberechtigten kommt vielmehr auch gegen den möglicherweise entgegenstehenden Willen des Sozialversicherungsträgers zustande. In dem freiwilligen Beitritt kann daher auch nicht der Abschluß eines öffentlich-rechtlichen Vertrages, sondern nur die Ausübung eines öffentlich-rechtlichen Gestaltungsrechts gesehen werden. Dies gilt auch für den Beitritt zu einer Ersatzkasse, da auch dieser keinerlei Entscheidungsspielraum hinsichtlich des Abschlusses oder des Inhalts des Sozialversicherungsverhältnisses zusteht.[55] Das Sozialversicherungsverhältnis der Beitrittsberechtigten beginnt mit dem Tag des Beitritts (§ 310 Abs. 1 RVO), d. h. an dem Tag, an dem die Beitrittserklärung dem Versicherungsträger zugeht.

Zu den Beitrittsberechtigten gehören u. a. die Familienangehörigen des Arbeitgebers sowie Gewerbetreibende und andere Betriebsunternehmer, deren Jahreseinkommen 75 vom Hundert der Beitragsbemessungsgrenze des § 1385 Abs. 2 RVO nicht übersteigt (§ 176 RVO), sowie höher verdienende Angestellte (§ 176a RVO), überlebende und geschiedene Ehegatten (§ 176b RVO) und Schwerbehinderte (§ 176c RVO). Der Versicherungsschutz dieser Personengruppe entspricht inhaltlich weitgehend dem der Pflichtversicherten. Die Krankenkassen haben allerdings

---

[55] Wannagat, S. 300; Merten in: GK-SGB IV § 2 Rdnr. 69ff.; vgl. auch BSG E 14, 104, 107; 23, 248, 251; a.A. für den Ersatzkassenbeitritt Krauskopf in: Krauskopf/Schroeder-Printzen § 504 Anm. 2; Brackmann, S. 340d.

die Möglichkeit, bei gleichzeitiger Ermäßigung der Beiträge den Anspruch auf Krankengeld auszuschließen (§ 215 RVO).

2. Fortsetzungsberechtigte

Während durch den freiwilligen Beitritt zur gesetzlichen Krankenversicherung ein neues Versicherungsverhältnis begründet wird, entsteht bei der freiwilligen Fortsetzung der Versicherung kein neues Sozialversicherungsverhältnis, sondern es wird lediglich das früher begründete fortgesetzt.[56] Ebenso wie der freiwillige Beitritt erfolgt aber auch die freiwillige Fortsetzung des Versicherungsverhältnisses durch eine Willenserklärung des Fortsetzungsberechtigten, ohne daß es einer Mitwirkung des Versicherungsträgers oder eines Verwaltungsaktes bedarf.[57] Zu den zur Fortsetzung des Versicherungsverhältnisses Berechtigten gehören insbesondere Versicherte, die eine selbständige Tätigkeit aufnehmen und Angestellte, deren Gehalt sich auf einen Betrag über der Versicherungspflichtgrenze erhöht (§ 313 Abs. 1 S. 1 RVO).

IV. Ausländische Versicherte

Alle genannten Regelungen über die Versicherungspflicht und die Versicherungsberechtigung gelten, soweit sie an eine Beschäftigung oder an eine selbständige Tätigkeit anknüpfen, nicht nur für Deutsche, sondern auch für Ausländer, die im Geltungsbereich des SGB beschäftigt bzw. selbständig tätig sind. Soweit die Bestimmungen über die Versicherungspflicht oder die Versicherungsberechtigung keine Beschäftigung oder selbständige Tätigkeit voraussetzen, sind sie auf alle Personen anwendbar, die ihren Wohnsitz oder gewöhnlichen Aufenthalt im Geltungsbereich des SGB haben (vgl. §§ 3 ff. SGB IV). Für das Sozialversicherungsrecht gilt damit grundsätzlich das Territorialitätsprinzip.[58]

§ 8. Leistungen und Versicherungsfälle

Die Regelleistungen der gesetzlichen Krankenversicherung, d.h. jene Leistungen, die unmittelbar aufgrund des Gesetzes zu erbringen und als Mindestleistungen von allen Krankenkassen zur Verfügung zu stellen sind, umfassen Maßnahmen zur Früherkennung von Krankheiten, Krankenhilfe, Mutterschaftshilfe, sonstige Hilfen, Sterbegeld und Familienhilfe (§ 179 Abs. 2 RVO). In der landwirtschaftlichen Krankenversicherung gehört darüber hinaus die Betriebs- und Haushaltshilfe zu den

---

[56] Merten in: GK-SGB IV § 2 Rdnr. 83 f.
[57] BSG E 14, 104, 107.
[58] Vgl. hierzu Brackmann, BG 77, 173 ff.; von Maydell, BlStSozArbR 77, 73.

Regelleistungen der Krankenversicherung (vgl. § 7 KVLG; vgl. auch § 21 Abs. 1 SGB I). Neben diesen Regelleistungen können die Krankenkassen den Versicherten einen Anspruch auf sog. Mehrleistungen einräumen. Dies ist jedoch nur zulässig, soweit das Gesetz dies ausdrücklich vorsieht. Andere Mehrleistungen als die im Gesetz zugelassenen darf keine Krankenkasse gewähren, auch nicht gegen Zahlung höherer Beiträge. Als mögliche Mehrleistungen können u. a. eine Beteiligung an den Kosten einer kieferorthopädischen Behandlung, häusliche Krankenpflege zur Sicherung der ärztlichen Behandlung, Zuschüsse zu den Kosten für Kuren, Maßnahmen zur Verhütung von Erkrankungen einzelner Kassenmitglieder und ein erhöhtes Sterbegeld vorgesehen werden (vgl. §§ 182e, 185 Abs. 1 S. 2, 187, 204, 205 Abs. 3 RVO, §§ 11, 16 Abs. 4, 18 Abs. 1 S. 3 KVLG).

Ob dem Versicherten ein Anspruch auf Mehrleistungen zusteht, richtet sich nach der Satzung der Krankenkasse. Soweit es sich um eine gesetzlich zulässige Mehrleistung handelt, können die Krankenkassen aufgrund ihrer Satzungsgewalt nach freiem Ermessen darüber entscheiden, ob und gegebenenfalls in welchem Umfang sie Mehrleistungen einführen. Soweit eine Krankenkasse in ihrer Satzung Mehrleistungen vorsieht, hat der Versicherte auf diese Leistungen ebenso einen Rechtsanspruch wie auf die gesetzlich vorgesehenen Regelleistungen. Insoweit steht der Krankenkasse kein Ermessensspielraum zu.[1]

I. Maßnahmen zur Früherkennung von Krankheiten

Zu den Maßnahmen zur Früherkennung von Krankheiten (§§ 181 ff. RVO, §§ 8 ff. KVLG), die im Jahre 1971 eingeführt wurden, gehören insbesondere Vorsorgeuntersuchungen für Kinder in den ersten vier Lebensjahren zur Früherkennung von Krankheiten, die eine normale körperliche und geistige Entwicklung besonders gefährden und jährliche Untersuchungen für Frauen vom Beginn des 30. und für Männer vom Beginn des 45. Lebensjahres an zur Früherkennung von Krebserkrankungen (§ 181 Abs. 1 RVO, § 8 KVLG). Diese Leistungen setzen nicht den Eintritt eines speziellen Versicherungsfalles voraus.[2]

Die Leistungen zur Früherkennung von Krankheiten gemäß §§ 181 ff. RVO, §§ 8 ff. KVLG sind zu unterscheiden von den vorbeugenden Maßnahmen zur Krankheitsverhütung gemäß § 187 RVO und den Maßnahmen zur allgemeinen Krankheitsverhütung und zur besonderen Krankheitsverhütung auf der Grundlage der noch heute geltenden dritten Verordnung zum Aufbau der Sozialversicherung vom 18. Dezember 1934.[3]

---

[1] Vgl. zu den Mehrleistungen Peters § 179 Anm. 2b, 4; Marburger, SozSich 73, 303.
[2] Henke, S. 90 f.
[3] RGBl I S. 1266 = DOK 35, 21.

Die Leistungen zur Krankheitsverhütung gemäß § 187 RVO, die zu den zulässigen Mehrleistungen der Krankenkassen gehören, umfassen Kuren, die geeignet sind, eine Schwächung der Gesundheit, die voraussichtlich zu einer Krankheit führen würde, zu beseitigen, Kuren, um einer Gefährdung der normalen Entwicklung eines Kindes entgegenzuwirken sowie sonstige Maßnahmen zur Verhütung von Erkrankungen einzelner Kassenmitglieder. Von den Maßnahmen zur Früherkennung von Krankheiten unterscheiden diese Leistungen sich insoweit, als ein Anspruch auf die Leistungen nach § 187 RVO nur dann besteht, wenn bereits eine Schwächung oder Gefährdung der Gesundheit vorliegt, während dies bei den Maßnahmen gemäß §§ 181 ff. RVO, §§ 8 ff. KVLG nicht erforderlich ist.

Zu den Maßnahmen auf der Grundlage der dritten Aufbau-Verordnung gehört sowohl die allgemeine Krankheitsverhütung, z.B. in Form einer gesundheitlichen Aufklärung der Bevölkerung durch Informationsschriften, als auch die besondere Krankheitsverhütung durch Schutzimpfungen und ähnliche Maßnahmen. Diese Maßnahmen zur Krankheitsverhütung werden als Gemeinschaftsaufgaben aller Krankenkassen von den Landesversicherungsanstalten durchgeführt. Im Gegensatz zu den Leistungen nach § 187 RVO, die gewährt werden, wenn die spezielle gesundheitliche Situation eines einzelnen Kassenmitgliedes dies erfordert, beziehen sich die Maßnahmen auf der Grundlage der dritten Aufbau-Verordnung auf gesundheitliche Probleme einer größeren Gruppe von Versicherten oder der Gesamtbevölkerung. Für die Abgrenzung ist demnach die Zielsetzung der Maßnahme entscheidend: Die Leistungen nach § 187 RVO sind auf die individuellen Anfälligkeiten und Gefährdungen einzelner Versicherter ausgerichtet, die allgemeine und besondere Krankheitsverhütung dagegen dient der Bekämpfung allgemein drohender Krankheitsgefahren.[4]

II. Krankenhilfe

Im Gegensatz zu den Maßnahmen zur Früherkennung von Krankheiten sind die Leistungen der Krankenhilfe (§§ 182 ff. RVO, §§ 12 ff. KVLG) abhängig vom Eintritt des Versicherungsfalls „Krankheit", dem somit für das Recht der gesetzlichen Krankenversicherung zentrale Bedeutung zukommt.

1. Versicherungsfall Krankheit

Der Begriff Krankheit im versicherungsrechtlichen Sinne wird, abweichend vom medizinischen Krankheitsbegriff, der nur auf einen regelwid-

---

[4] Krauskopf in: Krauskopf/Schroeder-Printzen § 363 Anm. 5; Peters § 363 Anm. 6 b.

rigen Körper- oder Geisteszustand abstellt,⁵ definiert als ein regelwidriger Körper- oder Geisteszustand, der Behandlungsbedürftigkeit und/oder Arbeitsunfähigkeit zur Folge hat.⁶ Als regelwidrig im Sinne dieser Definition ist ein Körper- oder Geisteszustand anzusehen, der von der durch das Leitbild des gesunden Menschen geprägten Norm abweicht.⁷ Unter Gesundheit ist dabei jener Zustand zu verstehen, der dem Einzelnen die Ausübung seiner körperlichen und geistigen Funktionen ermöglicht.⁸

Als Regelwidrigkeit im Sinne des Krankheitsbegriffs der gesetzlichen Krankenversicherung hat die Rechtsprechung u. a. angesehen: Zahnstellungs- und Kieferanormalien sowie Zahnlosigkeit, soweit diese Erscheinungen das Sprechen, Kauen oder Beißen beeinträchtigen,⁹ Trunksucht, die sich im Verlust der Selbstkontrolle äußert, auch wenn die Sucht noch keine organischen Schäden hervorgerufen hat¹⁰ und Neurosen, die der Betroffene nicht durch eigene Willenskraft überwinden kann.¹¹ Auf die Ursache der Regelwidrigkeit kommt es nicht an. Angeborene Anormalien sind ebenso als Regelwidrigkeiten im Sinne der Krankheitsdefinition der gesetzlichen Krankenversicherung anzusehen wie Störungen des geistigen oder körperlichen Zustandes, die der Betroffene selbst verschuldet hat.¹² Im letztgenannten Fall kann allerdings die Satzung der Krankenkasse die Gewährung von Krankengeld ausschließen.

Ebenso wie die Ursache ist auch die Dauer der Regelwidrigkeit ohne Bedeutung für das Vorliegen einer Krankheit im Sinne der gesetzlichen Krankenversicherung. Auch regelwidrige Körper- und Geisteszustände sind – soweit Behandlungsbedürftigkeit oder Arbeitsunfähigkeit gegeben ist – als Krankheit anzusehen. Nicht regelwidrig und damit auch keine Krankheiten sind dagegen Körperzustände, die sich als Folge einer normalen Körperentwicklung ergeben, wie etwa Altersschwäche oder Schwangerschaft.¹³

Neben einem regelwidrigen Körper- oder Geisteszustand ist weitere Voraussetzung für den Versicherungsfall Krankheit, daß der regelwidrige Zustand Behandlungsbedürftigkeit und/oder Arbeitsunfähigkeit zur Folge hat.

Behandlungsbedürftigkeit im Sinne des versicherungsrechtlichen Krankheitsbegriffs ist zu bejahen, wenn der regelwidrige Zustand ohne

---

⁵ Vgl. zu den unterschiedlichen Krankheitsbegriffen Roeßler, Viefhues, Thiemeyer und Krasney, ZSR 76, 386.
⁶ BSG E 13, 134, 136; 28, 114, 115; 33, 202, 203; 35, 10, 12.
⁷ BSG E 26, 240, 242.
⁸ BSG E 35, 10, 12.
⁹ BSG E 35, 10; 35, 105; Breith. 1973, 603.
¹⁰ BSG Breith. 1970, 188.
¹¹ BSG E 21, 189.
¹² BSG E 9, 232, 236; 13, 240, 241.
¹³ BSG E 39, 167, 168.

ärztliche Hilfe nicht mit Aussicht auf Erfolg behoben, zumindest aber gebessert oder vor Verschlimmerung bewahrt werden kann oder wenn eine ärztliche Behandlung erforderlich ist, um Schmerzen oder sonstige Beschwerden zu lindern.[14] Erforderlich ist in jedem Fall, daß die körperlichen und/oder geistigen Funktionen in einem so beträchtlichen Maße eingeschränkt sind, daß ihre Wiederherstellung der Mithilfe eines Arztes bedarf. Behandlungsbedürftigkeit ist dagegen zu verneinen, wenn zwar gewisse Symptome körperlicher, geistiger oder seelischer Art erkennbar sind, diese jedoch nicht ein derartiges Ausmaß erreichen, daß bei Anlegung eines objektiven, an medizinisch-wissenschaftlichen Erkenntnissen orientierten Maßstabes eine ärztliche Behandlung notwendig erscheint.[15] An einer Behandlungsbedürftigkeit fehlt es daher auch, wenn die begründete Aussicht besteht, daß die Regelwidrigkeit sich auch ohne ärztliche Behandlung normalisiert.[16]

Eine Krankheit im Sinne der gesetzlichen Krankenversicherung liegt auch dann vor, wenn die Regelwidrigkeit zwar keine Behandlungsbedürftigkeit, wohl aber Arbeitsunfähigkeit zur Folge hat. Arbeitsunfähigkeit ist dann zu bejahen, wenn ein Versicherter seiner bisher ausgeübten Erwerbstätigkeit nicht mehr oder nur noch auf die Gefahr hin nachgehen kann, seinen Zustand zu verschlimmern.[17] Als bisher ausgeübte Erwerbstätigkeit gilt dabei die vor der Erkrankung zuletzt ausgeübte Tätigkeit,[18] wobei allerdings unter der „zuletzt ausgeübten Tätigkeit" nicht nur der bisherige Arbeitsplatz zu verstehen ist, sondern auch ähnlich geartete Tätigkeiten in demselben Betrieb.[19] Eine weitergehende Verweisungsmöglichkeit besteht dagegen, anders als bei der Berufsunfähigkeit,[20] grundsätzlich nicht. Nur wenn der Versicherte aus freien Stücken eine seinem Gesundheitszustand entsprechende anders geartete Beschäftigung aufnimmt, ist eine etwaige Arbeitsunfähigkeit von diesem Zeitpunkt an nach der neuen Beschäftigung zu beurteilen.[21]

2. Leistungen

Die im Krankheitsfall gewährte Krankenhilfe umfaßt insbesondere die Krankenpflege und das Krankengeld (§ 182 Abs. 1 Nr. 1 und 2 RVO, vgl. auch § 12 KVLG). Voraussetzung für einen Anspruch auf Krankenpflege ist grundsätzlich, daß die Krankheit Behandlungsbedürftigkeit, für einen Anspruch auf Krankengeld, daß sie Arbeitsunfähigkeit zur Folge

---

[14] BSG E 35, 10, 12 m.w.N.
[15] BSG USK 79116.
[16] BSG E 35, 10, 12.
[17] BSG E 19, 179, 181; 26, 288, 290.
[18] BSG E 19, 179, 182.
[19] Vgl. BSG E 26, 288, 292 m.w.N.; Bley, S. 157.
[20] Vgl. unten § 17 II 1 a) bb).
[21] BSG E 32, 18.

hat. Damit zielt die Krankenpflege auf die Behebung der durch die Krankheit bedingten immateriellen Nachteile ab, während das Krankengeld dem Ausgleich materieller Schäden dient, die als Folge einer krankheitsbedingten Arbeitsunfähigkeit auftreten.

Die Krankenpflege umfaßt diejenigen Dienstleistungen und sächlichen Mittel, die erforderlich sind, um die Krankheit zu heilen, zu bessern oder zu lindern. Zur Krankenpflege gehören insbesondere die ärztliche und zahnärztliche Behandlung (§ 182 Abs. 1 Nr. 1a RVO, § 13 Abs. 1 Nr. 1 KVLG), die Versorgung mit Arznei-, Verbands- und Heilmitteln sowie Brillen (§ 182 Abs. 1 Nr. 1b RVO, § 13 Abs. 1 Nr. 2 KVLG), die Krankenhauspflege (§§ 182 Abs. 1 Nr. 1, 184 RVO, § 17 KVLG), die Behandlung in Kur- und Spezialeinrichtungen (§ 184a RVO, § 17a KVLG) sowie die häusliche Krankenpflege (§ 185 RVO, § 18 KVLG). Arznei- und Heilmittel unterscheiden sich dadurch, daß Arzneimittel von innen, Heilmittel dagegen von außen auf den Körper einwirken.[22] Heilmittel können außerdem auch Dienstleistungen sein, wie z. B. Massagen, Krankengymnastik oder Beschäftigungstherapie.[23] Seit 1974 sind die Krankenkassen auch verpflichtet, zumindest einen Teil der Kosten für Zahnersatz zu übernehmen (§ 182 Abs. 1 Nr. 1d RVO, § 13 Abs. 1 Nr. 4 KVLG). Die Höhe dieses Zuschusses regeln die Krankenkassen in ihrer Satzung. Er darf im Gegensatz zum früheren Recht jedoch seit der Neufassung des § 182c RVO (§ 16 KVLG) durch das Krankenversicherungs-Kostendämpfungsergänzungsgesetz[24] 60% der tatsächlich entstehenden Kosten nicht übersteigen.

Die Krankenpflege wird ohne zeitliche Begrenzung gewährt (§ 183 RVO, § 13 Abs. 3 KVLG), muß insgesamt ausreichend und zweckmäßig sein, darf jedoch das Maß des Notwendigen nicht übersteigen (§ 182 Abs. 2 RVO, § 13 Abs. 2 KVLG). Führt eine Krankheit zur Arbeitsunfähigkeit, so steht dem Arbeitnehmer neben dem Anspruch auf Krankenpflege seit 1969 zunächst in der Regel ein Anspruch gegen seinen Arbeitgeber auf Fortzahlung des Arbeitslohnes für die Dauer von sechs Wochen zu (§ 616 BGB, § 1 Abs. 1 Lohnfortzahlungsgesetz – LFZG, § 63 Handelsgesetzbuch – HGB, § 133c Gewerbeordnung – GewO). Nach Ablauf dieser sechs Wochen bzw. – sofern ausnahmsweise kein Lohnfortzahlungsanspruch besteht – nach Feststellung der Arbeitsunfähigkeit, steht dem Versicherten im Rahmen der Krankenhilfe neben der Krankenpflege ein Anspruch auf Krankengeld zu (§ 182 Abs. 1 Nr. 2 RVO, § 19 KVLG). Dieser Anspruch ist im Gegensatz zur Krankenpflege in der Regel auf 78 Wochen innerhalb von drei Jahren begrenzt (§ 183 Abs. 2 RVO, § 20 Abs. 1 KVLG). Er beträgt 80% des Regellohnes des

---

[22] BSG E 28, 158, 159f.
[23] Vgl. BSG E 29, 27.
[24] Vom 22. Dezember 1981, BGBl I S. 1578 ff.

Versicherten, d.h. seines regelmäßigen Arbeitsentgelts, darf jedoch das entgangene regelmäßige Nettoarbeitsentgelt nicht übersteigen (§ 182 Abs. 4 RVO). Wird das Gehalt eines arbeitsunfähigen Versicherten während des Lohnfortzahlungszeitraumes – d.h. innerhalb der ersten sechs Wochen nach dem Beginn der Arbeitsunfähigkeit – erhöht, so bemißt sich das Krankengeld nicht nach diesem erhöhten, sondern nach dem zuletzt vor dem Eintritt der Arbeitsunfähigkeit gezahlten Arbeitsentgelt. Lohnveränderungen nach Eintritt der Arbeitsunfähigkeit bleiben also außer Betracht.[25] Ein Anspruch auf Krankengeld besteht auch für die Zeit eines geplanten unbezahlten Urlaubs, wenn die Arbeitsunfähigkeit während eines vorangehenden bezahlten Urlaubs eintritt. Die Urlaubsabrede wird in diesem Fall mit dem Eintritt der Arbeitsunfähigkeit hinfällig.[26]

Bei einer lang andauernden Arbeitsunfähigkeit ist zu beachten, daß das Krankengeld dynamisiert ist, d.h. es erhöht sich jeweils nach Ablauf eines Jahres um den Vomhundertsatz, um den die Renten der gesetzlichen Rentenversicherungen angehoben worden sind (§ 182 Abs. 8 RVO).

III. Mutterschaftshilfe

Versicherungsfall für die Leistungen der Mutterschaftshilfe (§§ 195 ff. RVO, §§ 22 ff. KVLG) ist die Mutterschaft. Auch wenn es sich hierbei nicht um einen krankhaften oder regelwidrigen Körperzustand handelt, so wird sie doch von der gesetzlichen Krankenversicherung erfaßt, da sie in ihren Auswirkungen ebenso wie eine Krankheit zu körperlichen Erscheinungen und Beschwerden führt, die der ärztlichen Untersuchung, Beobachtung oder Behandlung bedürfen, sowie zu einem Verdienstausfall.[27]

Im versicherungsrechtlichen Sinne ist unter Mutterschaft eine Phase besonderer Schutzbedürftigkeit zu verstehen, die sich aus der Schwangerschaft, der Entbindung und dem Wochenbett zusammensetzt.[28] Der Schwangerschaftsbegriff im versicherungsrechtlichen Sinne stimmt dabei allerdings nicht mit dem medizinischen überein, sondern umfaßt nur – beginnend mit der Zahlung des Mutterschaftsgeldes – die letzten sechs Wochen vor der Entbindung.[29]

Die Leistungen der Mutterschaftshilfe umfassen u.a. die ärztliche Betreuung und Hebammenhilfe (§ 196 RVO, § 23 KVLG), die Versor-

---

[25] BSG E 36, 59.
[26] BSG E 38, 130.
[27] Gitter, BochKomm § 4 Rdnr. 25; Bley, RVO-Gesamtkommentar § 4 SGB I Anm. 6c.
[28] Bley, S. 198.
[29] BSG E 32, 270, 273.

gung mit Arznei-, Verbands- und Heilmitteln (§ 197 RVO, § 24 KVLG) sowie die Anstalts- und Hauspflege (§ 199 RVO, § 26 KVLG). Weiterhin gehört zu den Leistungen der Mutterschaftshilfe auch das Mutterschaftsgeld, das dem Krankengeld entspricht und in der Regel für sechs Wochen vor und acht Wochen nach der Entbindung gezahlt wird. Die Höhe des Mutterschaftsgeldes entspricht dem um die gesetzlichen Abzüge verminderten durchschnittlichen Arbeitsentgelt für die letzten drei Monate, bzw. bei wöchentlicher Zahlung für die letzten dreizehn Wochen, vor dem Beginn der Schutzfrist nach § 3 Abs. 1 Mutterschutzgesetz (MuSchuG). Der Anspruch ist jedoch auf höchstens 25 DM je Kalendertag begrenzt (vgl. §§ 200 ff. RVO, §§ 27 ff. KVLG).

Wesentlich erweitert worden ist der Mutterschutz und der Anspruch auf Zahlung von Mutterschaftsgeld zunächst durch das Gesetz zur Einführung eines Mutterschaftsurlaubes vom 25. Juli 1979.[30] Weibliche Beschäftigte, die in einem Arbeitsverhältnis standen oder in Heimarbeit beschäftigt waren, hatten danach u. a. einen Anspruch gegen ihren Arbeitgeber auf Mutterschaftsurlaub für die Zeit vom Ablauf der Schutzfrist, d.h. vom Ablauf der 8. bzw. 12. Woche nach der Entbindung (§ 6 Abs. 1 MuSchuG), bis zu dem Zeitpunkt, in dem das Kind 6 Monate alt wurde. Ihnen stand für die Zeit des Mutterschaftsurlaubs zwar kein Entgeltanspruch gegen ihren Arbeitgeber zu, sie erhielten jedoch Mutterschaftsgeld in der genannten Höhe als Leistung der gesetzlichen Krankenversicherung.[31]

Diese Regelungen sind mit Wirkung vom 1. Januar 1986 abgelöst worden durch das Bundeserziehungsgeldgesetz. Danach wird Müttern und Vätern ein Erziehungsgeld in Höhe von 600,– DM monatlich gewährt, soweit diese nicht oder nur teilweise erwerbstätig sind und sich der Betreuung und Erziehung eines Kleinkindes widmen. Der Anspruch auf Erziehungsgeld besteht zunächst bis zum 10. Lebensmonat und ab 1. Januar 1988 für das 1. Lebensjahr des Kindes. Vom 7. Monat ab hängt die Gewährung des Erziehungsgeldes allerdings von der Höhe des Einkommens ab. Durch diese Neuregelung sind die Leistungen bei Mutterschaft in zweifacher Hinsicht ausgeweitet worden: Zum einen dadurch, daß nicht nur Mütter, sondern auch Väter das Erziehungsgeld in Anspruch nehmen können, und zum anderen dadurch, daß die Möglichkeit besteht, neben einer teilweisen Erwerbstätigkeit, d.h. neben einer Erwerbstätigkeit von bis zu 19½ Stunden pro Woche, Erziehungsgeld in Anspruch zu nehmen.

---

[30] BGBl I S. 797.
[31] Zum Mutterschaftsurlaub vgl. Buchner, NJW 79, 1793 ff.; Schroeter, BB 79, 994; Zmarzlik, AuR 79, 171, 174 f.

IV. Sonstige Hilfen

Als weitere Leistungen der gesetzlichen Krankenversicherung sind im Jahre 1975 durch das Strafrechtsreform-Ergänzungsgesetz im Rahmen der flankierenden Maßnahmen zur Neufassung des § 218 Strafgesetzbuch (StGB) die sog. „Sonstigen Hilfen" eingeführt worden.[32] Dem Versicherten steht danach zunächst ein Anspruch auf ärztliche Beratung über Fragen der Empfängnisregelung einschließlich der erforderlichen Untersuchungen und der Verordnung empfängnisregelnder Mittel zu (§ 200 e RVO, § 31 a KVLG). Anders als im Sozialhilferecht[33] sind allerdings die Kosten der empfängnisregelnden Mittel vom Versicherten selbst zu tragen. Der Gesetzgeber ist insoweit davon ausgegangen, daß die Aufwendungen hierfür dem Einzelnen zumutbar sind.[34]

Der Anspruch auf Beratung über Fragen der Empfängnisregelung umfaßt keine Beratungen über sexuelle Fragen allgemeiner Art. Allgemeine Sexualaufklärung gehört schon vom Wortlaut her nicht zum Leistungsinhalt von § 200 e RVO bzw. § 31 a KVLG. Dies ergibt sich außerdem auch aus dem gesetzgeberischen Zweck der Vorschrift, der Vermeidung von unerwünschten bzw. der Ermöglichung von gewollten Schwangerschaften.[35] Dagegen kann der Anspruch aus § 200 e RVO, § 31 a KVLG auch Untersuchungen umfassen, die eine positive oder negative Entscheidung über eine Schwangerschaft ermöglichen sollen.[36] Da die Effizienz einer Beratung über Fragen der Empfängnisregelung in hohem Maße von der Einbeziehung des Partners abhängig ist, hat die Krankenkasse auch dann die Kosten für die Mitberatung und -untersuchung des Partners zu übernehmen, wenn dieser nicht versichert bzw. familienhilfeberechtigt ist.[37]

Neben den Beratungen über Fragen der Empfängnisregelung gehören zu den sonstigen Hilfen auch Leistungen bei einer nicht rechtswidrigen Sterilisation und bei einem nicht rechtswidrigen Schwangerschaftsabbruch (§ 200 f RVO, § 31 b KVLG). Diese Leistungen umfassen Beratungen über die Erhaltung oder den Abbruch einer Schwangerschaft nach § 218 b Abs. 1 Nr. 2 StGB, ärztliche Untersuchungen und Begutachtungen zur Feststellung der Voraussetzungen einer nicht rechtswidrigen Sterilisation oder eines nicht rechtswidrigen Schwangerschaftsabbruchs und die Durchführung der Sterilisation oder des Schwangerschaftsabbruches. Schließlich besteht auch ein Anspruch auf Krankengeld, wenn die

---

[32] Vgl. zu den sonstigen Hilfen Henke, NJW 76, 1773 ff.; ders. SGb 77, 6; Schirmer, BKK 76, 185; Töns, DOK 76, 177.
[33] Anders § 37 b Nr. 2 BSHG, vgl. dazu unten § 36 II 1 c).
[34] Vgl. BT-Drucks. 7/376, S. 5.
[35] Gitter/Wendling, S. 217.
[36] Matzke-Schirmer, BKK 75, 293, 296; Wanner, KrV 76, 170.
[37] Ebenso die „Sonstige-Hilfen-Richtlinien", Abschnitt B 2; Gitter/Wendling, S. 218; a. A. Gerlach, WzS 76, 97, 100.

Sterilisation oder der Schwangerschaftsabbruch Arbeitsunfähigkeit zur Folge hat. Der Krankengeldanspruch ergibt sich aus § 182 Abs. 1 Nr. 2 RVO, wenn der Schwangerschaftsabbruch oder die Sterilisation medizinisch indiziert war und in den übrigen Fällen aus § 200 f RVO, § 31 b KVLG.[38]

V. Sterbegeld

Versicherungsfall für das Sterbegeld (§§ 201 ff. RVO, § 37 KVLG) ist in der Regel der Tod des Versicherten, wobei es auf die Todesursache nicht ankommt. Für Sterbegeld gemäß § 202 RVO gilt ausnahmsweise die zum Tode führende Krankheit als Versicherungsfall.[39] Die Höhe des Sterbegeldes, das als Aufwendungsersatz für die Bestattungskosten und andere durch den Tod des Versicherten entstandene Kosten dient (§ 203 RVO, § 37 Abs. 2 KVLG), bemißt sich nach dem Grundlohn des Verstorbenen (§§ 201, 202, 204 RVO, § 37 Abs. 1 KVLG).

VI. Familienhilfe

Die vorgenannten Leistungen werden ohne zusätzliche Beiträge mit wenigen Einschränkungen, wozu insbesondere das Krankengeld gehört, nicht nur für den Versicherten selbst gewährt, sondern im Rahmen der Familienhilfe grundsätzlich auch für seinen unterhaltsberechtigten Ehegatten und seine unterhaltsberechtigten Kinder, sofern diese kein Gesamteinkommen haben, das regelmäßig ⅙ der monatlichen Bezugsgröße des § 18 SGB IV übersteigt und sie auch nicht anderweitig versichert sind (§§ 205 ff. RVO, § 32 KVLG). Als Kinder gelten dabei leibliche und an Kindes Statt angenommene Kinder, sowie Stief- und Enkelkinder, sofern ihnen vom Versicherten überwiegend Unterhalt gewährt wird (§ 205 Abs. 2 RVO). Der Anspruch auf Familienhilfe für diese Kinder besteht normalerweise bis zur Vollendung des 18. Lebensjahres, in Ausnahmefällen aber auch darüber hinaus (vgl. § 205 Abs. 3 RVO).

Der Familienhilfe kommt eine besondere Bedeutung für die Charakterisierung der sozialen Krankenversicherung im Unterschied zur privaten Krankenversicherung zu. Die beitragsfreien Leistungen für die Familienangehörigen sind ein Wesensmerkmal der sozialen Krankenversicherung, d.h. ein bewußtes Abweichen von der privaten Krankenversicherung, die auf der Äquivalenz von Beiträgen und Leistungen beruht. Die beitragsfreien Leistungen sind dem sozialen Ausgleich innerhalb der Krankenversicherung zuzurechnen. Sie bewirken eine Güterumverteilung, die an soziale Schutztatbestände anknüpft und der Abdeckung

---

[38] Zur Abgrenzung vgl. Gitter/Wendling, S. 223; Peters § 200 f Anm. 6 e.
[39] Krauskopf in: Krauskopf/Schroeder-Printzen § 201 Anm. 1; Henke, S. 92.

existenzieller Risiken dient. Die Solidargemeinschaft der Krankenversicherung tritt zur Entlastung des Versicherten und zur sozialen Absicherung seiner Familienangehörigen in eine Leistungspflicht ein, ohne daß diese Einstandspflicht durch den individuellen Beitrag des Versicherten oder seiner Familienangehörigen erkauft ist.[40]

Entsprechend der Entlastungsfunktion der Familienhilfe steht der Anspruch auf Leistungen der Familienhilfe nicht den Familienangehörigen, sondern dem Versicherten selbst zu.[41]

VII. Verfahren der Leistungserbringung

Für die Erbringung der dargestellten Leistungen durch die Träger der gesetzlichen Krankenversicherung gilt – sieht man von reinen Geldleistungen wie dem Kranken-, dem Mutterschafts- und dem Sterbegeld, dem Zahnersatz, der eine Leistung eigener Art darstellt[42] und einigen anderen im Gesetz ausdrücklich genannten Ausnahmen[43] ab – das sog. Sachleistungsprinzip. Dies bedeutet, daß die Träger der gesetzlichen Krankenversicherung medizinische Hilfen grundsätzlich in Form von Naturalleistungen zu gewähren haben. Hierin liegt ein weiterer charakteristischer Unterschied zwischen der gesetzlichen Krankenversicherung und der privaten Krankenversicherung, für die das Kostenerstattungsprinzip gilt, so daß der Versicherte nur einen Anspruch auf Erstattung der durch die Inanspruchnahme von ärztlichen Leistungen entstehenden Kosten hat.[44]

Als Folge des Sachleistungsprinzips kann beispielsweise ein Versicherter, der die ärztliche Behandlung in einem Krankenhaus als gesondert berechenbare Leistung – Behandlung als Privatpatient – in Anspruch nimmt, nicht verlangen, daß die Krankenkasse die Krankenhauspflegekosten in Höhe des Arztkostenabschlags übernimmt, so daß nur die Differenz vom Versicherten zu tragen wäre. Vielmehr hat die Krankenkasse nach der Auffassung des Bundessozialgerichts ihre gesetzlichen Pflichten erfüllt, wenn sie die ihr nach dem Sachleistungsprinzip obliegende Leistung anbietet.[45] Dagegen hat das Bundessozialgericht es für zulässig erachtet, daß die Krankenkasse dem Leistungsberechtigten die

---

[40] Vgl. Meydam, Eigentumsschutz und sozialer Ausgleich in der Sozialversicherung, S. 70 ff.; ders. Die abgeleiteten Leistungen in der gesetzlichen Krankenversicherung, in: Sozialrechtstage 1979, Hrsg. Rechts- und Wirtschaftswissenschaftliche Fakultät der Universität Bayreuth, S. 92, 98 f.
[41] Bley, S. 258.
[42] BSG E 25, 116, 119; 37, 74, 77; Meydam, SGb 77, 92, 93 ff.
[43] Vgl. §§ 185 Abs. 3, 194, 217, 368d RVO.
[44] BSG E 19, 21, 23; 42, 117, 119.
[45] BSG SGb 80, 203 mit Anm. Gitter.

Benutzung einer höheren als der allgemeinen Pflegeklasse ermöglicht, jedoch nur die Kosten der allgemeinen Pflegeklasse trägt.[46]

Für die Träger der gesetzlichen Krankenversicherung, die in der Regel nicht über die erforderlichen sachlichen und personellen Mittel zur Erbringung der von ihnen geschuldeten Sachleistungen verfügen, ergibt sich aus dem Sachleistungsprinzip die Notwendigkeit, zur Erfüllung ihrer Aufgaben Ärzte, Krankenhäuser, Apotheken und Heilmittellieferanten einzuschalten (§§ 368 ff., 525 c RVO).

1. Rechtsbeziehungen zu Ärzten

Die ärztliche Behandlung der Versicherten erfolgt durch die sog. Kassenärzte, d.h. durch Ärzte, die in einem besonderen Verfahren zur kassenärztlichen Versorgung zugelassen worden sind (§§ 368 a bis 368 c RVO). Der Versicherte kann grundsätzlich frei wählen, welchen dieser Ärzte er in Anspruch nehmen will (§ 368 d Abs. 1 RVO).

Die Kassenärzte haben zur Erfüllung der ihnen durch die RVO übertragenen Aufgaben Kassenärztliche Vereinigungen und diese wiederum die Kassenärztlichen Bundesvereinigungen gebildet (§ 368 k Abs. 1 und 2 RVO), die den Krankenkassen gegenüber die Gewähr dafür zu übernehmen haben, daß die ärztliche Versorgung den gesetzlichen und vertraglichen Erfordernissen entspricht. Gleichzeitig haben sie die Rechte der Kassenärzte gegenüber den Krankenkassen wahrzunehmen (§ 368 n RVO). Unmittelbare Rechtsbeziehungen bestehen nur zwischen den Kassenärztlichen Vereinigungen und den Krankenkassen sowie den Kassenärztlichen Vereinigungen und den Kassenärzten, nicht jedoch zwischen den Kassenärzten und den Krankenkassen.

Die gleichmäßige, ausreichende, zweckmäßige Versorgung der Kranken und die Vergütung der hierfür erforderlichen ärztlichen Leistungen wird durch schriftliche Verträge zwischen den Verbänden der Krankenkassen und den Kassenärztlichen Vereinigungen geregelt (§ 368 g Abs. 1 RVO). Dabei ist zu unterscheiden zwischen den Bundesmantelverträgen und den Gesamtverträgen.

Die Bundesmantelverträge (§ 368 g Abs. 3 RVO) werden zwischen den Kassenärztlichen Bundesvereinigungen und den Bundesverbänden der Krankenkassen geschlossen und regeln im wesentlichen die Pflichten der Kassenärzte und der Versicherten, wie z.B. Sprechstunden oder die Pflicht zur Abgabe von Krankenscheinen. Die Gesamtverträge werden dagegen zwischen den Landesverbänden der Krankenkassen und den Kassenärztlichen Vereinigungen mit Wirkung für ihre Mitglieder geschlossen (§ 368 g Abs. 2 S. 1 RVO). In ihnen wird u.a. die Höhe der von den Krankenkassen zu zahlenden Vergütung geregelt. Alle diese Verträge

---

[46] BSG E 42, 117, 120; vgl. auch E 42, 229, 230.

gehören dem öffentlichen Recht an und verpflichten nicht nur die Vertragsschließenden selbst, sondern sie enthalten auch normativ wirkende Bestimmungen, die die nachgeordneten Verbände und Vereinigungen und die Kassenärzte unmittelbar verpflichten.[47]

Die in den Gesamtverträgen vereinbarte sog. Gesamtvergütung wird von den Krankenkassen für die gesamte ärztliche Versorgung mit befreiender Wirkung an die Kassenärztlichen Vereinigungen geleistet (§ 368f Abs. 1 RVO). Die Höhe dieser Gesamtvergütung kann entweder als Festbetrag oder unter Berücksichtigung eines Bewertungsmaßstabes nach Einzelleistungen, nach einer Kopfpauschale, einer Fallpauschale oder in anderer Weise berechnet werden (§ 368f Abs. 2 RVO). Welche Berechnungsart zugrundegelegt wird, kann von den Vertragsparteien vereinbart werden. In der Praxis ist man weitgehend von Pauschalregelungen zur Honorierung nach Einzelleistungen übergegangen.

Die von den Krankenkassen gezahlte Gesamtvergütung wird von den Kassenärztlichen Vereinigungen unter die Kassenärzte verteilt. Sie wenden dabei einen Honorarverteilungsmaßstab an, den die Vertreterversammlung der Kassenärztlichen Vereinigung im Benehmen mit den Krankenkassen festgesetzt hat (§ 368f Abs. 1 S. 2 und 3 RVO). Dem einzelnen Kassenarzt steht nur ein Anspruch gegen die Kassenärztliche Vereinigung auf seinen Anteil an der Gesamtvergütung zu, nicht aber ein unmittelbarer Anspruch gegen die Krankenkassen.

2. Rechtsbeziehungen zu Krankenhäusern

Während die ärztliche Behandlung der Versicherten durch die Kassenärzte erfolgt, gewähren die Krankenkassen Krankenhauspflege durch Hochschulkliniken sowie durch Krankenhäuser, die in den Krankenhausbedarfsplan aufgenommen sind oder die sich gegenüber den Krankenkassen hierzu bereit erklärt haben (§ 371 Abs. 1 RVO). Die Bereiterklärungen der letztgenannten Krankenhäuser können die Landesverbände der Krankenkassen allerdings ablehnen, wenn keine Gewähr für eine ausreichende, zweckmäßige und wirtschaftliche Krankenhauspflege gegeben ist oder die Ziele des Krankenhausbedarfsplanes gefährdet werden (§ 371 Abs. 2 S. 1 RVO). Zwischen den Landesverbänden der Krankenkassen und den Landesverbänden der Krankenhäuser bzw. einzelnen Krankenhäusern werden Verträge geschlossen, in denen u. a. die allgemeinen Bedingungen der Krankenhauspflege, die Abrechnung der Zuzahlungen der Versicherten und das Verfahren zur Überwachung der Wirtschaftlichkeit der Krankenhauspflege geregelt wird (§ 372 RVO). Während man diese Verträge in der Vergangenheit stets dem Zivilrecht zugerechnet hat, geht das Bundessozialgericht nunmehr davon aus, daß

---

[47] Peters § 368g Anm. 3; vgl. ausführlich Küchenhoff, S. 253 ff.

es sich um öffentlich-rechtliche Verträge handelt.[48] Neben diesem Rahmenvertrag kommt jeweils ein Vertrag zugunsten des Versicherten zustande, wenn ein Krankenhaus einem bestimmten Versicherten tatsächlich Krankenhauspflege gewährt.[49]

Erhält ein gesetzlich Krankenversicherter Krankenhauspflege, so hat die zuständige Krankenkasse an das Krankenhaus eine Vergütung zu zahlen, die sich nach für alle Krankenhausbenützer geltenden Pflegesätzen richtet. Grundsätzlich werden diese Pflegesätze zwischen dem Krankenhausträger und den Sozialleistungsträgern vereinbart und von der zuständigen Landesbehörde genehmigt. Soweit eine Vereinbarung nicht zustande kommt, werden die Pflegesätze durch die zuständige Landesbehörde festgesetzt. Die Pflegesätze sind so zu bemessen, daß sie die Selbstkosten eines sparsam wirtschaftenden, leistungsfähigen, bedarfsgerechten Krankenhauses decken (§§ 16 ff. KHG).

3. Rechtsbeziehungen zu Apotheken

Ebenso wie zwischen Krankenkassen und Krankenhäusern bestehen auch zwischen Krankenkassen und Apotheken zivilrechtliche Beziehungen. Im allgemeinen werden Vereinbarungen zwischen den Verbänden der Krankenkassen und den Verbänden der Apotheker geschlossen, die für die einzelnen Krankenkassen und Apotheken gelten und in denen einheitliche Vorzugsbedingungen für die einzelnen Kassenarten festgelegt werden (§ 375 RVO). Gegenstand dieser Vorzugsbedingungen können nicht nur die Bezugspreise sein, sondern z.B. auch Fragen der Kreditgewährung. Werden keine abweichenden Vereinbarungen getroffen, so haben die Apotheken den Krankenkassen einen Abschlag von den Preisen der Arzneitaxe in Höhe von 5 vom Hundert zu gewähren (§ 376 RVO).

Der Versicherte hat bei der Abnahme von Arznei-, Verband- und Heilmitteln eine Eigenbeteiligung zu zahlen. Diese beträgt für Arznei- und Verbandmittel 2,- DM und für Heilmittel 4,- DM (§ 182a RVO). Im übrigen rechnen die Krankenkassen unmittelbar mit den Apotheken ab.

§ 9. Träger der gesetzlichen Krankenversicherung

Der Anspruch des Versicherten auf die Leistungen der gesetzlichen Krankenversicherung richtet sich gegen den zuständigen Sozialversicherungsträger, d.h. jene Krankenkasse, bei der er versichert ist.

Die Krankenkassen sind untergliedert in die sog. RVO-Kassen, d.h.

---

[48] BSG E 51, 108.
[49] BGHZ 1, 383, str.

§ 9. Träger der gesetzlichen Krankenversicherung

die Orts-, Betriebs- und Innungskrankenkassen, sowie die See-Krankenkasse, die Landwirtschaftlichen Krankenkassen, die Bundesknappschaft und die Ersatzkassen (§ 21 Abs. 2 SGB I). Insgesamt bestanden 1985 1209 Krankenkassen. Nach Kassenarten untergliedert handelte es sich dabei um
- 270 Ortskrankenkassen (ca. 16,2 Millionen Mitglieder)
- 748 Betriebskrankenkassen (4,1 Millionen Mitglieder)
- 155 Innungskrankenkassen (1,9 Millionen Mitglieder)
- 19 Landwirtschaftliche Krankenkassen (0,8 Millionen Mitglieder)
- die See-Krankenkasse (57 000 Mitglieder)
- die Bundesknappschaft (1 Million Mitglieder)
- 7 Ersatzkassen für Angestellte (11,5 Millionen Mitglieder) und
- 8 Ersatzkassen für Arbeiter (0,5 Millionen Mitglieder).[1]

Die Ortskrankenkassen (§§ 226 ff. RVO), die für örtliche Bezirke eingerichtet werden, sind zuständig für alle in keine andere Krankenkasse gehörenden Versicherungspflichtigen und alle freiwillig Versicherten, die nicht Mitglieder einer anderen Kasse geworden sind (§§ 234, 238 RVO).[2]

Betriebskrankenkassen (§§ 245 ff. RVO) können vom Arbeitgeber mit Zustimmung der Arbeitnehmer (§ 225 a RVO) für Betriebe mit regelmäßig mindestens 450 Versicherungspflichtigen errichtet werden (§ 245 Abs. 1 RVO), soweit sie den Bestand und die Leistungsfähigkeit vorhandener Ortskrankenkassen nicht gefährden,[3] ihre satzungsmäßigen Leistungen denen der maßgebenden Ortskrankenkasse mindestens gleichwertig sind und ihre Leistungsfähigkeit auf Dauer gesichert ist (§ 248 RVO). Ist eine Betriebskrankenkasse errichtet worden, so gehören ihr alle im Betrieb beschäftigten Versicherungspflichtigen an (§ 245 Abs. 2 RVO). Entsprechende Regelungen gelten für die Innungskrankenkassen für das Handwerk (§§ 250 ff. RVO).

Die See-Krankenversicherung wird von der See-Kasse (§ 1375 RVO) in einer besonderen Abteilung unter dem Namen See-Krankenkasse durchgeführt (§ 476 RVO). Der Kreis der bei der See-Krankenkasse versicherten Personen ergibt sich aus §§ 477 f. RVO.

Träger der Krankenversicherung der Landwirte sind die Landwirtschaftlichen Krankenkassen, die bei den Landwirtschaftlichen Berufsgenossenschaften errichtet worden sind (§ 44 KVLG). Ihre Mitglieder sind die nach dem KVLG versicherten Personen.

Die Bundesknappschaft als Träger der gesamten Knappschaftsversicherung (§§ 7 f. RKG) ist zuständig für die Krankenversicherung der knappschaftlich Versicherten (§ 1 RKG).[4]

---

[1] Bei den Mitgliederzahlen sind Familienangehörige, für die ein Anspruch auf Familienhilfe besteht, nicht erfaßt; Quelle: BArbBl 1985, Heft 9, S. 144.
[2] Vgl. Bley, S. 131: subsidiär-generelle Kompetenz.
[3] Vgl. BSG E 14, 71.
[4] Zum Kreis der knappschaftlich Versicherten siehe unten § 19.

Mitglieder der Ersatzkassen (§§ 504 ff. RVO), deren Stellung und Leistungen weitestgehend mit denen der RVO-Kassen übereinstimmen, können schließlich jene versicherungspflichtigen oder versicherungsberechtigten Personen sein, denen die Satzung der jeweiligen Kasse ein Beitrittsrecht einräumt. Versicherungspflichtige Ersatzkassenmitglieder haben ein Recht auf Befreiung von der Mitgliedschaft bei der für sie zuständigen RVO-Kasse (§ 517 Abs. 1 RVO). Bei allen diesen Krankenkassen handelt es sich um öffentlich-rechtliche Selbstverwaltungskörperschaften (§ 29 Abs. 1 SGB IV), deren Organe, der Vorstand und die Vertreterversammlung (§ 31 Abs. 1 SGB IV) sich grundsätzlich paritätisch aus gewählten Vertretern der Versicherten und der Arbeitgeber zusammensetzen. Abweichend hiervon bestehen die Organe der Ersatzkassen nur aus Vertretern der Versicherten und die Organe der Bundesknappschaft zu ⅔ aus Vertretern der Versicherten und nur zu ⅓ aus Vertretern der Arbeitgeber (§ 44 Abs. 1 SGB IV). Weitere Sonderregelungen bestehen für die Organe der Landwirtschaftlichen Krankenkassen (vgl. § 44 Abs. 3 SGB IV).

§ 10. Finanzierung

Die Finanzierung der gesetzlichen Krankenversicherung erfolgt überwiegend durch Beiträge der Versicherten und der Arbeitgeber. Ausnahmen bilden u. a. Beitragszahlungen der Rentenversicherungsträger und Zuschüsse des Bundes.

I. Aufbringung der Beiträge

Die Beiträge für versicherungspflichtige Arbeiter und Angestellte werden grundsätzlich von diesen Versicherten und ihren Arbeitgebern jeweils zur Hälfte getragen (§ 381 Abs. 1 S. 1 RVO). Nur für geringfügig verdienende Versicherte, d. h. für Versicherte, deren monatliches Entgelt ¹⁄₁₀ der Beitragsbemessungsgrenze in der Rentenversicherung nicht übersteigt, hat der Arbeitgeber die Beiträge allein zu zahlen (§ 381 Abs. 1 S. 2 RVO). Ebenfalls nicht beitragspflichtig waren bis zum 31.12.1982 auch die in der gesetzlichen Krankenversicherung versicherten Rentner. Stattdessen zahlten die Träger der Rentenversicherung an die Träger der Krankenversicherung eine Beitragspauschale. Seit dem 1.1.1983 sind die Beiträge jedoch von den Rentnern zu tragen (§ 381 Abs. 2 RVO). Der Beitragssatz wurde auf 11,8% festgesetzt (§ 385 Abs. 2 RVO). Gleichzeitig wurde den Rentnern ein Zuschuß zu ihrer Rente gewährt (§ 1304 e RVO, § 83 e AVG). Die auf die Renten entfallenden Beiträge werden von den Rentenversicherungsträgern einbehalten und an die Bundesversicherungsanstalt für Angestellte abgeführt, die den Belastungsausgleich für

§ 10. Finanzierung

die Krankenversicherung der Rentner durchführt (§ 393a Abs. 1 RVO). Die Beiträge für die krankenversicherten Bezieher von Arbeitslosengeld, Arbeitslosenhilfe und Unterhaltsgeld werden von der Bundesanstalt für Arbeit entrichtet (§ 157 Abs. 1 AFG).

Im Gegensatz zu diesen Versicherten müssen Versicherungsberechtigte und die in der Landwirtschaftlichen Krankenversicherung Versicherten grundsätzlich für ihre Beiträge selbst in vollem Umfang aufkommen (§ 381 Abs. 3 RVO, § 64 KVLG). Angestellte, die nur wegen Überschreitens der Jahresarbeitsverdienstgrenze gemäß § 165 Abs. 1 Nr. 2 RVO nicht versicherungspflichtig oder die nach § 173b RVO von der Versicherungspflicht befreit sind, haben allerdings einen Anspruch gegen ihren Arbeitgeber auf Zahlung eines Zuschusses zu ihrem Krankenversicherungsbeitrag in Höhe des Betrages, der als Arbeitgeberanteil im Falle der Krankenversicherungspflicht des Angestellten vom Arbeitgeber zu zahlen wäre (vgl. § 405 Abs. 1 RVO).

Grundsätzlich selbst für ihre Krankenversicherungsbeiträge aufkommen müssen auch Studenten und Praktikanten. Da ihre Beiträge jedoch die entstehenden Kosten nicht decken, leistet der Bund darüber hinaus Zuschüsse (§ 381a RVO).

Für die Zahlung von Mutterschaftsgeld gemäß §§ 200, 200a RVO erhalten die Krankenkassen vom Bund für jeden Fall eine Pauschale von 400 DM (§ 200d Abs. 1 RVO).

Besonderheiten gelten für die Finanzierung der Krankenversicherung der selbständigen Künstler und Publizisten nach dem KSVG. Die Mittel für die Versicherung nach dem KSVG werden grundsätzlich durch Beitragsanteile der Versicherten zur einen Hälfte, durch eine „Künstlersozialabgabe" und durch einen Zuschuß des Bundes zur anderen Hälfte aufgebracht (vgl. § 10 KSVG). Das Gesetz geht von einer arbeitnehmerähnlichen Situation der selbständigen Künstler und Publizisten aus, und belastet sie daher wie Arbeitnehmer mit der Hälfte des Beitrags. Der „Arbeitgeberanteil" für die nach dem KSVG Versicherten besteht in der Künstlersozialabgabe, die von der Künstlersozialkasse als Umlage erhoben wird. Zur Zahlung der Künstlersozialabgabe verpflichtet sind Unternehmer, die Buch-, Presse- und sonstige Verlage, Theater- und Konzertdirektionen, Galerien, Museen und ähnliche Unternehmen betreiben. Bemessungsgrundlage für die Abgabe sind die Entgelte, die das zur Abgabe verpflichtete Unternehmen im Laufe eines Kalenderjahres an Künstler und /Publizisten zahlt (§§ 24 f. KSVG). Dieser „quasi-Arbeitgeberbeitrag" wird durch einen Bundeszuschuß aufgestockt.

II. Beitragshöhe

Die Höhe der Krankenversicherungsbeiträge richtet sich in der Regel nach dem Grundlohn des Versicherten und dem Beitragssatz seiner

Krankenkasse (§§ 385, 180 RVO). Bemessungsgrundlage für den Grundlohn ist das Arbeitsentgelt, dem bei Selbständigen das Arbeitseinkommen entspricht (§§ 14f. SGB IV).[1] Den Beitragssatz, der in Hundertsteln des Grundlohns festgesetzt wird, kann jede Krankenkasse wegen ihrer Finanzautonomie im Rahmen der gesetzlichen Bestimmungen je nach Finanzbedarf selbständig festsetzen. Am 1.1.1985 betrug der durchschnittliche Beitragssatz der gesetzlichen Krankenversicherung für Pflichtmitglieder 11,7% des Grundlohnes, wobei die Beitragssätze zwischen 10,24% bei Betriebskrankenkassen und 12,11% für die Ersatzkassen für Angestellte schwankten.[2]

Sonderregelungen hinsichtlich der Beitragsbemessung bestehen u.a. für Rentner (vgl. § 385 Abs. 2 RVO), die Bezieher von Arbeitslosengeld, Arbeitslosenhilfe und Unterhaltsgeld (vgl. § 157 AFG), Personen, die nach dem KVLG krankenversichert sind (§ 65 KVLG) und die nach dem KSVG versicherten Künstler und Publizisten (§§ 12, 26, 34 KSVG).

---

[1] BSG E 30, 61.
[2] Quelle: BArbBl 1985, Heft 6, S. 90.

3. Abschnitt. Unfallversicherung

Literatur: *Ahrenz/Udsching*, Heimliche Ablösung der Arzthaftung durch gesetzliche Unfallversicherung, NJW 1978, 1666; *Baumer*, Die gesetzliche Unfallversicherung, 1978; *Behn*, Die Bedeutung der absoluten Fahruntüchtigkeit (1,3-Promille-Grenze) im Unfallversicherungsrecht, BG 1979, 280; *Behn*, Die beweisrechtliche Bedeutung der absoluten Fahruntüchtigkeit (1,3-Promille-Grenze) im Unfallversicherungsrecht, SGb 1979, 455; *Brakel*, Über die Verdienste Unfallverletzter, BArbBl 1959, 515; *Buß*, Vorschriften der Berufsgenossenschaften, BG 1978, 93; *Drexel*, Die „meldepflichtige" Berufskrankheit, BG 1979, 215; *Ecker*, Das Problem der Organtransplantation aus der Sicht der Sozialgerichtsbarkeit, SGb 1972, 81; *Etmer*, RVO 3. Buch Unfallversicherung, 1963 ff.; *Geiger-Nietsch*, Die Elternversorgung in der gesetzlichen Unfallversicherung und nach dem Bundesversorgungsgesetz, SGb 1978, 369; *Gitter*, Schadensausgleich im Arbeitsunfallrecht, 1969; *Gitter*, Probleme der abstrakten Schadensberechnung im Sozialrecht, VersR 1976, 505; *Gitter/Loytved*, Die gesetzliche Unfallversicherung in der sozialgerichtlichen Rechtsprechung in: Jahrbuch des Sozialrechts der Gegenwart (Hrsg. Wannagat) 1979, S. 125; *Gotzen/Doetsch*, Kommentar zur Unfallversicherung, 1963; *Haase/Koch*, Die gesetzliche Unfallversicherung, 1963; *Jegust*, Der Arbeitsunfall, 5. Aufl. 1982; *Lauterbach*, Gesetzliche Unfallversicherung, 3. Aufl. 1967 ff.; *Marschall von Bieberstein*, Haftungsbefreiung im dreispurigen Schadensausgleich, VersR 1968, 509; *Miesbach/Baumer*, Die gesetzliche Unfallversicherung, 1978 ff.; *Pittroff*, Die neue Berufskrankheiten-Verordnung – Auslegungsfragen –, BG 1979, 37; *Podzun*, Der Unfallsachbearbeiter, 3. Aufl. 1968 ff.; *Podzun*, Entschädigungspflicht, Leistungen und Ersatzansprüche bei Berufskrankheiten, 1968; *Raible*, Der Arbeitsunfall, 3. Aufl. 1981; *Vollmar*, Zum Unfallversicherungsschutz der Blut- und Gewebespender (§ 539 Abs. 1 Nr. 10 RVO), BG 1969, 267; *Vollmar*, Zur unfallversicherungsrechtlichen Zuständigkeit und zum Versicherungsumfang der gemäß § 539 Abs. 1 Nr. 17 RVO versicherten Personen (Rehabilitanden), ZfS 1975, 336; *Wagner*, Der Arbeitsunfall, 1969 ff.; *Wolber*, Maßnahmen bei Verstößen gegen nicht bußgeldbewährte Unfallverhütungsvorschriften, SozVers 1977, 74; *Wolber*, Erweiterter Schutz der gesetzlichen Unfallversicherung beim Besorgen von Berufskleidung und Arbeitsgerät, SozVers 1973, 6; *Zöllner*, Arbeitsrecht, 3. Aufl. 1983.

Die gesetzliche Unfallversicherung war bei ihrer Entstehung[1] allein auf Arbeitsunfälle ausgerichtet. Bei jedem Arbeits- (damals Betriebs-)Unfall sollte der Arbeitnehmer bzw. seine Familie einen Schadensausgleich unabhängig von eigener oder fremder Fahrlässigkeit erhalten (Soziales Schutzprinzip) und der Unternehmer von der privatrechtlichen Haftpflicht befreit werden (Haftungsersetzungsprinzip). Diese beiden Strukturprinzipien sind bis heute in der gesetzlichen Unfallversicherung grundsätzlich beibehalten worden.[2]

Der Schutz der Arbeitnehmer vor Arbeitsunfällen und ihren Folgen bildet auch gegenwärtig noch den Schwerpunkt der gesetzlichen Unfallversicherung. Man spricht insoweit von der sog. „echten Unfallversiche-

---

[1] Siehe oben § 2 III 2 und IV 2.
[2] Vgl. Gitter, Schadensausgleich im Arbeitsunfallrecht, S. 5 ff., 38 ff. m. w. N.; ders. WEX S. 105 ff.

rung". Daneben hat in den vergangenen Jahren die „unechte Unfallversicherung" zunehmende Bedeutung erlangt.[3] Hierbei handelt es sich teilweise um öffentlich-rechtliche Entschädigungstatbestände, bei denen sich der Gesetzgeber nur der versicherungsrechtlichen Anknüpfung bedient, um einen von ihm als notwendig erachteten Schadensausgleich herbeizuführen, wie etwa bei Nothelfern und Blutspendern.[4] Weiterhin gehört zur unechten Unfallversicherung auch die Unfallversicherung für Kinder während des Besuchs von Kindergärten, Schüler und Studenten.

Das Recht der gesetzlichen Unfallversicherung ist in den §§ 537 bis 1147 RVO enthalten. Im Gegensatz zur Krankenversicherung finden sich keine weiteren Regelungen in Spezialgesetzen.

Die Unfallversicherung ist gegliedert in die allgemeine Unfallversicherung (§§ 537 ff. RVO), die landwirtschaftliche Unfallversicherung (§§ 776 ff. RVO) und die See-Unfallversicherung (§§ 835 ff. RVO).

Die genaue Zahl der durch die gesetzliche Unfallversicherung geschützten Personen ist nur schwer zu ermitteln. Sie liegt bei etwa 40 Millionen Personen, von denen mehr als 15 Millionen Schüler, Studenten und Kinder in Kindergärten sind.

Für die Leistungen der gesetzlichen Unfallversicherung wurden 1983 ca. 0,7% des Bruttosozialprodukts, d.h. 11 Milliarden DM, aufgewandt. Den größten Anteil an den Ausgaben hatten

Rentenzahlungen	6603 Millionen DM
Heilanstaltspflege	1038 Millionen DM
Übergangsgeld	622 Millionen DM
ambulante Heilbehandlung	549 Millionen DM
Unfallverhütung und Erste Hilfe	445 Millionen DM.

Zwischen 1978 und 1982 wurden jährlich knapp 3 Millionen Unfälle und Berufskrankheiten entschädigt.

Davon waren im Jahre 1982

Arbeitsunfälle	2 480 000
Wegeunfälle	279 000
Berufskrankheiten	37 000.

Renten aus der gesetzlichen Unfallversicherung erhielten 1982 ca. 800 000 verletzte bzw. erkrankte Versicherte sowie 196 000 Hinterbliebene von Unfallopfern.[5]

---

[3] Vgl. zur Abgrenzung Peters, Handbuch der gesetzlichen Krankenversicherung, § 22 SGB I Anm. 2; Schulin, S. 66.
[4] Henke, S. 108; Gitter, WEX S. 105 ff.
[5] Vgl. zu den statistischen Angaben BR-Drucks. 565/83 S. 86; BArbBl 1985, Heft 4, S. 135.

§ 11. Personenkreis

Hinsichtlich des gegen Arbeitsunfälle versicherten Personenkreises ist in der gesetzlichen Unfallversicherung ebenso zwischen Pflichtversicherten und Versicherungsberechtigten zu unterscheiden wie im Krankenversicherungsrecht. Der freiwilligen Versicherung kommt allerdings in der gesetzlichen Unfallversicherung eine geringere Bedeutung zu, da verschiedene Personengruppen, die in der gesetzlichen Krankenversicherung lediglich beitrittsberechtigt sind, im Rahmen der Unfallversicherung der Versicherungspflicht unterliegen.

I. Pflichtversicherte

Die Versicherungspflicht kann in der gesetzlichen Unfallversicherung nicht nur kraft Gesetzes (§§ 539f. RVO) gegeben sein, sondern es besteht im Gegensatz zum Krankenversicherungsrecht auch die Möglichkeit einer Versicherungspflicht kraft Satzung (§§ 543f. RVO).

1. Versicherungspflicht kraft Gesetzes

Versicherungspflichtig kraft Gesetzes sind zunächst gemäß § 539 Abs. 1 Nr. 1 RVO die aufgrund eines Arbeits-, Dienst- oder Lehrverhältnisses Beschäftigten.

Trotz der von § 165 Abs. 1 Nr. 1 und 2 RVO abweichenden Formulierung des § 539 Abs. 1 Nr. 1 RVO kommt es auch in der gesetzlichen Unfallversicherung für die Entstehung des Sozialversicherungsverhältnisses nicht darauf an, ob ein wirksamer Arbeitsvertrag gegeben ist. Das Sozialversicherungsverhältnis entsteht vielmehr ebenso wie im Krankenversicherungsrecht auch ohne bzw. bei Unwirksamkeit des Arbeitsvertrages. Es kommt mit der Aufnahme einer entsprechenden Tätigkeit zustande, ohne daß es einer Rechtshandlung der Beteiligten, wie etwa einer Anmeldung, bedarf. Die in § 661 RVO vorgesehene Anmeldung durch eine Anzeige des Unternehmers ist keine rechtliche Voraussetzung für die Entstehung des Sozialversicherungsverhältnisses, sondern lediglich eine – durch Strafe bewehrte (§ 773 RVO) – Ordnungspflicht. Entscheidend für das Zustandekommen des Versicherungsverhältnisses der gemäß § 539 Abs. 1 Nr. 1 RVO pflichtversicherten Personen ist allein, ob sie in einem Beschäftigungsverhältnis im Sinne des § 7 Abs. 1 SGB IV stehen. Für die Abgrenzung zwischen einer Beschäftigung in persönlicher Abhängigkeit von einem Dritten und einer selbständigen Tätigkeit gelten dabei dieselben Kriterien wie im Krankenversicherungsrecht.[1]

---

[1] Brackmann, S. 470c; Lauterbach § 539 Anm. 6a; zum Beschäftigungsverhältnis im Sinne des § 539 Abs. 1 Nr. 1 RVO vgl. BSG E 24, 29, 30.

Bei dem Beschäftigungsverhältnis muß es sich im Gegensatz zur Krankenversicherung allerdings nicht um ein entgeltliches handeln. Darüber hinaus ist der Kreis der versicherten Arbeitnehmer auch insofern größer, als auch Angestellte ohne Rücksicht auf die Höhe ihres Jahresarbeitsverdienstes pflichtversichert sind. Der Unterscheidung zwischen Arbeitern und Angestellten kommt folglich für die gesetzliche Unfallversicherung keine Bedeutung zu.

Pflichtversichert sind neben den abhängig Beschäftigten auch eine Reihe von arbeitnehmerähnlichen Personen, d. h. Personen, die in einem vergleichbaren Abhängigkeitsverhältnis stehen wie die nach § 539 Abs. 1 Nr. 1 RVO geschützten Arbeitnehmer. Hierzu gehören zunächst Heimarbeiter, Zwischenmeister und Hausgewerbetreibende samt der in ihrem Unternehmen mitarbeitenden Ehegatten und sonstigen Personen (§ 539 Abs. 1 Nr. 2 RVO). Wer als Heimarbeiter, Zwischenmeister oder Hausgewerbetreibender im Sinne des § 539 Abs. 1 Nr. 2 RVO anzusehen ist, ergibt sich dabei aus § 12 SGB IV (vgl. auch § 2 Heimarbeitsgesetz). Zu den arbeitnehmerähnlichen Personen, die kraft Gesetzes gegen Arbeitsunfälle versichert sind, gehören darüber hinaus Personen, die sich zur Schaustellung[2] oder Vorführung künstlerischer oder artistischer Leistungen[3] vertraglich verpflichtet haben (§ 539 Abs. 1 Nr. 3 RVO). Sie werden unabhängig von ihrem Einkommen von der gesetzlichen Unfallversicherung erfaßt und zwar auch dann, wenn sie zu dem jeweiligen Veranstalter nicht in einem Abhängigkeitsverhältnis stehen.[4]

Weiterhin genießen Personen Versicherungsschutz, die nach den Vorschriften des Arbeitsförderungsgesetzes oder im Vollzug des Bundessozialhilfegesetzes der Meldepflicht unterliegen, wenn sie zur Erfüllung ihrer Meldepflicht die hierfür bestimmte Stelle aufsuchen oder auf Aufforderung einer Dienststelle der Bundesanstalt für Arbeit diese oder eine andere Stelle aufsuchen (§ 539 Abs. 1 Nr. 4 RVO). Als Meldepflicht im Sinne des § 539 Abs. 1 Nr. 4 RVO kommt dabei insbesondere § 132 Abs. 1 AFG in Betracht, wonach sich ein Arbeitsloser während der Zeit, für die er Anspruch auf Arbeitslosengeld erhebt, beim Arbeitsamt zu melden hat, wenn er dazu aufgefordert wird. Liegt eine ausdrückliche[5] Aufforderung des Arbeitsamtes vor, so steht der Arbeitslose sowohl während seines Aufenthaltes im Arbeitsamt als auch auf dem Weg dorthin unter Versicherungsschutz. Eine ausdrückliche Aufforderung des Arbeitsamtes ist allerdings nicht erforderlich, um den Versicherungsschutz zu begründen. Einerseits genügt auch eine „Bitte" oder „Empfehlung" des Arbeitsamtes[5a], und andererseits kann auch ein notwendig

---

[2] Vgl. RVA EuM 26, 7; 26, 8.
[3] Vgl. RVA EuM 26, 58; BSG E 13, 217; SozR 2200 § 539 RVO Nr. 28.
[4] BSG E 13, 217, 218.
[5] Vgl. dazu BSG SozR 2200 § 550 RVO Nr. 1.
[5a] BSG Breith. 81, 856.

werdendes erneutes Erscheinen beim Arbeitgeber als von der Aufforderung des Arbeitsamtes umfaßt anzusehen sein.[5b]. Kein Versicherungsschutz besteht dagegen für den Weg zur Arbeitslosmeldung, da diesem noch keine entsprechende Aufforderung vorangegangen sein kann.[6]
Neben den Arbeitnehmern und den arbeitnehmerähnlichen Personen sind eine Anzahl von Unternehmern kraft Gesetzes pflichtversichert, bei denen der Gesetzgeber davon ausgegangen ist, daß sie ebenso schutzbedürftig sind wie Arbeitnehmer. Hierzu gehören insbesondere landwirtschaftliche Unternehmer, soweit sie Mitglieder einer landwirtschaftlichen Berufsgenossenschaft sind, und ihre mit ihnen in häuslicher Gemeinschaft lebenden Ehegatten (§ 539 Abs. 1 Nr. 5 RVO).[7] Versichert ist allerdings nur ihre landwirtschaftliche Tätigkeit, nicht jedoch ein anderes Gewerbe, das von einem landwirtschaftlichen Unternehmer betrieben wird.[8] Entsprechendes gilt auch für die Küstenschiffer und Küstenfischer,[9] die als Unternehmer kleinerer gewerblicher Betriebe der Seefahrt gemäß § 539 Abs. 1 Nr. 6 RVO ebenfalls kraft Gesetzes versichert sind.

Eine weitere Gruppe von Pflichtversicherten bilden jene Personen, die bei Tätigkeiten zu Schaden kommen, die sie nicht im wirtschaftlichen Interesse eines Unternehmers oder in ihrem eigenen Interesse durchführen, sondern bei Tätigkeiten zu Schaden kommen, die sie im Interesse der Allgemeinheit verrichten. Hierzu zählen u.a. die im Gesundheits- oder im Veterinärwesen[10] oder in der Wohlfahrtspflege[11] Tätigen, die in einem Unternehmen zur Hilfe bei Unglücksfällen Beschäftigten,[12] Not- und Verwaltungshelfer,[13] Blut- und Gewebespender[14] sowie am Luftschutz Beteiligte und ehrenamtlich Tätige[15] (§ 539 Abs. 1 Nr. 7 bis 13 RVO). Diese Fälle gehören rechtsdogmatisch überwiegend nicht in den Bereich der Sozialversicherung, sondern in den der sozialen Entschädigung.[16] Der Gesetzgeber hat sich der versicherungsrechtlichen Anknüpfung lediglich bedient, um einen von ihm für notwendig erachteten Schadensausgleich herbeizuführen.[17]

[5b] BSG Breith. 81, 575.
[6] BSG E 25, 214, 215f.; Bayer. LSG Breith. 62, 492.
[7] Vgl. Hess. LSG Breith. 59, 14.
[8] BSG E 16, 79; 27, 233; Breith. 72, 470; LSG Rheinland-Pfalz Breith. 69, 297; 75, 100.
[9] Vgl. zu diesen Begriffen §§ 836f. RVO.
[10] Vgl. BSG E 18, 231; LSG Baden-Württemberg Breith. 70, 745; LSG Niedersachsen BG 63, 82.
[11] Vgl. BSG E 6, 74; 15, 112; 15, 116.
[12] Vgl. RVA EuM 29, 240; 33, 126; 40, 151; BSG SozR 2200 § 539 RVO Nr. 34.
[13] Vgl. BSG E 35, 140; 42, 97; LSG Baden-Württemberg Breith. 72, 384; Schleswig-Holstein. LSG Breith. 75, 197.
[14] Vgl. hierzu Ecker, SGb 72, 81ff.; Vollmar, BG 69, 267.
[15] Vgl. BSG E 39, 24; 40, 139.
[16] Bley, S. 154f.; Rüfner, S. 107.
[17] Gitter, WEX (Hrsg. Zacher), S. 105f.; Henke, S. 108.

Neben den bisher erwähnten sind – insbesondere in den letzten Jahren – eine Anzahl weiterer Personen aufgrund ihrer Schutzbedürftigkeit in den Kreis der kraft Gesetzes Pflichtversicherten aufgenommen worden. Die größte Gruppe[18] bilden dabei die seit 1971[19] versicherten Kinder während des Besuchs von Kindergärten sowie Schüler und Studenten während des Besuchs von allgemeinbildenden Schulen bzw. Hochschulen (§ 539 Abs. 1 Nr. 14 RVO). Der Versicherungsschutz erstreckt sich jedoch nur auf Unfälle, die in einer unmittelbaren zeitlichen und räumlichen Beziehung zum Kindergarten oder zur Schule bzw. Hochschule stehen[20] und auf Veranstaltungen, die von der Einrichtung verantwortlich getragen werden. Unter Versicherungsschutz stehen daher u. a. lehrplanmäßige Klassenfahrten[21] und Schullandaufenthalte.[22] In diesen Fällen umfaßt der Versicherungsschutz grundsätzlich die gesamte Dauer der internatsmäßigen Unterbringung, zumal wenn „besondere Gefahrenmomente" in der fremden Umgebung wesentlich an der Entstehung des Unfalls mitgewirkt haben.[22a] Außerhalb des organisatorischen Verantwortungsbereichs der Schule sind Schüler hingegen grundsätzlich auch bei solchen Verrichtungen nicht unfallversichert, die wesentlich durch den Schulbesuch bedingt sind und deshalb an sich mit diesem in einem ursächlichen Zusammenhang stehen. Deshalb besteht kein Unfallversicherungsschutz bei der Erledigung von Hausaufgaben oder beim Besuch eines privaten Nachhilfeunterrichts.[23] Sonstige Erledigungen außerhalb des Schulbereichs können nur dann versichert sein, wenn sie im Auftrag des Lehrers ausgeführt werden oder der Erhaltung der „Arbeitsfähigkeit" dienen. Insoweit gelten die allgemeinen Grundsätze über Unfälle auf Wegen zur Einnahme von Mahlzeiten und zur Besorgung von Lebensmitteln.

Weiterhin genießen Personen Versicherungsschutz, die im Rahmen der Selbsthilfe beim Wohnungsbau tätig werden (§ 539 Abs. 1 Nr. 15 RVO). Hierdurch sollen mittelbar der Bau von Eigenheimen gefördert und dabei vor allem jene Personen geschützt werden, die wegen ihres geringen Einkommens auf die Selbsthilfe angewiesen sind.[24] Die Selbsthilfe ist allerdings nur dann versichert, wenn ihr eine gewisse Bedeutung für die Finanzierung des Bauvorhabens zukommt. Nach der Rechtsprechung

---

[18] Ca. 14,3 Mill. Personen, BArbBl. 79, Heft 11, S. 118.
[19] Eingeführt durch das Gesetz über Unfallversicherung für Schüler und Studenten sowie Kinder in Kindergärten vom 18. März 1971, BGBl I S. 237.
[20] BSG E 39, 252, 253; 41, 149, 151 m. w. N.
[21] BSG BKK 76, 216.
[22] BSG USK 7711.
[22a] BSGE 28, 204, 206; 44, 94, 95.
[23] BSG E 41, 149; Bayer. LSG Breith. 76, 18; vgl. auch BSG USK 7920; E 35, 207.
[24] Brackmann, S. 474 w l m. w. N.; zum Umfang des Versicherungsschutzes vgl. BSG E 28, 122; 28, 128; 28, 131; 28, 134; 34, 82.

des Bundessozialgerichts ist dies der Fall, wenn der ersparte Betrag mindestens 1,5% der Gesamtkosten deckt.[25]
Schließlich sind kraft Gesetzes unfallversichert Entwicklungshelfer im Sinne des § 1 des Entwicklungshelfergesetzes, die sich für eine begrenzte Zeit im Ausland aufhalten oder auf eine entsprechende Tätigkeit vorbereitet werden (§ 539 Abs. 1 Nr. 16 RVO), Personen, die sich in der beruflichen Rehabilitation befinden (§ 539 Abs. 1 Nr. 17b und 17c RVO) sowie Personen, denen von einem Träger der gesetzlichen Krankenversicherung oder der gesetzlichen Rentenversicherung stationäre Heilbehandlung gewährt wird (§ 539 Abs. 1 Nr. 17a RVO). Zu den Letztgenannten gehören nach ganz überwiegender Meinung alle Patienten, denen von einem Krankenversicherungsträger stationäre Heilbehandlung gewährt wird, auch wenn es sich nicht um Rehabilitanden im Sinne des Rehabilitationsangleichungsgesetzes (RehaAnglG) handelt.[26] Dieser Auffassung kann man zwar entgegenhalten, daß die Entstehungsgeschichte und der Zusammenhang der Nr. 17a bis 17c des § 539 Abs. 1 RVO dafür spricht, nicht alle Patienten, sondern nur Behinderte im Sinne des RehaAnglG dem Schutz der gesetzlichen Unfallversicherung zu unterstellen[27], aus Gründen der Praktikabilität scheint es aber geboten, der herrschenden Meinung zu folgen, denn es gibt kaum ausreichende Kriterien für eine Abgrenzung zwischen Behinderten und Kranken.[28] Außerdem läßt sich bei Beginn der Behandlung nicht vorhersehen, ob Komplikationen und damit eine „Behinderung" des Patienten nicht noch im Laufe der Behandlung oder gar nachträglich auftreten. Damit stünde aber in vielen Fällen bei Beginn des stationären Aufenthalts noch nicht fest, ob Versicherungsschutz nach Nr. 17a besteht.[28a]
Der Versicherungsschutz, der von § 539 Abs. 1 Nr. 17a RVO erfaßten Personen erstreckt sich auf alle Tätigkeiten, die in einem inneren Zusammenhang mit der stationären Behandlung stehen.[29] Ein Rehabilitand steht daher z.B. auch auf einem nicht vom Arzt angeordneten Spaziergang unter Versicherungsschutz, soweit dieser Gang nach der Vorstellung des Patienten der Behandlung dienlich ist.[30] Im übrigen kann man für die Abgrenzung zwischen versicherten und nicht versicherten Tätigkeiten darauf abstellen, ob der Versicherte speziellen, mit dem Krankenhausaufenthalt verbundenen Gefahren erlegen ist, denen er zu Hause nicht begegnet wäre. Dadurch können auch Tätigkeiten, die normalerweise der

---

[25] BSG E 28, 122.
[26] BSG E 46, 283; SGb 79, 13; NJW 79, 1950.
[27] Gitter/Loytved, Jahrbuch des Sozialrechts der Gegenwart 1979, S. 125, 129f.; Ahrens/Udsching, NJW 78, 1666; wohl auch Vollmar, ZfS 75, 336.
[28] Vgl. BSG Breith. 82, 379.
[28a] Vgl. BSG SozR 2200 § 539 Nr. 71.
[29] BSG DOK 79, 712.
[30] BSG SozR 2200 § 539 RVO Nr. 48; SGb 79, 13 Nr. 10.

unversicherten privaten Lebenssphäre zuzurechnen sind, ausnahmsweise unter Versicherungsschutz stehen, sofern besondere, dem Aufenthaltsort eigentümliche Gefahrenquellen den Unfall wesentlich verursacht haben.[30a] Nicht unter dem Schutz der gesetzlichen Unfallversicherung stehen dagegen Gesundheitsstörungen, die auf dem Mißlingen eines ärztlichen Heileingriffes beruhen. Dies gilt nicht nur für Kunstfehler bei Operationen, sondern auch für alle anderen von einem Arzt angeordneten Therapiemaßnahmen, wie z. B. die Verlegung eines Patienten in eine andere Abteilung oder die Verordnung von Arzneimitteln. Schließlich scheiden auch Behandlungsmaßnahmen, die nicht vom Arzt selbst vorgenommen werden, sondern von Krankenschwestern und Krankenpflegern, aus dem Anwendungsbereich der Nr. 17a aus.[31a]

Greift keine der dargestellten Alternativen des § 539 Abs. 1 RVO ein, so kann dennoch Versicherungsschutz gemäß Abs. 2 bestehen, wenn der Geschädigte „wie ein nach Abs. 1 Versicherter" tätig geworden ist. § 539 Abs. 2 RVO hat zwar gegenüber dem Versicherungsschutz nach Abs. 1 nur subsidiären Charakter,[32] entsprechend seiner Funktion als Auffangtatbestand erfaßt er jedoch einen weiten Personenkreis. Bedeutung erlangt der Auffangtatbestand insbesondere dann, wenn eine Tätigkeit vorliegt, die normalerweise von Personen verrichtet wird, die in einem Beschäftigungsverhältnis stehen (§ 539 Abs. 1 Nr. 1 RVO), im konkreten Einzelfall eine persönliche oder wirtschaftliche Abhängigkeit jedoch nicht gegeben ist, da für den Versicherungsschutz nach § 539 Abs. 2 RVO ein Abhängigkeitsverhältnis nicht erforderlich ist.[33] Auch auf die Beweggründe für das Tätigwerden kommt es nicht an.[34] Es braucht sich vielmehr nur um eine ernstliche, dem betreffenden Unternehmen dienende Tätigkeit zu handeln, die dem wirklichen oder mutmaßlichen Willen des Unternehmers entspricht[35] und die ihrer Art nach normalerweise von Personen verrichtet wird, die in einem dem allgemeinen Arbeitsmarkt zuzurechnenden Beschäftigungsverhältnis stehen.[36]

Eine Beschränkung des Versicherungsschutzes gem. Abs. 2 auf die Fälle des Abs. 1 Nr. 1, also auf die Tätigkeiten eines vorübergehend Eingreifenden, die ihrer Art nach sonst üblicherweise im Rahmen eines versicherten Beschäftigungsverhältnisses ausgeübt werden, ist dem Wortlaut des Gesetzes allerdings nicht zu entnehmen. Deshalb sind grundsätzlich alle Nrn. des Abs. 1 einer Ausdehnung durch Abs. 2 zugänglich.

[30a] Vgl. BSG E 39, 180, 181.
[31] BSG E 46, 283; USK 78132; NJW 79, 1950 ff.
[31a] BSG Breith. 82, 379
[32] BSG USK 78107.
[33] BSG E 5, 168; 17, 211; 19, 117, 118.
[34] LSG Baden-Württemberg VersR 61, 795.
[35] BSG E 5, 168; 25, 102, 104.
[36] BSG E 15, 292, 294; 16, 73, 76.

Daher kann z. B. eine nicht meldepflichtige Person, die auf Aufforderung des Arbeitsamts zur Arbeitsberatung erscheint, hierbei gem. Abs. 2 unter Versicherungsschutz stehen, da sie wie ein nach Abs. 1 Nr. 4 Versicherter tätig wird.[36a]

Da die wirtschaftlich-soziale Stellung der im Sinne des § 539 Abs. 2 RVO tätigen Personen ohne Belang ist, kann auch ein Unternehmer nach dieser Vorschrift versichert sein, es sei denn, er wird im Rahmen seines eigenen Unternehmens tätig.[37] Gefälligkeitshandlungen können, soweit sie dem betreffenden Unternehmen dienen und dem Willen des Unternehmers entsprechen, ebenfalls versichert sein, da der Beweggrund für die Tätigkeit grundsätzlich unerheblich ist.[38] Allerdings scheidet ein Unfallversicherungsschutz aus, wenn die Gefälligkeitshandlungen lediglich dem persönlichen bzw. familiären Bereich zuzurechnen oder jedenfalls durch verwandtschaftliche Beziehungen geprägt sind.[39] Versicherungsschutz gemäß § 539 Abs. 2 RVO ist von der Rechtsprechung u. a. bejaht worden für das Abernten von ersteigertem Obst,[40] für Begleitpersonen von Behinderten,[41] für Familienangehörige bei der Mithilfe im (Gewerbe-)Betrieb,[42] für Haus- und Gartenarbeiten[43] sowie für Pannenhelfer.[44]

Eine (indirekte) Erweiterung des versicherten Personenkreises ist schließlich dadurch erfolgt, daß gem. § 555a RVO diejenigen entschädigt werden, die als Leibesfrucht durch einen Arbeitsunfall der Mutter während der Schwangerschaft geschädigt worden sind. Durch die Einführung dieser Regelung wurde einer Entscheidung des Bundesverfassungsgerichts vom 22.6.1977 Rechnung getragen, in der das Gericht zu dem Ergebnis gelangt war, es sei mit Art. 3 Abs. 1 GG in Verbindung mit dem Sozialstaatsprinzip nicht zu vereinbaren, wenn ein Kind, das im Mutterleib durch einen Arbeitsunfall bzw. durch eine Berufskrankheit geschädigt worden ist, von den Leistungen der gesetzlichen Unfallversicherung ausgeschlossen bliebe.[44a]

[36a] BSG Breith. 77, 591, 593; 81, 859.
[37] BSG E 5, 168, 174; SozR 2200 § 539 RVO Nr. 2; USK 78176.
[38] BSG SGb 59, 259 Nr. 9; E 19, 117.
[39] BSG SGb 59, 127 Nr. 9; Breith. 74, 102.
[40] BSG E 19, 117f.; anders Hess. LSG Breith. 71, 821.
[41] BSG E 18, 143.
[42] BSG E 14, 142; Breith. 77, 687; zu Gefälligkeitshandlungen gegenüber Ehegatten und Verwandten vgl. BSG Breith. 78, 827; 79, 418; SozR 2200 § 539 RVO Nr. 2 und Nr. 33.
[43] BSG Breith. 59, 985; anders LSG Hamburg Breith. 56, 239.
[44] BSG E 35, 140.
[44a] BVerfG E 45, 375.

2. Versicherungspflicht kraft Satzung

Neben der Versicherungspflicht kraft Gesetzes besteht im Recht der gesetzlichen Unfallversicherung die Möglichkeit, eine Versicherungspflicht kraft Satzung zu begründen. Die §§ 543 f. RVO erlauben es den Unfallsicherungsträgern, die Versicherung auf Unternehmer, die nicht kraft Gesetzes pflichtversichert sind, ihre im Unternehmen tätigen Ehegatten und einige weitere abschließend aufgezählte Personengruppen zu erstrecken.

Die Verfassungsmäßigkeit dieser Bestimmungen ist allerdings nicht unbestritten. Teilweise wird die Pflichtversicherung kraft Satzung wegen Verletzung parlamentarisch-demokratischer Grundsätze für verfassungswidrig gehalten.[45] Diese Ansicht wird insbesondere damit begründet, daß § 543 Abs. 1 RVO den für die Versicherungspflicht in Betracht kommenden Personenkreis nicht hinreichend genau umschreibe. Man weist insoweit unter Bezugnahme auf ein Urteil des Bundesverfassungsgerichts vom 9. Mai 1972[46] darauf hin, daß durch die gesetzliche Ermächtigung Nichtmitglieder kraft Satzungsrechts versicherungspflichtig werden könnten. Diese Überlegungen erscheinen aber wenig überzeugend, wenn man berücksichtigt, daß gemäß § 658 Abs. 1 RVO jeder Unternehmer Mitglied der sachlich zuständigen Berufsgenossenschaft ist. Da § 543 Abs. 1 RVO jedoch lediglich die Möglichkeit eröffnet, die Versicherungspflicht auf Unternehmer zu erstrecken, werden folglich einerseits keine unbeteiligten Nichtmitglieder betroffen und andererseits erscheint der Kreis der Mitglieder eines Unfallversicherungsträgers auch hinreichend bestimmt. Es bestehen demnach keine verfassungsrechtlichen Bedenken gegen die Versicherungspflicht kraft Satzung, zumal auch das Recht auf freie Entfaltung der Persönlichkeit (Art. 2 Abs. 1 GG) in zulässiger Weise beschränkt worden ist.[47]

II. Versicherungsfreiheit

Vom Grundsatz der Versicherungspflicht kraft Gesetzes[48] bestehen auch im Rahmen der gesetzlichen Unfallversicherung einige Ausnahmen. Im Gegensatz zur gesetzlichen Krankenversicherung kennt die Unfallversicherung zwar nicht die Möglichkeit einer Versicherungsfreiheit kraft Antrags, d.h. einer Versicherungsbefreiung,[49] einige Personengruppen sind aber kraft Gesetzes versicherungsfrei. Hierzu gehören wegen des haftungsrechtlichen Charakters der Unfallversicherung anders als im

---

[45] So Merten in: GK-SGB IV § 2 Rz. 25.
[46] BVerfG E 33, 125.
[47] So auch Brackmann, S. 477 g.
[48] Lauterbach § 541 Anm. 2.
[49] Siehe oben § 7 II 2.

Krankenversicherungsrecht allerdings nicht die nur geringfügig Beschäftigten.

Versicherungsfrei kraft Gesetzes sind jedoch u. a. einige Personengruppen, die bereits über eine anderweitige ausreichende Sicherung verfügen. Hierzu gehören zunächst jene Personen, für die beamtenrechtliche Unfallfürsorgevorschriften oder entsprechende Grundsätze gelten (§ 541 Abs. 1 Nr. 1 RVO). Unter beamtenrechtlichen Unfallfürsorgevorschriften sind dabei die §§ 30 ff. des Beamtenversorgungsgesetzes zu verstehen. Versicherungsfrei sind demnach alle Beamten sowie die Dienstordnungsangestellten der Sozialversicherungsträger (vgl. §§ 351 ff., 690 ff. RVO). Die Anwendung entsprechender Grundsätze kann aber auch zwischen privaten Arbeitgebern und Arbeitnehmern vereinbart werden.[50] Weiterhin sind wegen ihrer anderweitigen Sicherung solche Personen von der Versicherungspflicht befreit, denen Versorgung nach dem Bundesversorgungsgesetz (BVG) oder solchen Gesetzen gewährt wird, die das BVG für entsprechend anwendbar erklären (vgl. § 80 Soldatenversorgungsgesetz, § 59 Abs. 1 Bundesgrenzschutzgesetz, § 47 Zivildienstgesetz, § 51 Bundes-Seuchengesetz, § 4 Häftlingshilfegesetz), sowie die Mitglieder zahlreicher karitativer Organisationen (vgl. § 541 Abs. 1 Nr. 2 und 3 RVO).

Wegen ihrer vermuteten Fähigkeit zur Eigenvorsorge[51] sind darüber hinaus versicherungsfrei Ärzte, Heilpraktiker, Zahnärzte, Dentisten und Apotheker sowie die im Gesetz genannten Verwandten des Haushaltsvorstandes bei unentgeltlicher Mitarbeit im Haushalt, die ansonsten gemäß § 539 Abs. 1 Nr. 1 RVO pflichtversichert wären (§ 541 Abs. 1 Nr. 4 und 5 RVO).

Gemäß § 542 RVO sind schließlich die Unternehmer nicht gewerblicher Binnenfischereien und Imkereien sowie ihre Angehörigen und einige andere Personen von der Versicherungspflicht befreit. Da für sie auch nicht die Möglichkeit einer Versicherung kraft Satzung oder einer freiwilligen Versicherung besteht (vgl. §§ 543 Abs. 1 2. Halbsatz, 545 Abs. 1 S. 1 RVO), sind sie de facto völlig von der gesetzlichen Unfallversicherung ausgeschlossen. Dem liegt der Gedanke zugrunde, daß die in § 542 RVO genannten Tätigkeiten in den Bereich des Privatlebens gehören und daher nach allgemeinen Grundsätzen nicht unter den Schutz der gesetzlichen Unfallversicherung fallen sollen.[52]

III. Versicherungsberechtigte

Neben den oben unter I. angesprochenen Pflichtversicherten sind in der gesetzlichen Unfallversicherung auch einige Versicherungsberechtig-

---

[50] Brackmann, S. 478d II.
[51] Vgl. Lauterbach § 541 Anm. 2.
[52] BT-Drucks. IV/120, S. 53.

te freiwillig gegen die Risiken eines Unfalls versichert. Es handelt sich hierbei um Unternehmer und ihre im Unternehmen tätigen Ehegatten, die der Unfallversicherung freiwillig betreten können, sofern sie nicht schon kraft Gesetzes oder kraft Satzung versichert sind (§ 545 RVO). Die Satzung des Unfallversicherungsträgers kann ihnen darüber hinaus, ebenso wie den pflichtversicherten Unternehmern, die Möglichkeit einer freiwilligen Zusatzversicherung einräumen (§§ 632 ff. RVO).

Die freiwillige Versicherung ermöglicht – ähnlich wie die Versicherung kraft Satzung[53] – eine Selbsthilfe der Unternehmer gegen Unfallrisiken. Im Gegensatz zur Versicherung kraft Satzung beruht sie jedoch nicht auf einer kollektiven, sondern auf einer individuellen Entscheidung. Ihre inhaltliche Ausgestaltung entspricht grundsätzlich der Pflichtversicherung. Insbesondere ist der Versicherungsschutz auf solche Tätigkeiten beschränkt, die den Zwecken des Unternehmens zu dienen bestimmt sind.[54]

Das Versicherungsverhältnis der freiwillig Versicherten kommt, ebenso wie im Krankenversicherungsrecht, unmittelbar durch die Willenserklärung des Beitrittsberechtigten zustande, einer entsprechenden Erklärung des Unfallversicherungsträgers bedarf es dagegen nicht.[55]

Die Möglichkeit einer freiwilligen Weiterversicherung besteht im Rahmen der gesetzlichen Unfallversicherung im Gegensatz zur Krankenversicherung nicht.

§ 12. Leistungen und Versicherungsfälle

Die Leistungen der gesetzlichen Unfallversicherung umfassen, entsprechend ihren Aufgaben, nämlich Arbeitsunfälle zu verhüten und nach Eintritt der Arbeitsunfähigkeit den Verletzten, seine Angehörigen und seine Hinterbliebenen zu entschädigen (§ 537 RVO), die Unfallverhütung und Erste Hilfe einerseits (§§ 546, 708 ff. RVO) und die Leistungen nach Eintritt eines Arbeitsunfalles andererseits (§§ 547 ff. RVO).

I. Unfallverhütung und Erste Hilfe

Zu den Präventivleistungen der Unfallversicherung zur Unfallverhütung und Ersten Hilfe, die unabhängig vom Eintritt eines Versicherungsfalls gewährt werden, gehört zunächst der Erlaß von Unfallverhütungsvorschriften. Diese Vorschriften bedürfen der Genehmigung des Bundesministers für Arbeit und Sozialordnung und sind öffentlich bekanntzu-

---

[53] Siehe oben § 11 I 2.
[54] BSG E 23, 248, 252; Breith. 71, 460.
[55] Siehe oben § 7 III 1.

machen. Verstöße gegen Unfallverhütungsvorschriften durch Mitglieder oder Versicherte der Berufsgenossenschaften können als Ordnungswidrigkeiten mit Geldbußen bis zu 20000 DM geahndet werden (§§ 708 ff. RVO).[1]

Weiterhin haben die Berufsgenossenschaften durch technische Aufsichtsbeamte die Durchführung der Unfallverhütungsvorschriften zu überwachen und ihre Mitglieder zu beraten. Zu diesem Zweck beschäftigen die Berufsgenossenschaften besonders qualifizierte technische Aufsichtsbeamte. Sie sind u. a. berechtigt, die Mitgliedsunternehmen der Berufsgenossenschaften während der Arbeitszeit zu besichtigen, bestimmte Auskünfte zu verlangen und Proben von Arbeitsstoffen zu fordern oder zu entnehmen (vgl. §§ 712 ff. RVO).

Der Unfallverhütung dienen darüber hinaus die Bestellung von Sicherheitsbeauftragten in Betrieben mit mehr als 20 Beschäftigten (§ 719 RVO), die Einrichtung überbetrieblicher arbeitsmedizinischer und arbeitstechnischer Dienste (§ 719a RVO) und die Ausbildung der mit der Durchführung des Arbeitsschutzes und der Unfallverhütung in den Unternehmen betrauten Personen durch die Berufsgenossenschaften (§ 720 RVO).

Schließlich haben die Berufsgenossenschaften die Unternehmer anzuhalten, in ihren Unternehmen eine wirksame Erste Hilfe bei Arbeitsunfällen sicherzustellen (§ 721 RVO). Eine entsprechende gesetzliche Verpflichtung der Unternehmer, Sanitätsräume und andere Einrichtungen zur Ersten Hilfe zur Verfügung zu stellen, ergibt sich aus den §§ 38f. der Verordnung über Arbeitsstätten.

Rechtssystematisch gehören die Maßnahmen der Ersten Hilfe zu den Leistungen nach Eintritt eines Arbeitsunfalles. Sie sind jedoch im Zusammenhang mit den Maßnahmen der Unfallverhütung geregelt worden, da es sich bei der Ersten Hilfe ebenso wie bei der Unfallverhütung um Vorgänge im Betrieb oder doch in unmittelbarer Verbindung mit dem Betrieb handelt, bei denen eine Mitwirkung des Unternehmers erforderlich ist.[2] Insgesamt entfallen etwa 2,9% der Gesamtaufwendungen der Unfallversicherungsträger[3] auf diese präventiven Maßnahmen, deren Bedeutung ständig zunimmt. In juristischer Hinsicht werfen sie jedoch im Gegensatz zu den Leistungen nach Eintritt eines Arbeitsunfalls kaum Probleme auf.

II. Leistungen nach Eintritt eines Arbeitsunfalles

Die Leistungen der gesetzlichen Unfallversicherung nach Eintritt eines Arbeitsunfalls umfassen u. a. Heilbehandlung, Berufsförderung und an-

---

[1] Vgl. hierzu Wolber, SozVers 77, 74; Buß, BG 78, 93.
[2] Lauterbach § 721 Rdnr. 4a.
[3] Stand 1983, Stat. Jahrbuch 1985, S. 405.

dere Maßnahmen zur Erhaltung, Besserung und Wiederherstellung der Erwerbsfähigkeit, Renten wegen Minderung der Erwerbsfähigkeit, Sterbegeld und Hinterbliebenenrenten (vgl. § 22 Abs. 1 SGB I, § 547 RVO). Alle diese Leistungen sind abhängig vom Eintritt des Versicherungsfalls „Arbeitsunfall".

1. Versicherungsfall Arbeitsunfall

Das Gesetz definiert den Arbeitsunfall in § 548 Abs. 1 S. 1 RVO als einen „Unfall, den ein Versicherter bei einer der in den §§ 539, 540 und 543 bis 545 genannten Tätigkeiten erleidet".

Aus der Verweisung auf die §§ 539, 540 und 543 bis 545 RVO, die allerdings entgegen der Formulierung des § 548 Abs. 1 S. 1 RVO keine Tätigkeiten, sondern Personengruppen nennen, ergibt sich zunächst, daß ein Arbeitsunfall im Zusammenhang mit einer versicherten Tätigkeit stehen muß. Weiterhin ist gemäß § 548 Abs. 1 S. 1 RVO Voraussetzung für den Versicherungsfall Arbeitsunfall, daß es zu einem Unfall gekommen ist. Aus § 548 Abs. 2 RVO ergibt sich darüber hinaus, daß ein Körperschaden eingetreten sein muß. Schließlich ist erforderlich, daß zwischen der versicherten Tätigkeit und dem Unfall sowie zwischen dem Unfall und dem Körperschaden jeweils eine kausale Verknüpfung besteht, da die gesetzliche Unfallversicherung nach ihrem Sinn und Zweck nur für solche Körperschäden Ersatz leisten soll, die eine Konkretisierung des versicherten Risikos darstellen und nicht dem privaten Lebensbereich zuzurechnen sind.

Der Versicherungsfall „Arbeitsunfall" setzt damit voraus, daß
1. eine versicherte Tätigkeit vorliegt, die
2. kausal geworden ist für einen
3. Unfall, der seinerseits
4. kausal geworden ist für einen
5. Körperschaden.

a) Die in den §§ 539, 540 und 543 bis 545 RVO genannten Personengruppen sind nicht umfassend gegen Unfälle geschützt, sondern nur gegen solche, die im Zusammenhang mit bestimmten (versicherten) Tätigkeiten stehen. So sind beispielsweise die gemäß § 539 Abs. 1 Nr. 1 RVO pflichtversicherten Arbeitnehmer nur gegen Unfälle im Rahmen ihres Beschäftigungsverhältnisses, nicht jedoch gegen Unfälle im privaten Bereich versichert. Anhand des Tatbestandsmerkmals der **versicherten (betrieblichen) Tätigkeit** ist daher abzugrenzen zwischen Handlungen, die in den Schutzbereich der gesetzlichen Unfallversicherung fallen, und solchen Tätigkeiten, die persönlichen Zwecken dienen und dem privaten Bereich zuzurechnen sind.

Für die Zuordnung einer bestimmten Handlung zum unfallversicherungsrechtlich geschützten Bereich ist es dabei nicht ausreichend, daß ein zeitlicher und räumlicher Bezug zu einer grundsätzlich versicherten Tätigkeit besteht, erforderlich ist vielmehr darüber hinaus, daß die Handlung mit der versicherten Tätigkeit in einem inneren Zusammenhang steht und dieser wesentlich dient.[4] Ob eine Tätigkeit einem Unternehmen dient, ist dabei vom Standpunkt des Handelnden aus zu beurteilen, sofern die Tätigkeit zumindest dem mutmaßlichen Willen des Unternehmers entspricht.[5]

Dem privaten Bereich zuzurechnen ist danach grundsätzlich die Einnahme von Mahlzeiten, und zwar auch dann, wenn sie auf der Betriebsstätte und während der Betriebszeit durchgeführt wird,[6] sowie die Beschaffung von Zigaretten, Kaffee und anderen Genußmitteln.[7] Nicht unter Versicherungsschutz steht in der Regel auch das Besorgen einer Lohnsteuerkarte oder eines Krankenscheines außerhalb der Arbeitszeit.[8] Kein Versicherungsschutz besteht normalerweise auch dann, wenn Versicherte während einer der in den §§ 539, 540 und 543 bis 545 RVO genannten Tätigkeiten in Streit geraten und es dabei zu einem Unfall kommt.[9] Ist der Streit allerdings unmittelbar aus der versicherten Tätigkeit entstanden, so ist nach der Rechtsprechung des Bundessozialgerichts Versicherungsschutz gegeben.[10] Die Teilnahme an betrieblichen Veranstaltungen ist versichert, wenn diese vom Betriebsleiter zumindest gebilligt und gefördert werden, der Betriebsleiter selbst oder ein von ihm Beauftragter daran teilnimmt und alle Betriebsangehörigen daran teilnehmen sollen.[11] Erforderlich ist, daß die Veranstaltung von der Autorität der Betriebsleitung getragen wird und dazu dient, die betriebliche Gemeinschaft zu fördern.[12] Auch Betriebssport zählt als Maßnahme der Gesunderhaltung der Beschäftigten zur (versicherten) betrieblichen Sphäre, wenn er sich im zeitlichen und organisatorischen Rahmen des Ausgleichszwecks hält und nicht die Grenze zum allgemeinen sportlichen Wettkampfverkehr überschreitet.[13] Die Teilnahme an Pokalspielen von Betriebssportgemeinschaften desselben Unternehmens hat das Bundessozialgericht ebenfalls noch der betrieblichen Sphäre zugerechnet, da nicht der Wettkampfcharakter im Vordergrund gestanden habe, sondern durch die mit den Spielen verbundene Abwechslung die Freude am

---

[4] BSG E 8, 48; 14, 295; 16, 236; 40, 113.
[5] BSG E 5, 168, 171; 20, 215, 218.
[6] BSG E 11, 267, 268; 12, 247, 249; 16, 236, 239.
[7] BSG E 12, 254; vgl. aber auch BSG Breith. 51, 302.
[8] BSG E 11, 154; 17, 11.
[9] BSG E 13, 290; zu Streitigkeiten zwischen Schülern vgl. BSG USK 79189.
[10] BSG E 18, 106; SGb 75, 401 Nr. 4.
[11] Bley, S. 219.
[12] BSG E 1, 179; 7, 249; 17, 280; 41, 145.
[13] BSG E 16, 1; BB 76, 981f.

Ausgleichssport gestärkt und das Zusammengehörigkeitsgefühl mit dem Unternehmen gefördert werden sollte.[14]

b) Neben dem Vorliegen einer versicherten Tätigkeit setzt der Begriff des Arbeitsunfalls weiterhin voraus, daß zwischen dieser Tätigkeit und dem Unfall eine kausale Verknüpfung besteht. Diese wird als **haftungsbegründende Kausalität** bezeichnet. Durch dieses Tatbestandsmerkmal sollen solche Unfälle aus dem Schutzbereich der gesetzlichen Unfallversicherung ausgeschieden werden, die zwar auch durch eine versicherte Tätigkeit hervorgerufen worden sind, die aber ihre **wesentliche** Ursache in einem der privaten Sphäre zuzurechnenden Verhalten haben. Hierzu können z. B. Unfälle gehören, die ein Arbeitnehmer unter Einfluß von Alkohol während einer betrieblichen Tätigkeit erleidet. Derartige Unfälle können nach Sinn und Zweck der gesetzlichen Unfallversicherung dann nicht als entschädigungspflichtige Arbeitsunfälle angesehen werden, wenn sich in ihnen lediglich alkoholbedingte, nicht aber betriebsbedingte Risiken konkretisiert haben.

Da die Funktion der haftungsbegründenden Kausalität darin besteht, den Unfallversicherungsschutz auf solche Unfälle zu begrenzen, die im wesentlichen durch das versicherte Risiko ausgelöst worden sind, kann für die Beurteilung der Kausalität in der gesetzlichen Unfallversicherung weder auf die strafrechtliche Äquivalenztheorie noch auf die zivilrechtliche Adäquanztheorie zurückgegriffen werden.

Die strafrechtliche Äquivalenztheorie, nach der Ursache für einen Erfolg jede Bedingung ist, die nicht hinweggedacht werden kann, ohne daß der Erfolg entfiele,[15] führt zu einer umfassenden Ausweitung der Haftungsgrundlage. Dies ist im Strafrecht unschädlich, weil ein Korrektiv in Gestalt des Schuldvorwurfs vorhanden ist.[16] Würde man diese Theorie jedoch im Unfallversicherungsrecht anwenden, so hätte dies zur Folge, daß praktisch jeder Unfall im Zusammenhang mit einer versicherten Tätigkeit als Arbeitsunfall zu qualifizieren wäre, denn die betriebliche Tätigkeit kann für den konkreten Unfall wohl in keinem Fall hinweggedacht werden, ohne daß der Erfolg entfiele.

Auch die im Zivilrecht herrschende Adäquanztheorie, die darauf abstellt, ob ein Schadensverlauf der allgemeinen Erfahrung entspricht oder „ganz ungewöhnlich"[17] ist, kann für die Beurteilung von Kausalitätsfragen im Bereich der gesetzlichen Unfallversicherung nicht herangezogen werden. Eine Anwendung der Adäquanztheorie hätte zur Folge, daß nur atypische Schadensverläufe aus dem Schutzbereich der Unfallversiche-

---

[14] BSG E 41, 145; SGb 79, 422.
[15] Schönke-Schröder, StGB, 21. Aufl. 1982, Vorbem. §§ 13 ff. Rdnr. 73; Dreher/Tröndle, StGB, 42. Aufl. 1985, vor § 13 Rdnr. 17a.
[16] Vgl. Gitter, Schadensausgleich im Arbeitsunfallrecht, S. 101.
[17] Vgl. Palandt, BGB, 44. Aufl. 1985, Vorbem. vor § 249 Anm. 5b; Larenz, Schuldrecht Allgemeiner Teil, 13. Aufl. 1982, § 27 III b, S. 404.

rung ausgeschieden würden. Entsprechend dem Sinn und Zweck der gesetzlichen Unfallversicherung soll aber durch das Tatbestandsmerkmal der haftungsausfüllenden Kausalität nicht eine Entschädigung bei atypischen Schäden ausgeschlossen werden, sondern bei solchen, die sich nicht als eine Konkretisierung des versicherten Risikos darstellen. Auch völlig untypische, aber betrieblich bedingte Unfälle müssen dagegen in den Schutzbereich der gesetzlichen Unfallversicherung fallen.[18]

Für die Feststellung des ursächlichen Zusammenhangs zwischen der versicherten Tätigkeit und dem Unfallereignis ist von der Rechtsprechung daher die Theorie der wesentlichen Bedingung entwickelt worden.[19] Als Ursachen und Mitursachen für einen Unfall sind danach unter Abwägung ihres verschiedenen Wertes nur jene Bedingungen anzusehen, die wegen ihrer besonderen Bedeutung für den Erfolg zu dessen Eintritt wesentlich beigetragen haben. Bei der Beurteilung dieser Frage ist im Einzelfall auf die Auffassung des praktischen Lebens abzustellen.[20] Haben mehrere Ursachen zum Eintritt eines Unfalls wesentlich beigetragen, so ist auch dann ein Arbeitsunfall zu bejahen, wenn nur eine dieser Ursachen der versicherten Tätigkeit zuzurechnen ist. Tritt dagegen diese Ursache gegenüber den anderen Ursachen deutlich in den Hintergrund, so bleibt sie als rechtlich unwesentlich außer Betracht und es liegt kein entschädigungspflichtiger Arbeitsunfall vor.[21]

Bedeutung erlangt die haftungsbegründende Kausalität überwiegend bei Unfällen unter Alkoholeinfluß oder infolge von Übermüdung. Im Vordergrund stehen dabei zwar Wegeunfälle,[22] aber auch bei Arbeitsunfällen im engeren Sinne kann der Einfluß von Alkohol dazu führen, daß der Versicherungsschutz entfällt. Wenn im Einzelfall der Alkoholeinfluß die rechtlich allein wesentliche Bedingung für einen Unfall darstellt, so fehlt es an der haftungsbegründenden Kausalität und damit an einem Arbeitsunfall. Tritt dagegen neben dem Alkoholeinfluß ein betrieblicher Umstand als weitere wesentliche Ursache ein, so steht der Einfluß des Alkohols dem Versicherungsschutz nicht entgegen.[23]

Zu beachten ist, daß der Einfluß von Alkohol nicht erst im Rahmen der haftungsbegründenden Kausalität Bedeutung erlangen kann. Hat ein Versicherter Alkohol in so großen Mengen genossen, daß er nicht mehr zu einer ernstlichen, dem Unternehmen dienenden Tätigkeit in der Lage ist, so fehlt es bereits an einer versicherten Tätigkeit.[24]

---

[18] Vgl. Gitter, Schadensausgleich im Arbeitsunfallrecht, S. 112 ff.
[19] BSG E 1, 72, 76; 6, 164, 169; 12, 242, 245 f.; vgl. allgemein Wannagat, S. 327 ff.; Gitter, Schadensausgleich im Arbeitsunfallrecht, S. 165 ff.
[20] BSG E 1, 72, 76; 12, 242, 245 f.
[21] Bley, S. 223; Brackmann, S. 480 l.
[22] Siehe unten § 12 II 1 f) bb).
[23] Vgl. BSG E 13, 9.
[24] Bley, S. 223 f.

c) Weitere Voraussetzung für den Begriff des Arbeitsunfalls ist, daß die versicherte Tätigkeit für einen **Unfall** kausal geworden ist. Unter einem Unfall ist dabei ein von außen her auf den Menschen einwirkendes, körperlich schädigendes, plötzliches, d. h. zeitlich begrenztes Ereignis zu verstehen.[25] Der genaue Zeitpunkt des Unfalls braucht nicht festgestellt zu werden. Als plötzliches, zeitlich begrenztes Ereignis gilt ein solches, das sich innerhalb eines verhältnismäßig kurzen Zeitraums, d. h. längstens in einer Arbeitsschicht, abspielt.[26]

Bedeutung erlangt diese zeitliche Grenze insbesondere bei Gesundheitsbeeinträchtigungen, die auf Hitze, Kälte oder Nässe zurückzuführen sind. Führt die Summe derartiger Einwirkungen erst über mehrere Arbeitsschichten hinweg zu einem Gesundheitsschaden, so fehlt es an einem Unfall im Sinne der Definition des Arbeitsunfalls. Es kann jedoch eventuell eine Berufskrankheit vorliegen.[27]

d) Das durch die versicherte Tätigkeit herbeigeführte Unfallereignis muß seinerseits kausal geworden sein für einen Körperschaden. Diese kausale Verknüpfung zwischen Unfall und Körperschaden wird als **haftungsausfüllende Kausalität** bezeichnet. Sie dient der Abgrenzung zwischen der betrieblichen und der persönlichen Risikosphäre im Hinblick auf den Schaden in seiner Beziehung zum Unfallereignis.[28] Für die Feststellung der haftungsausfüllenden Kausalität gilt ebenso wie bei der haftungsbegründenden Kausalität die Theorie der wesentlichen Bedingung.[29]

Die haftungsausfüllende Kausalität erlangt Bedeutung, wenn entweder das Unfallereignis auf einen bereits bestehenden Körperschaden einwirkt und zu einer Verschlimmerung führt, oder wenn das Unfallereignis in kausaler Konkurrenz mit einer bei dem Versicherten bereits vorhandenen, bisher ruhenden Krankheitsanlage den Eintritt eines Körperschadens herbeiführt.

Führt ein Unfallereignis zur Verschlimmerung eines bereits vorhandenen Körperschadens, so beruht der nach dem Unfall bestehende Zustand sowohl auf dem Vorschaden als auch auf dem Unfall. Soweit eine Abgrenzung der unfallbedingten Verschlimmerung möglich ist, wird nur diese Verschlimmerung als Arbeitsunfall entschädigt.[30] Kann dagegen der Verschlimmerungsanteil nicht abgegrenzt werden, sondern wird die gesamte Krankheitsentwicklung durch den Unfall ungünstig beeinflußt, so ist der Gesamtschaden als Arbeitsunfall zu entschädigen, da das Unfaller-

---

[25] Lauterbach § 548 Anm. 3; BSG E 23, 139, 141.
[26] BSG Breith. 74, 843, 844 f.
[27] Bley, S. 221; zu den Berufskrankheiten siehe unten § 12 II 1 f) cc).
[28] Gitter, Schadensausgleich im Arbeitsunfallrecht, S. 115.
[29] BSG E 11, 50; 25, 49; zur Theorie der wesentlichen Bedingung siehe oben § 12 II 1 b).
[30] Brackmann, S. 488 v.

eignis eine wesentlich mitwirkende Bedingung für den Gesamtzustand war.[31]

Hätte der vor dem Unfall bereits bestehende Körperschaden auch ohne das Unfallereignis wahrscheinlich zum Tode geführt, so ist es dennoch nicht ausgeschlossen, in dem Unfall eine wesentliche Bedingung für den Tod des Versicherten zu sehen. Leidet ein Unfallgeschädigter an einer vom Unfall unabhängigen Krankheit, bei deren Art und Verlauf mit seinem zeitlich bestimmbaren Ableben zu rechnen ist, so bildet das Unfallereignis nach Auffassung der Rechtsprechung gleichwohl eine wesentliche Bedingung für den Tod des Verletzten, wenn durch den Unfall der Tod um mindestens ein Jahr beschleunigt wird.[32]

Führt das Unfallereignis in kausaler Konkurrenz mit einer bereits vorhandenen, bisher ruhenden Krankheitsanlage zu einem Körperschaden, so schließt allein das Vorhandensein der Anlage es nicht aus, den Körperschaden als durch das Unfallereignis verursacht anzusehen. Andererseits ist der Unfall aber auch nicht schon deshalb als wesentliche Bedingung anzusehen, weil der Schaden aufgrund des Unfalls hervorgetreten ist. Das Unfallereignis stellt vielmehr nur dann eine wesentliche Bedingung dar, wenn es zur Auslösung der Krankheitsanlage einer besonderen, in ihrer Art unersetzlichen, äußeren Einwirkung bedurfte und der Unfall diese Einwirkung gebildet hat. Keine wesentliche Bedingung ist das Unfallereignis dagegen, wenn die Anlage so leicht ansprechbar war, daß auch jedes andere, alltäglich vorhandene, ähnlich gelagerte Ereignis sie hätte auslösen können.[33]

e) Letzte Voraussetzung für einen Arbeitsunfall ist schließlich, daß ein **Körperschaden** eingetreten ist. Hierunter sind nicht nur Schäden auf dem Gebiet des körperlich-organischen, sondern auch solche auf dem Gebiet des psychisch-geistigen zu verstehen.[34] Als Körperschäden können daher u. U. auch Unfallschocks und Unfallneurosen angesehen werden.[35]

Dem Körperschaden stellt das Gesetz die Beschädigung eines Körperersatzstückes oder eines größeren orthopädischen Hilfsmittels gleich (§ 548 Abs. 2 RVO).

f) Dem Arbeitsunfall im engeren Sinne gleichgestellt werden Arbeitsgeräteunfälle, Wegeunfälle und Berufskrankheiten.[36] Diese Unfälle weisen dieselbe Grundstruktur auf wie der bisher dargestellte Arbeitsunfall im engeren Sinne. Es wird lediglich der Versicherungsschutz auf einige weitere Risiken erstreckt, die mit den nach den §§ 539, 540 und 543 bis 545 RVO versicherten Risiken im Zusammenhang stehen.

---

[31] Bley, S. 224.
[32] BSG E 12, 247, 253; 22, 200, 203; vgl. Brackmann, S. 489 eI.
[33] BSG NJW 62, 702 f.; Bley, S. 224 f.; Brackmann, S. 488 s ff.
[34] Brackmann, S. 480a, 489.
[35] BSG E 18, 173, 175.
[36] Für die See-Unfallversicherung vgl. außerdem § 838 RVO.

aa) Als Arbeitsgeräteunfälle (§ 549 RVO) gelten Unfälle bei einer mit der versicherten Tätigkeit zusammenhängenden Verwahrung, Beförderung, Instandhaltung und Erneuerung des Arbeitsgerätes, auch wenn es vom Versicherten gestellt wird. Arbeitsgeräte im Sinne des § 549 RVO sind grundsätzlich solche Gegenstände, die ihrer Zweckbestimmung nach hauptsächlich für die Tätigkeit im Unternehmen gebraucht werden. Hierzu kann auch ein PKW gehören, wenn dieser überwiegend für die berufliche Tätigkeit genutzt wird.[37] Nicht unter Versicherungsschutz gemäß § 549 RVO stehen dagegen Unfälle beim Besorgen von Berufskleidung, da diese – von Ausnahmen abgesehen – nicht als Arbeitsgerät gilt[38] sowie Unfälle bei der erstmaligen Anschaffung von Arbeitsgerät.[39]

bb) Größere Bedeutung als dem Arbeitsgeräteunfall kommt jedoch dem ebenfalls als Arbeitsunfall geltenden Wegeunfall zu (§ 550 RVO). Versichert ist danach grundsätzlich der Weg zwischen dem Ort der versicherten Tätigkeit und dem häuslichen Wirkungskreis, innerhalb dessen kein Versicherungsschutz besteht. Als Grenze des versicherten Weges wird die Haustür des vom Versicherten bewohnten Gebäudes angesehen, und zwar auch dann, wenn es sich um ein Mehrfamilienhaus mit abgeschlossenen Einzelwohnungen handelt.[40]

Für einen Wegeunfall ist jedoch nicht zwingend erforderlich, daß der Weg zur versicherten Tätigkeit von der Wohnung aus angetreten wird oder der Rückweg dort endet. Versicherungsschutz kann vielmehr z.B. auch dann bestehen, wenn der Versicherte den Weg zur Arbeit im Anschluß an einen längeren Besuchsaufenthalt bei Verwandten von dort aus antritt. Erforderlich ist in derartigen Fällen lediglich, daß der tatsächlich zurückgelegte Weg in einem angemessenen Verhältnis zu dem üblichen Arbeitsweg steht.[41] Auf diese Weise kann das versicherte Risiko in Grenzen gehalten werden, ohne daß die Bewegungsfreiheit des Versicherten im privaten Bereich über Gebühr eingeschränkt wird.

Der Weg von oder nach dem Ort der versicherten Tätigkeit steht dann ausnahmsweise nicht unter Versicherungsschutz, wenn er mit der versicherten Tätigkeit nicht in einem rechtlich wesentlichen, inneren Zusammenhang steht, sondern in erster Linie privaten Zwecken dient. Für die Abgrenzung stellt die Rechtsprechung allein auf die Motive des Versicherten ab.[42] So entfällt der Versicherungsschutz, wenn die Tätigkeit im betrieblichen Interesse nur der Nebenzweck einer privaten Reise ist.

Unter Versicherungsschutz steht grundsätzlich nur der unmittelbare,

---

[37] BSG E 24, 243.
[38] BSG BG 54, 442; Breith. 57, 409; vgl. auch Wolber, SozVers 73, 6f.
[39] Vgl. BSG SozR 2200 § 549 RVO Nr. 6; Lauterbach § 549 Anm. 7.
[40] BSG E 2, 239, 243; 22, 10, 11; 37, 36, 37; vgl. auch Brackmann, S. 485k m.w.N.
[41] BSG E 22, 60; BG 65, 154; SGb 78, 231 Nr. 6.
[42] Kritisch dazu Gitter/Loytved, Jahrbuch des Sozialrechts der Gegenwart 1980, S. 85, 95.

direkte Weg zwischen dem häuslichen Bereich und dem Tätigkeitsort. Dieser Weg muß allerdings nicht mit dem kürzesten identisch sein, sondern als unmittelbarer Weg gilt auch ein etwas längerer, der verkehrsgünstiger und damit risikoärmer ist als der kürzeste Weg.[43] Nicht versichert sind dagegen Umwege, d. h. Wege, die ihren Ausgangs- und Endpunkt zwar mit dem unmittelbaren Weg gemeinsam haben, die aber erheblich länger sind. Ob eine Längendifferenz erheblich ist, bestimmt sich in erster Linie nach der Relation zwischen Umweg und unmittelbarem Weg, es sind aber auch alle anderen nach der Verkehrsanschauung maßgeblichen Umstände in Betracht zu ziehen.[44]

Ausnahmsweise unter Versicherungsschutz steht ein Umweg allerdings dann, wenn der Versicherte die Abweichung vornimmt, weil sein Kind wegen seiner oder seines Ehegatten beruflicher Tätigkeit fremder Obhut anvertraut wird oder weil er mit anderen berufstätigen oder versicherten Personen gemeinsam ein Fahrzeug für den Weg nach und von dem Ort der Tätigkeit benutzt (§ 550 Abs. 2 RVO). Für eine derartige unter Versicherungsschutz stehende Fahrgemeinschaft ist es nicht erforderlich, daß es sich bei den Mitfahrenden um Versicherte handelt, die in demselben Betrieb tätig sind.[45] Auch die Mitnahme der erwerbstätigen Ehefrau durch den Ehemann erfüllt die Voraussetzungen einer Fahrgemeinschaft im Sinne des § 550 Abs. 2 RVO.

Unterbrechungen des versicherten Weges für private Verrichtungen beseitigen den Versicherungsschutz, sofern der „Abstecher" für die privaten Verrichtungen nicht räumlich und zeitlich völlig geringfügig ist. Nach der Rückkehr auf den ursprünglichen Weg lebt der Versicherungsschutz wieder auf,[46] sofern sich der Versicherte nicht bereits endgültig von der versicherten Tätigkeit gelöst hat. Die Frage, ob eine Unterbrechung des Arbeitsweges aus privaten Gründen zu einer endgültigen Lösung vom Betrieb führt, beurteilt die Rechtsprechung vorwiegend nach der Dauer der Unterbrechung. Eine zeitliche Grenze für das Wiederaufleben des Versicherungsschutzes wird insoweit bei zwei Stunden angenommen.[47] Diese recht starre Handhabung des zeitlichen Kriteriums bei Unterbrechungen des Weges gibt den Versicherungsträgern und nicht zuletzt auch den Versicherten klare Richtlinien an die Hand. Sie dient daher vor allem der Rechtssicherheit.[48] Andererseits erscheint es aber bedenklich, daß sie im Einzelfall leicht zu unbilligen Ergebnissen führen kann.

Ein besonders häufiges Problem bei Wegeunfällen bilden Unfälle unter

---

[43] Bley, S. 228.
[44] BSG E 4, 219, 222.
[45] LSG Rheinland-Pfalz Breith. 79, 328 f.
[46] Zum Wiederaufleben des Versicherungsschutzes vgl. BSG Breith. 80, 104.
[47] BSG SozR 2200 § 550 RVO Nr. 12 und Nr. 27; USK 7967.
[48] Vgl. Gitter/Loytved, Jahrbuch des Sozialrechts der Gegenwart 1980, S. 85, 96.

Alkoholeinfluß. Wie bereits ausgeführt, entfällt der Versicherungsschutz dann, wenn der Alkoholgenuß die rechtlich allein wesentliche Ursache für den Unfall war und es infolgedessen an der haftungsbegründenden Kausalität fehlt. Bei Wegeunfällen läßt sich diese Kausalitätsbeziehung unter erleichterten Umständen feststellen, wenn ein Kraftfahrzeugführer absolut fahruntüchtig war. Dies wird auch im Unfallversicherungsrecht angenommen, wenn eine Blutalkoholkonzentration von 1,3 Promille vorliegt.[49] Dabei hält – ebenso wie der BGH[50] – neuerdings auch das Bundessozialgericht eine Rückrechnung der Blutalkoholkonzentration auf den Unfallzeitpunkt nicht für erforderlich, wenn der Verunglückte im Unfallzeitpunkt eine Alkoholmenge im Körper gehabt hat, die später zu einer Blutalkoholkonzentration von 1,3 Promille oder darüber führt.[51] Die damit zur Tatzeit gegebene Alkoholanflutwirkung habe nämlich nach neueren wissenschaftlichen Erkenntnissen in gleicher Weise eine absolute Fahruntüchtigkeit zur Folge, wie das Erreichen der Grenzwertkonzentration von 1,3 Promille unter den günstigsten Umständen.

Selbst eine absolute Fahruntüchtigkeit schließt es allerdings nicht aus, daß neben ihr auch andere Ursachen, wie etwa schlechte Straßenverhältnisse, im naturwissenschaftlich-philosophischen Sinn beim Eintritt eines Verkehrsunfalls mitgewirkt haben. In einem derartigen Fall ist weiter zu prüfen, ob der verkehrsgefährdenden Beschaffenheit des Unfallortes neben der alkoholbedingten Fahruntüchtigkeit eine wesentliche Bedeutung als Unfallursache zukommt. Bei einer solchen unter Berücksichtigung des Schutzzweckes der Norm vorzunehmenden Abwägung kann die absolute Fahruntüchtigkeit auch dann die rechtlich allein wesentliche Unfallursache sein, wenn der Versicherte gerade infolge des Alkoholgenusses in eine Verkehrssituation geraten ist, die er auch als Nüchterner nicht anders hätte meistern können.[52]

Anders als bei Kraftfahrzeugführern gibt es bei anderen Verkehrsteilnehmern keine anerkannten Grenzwerte für eine absolute Fahruntüchtigkeit. Daher sind z.B. bei Mofafahrern[53] und bei Fußgängern weitere Umstände erforderlich, um den Alkoholgenuß als rechtlich allein wesentliche Bedingung für den Unfall werten zu können. Ein etwaiges Fehlverhalten des Verunglückten ist grundsätzlich nur dann als beweiskräftig dafür zu erachten, daß der Alkoholgenuß den Unfall allein wesentlich bedingt hat, wenn das Verhalten typisch für einen unter Alkoholeinfluß stehenden Versicherten ist und es nicht ebensogut andere Ursachen haben kann, wie etwa Unaufmerksamkeit, Leichtsinn, Über-

---

[49] BSG E 34, 261 im Anschluß an BGHSt 21, 157; vgl. dazu Behn BG 79, 280; ders. SGb 79, 455.
[50] BGHSt 25, 246.
[51] BSG SGb 79, 508 Nr. 16.
[52] BSG SGb 79, 323; vgl. auch Hess. LSG SGb 79, 397 Nr. 4.
[53] Vgl. BSG E 36, 35.

§ 12. Leistungen und Versicherungsfälle

müdung, körperliche Verfassung oder ähnliches.[54] Dies gilt auch für Kraftfahrzeugführer, deren Blutalkoholkonzentration weniger als 1,3 Promille beträgt.

cc) Neben den Arbeitsgeräte- und den Wegeunfällen stellt das Gesetz schließlich auch Berufskrankheiten den Arbeitsunfällen im engeren Sinne gleich (§ 551 RVO).[55] Diese Erkrankungen weichen insofern von Arbeitsunfällen im Sinne des § 548 RVO ab, als in der Regel kein zeitlich begrenztes Ereignis vorliegt, sondern sie sich als Folge einer länger dauernden schädigenden Einwirkung darstellen.[56]

§ 551 Abs. 1 RVO versteht unter Berufskrankheiten jene Krankheiten, welche die Bundesregierung durch Rechtsverordnung mit Zustimmung des Bundesrates bezeichnet und die ein Versicherter bei einer der nach den §§ 539, 540 und 543 bis 545 RVO genannten Tätigkeiten erleidet. Von dieser Ermächtigung hat der Verordnungsgeber bereits frühzeitig Gebrauch gemacht.[57] Im Laufe der Zeit wurde der Versicherungsschutz gegen die Auswirkungen von Berufskrankheiten immer weiter ausgebaut. Gegenwärtig gilt die Berufskrankheiten-Verordnung (BKVO) in der Fassung vom 8. 12. 1976, die am 1. 1. 1977 in Kraft getreten ist.[58]

Das starre Listenprinzip der BKVO wird durch § 551 Abs. 2 RVO in engen Grenzen durchbrochen. Danach sollen die Versicherungsträger im Einzelfall eine Krankheit, auch wenn sie nicht in der BKVO bezeichnet ist oder die dort bestimmten Voraussetzungen nicht vorliegen, wie eine Berufskrankheit entschädigen, sofern nach neueren Erkenntnissen die Voraussetzungen für die Annahme einer Berufskrankheit im Sinne des § 551 Abs. 1 RVO erfüllt sind. Da es grundsätzlich allein dem Verordnungsgeber obliegt, zu prüfen, ob nach medizinisch-wissenschaftlichen Erkenntnissen die Voraussetzungen erfüllt sind, unter denen eine Krankheit als Berufskrankheit anzusehen ist, müssen die „neuen Erkenntnisse" erst nach dem Erlaß der letzten BKVO bekannt geworden sein oder sich erst nach diesem Zeitpunkt zur Berufskrankheitsreife verdichtet haben. Um relevante Erkenntnisse im Sinne des § 551 Abs. 2 RVO handelt es sich dagegen nicht, wenn der Verordnungsgeber sie bereits gekannt und nach erkennbarer Prüfung eine Aufnahme der Krankheit in die BKVO abgelehnt hat. Anderenfalls würde nämlich die Rechtsprechung praktisch anstelle des Verordnungsgebers neue Berufskrankheiten bezeichnen können.[59]

---

[54] Vgl. BSG E 34, 293; USK 77169 und 77214.
[55] Vgl. dazu Drexel, BG 79, 215.
[56] Rüfner, S. 113.
[57] Vgl. die erste Verordnung über die Ausdehnung der Unfallversicherung auf gewerbliche Berufskrankheiten vom 12. 5. 1925, RGBl I S. 69.
[58] BGBl I S. 3329; vgl. dazu Pittroff, BG 79, 37.
[59] BSG USK 7928.

2. Leistungen

Die Leistungen nach Eintritt eines Arbeitsunfalls lassen sich einteilen in medizinische und berufsfördernde Rehabilitationsleistungen einschließlich ergänzender Leistungen einerseits und Entschädigungsleistungen an den Verletzten bzw. seine Hinterbliebenen andererseits.

a) Rehabilitationsleistungen

Zu den Rehabilitationsleistungen gehört zunächst die Heilbehandlung (§ 557 RVO), deren Umfang im wesentlichen der Krankenpflege (§ 182 Abs. 1 Nr. 1 RVO) entspricht. Ist der Verletzte arbeitsunfähig, so steht ihm neben der Heilbehandlung ein Anspruch auf Verletztengeld gemäß §§ 560 bis 562 RVO zu, das ebenfalls weitgehende Ähnlichkeiten mit dem Krankengeld (§ 182 Abs. 1 Nr. 2 RVO) aufweist.

Da ein unfallbedingter Gesundheitsschaden zugleich eine Krankheit im Sinne des Krankenversicherungsrechts darstellt, treffen die Ansprüche auf Heilbehandlung und Verletztengeld mit den Ansprüchen auf Krankenpflege und Krankengeld zusammen, wenn der Verletzte gesetzlich krankenversichert ist. In diesem Fall ist primär der zuständige Krankenversicherungsträger zur Leistung verpflichtet, der Anspruch gegen den Träger der Unfallversicherung ist demgegenüber subsidiär (§ 565 Abs. 1 RVO). Der Unfallversicherungsträger kann allerdings auch die Heilbehandlung und die Zahlung des Verletztengeldes selbst übernehmen. In diesem Fall ruhen[60] die Ansprüche des Versicherten gegen den Träger der Krankenversicherung (§ 565 Abs. 2 RVO). Leistet ein Krankenversicherungsträger, so hat der Träger der Unfallversicherung ihm einen Teil der entstehenden Kosten zu erstatten (vgl. § 1504 RVO).

Zu den Rehabilitationsmaßnahmen gehört weiterhin die Berufshilfe (§ 567 RVO). Ihr Ziel ist es, den Verletzten nach seiner Leistungsfähigkeit und unter Berücksichtigung seiner Eignung, Neigung und bisherigen Tätigkeit möglichst auf Dauer beruflich einzugliedern (§ 556 Abs. 1 Nr. 2 RVO). Anspruch auf Berufshilfe haben – obwohl das Gesetz ausdrücklich auf eine berufliche Tätigkeit Bezug nimmt – alle unfallversicherten Personen, auch wenn sie noch keinen Beruf ausgeübt haben, also auch die gemäß § 539 Abs. 1 Nr. 14 RVO versicherten Kinder, Schüler und Studenten.[61]

Im Rahmen der Berufshilfe werden u. a. Hilfen zur Erhaltung und Erlangung eines Arbeitsplatzes, zur Berufsfindung sowie zur beruflichen Fortbildung, Ausbildung und Umschulung gewährt. Während dieser Maßnahmen erhält der Verletzte Übergangsgeld gemäß § 568 RVO, sofern er durch die Berufshilfemaßnahme daran gehindert ist, einer ganztägigen Erwerbstätigkeit nachzugehen.

---

[60] Vgl. BSG E 32, 256.
[61] BSG E 45, 290.

§ 12. Leistungen und Versicherungsfälle 109

b) Entschädigungsleistungen

Die Entschädigungsleistungen nach Eintritt eines Arbeitsunfalls umfassen in erster Linie die Verletztenrente und Renten an Hinterbliebene. Darüber hinaus ist insbesondere die Abfindung von Verletztenrenten und von Renten an Hinterbliebene von Bedeutung.

aa) Verletztenrente

Ein Anspruch auf Zahlung einer Verletztenrente entsteht, sofern ein Arbeitsunfall zu einer Minderung der Erwerbsfähigkeit um mindestens 20% führt und diese über die 13. Woche nach dem Arbeitsunfall hinaus andauert. Erleidet ein Verletzter mehrere Arbeitsunfälle, so wird eine Verletztenrente für jeden Arbeitsunfall gewährt, der eine Minderung der Erwerbsfähigkeit um mindestens 10% zur Folge hat. Die Höhe der Verletztenrente ist im wesentlichen abhängig vom Grad der Minderung der Erwerbsfähigkeit und dem Jahresarbeitsverdienst des Verletzten vor dem Eintritt des Arbeitsunfalls (§§ 580, 581 RVO).

(1) **Minderung der Erwerbsfähigkeit.** Unter Erwerbsfähigkeit im Sinne der gesetzlichen Unfallversicherung ist die Fähigkeit des Versicherten zu verstehen, sich unter Ausnutzung der Arbeitsgelegenheiten, die sich ihm nach seinen Kenntnissen und Fähigkeiten im ganzen Bereich des wirtschaftlichen Lebens bieten, einen Erwerb zu verschaffen. Als Minderung der Erwerbsfähigkeit ist folglich die Beeinträchtigung dieser Fähigkeit anzusehen.[62]

Für die Ermittlung der Minderung der Erwerbsfähigkeit gilt, anders als im Zivilrecht, das Prinzip der abstrakten Schadensberechnung.[63] Dies bedeutet, daß zunächst die individuelle Erwerbsfähigkeit des Verletzten vor dem Unfall ermittelt und rechnerisch mit 100% bewertet wird, und zwar auch dann, wenn der Verletzte bereits vorgeschädigt und infolgedessen nicht mehr voll erwerbsfähig war. Ein Vorschaden steht der Gewährung einer Verletztenrente nur dann entgegen, wenn der Verletzte bereits völlig erwerbsunfähig war. In diesem Fall fehlt es bereits an einer Erwerbsfähigkeit, die durch den Arbeitsunfall gemindert werden konnte.[64]

Der vor dem Arbeitsunfall bestehenden und mit 100% bewerteten individuellen Erwerbsfähigkeit des Verletzten wird das nach dem Unfall verbliebene Ausmaß der Erwerbsfähigkeit als Vergleichswert gegenübergestellt. Die Differenz beider Werte ergibt die Minderung der Erwerbsfähigkeit. Entschädigt wird also nach dem Unterschied der auf dem gesamten Gebiet des Erwerbslebens bestehenden Erwerbsmöglichkeiten

---

[62] Brackmann, S. 566 y I f. m. w. N.
[63] Vgl. Gitter, Schadensausgleich im Arbeitsunfallrecht, S. 159 ff.; Brackmann, S. 566 y II ff. m. w. N.
[64] BSG E 35, 232.

vor und nach dem Arbeitsunfall. Ob der Arbeitsunfall tatsächlich zu einem Einkommensausfall führt, ist dagegen bedeutungslos. Die Verletztenrente wird infolge der abstrakten Schadensberechnung auch dann gewährt, wenn kein Lohnausfall entstanden ist oder – etwa nach einer Umschulung – ein höheres Einkommen erzielt wird.[65]

Eine gewisse Modifizierung des Verfahrens zur Schadensberechnung enthält § 581 Abs. 2 RVO, wonach bei der Bemessung der Minderung der Erwerbsfähigkeit Nachteile zu berücksichtigen sind, die der Verletzte dadurch erleidet, daß er bestimmte, von ihm erworbene berufliche Kenntnisse und Erfahrungen infolge des Unfalls nicht mehr oder nur noch in vermindertem Umfang nutzen kann. Allein der Umstand, daß ein Verletzter den erlernten Beruf nicht mehr ausüben kann, hat allerdings noch keine über die Grundsätze der abstrakten Schadensberechnung hinausgehende Höherbewertung der Minderung der Erwerbsfähigkeit zur Folge. Es muß sich vielmehr um spezielle Fähigkeiten handeln, die zum Lebensberuf geworden sind[66] und deren Nichtberücksichtigung zu unbilligen Härten führen würde.[67] Zu berücksichtigen sind dabei insbesondere das Alter des Verletzten und die Dauer seiner Ausbildung.[68] Da der Grad der Minderung der Erwerbsfähigkeit im Einzelfall naturgemäß nur schwer geschätzt werden kann, ist der Grundsatz entwickelt worden, daß eine Schätzung des Unfallversicherungsträgers solange als rechtmäßig anzusehen ist, als eine spätere Schätzung um nicht mehr als 5% von ihr abweicht.[69] Darüber hinaus besteht die Möglichkeit, für die ersten zwei Jahre nach dem Arbeitsunfall zunächst eine vorläufige Rente zu gewähren, bis der Grad der Minderung der Erwerbsfähigkeit endgültig festgestellt werden kann (§ 1585 Abs. 1 RVO). Spätestens mit Ablauf von zwei Jahren ist dann die Dauerrente festzustellen. Unterbleibt dies, so wird die vorläufige Rente zur Dauerrente (§ 622 Abs. 2 S. 1 RVO).

(2) **Jahresarbeitsverdienst.** Als Jahresarbeitsverdienst gilt grundsätzlich der Gesamtbetrag aller Arbeitsentgelte und Arbeitseinkünfte im Jahr vor dem Arbeitsunfall (§ 571 Abs. 1 Nr. 1 RVO). Sonderregelungen bestehen u.a. für Personen, die sich in der Schul- oder Berufsausbildung befinden, und für Verletzte unter 25 Jahren (§§ 572 ff. RVO), in der landwirtschaftlichen Unfallversicherung (§§ 780 ff. RVO) und in der See-Unfallversicherung (§§ 841 ff. RVO). Für Zeiten, in denen der Verletzte im Jahr vor dem Arbeitsunfall kein Arbeitsentgelt oder Arbeitseinkommen bezogen hat, wird das Arbeitsentgelt bzw. Arbeitseinkommen

---

[65] BSG E 30, 64, 68; vgl. hierzu kritisch Gitter, VersR 76, 505; Brakel, BArbBl 59, 515.
[66] BSG BG 75, 521.
[67] BSG E 23, 253; 28, 227, 229.
[68] Lauterbach § 581 Anm. 11 m.w.N.
[69] BSG E 32, 245; 37, 177.

zugrundegelegt, das durch eine Tätigkeit erzielt wird, die der letzten Tätigkeit des Verletzten entspricht. Ist er früher nicht tätig gewesen, so ist die Tätigkeit maßgebend, die er z. Z. des Arbeitsunfalls ausgeübt hat.

Aus diesem Normzusammenhang hat das Bundessozialgericht gefolgert, daß zum Jahresarbeitsverdienst nicht nur das im Jahr vor dem Arbeitsunfall bezogene, sondern auch das in dieser Zeit infolge von Kurzarbeit entgangene Arbeitsentgelt gehöre.[70] Es komme nämlich nach dem Sinn des § 571 RVO grundsätzlich nicht darauf an, aus welchen Gründen innerhalb des letzten Jahres vor dem Unfall Zeiten liegen, in denen der Verletzte kein Arbeitsentgelt bezogen hat.

Wie der Jahresarbeitsverdienst in den Fällen zu ermitteln ist, in denen der Verdienst im letzten Jahr vor dem Arbeitsunfall nicht festgestellt werden kann, ist gesetzlich nicht geregelt. Die Rechtsprechung hat diese Gesetzeslücke in einem Fall, wo keine hinreichenden Anhaltspunkte für eine Schätzung des von einem Ausländer in seinem Heimatland erzielten Einkommens vorlagen, durch eine entsprechende Anwendung des § 577 RVO ausgefüllt, d.h. den Jahresarbeitsverdienst im Rahmen des § 575 RVO nach billigem Ermessen festgesetzt.[71]

(3) **Rentenhöhe.** Die Verletztenrente beträgt bei völliger Erwerbsunfähigkeit[72] ⅔ des Jahresarbeitsverdienstes des Verletzten. Diese Beschränkung der Rentenhöhe findet ihre Rechtfertigung darin, daß die Verletztenrente weder der Steuer- noch der Beitragspflicht zur Sozialversicherung unterliegt.[73] Ist der Verletzte nicht völlig erwerbsunfähig, sondern ist seine Erwerbsunfähigkeit nur gemindert, so erhält er jenen Teil der Vollrente, der dem Grad seiner Minderung der Erwerbsfähigkeit entspricht. Für die Berechnung der Jahresrente gilt folglich die Formel (§ 581 Abs. 1 RVO):

Jahresrente = ⅔ Jahresarbeitsverdienst × Minderung der Erwerbsfähigkeit in %.

Für Schwerverletzte, d.h. Personen, deren Minderung der Erwerbsfähigkeit mindestens 50% beträgt (§ 583 Abs. 1 RVO), erhöht sich die so berechnete Rente um 10%, wenn sie infolge des Arbeitsunfalls auf Dauer[74] keiner Erwerbstätigkeit mehr nachgehen können und sie keine Rente aus den gesetzlichen Rentenversicherungen erhalten (§ 582 RVO). Außerdem erhalten Schwerverletzte eine Zulage in Höhe von 10% für jedes Kind bis zur Vollendung des 18. Lebensjahres (§ 583 RVO), sofern der Verletzte für das Kind vor dem 1.1.1984 einen Anspruch auf Verletztenrente gehabt hat.

Eine weitere Sonderregelung gilt für Verletzte, deren Minderung der

---

[70] BSG SozR 2200 § 571 RVO Nr. 15.
[71] LSG Nordrhein-Westfalen vom 15. August 1979 – L 17 U 231/77.
[72] BSG E 17, 160, 161; Breith. 73, 281; BG 74, 43.
[73] Bley, S. 292.
[74] BSG E 36, 96.

Erwerbsfähigkeit zwar weniger als 100% beträgt, die aber infolge des Arbeitsunfalls ohne Arbeitsentgelt und Arbeitseinkommen sind. Sofern in diesem Fall die Rente und das Arbeitslosengeld oder die Unterstützung aus der Arbeitslosenhilfe zusammen nicht den Betrag des Übergangsgeldes erreichen, hat der Träger der Unfallversicherung die Rente für längstens zwei Jahre nach ihrem Beginn um den Unterschiedsbetrag zu erhöhen (§ 587 RVO). Dies gilt allerdings nur dann, wenn zu erwarten ist, daß der Verletzte in absehbarer Zeit trotz der Unfallfolgen wieder einer Erwerbstätigkeit nachgehen wird. Auf Dauer aus dem Erwerbsleben ausgeschiedene Rentner haben dagegen keinen Anspruch auf Erhöhung ihrer Teilrente gemäß § 587 RVO, da bei ihnen kein konkreter Vermögensschaden infolge des Arbeitsunfalls vorliegt. § 587 RVO setzt aber im Gegensatz zur „normalen Verletztenrente" gemäß § 581 RVO einen konkreten Vermögensschaden in Form des vollständigen Fehlens von Arbeitseinkommen voraus.[75]

Die Anpassung der Verletztenrente an die allgemeine Lohn- und Gehaltsentwicklung wird durch jährliche Rentenerhöhungen entsprechend der Entwicklung der durchschnittlichen Bruttolohn- und -gehaltssumme sichergestellt (vgl. § 579 RVO).

bb) Hinterbliebenenrenten

Führt der Arbeitsunfall zum Tod des Versicherten, so stehen seinen Hinterbliebenen neben dem Sterbegeld und den Überführungskosten (§ 589 Abs. 1 Nr. 1 und 2 RVO) sowie der Überbrückungshilfe (§ 591 RVO), die für das Sterbevierteljahr gewährt wird und der Erleichterung der Umstellung dient,[76] Rentenansprüche zu, deren Höhe sich ebenso wie die der Verletztenrente nach dem Jahresarbeitsverdienst des verstorbenen Versicherten richtet. Für seine Berechnung gelten dieselben Grundsätze wie bei der Verletztenrente.

(1) **Witwen- und Witwerrenten.** Zu diesen Hinterbliebenenrenten gehören zunächst die Witwen- bzw. Witwerrenten (§§ 590 ff. RVO), die den Ausfall an Unterhalt ausgleichen sollen, der durch den Tod des Versicherten eintritt. Für sie gilt seit dem 1.1.1986 folgende Regelung: Die Witwe bzw. der Witwer erhalten bis zu ihrem Tode oder ihrer Wiederverheiratung eine Witwen- oder Witwerrente. Diese Rente beträgt grundsätzlich $3/10$ des Jahresarbeitsverdienstes. Sie erhöht sich auf $4/10$ des Jahresarbeitsverdienstes, wenn der Berechtigte das 45. Lebensjahr vollendet hat, solange der Berechtigte berufsunfähig oder erwerbsunfähig ist oder solange der Berechtigte mindestens ein waisenrentenberechtigtes Kind erzieht oder für ein Kind sorgt, das wegen körperlicher oder geistiger Gebrechen Waisenrente erhält. Auf die Witwen- oder Witwer-

---

[75] BSG E 30, 64, 68.
[76] Vgl. Bley, S. 297.

§ 12. Leistungen und Versicherungsfälle 113

rente wird allerdings eigenes Erwerbseinkommen, z. B. das Arbeitsentgelt, wenn der Hinterbliebene noch arbeitet, und Erwerbsersatzeinkommen, z. B. eine eigene Rente angerechnet. Die Anrechnung erfolgt allerdings nur, soweit ein Freibetrag in Höhe von monatlich 3,3 v. H. der jeweils geltenden allgemeinen Bemessungsgrundlage überschritten wird. Das über den Freibetrag hinausgehende Einkommen wird zu 40% auf die Hinterbliebenenrente angerechnet, das eigene Einkommen bleibt aber in jedem Fall unangetastet.

Die damit getroffene Regelung hinsichtlich der Witwen- bzw. Witwerrente in der gesetzlichen Unfallversicherung entspricht derjenigen, die durch das Gesetz zur Neuordnung der Hinterbliebenenrenten sowie zur Anerkennung von Kindererziehungszeiten in der gesetzlichen Rentenversicherung eingeführt worden ist.[77] Ob die damit verbundene Übernahme des Anrechnungsmodells in die gesetzliche Unfallversicherung verfassungsrechtlich zulässig ist, wird teilweise in Zweifel gezogen.

(2) **Waisenrente.** Einen Anspruch auf Waisenrente haben leibliche und an Kindes Statt angenommene Kinder sowie Stiefkinder, Enkelkinder und Geschwister des Versicherten, sofern er sie in seinen Haushalt aufgenommen oder überwiegend unterhalten hatte (§§ 595 Abs. 1, 583 Abs. 5 RVO). Die Waisenrente beträgt $\frac{2}{10}$, bei Vollwaisen $\frac{3}{10}$ des Jahresarbeitsverdienstes, und wird in der Regel bis zur Vollendung des 18. Lebensjahres gewährt (vgl. §§ 595, 583 Abs. 3 RVO).

(3) **Sonstige Rentenansprüche.** Hinterläßt der Versicherte Verwandte aufsteigender Linie, Stief- oder Pflegeeltern, die er aus seinem Arbeitsverdienst wesentlich unterhalten hat bzw. unterhalten würde und[79] die einen Unterhaltsanspruch gegen ihn geltend machen konnten, so erlangen diese einen Anspruch auf Eltern- (Aszendenten-)Rente (§ 596 RVO). Da der Rentenanspruch einen Ausgleich für den weggefallenen Unterhaltsanspruch nach bürgerlichem Recht darstellt,[80] wird diese Rente nur solange gewährt, als die Eltern einen Anspruch auf Unterhalt nach den §§ 1601 ff. BGB hätten geltend machen können. Neben dem Unterhaltsbedarf der Eltern muß daher auch die mutmaßliche Unterhaltsfähigkeit des Verstorbenen bejaht werden können.[81] Dies hat u. a. zur Folge, daß

---

[77] vgl. ausführlich unten § 17 III; bis zum 31.12.1985 galt folgende Regelung: Eine Witwe hatte in jedem Fall einen Anspruch auf Witwenrente, ein Witwer hatte jedoch nur dann einen Anspruch auf Witwerrente, wenn die durch den Unfall verstorbene Ehefrau den Unterhalt der Familie überwiegend bestritten hatte, d. h. sie mußte mehr als die Hälfte der Kosten des Lebensunterhalts getragen haben, BSGE 14, 203, 205; vgl. auch E 29, 225.
[78] BSG E 35, 272.
[79] BSG SozR 2200 § 596 RVO Nr. 2.
[80] Geiger-Nietsch, SGb 78, 369 ff.
[81] BSG SozR 2200 § 596 RVO Nr. 1.

die Elternrente beim Tod eines Junggesellen nur bis zu dem Zeitpunkt gewährt wird, zu dem dieser mutmaßlich geheiratet hätte.[82]

Ein Anspruch auf die genannten Hinterbliebenenrenten besteht auch dann, wenn der Versicherte verschollen ist (§ 597 RVO).

Insgesamt dürfen die Renten aller Hinterbliebenen 8/10 des Jahresarbeitsverdienstes des Versicherten nicht übersteigen. Darin findet der Gedanke Ausdruck, daß der Rente Unterhaltsersatzfunktion zukommt und ein Teil des Lohnes vom Verstorbenen auch für seinen eigenen Unterhalt hätte aufgewandt werden müssen (§ 598 RVO).

cc) Abfindung von Renten

Als weitere Leistung der gesetzlichen Unfallversicherung ist die Abfindung von Renten, und zwar sowohl von Verletzten- als auch von Witwen- und Witwerrenten von Bedeutung.

(1) **Verletztenrenten.** Hinsichtlich der Abfindung von Verletztenrenten ist zu unterscheiden zwischen der Abfindung vorläufiger Renten,[83] der Abfindung kleiner Dauerrenten und der Abfindung sonstiger Dauerrenten.

Eine Abfindung von vorläufigen Renten ist unabhängig von einem Antrag des Verletzten möglich, wenn zu erwarten ist, daß vor Ablauf von zwei Jahren keine Minderung der Erwerbsfähigkeit in einem rentenberechtigenden Umfang mehr vorliegt. Der Unfallversicherungsträger kann in diesem Fall nach Abschluß der Heilbehandlung den Verletzten durch eine sog. Gesamtvergütung in Höhe des voraussichtlichen Rentenaufwandes abfinden. Stellt sich nach Ablauf jenes Zeitraumes, für den die Abfindung bestimmt war, heraus, daß noch immer eine Minderung der Erwerbsfähigkeit von mindestens 20% vorliegt, so ist auf Antrag des Verletzten von diesem Zeitpunkt an Verletztenrente zu gewähren (§ 603 RVO).

Kleine Dauerrenten, d.h. Renten wegen einer Minderung der Erwerbsfähigkeit um weniger als 30%, können auf Antrag des Verletzten durch eine Kapitalisierung der Rente abgefunden werden (§ 604 RVO). Dieser Regelung liegt die Überlegung zugrunde, daß die kleinen Renten in der Regel zum Arbeitsentgelt des Verletzten hinzutreten, so daß durch ihren Wegfall infolge der Abfindung die Existenz des Versicherten und seiner Familie nicht gefährdet werden kann.[84] Trotz der Abfindung behält der Verletzte seinen Anspruch auf Verletztenrente insoweit, als sich die Folgen des Arbeitsunfalls nachträglich wesentlich verschlimmern, d.h. wenn es zu einer weiteren Minderung der Erwerbsfähigkeit um mindestens 10% kommt. Die Rente berechnet sich in diesem Fall allerdings nur nach der Minderung der Erwerbsfähigkeit infolge der

---

[82] Vgl. BSG SozR 2200 § 596 RVO Nr. 6; E 47, 135.
[83] Siehe oben § 12 II 2 b aa (1).
[84] Bley, S. 296.

§ 12. Leistungen und Versicherungsfälle

Verschlimmerung (§ 605 RVO). Der Anspruch auf Verletztenrente lebt dagegen auf Antrag in vollem Umfang wieder auf, wenn der Verletzte durch eine Verschlimmerung der Unfallfolgen oder einen weiteren Arbeitsunfall zum Schwerverletzten (§ 583 Abs. 1 RVO) wird. Die bereits gezahlte Abfindung wird dann auf die zu zahlende Rente angerechnet (§ 606 RVO).

Im Gegensatz zu kleinen Dauerrenten werden Verletztenrenten wegen einer Minderung der Erwerbsfähigkeit von mindestens 30% nur abgefunden zum Erwerb oder zur Stärkung eigenen Grundbesitzes (§ 607 Abs. 1 RVO) oder zur Begründung oder Stärkung einer Existenzgrundlage, soweit dies im Interesse des Verletzten liegt (§ 613 Abs. 1 RVO). Dieser Einschränkung der Abfindungsmöglichkeit für Verletztenrenten wegen einer Minderung der Erwerbsfähigkeit liegt die Überlegung zugrunde, daß diese Renten im Gegensatz zu kleinen Dauerrenten häufiger einen wesentlichen Teil der Existenzgrundlage des Versicherten bilden und er auf sie als Lohnersatz angewiesen ist. Aus diesem Grund kann eine Abfindung auch nur für einen Zeitraum von fünf bzw. zehn Jahren und nur in Höhe von maximal 50% der Verletztenrente gewährt werden (§§ 609 Abs. 2, 613 Abs. 2 RVO).

(2) **Witwen- und Witwerrenten.** Witwen- und Witwerrenten können unter denselben Voraussetzungen wie Verletztenrenten abgefunden werden zum Erwerb von Grundstücken. In diesem Fall kann auch eine Abfindung bis zu ihrer vollen Höhe gewährt werden (§ 614 RVO).

Bei einer Wiederverheiratung hat der Hinterbliebene Anspruch auf eine Abfindung in Höhe des zweifachen Jahresbetrages der Rente (§ 615 RVO).

c) Verfahren der Leistungserbringung

Für die Erbringung der dargestellten Leistungen gilt, soweit es sich nicht um Geldleistungen handelt, ebenso wie im Recht der gesetzlichen Krankenversicherung, nicht das Kostenerstattungs-, sondern das Sachleistungsprinzip.[85] Die Bundesverbände der Träger der gesetzlichen Unfallversicherung haben daher, insbesondere zur Durchführung der Heilbehandlung, u.a. Verträge mit den Bundesverbänden der Krankenkassen, den Kassenärztlichen Bundesvereinigungen und der Deutschen Krankenhausgesellschaft geschlossen, um die fachärztliche und, soweit erforderlich, unfallmedizinische Versorgung der Verletzten sicherzustellen. Diese Verträge gehören, ebenso wie die Verträge zwischen den Krankenkassen und den Kassenärztlichen Vereinigungen im Krankenversicherungsrecht, dem öffentlichen Recht an.[86]

Unterschiede zum Krankenversicherungsrecht bestehen insoweit, als

---

[85] Siehe oben § 8 VII.
[86] Lauterbach § 557 Anm. 11.

die Freiheit der Arztwahl auf die von den Unfallversicherungsträgern an der Heilbehandlung beteiligten Ärzte, insbesondere die Durchgangsärzte, beschränkt ist. In welchem Krankenhaus eine stationäre Heilbehandlung durchzuführen ist, bestimmen die Unfallversicherungsträger nach ihrem Ermessen, da insoweit eine dem § 184 Abs. 2 RVO entsprechende gesetzliche Regelung fehlt.[87]

§ 13. Haftungsausschlüsse, Regreß und gesetzlicher Forderungsübergang

Die Leistungen der Unfallversicherung bewirken grundsätzlich einen Ausgleich des durch den Arbeitsunfall erlittenen Schadens; sie sind mit dem zivilrechtlichen Schadensersatz durchaus vergleichbar. Es wäre deshalb nicht sinnvoll, wenn dem Verletzten, falls für den Unfall nach zivilrechtlichen Grundsätzen ein Schädiger verantwortlich ist, auch noch ein Anspruch gegen diesen Schädiger eingeräumt würde. Dieses Zusammentreffen mit zivilrechtlichen Ansprüchen sowie die Ausgleichsansprüche des Versicherungsträgers gegen den Schädiger sind in den §§ 636, 637, 640 RVO und § 116 SGB X geregelt.

I. Der Haftungsausschluß des Unternehmers (§ 636 RVO)

Der Unternehmer wird nach § 636 RVO von der Haftung unter bestimmten Voraussetzungen freigestellt, wenn auf sein schuldhaftes Verhalten der Arbeitsunfall des Versicherten zurückzuführen ist. Diese Haftungsfreistellung erfolgt im Hinblick darauf, daß der Unternehmer allein die Beiträge zur Unfallversicherung zahlt (Finanzierungsargument). Weiterhin soll dadurch erreicht werden, daß nicht aus Anlaß eines Arbeitsunfalls zwischen dem Arbeitnehmer und dem Arbeitgeber ein den Betriebsfrieden belastender Prozeß geführt werden muß (Friedensargument).[1]

Der Unternehmer ist nach § 636 RVO nur dann zum Schadensersatz verpflichtet, wenn er den Arbeitsunfall vorsätzlich, d.h. mit Wissen und Wollen des Erfolgs[2] herbeigeführt hat, was sehr selten der Fall sein wird. Fahrlässige oder grob fahrlässige Herbeiführung des Unfalls durch den Unternehmer führen also nicht zu seiner Haftung; insoweit greift der Haftungsausschluß durch. Neben der Haftung im Falle vorsätzlicher Schadensherbeiführung durch den Unternehmer bleibt seine Haftung bestehen, „wenn der Arbeitsunfall bei der Teilnahme am allgemeinen Verkehr eingetreten ist". Gemeint sind damit die Fälle, bei denen der

---

[87] Vgl. BSG E 34, 255, 258.
[1] Gitter, S. 238 ff.
[2] Lauterbach § 636 Anm. 32.

§ 13. Haftungsausschlüsse, Regreß und gesetzlicher Forderungsübergang

Arbeitnehmer wie ein normaler Verkehrsteilnehmer durch Verschulden des Unternehmers einen Arbeitsunfall erleidet,[3] etwa wenn er sich auf dem Weg zur Arbeitsstätte befindet und dabei durch Verschulden des Unternehmers einen Verkehrsunfall erleidet, der als Wegeunfall (§ 550 RVO) zu entschädigen ist. Hier soll die Haftung des Unternehmers gegenüber seinem Arbeitnehmer im Vergleich zu dritten Personen nicht eingeschränkt werden, da aus den allgemeinen Rechtsvorschriften möglicherweise bessere Ansprüche abzuleiten sind. Ferner spielt in diesen Fällen die betriebliche Risikosphäre keine Rolle. Dagegen gehört der innerbetriebliche Verkehr nicht zum „allgemeinen Verkehr", selbst wenn er sich auf öffentlichen Straßen abspielt. Zum innerbetrieblichen Verkehr, bei dem der Haftungsausschluß also eingreift, gehört eine Fahrt immer dann, wenn der Verletzte in seiner Eigenschaft als Betriebsangehöriger teilnimmt. Das gilt gleichermaßen für Fahrten mit betriebseigenen oder gemieteten Fahrzeugen von und zur Arbeitsstätte, die im betrieblichen Interesse erfolgen, einschließlich der Fahrten von und zu Betriebsausflügen.

Selbst wenn kein Haftungsausschluß erfolgt, also bei Vorsatz des Unternehmers bzw. Teilnahme am allgemeinen Verkehr, sind die Leistungen der Unfallversicherung auf den Schadensersatzanspruch anzurechnen. Der Unternehmer kann also selbst in diesen Fällen nur in Höhe des die Versicherungsleistungen übersteigenden Betrags, der „Schadensspitzen", in Anspruch genommen werden.

Der Haftungsausschluß des Unternehmers erfolgt gegenüber den in seinem Unternehmen tätigen Versicherten, deren Angehörigen und Hinterbliebenen. Der Ausschluß gegenüber diesen Personengruppen rechtfertigt sich daraus, daß sie die Leistungen der Unfallversicherung erhalten. So können beispielsweise die Hinterbliebenen im Hinblick auf die ihnen gem. §§ 589 ff. RVO zustehenden Leistungen keinen Anspruch auf Ersatz des Unterhaltsschadens gegen den Unternehmer geltend machen.

Dabei findet der Haftungsausschluß selbst dann statt, wenn der Versicherte, seine Angehörigen und Hinterbliebenen „keinen Anspruch auf Rente" haben. Diese Situation tritt verhältnismäßig selten ein, beispielsweise dann, wenn der Versicherte eine Minderung der Erwerbsfähigkeit unter 20% hat und deshalb gem. § 581 Abs. 1 Nr. 2 RVO keine Rente erhält. Sollte in einem derartigen Fall der Versicherte tatsächlich einmal einen Erwerbsschaden erlitten haben, so erhält er dafür weder eine Rente noch kann er einen Schadensersatzanspruch gegen den Unternehmer geltend machen. Man kann darüber streiten, ob diese Regelung sachlich gerechtfertigt ist. Für den Haftungsausschluß in diesen Fällen spricht aber, daß man nicht im Hinblick auf extreme Ausnahmefälle die Haftung wieder eröffnen und damit den Betriebsfrieden erheblich stören sollte.

---

[3] Gotzen/Doetsch, S. 165.

Ausgeschlossen sind alle Ansprüche aufgrund „anderer gesetzlicher Vorschriften zum Ersatz des Personenschadens". Andere gesetzliche Vorschriften sind dabei insbesondere die Regelungen des BGB über die Vertrags- und Deliktshaftung sowie Gefährdungshaftungen außerhalb des BGB, insbesondere das Straßenverkehrsgesetz.[4] Allerdings ist der Ausschluß auf den Personenschaden beschränkt, so daß der Unternehmer wegen eines Sachschadens weiter haftet.[5] Das ist auch sachgerecht, da die Unfallversicherung zur Abdeckung des Sachschadens keine Leistungen erbringt. Der Personenschaden wird dagegen durch die Sach- und Geldleistungen der Unfallversicherung ausgeglichen. Problematisch ist dies allerdings im Hinblick auf den immateriellen Schaden. Die Unfallrenten orientieren sich an den Kriterien der Minderung der Erwerbsfähigkeit und des Jahresarbeitsverdienstes, sind also auf den Ausgleich des materiellen Schadens, des Erwerbsschadens, zugeschnitten. Allerdings führt die abstrakte Schadensberechnung dazu, daß häufig kein konkreter Erwerbsschaden eingetreten ist.[6] Das gilt insbesondere für Leicht- und Mittelschwerverletzte. In diesen Fällen könnte also die Rente auch einen pauschalen Ersatz für den immateriellen Schaden darstellen. Bei Schwerverletzten wird dagegen häufig die Rente (§§ 581 Abs. 1 Nr. 1, 582, 1247, 1278 RVO) nur den Erwerbsschaden decken, so daß für den immateriellen Schadensausgleich nichts übrigbleibt. Die Annahme, daß auch der immaterielle Schaden mit abgegolten wird, würde also zu sinnwidrigen Ergebnissen führen. Dennoch wird nach h. L. auch der Schmerzensgeldanspruch durch § 636 RVO mit der Folge ausgeschlossen, daß wegen dieses Anspruchs (§ 847 BGB) auch bei schuldhafter Herbeiführung des Unfalls nicht gegen den Unternehmer vorgegangen werden kann.[7] Vom Wortlaut des § 636 RVO erscheint dies geboten, da es sich beim Schmerzensgeld um einen „Ersatz des Personenschadens" handelt. Dennoch ist um die Frage, ob auch der immaterielle Schaden vom Haftungsausschluß erfaßt wird, ein erbitterter Streit bis zum Bundesverfassungsgericht geführt worden.[8] Das Bundesverfassungsgericht hat schließlich entschieden,[9] daß der Haftungsausschluß des immateriellen Schadens durch §§ 636, 637 RVO keinen Verstoß gegen Art. 3 GG im Hinblick auf andere Ersatzberechtigte enthält, da das Ausgleichssystem der RVO mit anderen Schadensersatzregelungen nicht vergleichbar ist. Das ist zutreffend, da die Relevanz des Verschuldens auf seiten des Schädigers (§§ 636, 637 RVO), aber auch auf seiten des Geschädigten (§§ 553, 554 RVO) auf die äußersten Randzonen zurückgedrängt ist. Das

---

[4] Vgl. hierzu Lauterbach § 636 Anm. 25.
[5] Vgl. hierzu Zöllner, § 19 I 2, S. 166 f.
[6] Vgl. hierzu Gitter, S. 163 ff.
[7] Vgl. die Nachweise bei Lauterbach § 636 Anm. 27.
[8] Lauterbach § 636 Anm. 27.
[9] Beschluß des Bundesverfassungsgerichts vom 7. 11. 1972 in BVerfGE 34, 118.

Mitverschulden des Geschädigten spielt für den Leistungsbezug in der Unfallversicherung keine Rolle. Dann sollte auch nicht ein etwaiges Verschulden des Unternehmers zu einem gegen ihn gerichteten Schmerzensgeldanspruch führen. Darüber hinaus gilt auch hier, daß im Interesse des Betriebsfriedens nicht die Haftungsordnung wiedereröffnet werden sollte.

In § 636 Abs. 2 RVO ist schließlich der Fall des Leiharbeitsverhältnisses geregelt.[10] Unerläßliche Voraussetzung für die Anwendung des § 636 Abs. 2 RVO und damit die Haftungsfreistellung des Unternehmers (Entleiher) im Verhältnis zum Leiharbeiter ist, daß der Arbeitnehmer bei seiner Tätigkeit in das Unternehmen des Leihunternehmers in der Art eines eigenen Arbeitnehmers eingegliedert ist, daß ein persönliches Abhängigkeitsverhältnis zwischen dem Leihunternehmer und dem Leiharbeiter besteht und daß dieser schließlich der Fürsorgepflicht des Entleihers unterliegt.[11]

II. Der Haftungsausschluß der Arbeitskollegen (§ 637 RVO)

Nach § 637 RVO sind auch die Arbeitskollegen des durch einen Unfall Verletzten bzw. Getöteten unter den gleichen Voraussetzungen wie der Unternehmer von der Haftung befreit. Das Finanzierungsargument kann hier nicht zur Rechtfertigung des Ausschlusses herangezogen werden, da die Arbeitnehmer in der Unfallversicherung keine Beiträge zu entrichten haben. Wohl aber kann auch im Verhältnis der Arbeitnehmer zueinander der Ausschluß von Schadensersatzansprüchen mit dem Argument gerechtfertigt werden, daß dadurch Konfliktsituationen vermieden werden.[12] Hinzu tritt aber als weiteres Motiv für den Haftungsausschluß zwischen Arbeitnehmern, daß diese in einer Funktions- und Gefahrengemeinschaft stehen. Jeder Arbeitnehmer kann durch leichte Unachtsamkeit einem Arbeitskollegen einen erheblichen Schaden zufügen und sich dadurch dem Risiko hoher Ersatzforderungen aussetzen. Er muß daran interessiert sein, diesen Unsicherheitsfaktor von sich zu nehmen, zugleich aber auch im Falle eigener Schädigung bereit sein, gegenüber einem Arbeitskollegen auf Schadensersatzansprüche zu verzichten.[13] Dabei muß stets berücksichtigt werden, daß der geschädigte Arbeitskollege ja die Leistungen der Unfallversicherung erhält, durch die sein Schaden regelmäßig gedeckt wird. Der „Verzicht" beschränkt sich also auf die „Schadensspitzen", beispielsweise auf das Schmerzensgeld.

Die Haftungsbefreiung unter Arbeitskollegen tritt allerdings nicht in jedem Falle gemeinsamer Arbeit ein. Voraussetzung ist vielmehr, daß es

---

[10] Vgl. dazu Zöllner, § 27 III, S. 269.
[11] Lauterbach § 636 Anm. 51 m.w.N.
[12] Gitter, S. 243.
[13] Gitter, S. 246.

sich um „einen in demselben Betrieb tätigen Betriebsangehörigen" handelt. Schädiger und Geschädigter müssen also in demselben Betrieb – die Arbeit im gleichen Unternehmen genügt nicht – arbeiten. Daraus folgt, daß nur vorübergehend im Betrieb beschäftigte Arbeitnehmer, etwa Monteure einer anderen Firma, die nicht in dem Betrieb eingegliedert sind und daher diesem nicht als Arbeitnehmer angehören, auch nicht unter das Haftungsprivileg des § 637 RVO fallen.[14] Die Haftung dieser Personen bleibt also aufrechterhalten. Gegen sie bestehende Ansprüche gehen gem. § 116 SGB X auf den Versicherungsträger über. Die Arbeitnehmer bleiben also letztlich mit der Schadensersatzpflicht belastet und können nur bei schadensgeneigter Arbeit einen Freistellungsanspruch gegen ihren Arbeitgeber geltend machen.[15] Dagegen werden die in den Betrieb eingegliederten Leiharbeiter von der Haftung freigestellt.[16]

Für die Haftungsfreistellung der Arbeitskollegen gilt § 636 RVO entsprechend. Das bedeutet, daß die dort genannten Voraussetzungen auch hier vorliegen müssen und daß die Ausschlußgründe des § 636 RVO wie Vorsatz und Teilnahme am allgemeinen Verkehr auch hier den Haftungsausschluß nicht eintreten lassen. Weiterhin bezieht sich auch bei Arbeitskollegen der Haftungsausschluß nur auf den Personenschaden unter Einschluß des Schmerzensgelds und nicht auf den durch die Unfallversicherung nicht gedeckten Sachschaden.[17] In § 637 Abs. 2 bis 4 RVO sind schließlich die Haftungsausschlüsse für Arbeitnehmer besonderer Unternehmen geregelt. Hervorzuheben ist dabei als Fall der „unechten Unfallversicherung" der § 637 Abs. 4 RVO, der sich auf die Schüler- und Studentenunfallversicherung bezieht. „Betriebsangehörige" im hier gemeinten Sinne sind alle in den Betrieb des Kindergartens, der Schule oder Hochschule eingegliederten Personen, also die Lernenden, die Lehrenden, die Überwachungs- und Betreuungspersonen und das Verwaltungspersonal. Durch die entsprechende Anwendung des § 636 RVO wird also auch die Haftpflicht der Kinder und Lernenden gegenüber den Betriebsangehörigen und anderen Kindern und Lernenden beschränkt.[18]

III. Der Regreß (§ 640 RVO)

In § 640 RVO ist ein originärer Regreßanspruch des Versicherungsträgers gegen die Personen vorgesehen, deren Ersatzpflicht durch § 636 RVO oder § 637 RVO beschränkt ist, wenn diese den Arbeitsunfall vorsätzlich oder grob fahrlässig herbeigeführt haben. Die durch den Haftungsausschluß im Verhältnis zum Geschädigten Begünstigten kön-

---

[14] Lauterbach § 637 Anm. 7 f.
[15] Vgl. hierzu Zöllner, § 19 II 5, S. 212.
[16] Lauterbach § 637 Anm. 8.
[17] Vgl. hierzu Zöllner, § 19 II 5, S. 212.
[18] Lauterbach § 637 Anm. 28 a.

§ 13. Haftungsausschlüsse, Regreß und gesetzlicher Forderungsübergang

nen also im Verhältnis zum Versicherungsträger zum Ersatz herangezogen werden.

Sinn und Zweck dieser Regelung erscheinen problematisch.[19] Zu ihrer Rechtfertigung wird geltend gemacht, daß der Anspruch erforderlich sei, weil der Schädiger ein strafwürdiges Verhalten gezeigt habe, indem er vorsätzlich oder grob fahrlässig gehandelt habe. Dann sollte aber mit einem Bußgeld und nicht mit dem Ersatzanspruch gegen den Schädiger vorgegangen werden. Weiter wird geltend gemacht, daß es im Hinblick auf die Verhütung von Arbeitsunfällen nicht angehe, daß die haftungsprivilegierten Personen selbst bei Verschulden keinen Ersatzanspruch zu befürchten haben. Der Ersatzanspruch soll also gewissermaßen ein „Druckmittel" sein, um das Verantwortungsbewußtsein des Unternehmers und der Arbeitskollegen zur Unfallverhütung wachzuhalten. Dem könnte zugestimmt werden, wenn nicht die Betriebshaftpflichtversicherung auch den Regreßanspruch decken würde, so daß zumindest der Unternehmer nicht betroffen wird. Die beabsichtigte erzieherische Wirkung geht dadurch verloren. Sinnvoll erscheint der Anspruch allerdings unter dem Aspekt, daß jede gesetzliche Haftungsbefreiung – in der RVO §§ 636, 637 RVO – ihre Grenze mindestens in der eigenen bewußten Verursachung des Schadens finden muß.[20] Daraus würde aber nur folgen, daß bei vorsätzlicher Schadensherbeiführung Regreß genommen werden sollte. § 640 RVO geht jedoch darüber hinaus, indem auch bei grober Fahrlässigkeit der Versicherungsträger seine Aufwendungen wieder hereinholen kann. Damit ist letztlich für § 640 RVO auch das Motiv bestimmend, die Versicherungsträger für ihre Aufwendungen schadlos zu halten. Das widerspricht aber versicherungsrechtlichen Prinzipien, weil die Mitglieder einer Gefahrengemeinschaft, die durch gemeinsame Mittelaufbringung bestimmte Risiken abdecken wollen, bei Eintritt dieser Risiken noch einmal in Anspruch genommen werden.

Der Anspruch richtet sich allein gegen den gem. §§ 636, 637 RVO haftungsprivilegierten Schädiger und setzt bei diesem Vorsatz oder grobe Fahrlässigkeit voraus. Bei der Beurteilung, ob grobe Fahrlässigkeit vorliegt, sind zivilrechtliche Grundsätze anzuwenden. Grobe Fahrlässigkeit liegt sonach beim Schädiger vor, wenn er die jeweils erforderliche Sorgfalt in ungewöhnlich hohem Maße verletzt, d.h. schon einfachste, ganz naheliegende Überlegungen nicht anstellt und nicht einmal das beachtet, was im gegebenen Fall jedem hätte einleuchten müssen.[21]

Liegen diese Voraussetzungen vor, dann haftet der Unternehmer oder Arbeitskollege dem Versicherungsträger gegenüber für alles, was dieser „nach Gesetz und Satzung infolge des Arbeitsunfalls aufwenden mußte".

---

[19] Vgl. hierzu Gitter, S. 252 ff.
[20] Marschall von Bieberstein, VersR 68, 509, 513.
[21] BGHZ 10, 14, 16; 17, 199; Lauterbach § 640 Anm. 12.

Der Sozialversicherungsträger kann also sämtliche Aufwendungen für Sach- und Geldleistungen vom Schädiger hereinholen, selbst wenn dieser zivilrechtlich nicht in diesem Umfang haften würde, weil etwa gar kein Erwerbsschaden entstanden ist, aber dennoch die abstrakt bemessene Rente gewährt wird oder weil der Verletzte selbst ein erhebliches Mitverschulden am Unfall trägt. Das ist die Folge davon, daß der Anspruch dem Versicherungsträger originär, d. h. aus eigenem Recht zusteht und es sich nicht wie in § 116 SGB X um einen gesetzlichen Forderungsübergang handelt.[22] Infolge dieser rechtlichen Ausgestaltung werden letztlich alle Leistungen des Versicherungsträgers, selbst wenn sie auf sozialpolitischen Erwägungen beruhen und über den eigentlichen Schadensausgleich hinausgehen, auf den Regreßschuldner abgewälzt. Auch insoweit erscheint der Regreß nicht unproblematisch.

Allerdings können gem. § 640 Abs. 2 RVO die Versicherungsträger nach billigem Ermessen insbesondere unter Berücksichtigung der wirtschaftlichen Verhältnisse des Schädigers auf den Ersatzanspruch verzichten. Diese Verzichtsmöglichkeit kommt nach der gesetzlichen Regelung bei allen Fällen des Regresses, also auch bei vorsätzlicher Herbeiführung des Arbeitsunfalls in Betracht, jedoch dürfte bei bewußter und gewollter Schadensherbeiführung die Ermessensausübung regelmäßig nicht zum Verzicht führen. Bei der Ermessensausübung sind aber in erster Linie die wirtschaftlichen Verhältnisse des Regreßschuldners zu berücksichtigen, was insbesondere bei Arbeitnehmern zum Verzicht auf den gesamten Anspruch oder einem ebenfalls möglichen Teilverzicht führen kann. Im Rahmen der Prüfung der wirtschaftlichen Verhältnisse sind auch etwaige Freistellungsansprüche des Schädigers gegen seine Haftpflichtversicherung oder gegen den Unternehmer in Rechnung zu stellen, weil derartige Ansprüche einen erheblichen Vermögenswert haben.[23] Fraglich ist, ob der Versicherungsträger nach § 640 Abs. 2 RVO verzichten sollte, wenn der Regreß sich gegen einen mit dem Verletzten in häuslicher Gemeinschaft lebenden Familienangehörigen richtet. Eine Verpflichtung zum Verzicht wird man in diesen Fällen nicht annehmen können, wohl aber muß bei Abwägung aller Umstände Berücksichtigung finden, daß wirtschaftlich durch den Regreß die Familie betroffen wird. Das ist jedoch nicht der Fall, wenn der Rückgriffsschuldner Haftpflichtversicherungsschutz genießt, so daß dann ein Regreß möglich erscheint.[24] Schließlich wird es auch für zulässig angesehen, im Rahmen des Verzichts – nicht dagegen wie betont bei Abs. 1 – ein Mitverschulden des Geschädigten zu berücksichtigen.[25] Auf diese Weise kann das dargestellte problematische

---

[22] Lauterbach § 640 Anm. 33 f.
[23] BGH NJW 72, 907; Lauterbach § 640 Anm. 44.
[24] Lauterbach § 640 Anm. 44.
[25] Lauterbach § 640 Anm. 45.

Ergebnis einer Regreßnahme auf alles, was der Versicherungsträger geleistet hat, wenigstens teilweise korrigiert werden.

Die Entscheidung über den Verzicht ist kein Verwaltungsakt, die daher nicht vor den Sozialgerichten, sondern vor den ordentlichen Gerichten nachprüfbar ist. Nach h. M. ist auch der Rückgriffsanspruch insgesamt nicht als öffentlich-rechtlicher Anspruch, sondern als ein Anspruch des bürgerlichen Rechts anzusehen, so daß die ordentlichen Gerichte im Streitfall zuständig sind.[26]

IV. Der gesetzliche Forderungsübergang (§ 116 SGB X)

Während sich der Regreß nur auf den durch §§ 636, 637 RVO haftungsprivilegierten Personenkreis bezieht, kommt der gesetzliche Forderungsübergang gem. § 116 SGB X nur bei nicht haftungsprivilegierten, „außenstehenden" Schädigern in Betracht. Bei den Haftungsausschlüssen der §§ 636, 637 RVO besteht von vornherein gar kein Anspruch, der übergehen könnte. Dagegen ist gegen „außenstehende" Schädiger, etwa gegen andere Verkehrsteilnehmer bei Wegeunfällen oder gegen Arbeitnehmer, die nicht in der in § 637 RVO vorausgesetzten Weise in den Betrieb eingegliedert sind, ein Schadensersatzanspruch gegeben, der auf den Versicherungsträger übergeht. Durch den gesetzlichen Forderungsübergang wird einmal erreicht, daß der Verletzte nicht doppelte Leistungen, nämlich vom Versicherungsträger und vom Schädiger, erhält. Desweiteren wird verhindert, daß sich der Schädiger gegenüber den Geschädigten darauf berufen kann, daß der Schaden durch die Versicherungsleistungen bereits ausgeglichen sei.[27]

Voraussetzung für den Anspruchsübergang ist zunächst, daß aufgrund von anderen gesetzlichen Vorschriften ein Anspruch auf Schadensersatz besteht. Mit „anderen gesetzlichen Vorschriften" sind dabei alle gesetzlichen Vorschriften außerhalb des SGB gemeint. Es kann sich dabei beispielsweise um deliktische Ansprüche nach §§ 823 ff. BGB, um Ansprüche aus Gefährdungshaftung, z. B. gem. § 7 StVG oder um vertragliche Schadensersatzansprüche aus positiver Vertragsverletzung handeln.

Wenn und soweit ein Anspruchsübergang stattfindet, so geschieht dies kraft Gesetzes; es handelt sich also um einen Forderungsübergang i. S. d. § 412 BGB. Dabei findet regelmäßig zunächst nur ein Übergang „dem Grunde nach" statt, da die Höhe erst nach Leistungsgewährung durch den Sozialversicherungsträger feststeht. Wichtig ist aber, daß im Augenblick des schadensstiftenden Ereignisses der Anspruchsübergang erfolgt. Von diesem Augenblick an können daher die Ansprüche des Geschädigten nicht mehr von diesem, sondern nur noch vom Versicherungsträger

---

[26] Lauterbach § 640 Anm. 23 und 45.
[27] Gitter, S. 221 ff.

geltend gemacht werden. Macht der Versicherte entgegen der gesetzlichen Regelung den auf den Versicherungsträger übergegangenen Anspruch geltend und erhält er vom Schädiger Ersatz, so kann der Versicherungsträger entweder gem. § 51 SGB I aufrechnen, oder gegen den Leistungsempfänger gem. § 816 BGB vorgehen.

Da es sich hier um einen gesetzlichen Forderungsübergang und nicht um einen originären Anspruch des Versicherungsträgers handelt, muß immer am Schadensersatzanspruch des Geschädigten angeknüpft werden. Ist dieser durch Mitverschulden reduziert, so kann nur dieser reduzierte Anspruch auf den Versicherungsträger übergehen. Dabei können sich Probleme ergeben, wenn die Versicherungsleistungen den Schaden des Versicherten nicht voll decken. Es erhebt sich dann die Frage, ob der Versicherungsträger sich zunächst aus dem übergegangenen Anspruch für seine Aufwendungen befriedigen kann oder der Versicherte vorrangig wegen seines Restschadens gegen den Schädiger vorgehen kann.

Da der gesetzliche Forderungsübergang nach § 116 SGB X sich aber auf das gesamte Sozialversicherungsrecht und nicht nur auf die Unfallversicherung bezieht, wird auf diese und weitere Fragen, die sich aus den §§ 116ff. SGB X ergeben, im Rahmen des sozialrechtlichen Verwaltungsverfahrens näher eingegangen.

§ 14. Träger der gesetzlichen Unfallversicherung

Träger der gesetzlichen Unfallversicherung sind in erster Linie die Berufsgenossenschaften, wobei entsprechend der Gliederung der Unfallversicherung in die allgemeine, die landwirtschaftliche und die See-Unfallversicherung zu unterscheiden ist zwischen den gewerblichen und den landwirtschaftlichen Berufsgenossenschaften sowie der See-Berufsgenossenschaft. Daneben sind die sog. Eigenunfallversicherungsträger, d.h. der Bund, die Bundesanstalt für Arbeit, die Länder, Gemeinden und Gemeindeverbände, Träger der gesetzlichen Unfallversicherung (vgl. § 22 Abs. 2 SGB I, §§ 646ff., 790ff., 850ff. RVO).

Die gewerblichen Berufsgenossenschaften sind kraft Gesetzes gebildete und nach Gewerbezweigen gegliederte Pflichtvereinigungen der Unternehmer[1] eines Gewerbezweiges. Sie sind zuständig für alle Unternehmen und die in ihnen tätigen Versicherten, soweit sie nicht der landwirtschaftlichen oder der See-Unfallversicherung unterliegen (§§ 643, 646ff. RVO). Insgesamt bestehen z.Z. 34 gewerbliche Berufsgenossenschaften.[2]

---

[1] Zum Begriff des Unternehmens vgl. § 658 Abs. 2 RVO.
[2] Vgl. Anlage 1 zu § 646 Abs. 1 RVO.

§ 14. Träger der gesetzlichen Unfallversicherung

Die mit Ausnahme der Gartenbau-Berufsgenossenschaft regional gegliederten landwirtschaftlichen Berufsgenossenschaften sind als Träger der landwirtschaftlichen Unfallversicherung (§§ 790ff. RVO) zuständig für bestimmte landwirtschaftliche Unternehmen und die in ihnen tätigen gegen Arbeitsunfall Versicherten.

Die See-Berufsgenossenschaft ist Träger der See-Unfallversicherung (§ 850 RVO), die der Seefahrt dienende Unternehmen und die in ihnen tätigen Versicherten erfaßt (§ 835 RVO).

Die Berufsgenossenschaften insgesamt sind damit im wesentlichen zuständig für die Unfallversicherung der nach § 539 Abs. 1 Nr. 1 bis 3 und 5 bis 7 versicherten Personen. Die Organe der Berufsgenossenschaften, der Vorstand und die Vertreterversammlung (§ 31 Abs. 1 SGB IV), setzen sich grundsätzlich aus paritätisch gewählten Vertretern der Arbeitgeber und der Versicherten zusammen. Eine Ausnahme besteht für die landwirtschaftlichen Berufsgenossenschaften – mit Ausnahme der Gartenbau-Berufsgenossenschaft – deren Organe sich zu je ⅓ aus Vertretern der Arbeitgeber, der Versicherten und der Selbständigen ohne fremde Arbeitskräfte zusammensetzen (§ 44 Abs. 1 Nr. 1 und 2 SGB IV).

Die Zuständigkeiten der Eigenunfallversicherungsträger, die sich im wesentlichen auf die unechte Unfallversicherung erstrecken, sind im einzelnen in den §§ 653 bis 657 RVO geregelt. Danach ist u.a. zuständig für
- die nach § 539 Abs. 1 Nr. 4 RVO Versicherten:
  die Bundesanstalt für Arbeit (§ 654 Nr. 1 RVO)
- die nach § 539 Abs. 1 Nr. 8 RVO Versicherten:
  der Bund oder die Länder (§§ 653 Abs. 1 Nr. 3 und 4, 655 Abs. 2 Nr. 1 RVO)
- die nach § 539 Nr. 9 bis 11 RVO Versicherten:
  der Bund oder die Länder (§§ 653 Abs. 1 Nr. 3, 655 Abs. 2 Nr. 3 RVO)
- die nach § 539 Nr. 12 RVO Versicherten:
  die Länder oder die Gemeinden (§§ 655 Abs. 2 Nr. 2, 657 Abs. 1 Nr. 4 RVO)
- die nach § 539 Nr. 13 RVO Versicherten:
  die Bundesanstalt für Arbeit (§ 654 Nr. 4 RVO)
- die nach § 539 Nr. 14 RVO Versicherten:
  in weitgehender Abhängigkeit vom Kostenträger der Bund, die Bundesanstalt für Arbeit, die Länder oder die Gemeinden (§§ 653 Abs. 1 Nr. 5, 654 Nr. 2, 655 Abs. 1 und 2 Nr. 4 bis 6, 657 Abs. 1 Nr. 5 RVO)
- die nach § 539 Nr. 15 RVO Versicherten:
  die Gemeinden (§ 657 Abs. 1 Nr. 8 RVO)
- die nach § 539 Nr. 16 RVO Versicherten:
  der Bund (§ 653 Abs. 1 Nr. 7 RVO)

– die nach § 539 Abs. 1 Nr. 17b und c RVO Versicherten:
die Bundesanstalt für Arbeit (§ 654 Nr. 2 RVO).

Die Eigenunfallversicherungsträger nehmen ihre Aufgaben als Träger der gesetzlichen Unfallversicherung durch die sog. Ausführungsbehörden wahr (§§ 766, 892 RVO). Im übrigen finden auf die Eigenunfallversicherungsträger überwiegend die für Berufsgenossenschaften geltenden Bestimmungen Anwendung (§ 767 RVO).

§ 15. Finanzierung

Die Finanzierung der gesetzlichen Unfallversicherung erfolgt, soweit Träger der Versicherung eine Berufsgenossenschaft ist, grundsätzlich allein durch Beiträge der Unternehmer, die Versicherte beschäftigen oder die selbst versichert sind (§§ 723, 802, 870 RVO; Ausnahme: § 878 RVO).

Die Höhe dieser Beiträge richtet sich bei den gewerblichen Berufsgenossenschaften und der See-Berufsgenossenschaft nach dem Entgelt der Versicherten und der Unfallgefahr in dem Unternehmen. Außerdem haben die Berufsgenossenschaften unter Berücksichtigung der angezeigten Arbeitsunfälle Zuschläge aufzuerlegen oder Nachlässe zu bewilligen. Die näheren Einzelheiten regeln die Berufsgenossenschaften in ihren Satzungen (§§ 725 ff., 871 ff. RVO).

Die landwirtschaftlichen Berufsgenossenschaften bemessen die Beiträge nach dem Arbeitsbedarf des Unternehmens, dem Einheitswert der Grundstücke oder einem anderen, durch die Satzung der Berufsgenossenschaft festgelegten Maßstab (§§ 803 ff. RVO).

Die Eigenunfallversicherungsträger finanzieren ihre Unfallversicherung grundsätzlich aus Haushaltsmitteln.

4. Abschnitt. Rentenversicherung

Das Recht der gesetzlichen Rentenversicherung ist im Gegensatz zum Unfallversicherungsrecht nicht für alle Bevölkerungsgruppen einheitlich geregelt, sondern es ist zu unterscheiden zwischen der Rentenversicherung der Arbeiter (§§ 1226 bis 1437 RVO), der Rentenversicherung der Angestellten nach dem Angestelltenversicherungsgesetz (AVG), der Rentenversicherung für bergmännisch Beschäftigte (§§ 28 bis 110 RKG), der Rentenversicherung der Handwerker nach dem Handwerkerversicherungsgesetz (HwVG), die der Rentenversicherung der Arbeiter zuzurechnen ist (§ 1 Abs. 1 HwVG), der Alterssicherung für landwirtschaftliche Unternehmer nach dem Gesetz über eine Altershilfe für Landwirte (GAL) und der Rentenversicherung der selbständigen Künstler und Publizisten nach dem Gesetz über die Sozialversicherung der selbständigen Künstler und Publizisten (KSVG).

Die Unterscheidung zwischen der Rentenversicherung der Arbeiter und der Rentenversicherung der Angestellten ist historisch bedingt und heute – sieht man davon ab, daß der Kreis der versicherten Personen unterschiedlich ist und andere Versicherungsträger zuständig sind – nicht mehr von praktischer Bedeutung. Die Bestimmungen des AVG über Versicherungsfälle und Leistungen stimmen in der Regel wörtlich mit den entsprechenden Regelungen der RVO überein. Die Rentenversicherung der Arbeiter und die Rentenversicherung der Angestellten werden daher im folgenden gemeinsam dargestellt.

Die Rentenversicherung der bergmännisch Beschäftigten weist zwar weitgehende Parallelen mit den Rentenversicherungen der Arbeiter und Angestellten auf, es finden sich aber auch einige Abweichungen, insbesondere im Bereich des Leistungsrechts und der Finanzierung. Dies gilt teilweise auch für die Rentenversicherung der Handwerker nach dem HwVG. Die Altershilfe für landwirtschaftliche Unternehmer nach dem GAL unterscheidet sich wegen der hinzutretenden agrarpolitischen Zielsetzungen sowohl hinsichtlich der Versicherungsfälle und der Leistungen als auch hinsichtlich ihrer Finanzierung deutlich von den anderen Zweigen der gesetzlichen Rentenversicherung. Die Rentenversicherung der selbständigen Künstler und Publizisten weist schließlich Besonderheiten hinsichtlich des versicherten Personenkreises und der Finanzierung auf. Die knappschaftliche Rentenversicherung, die Rentenversicherung der Handwerker, die Altershilfe für landwirtschaftliche Unternehmer und die Rentenversicherung nach dem KSVG werden daher im Anschluß an die Rentenversicherungen der Arbeiter und Angestellten jeweils getrennt dargestellt, wobei die Abweichungen gegenüber den Rentenversicherungen der Arbeiter und Angestellten im Vordergrund stehen.

In den Rentenversicherungen der Arbeiter und der Angestellten sowie der knappschaftlichen Rentenversicherung waren 1982 ca. 30 Millionen Personen versichert. Hiervon waren etwa 22,6 Millionen Personen Pflichtversicherte. Renten aus den gesetzlichen Rentenversicherungen erhielten 1983 ca. 13,7 Millionen Personen.

Die Ausgaben der gesetzlichen Rentenversicherungen sind in den vergangenen Jahren stetig angestiegen. Während sie 1974 noch 88,7 Milliarden DM betrugen, beliefen sie sich 1980 bereits auf 142,6 Milliarden DM und 1983 auf 162,4 Milliarden DM. Bis 1987 werden sie voraussichtlich auf 189,8 Milliarden DM ansteigen. Von den Ausgaben in Höhe von 162,4 Milliarden DM im Jahre 1983 entfielen auf

Berufsunfähigkeitsrenten	1,8 Milliarden DM
Erwerbsunfähigkeitsrenten	16,0 Milliarden DM
Altersruhegelder	81,5 Milliarden DM
Witwen- und Witwerrenten	38,2 Milliarden DM
Waisenrenten	1,9 Milliarden DM
Krankenversicherung der Rentner	15,3 Milliarden DM

Untergliedert man die Ausgaben nach den einzelnen Zweigen der gesetzlichen Rentenversicherung so ergeben sich folgende Zahlen:

Rentenversicherung der Arbeiter	89,8 Milliarden DM
Rentenversicherung der Angestellten	71,6 Milliarden DM
Knappschaftliche Rentenversicherung	14,8 Milliarden DM

Der Anteil der Ausgaben der gesetzlichen Rentenversicherungen am Bruttosozialprodukt betrug 1983 ca. 9,7%.

Weitere 0,2% des Bruttosozialproduktes (ca. 3,1 Milliarden DM) wurden für die Altershilfe für Landwirte aufgewendet. Leistungen nach dem GAL erhielten ca. 300 000 ehemalige landwirtschaftliche Unternehmer und ca. 200 000 Witwen und Waisen.[1]

1. Unterabschnitt. Rentenversicherungen der Arbeiter und Angestellten

Literatur: *Bley,* Die Unzumutbarkeit als Verweisbarkeitsgrenze, SGb 1980, 274; *Eicher/Haase/Rauschenbach,* Die Rentenversicherung der Arbeiter und Angestellten, 6. Aufl. 1978; *Glockner/Philipp,* Die Spaltung der allgemeinen Bemessungsgrundlage im 21. Rentenanpassungsgesetz, BB 1978, 1632; *Hanow/Lehmann/Bogs,* RVO 4. Buch, Rentenversicherung der Arbeiter, 5. Aufl. 1969 ff.; *Hoernigk/Jorks,* Kommentar zur Rentenversicherung, 1977 ff.; *Hoernigk/Jorks,* Der Rentenberater, 6. Aufl. 1978; *Jantz/Zweng,* Das neue Recht der Rentenversicherung der Arbeiter und Angestellten, 2. Aufl.; *Kaltenbach,* Vorschläge der 84er Kommission und der Parteien zur Sozialen Sicherung der Frau und der Hinterbliebenen, DAngVers 1980, 263; *Pelikan,* Rentenversicherung mit Versorgungsausgleich im Scheidungsfall, 5. Aufl. 1979; *Schäfer,* Einkommenssicherung bei Invalidität, 1979; *VDR (Hrsg.),* Kommentar zum Recht der gesamten Rentenversicherung; *Zimmer,* Rentenversicherung der Arbeiter und Ange-

---

[1] Vgl. zu den statistischen Angaben BR-Drucks. 565/83 S. 76, 78 ff.; Stat. Jahrbuch 1985, S. 405 ff.; BArbBl 1985, Heft 4, S. 5 ff., S. 133 ff.

stellten, 2. Aufl. 1969 ff.; *Zweng/Scheerer,* Handbuch der Rentenversicherung, 2. Aufl. 1966 ff.

Für die Abgrenzung zwischen den nach der RVO versicherten Arbeitern und dem AVG unterliegenden Angestellten ist zunächst § 3 AVG sowie die hierzu ergangene Verordnung zur Bestimmung von Berufsgruppen der Angestelltenversicherung heranzuziehen. Im übrigen ist ebenso wie im Krankenversicherungsrecht auf die Art der versicherten Tätigkeit abzustellen, wobei als Arbeiter gilt, wer überwiegend körperliche, als Angestellter dagegen, wer überwiegend geistige Arbeit zu verrichten hat.[2]

§ 16. Personenkreis

Hinsichtlich des in den Rentenversicherungen der Arbeiter und der Angestellten versicherten Personenkreises ist ebenso wie in den anderen Zweigen der Sozialversicherung zu unterscheiden zwischen Pflichtversicherten und freiwillig Versicherten. Der freiwilligen Versicherung kommt dabei eine besondere Bedeutung zu, da seit 1972 grundsätzlich jeder, der im Inland seinen Wohnsitz oder seinen gewöhnlichen Aufenthalt hat, zur Entrichtung freiwilliger Beiträge ohne Rücksicht auf seine Einkommensverhältnisse berechtigt ist (§ 1233 RVO, § 10 AVG).

I. Pflichtversicherte

Die Versicherungspflicht entsteht in den gesetzlichen Rentenversicherungen der Arbeiter und der Angestellten grundsätzlich kraft Gesetzes, ausnahmsweise kann sie jedoch auch kraft Antrags entstehen. Die Möglichkeit einer satzungsmäßig begründeten Versicherungspflicht besteht im Gegensatz zum Unfallversicherungsrecht nicht.

1. Versicherungspflicht kraft Gesetzes

Versicherungspflichtig kraft Gesetzes sind zunächst, ebenso wie in der gesetzlichen Kranken- und Unfallversicherung, Arbeitnehmer, die gegen Entgelt oder als Lehrlinge oder sonst zu ihrer Berufsausbildung beschäftigt sind (§ 1227 Abs. 1 Nr. 1 RVO, § 2 Abs. 1 Nr. 1 AVG). Für die Entstehung des Sozialversicherungsverhältnisses kommt es dabei auch in den Rentenversicherungen auf die Wirksamkeit des zugrundeliegenden Vertrages nicht an, sondern es genügt das Vorliegen eines Beschäftigungsverhältnisses im Sinne des § 7 Abs. 2 SGB IV, d.h. versicherungs-

---

[2] BSG E 47, 106 ff. m. w. N.; vgl. außerdem oben § 7 I.

pflichtig ist, wer Arbeit in persönlicher Abhängigkeit von einem Dritten, in der Regel dem Arbeitgeber, leistet.[3]

Im Gegensatz zu den anderen Zweigen der Sozialversicherung und in Abweichung vom Territorialitätsprinzip der §§ 3 ff. SGB IV werden von den Rentenversicherungen der Arbeiter und Angestellten auch solche deutschen Arbeitnehmer erfaßt, die im Ausland bei einer amtlichen Vertretung des Bundes oder bei deren Leiter, deutschen Mitgliedern oder Bediensteten gegen Entgelt oder als Lehrlinge oder sonst zu ihrer Berufsausbildung beschäftigt sind (§ 1227 Abs. 1 Nr. 2 RVO, § 2 Abs. 1 Nr. 2 AVG).

Die der Rentenversicherungspflicht unterliegenden Arbeitnehmer bleiben auch dann pflichtversichert, wenn ihr Beschäftigungsverhältnis aus bestimmten Gründen unterbrochen oder beendet wird, insbesondere wenn sie Wehr- oder Zivildienst leisten (§ 1227 Abs. 1 Nr. 6 und 7 RVO, § 2 Abs. 1 Nr. 8 und 9 AVG).

Neben den Arbeitnehmern im engeren Sinne unterliegen ebenso wie in den anderen Zweigen der Sozialversicherung einige Gruppen von arbeitnehmerähnlichen Personen und Selbständigen wegen ihrer Schutzbedürftigkeit der Versicherungspflicht kraft Gesetzes. Hierzu gehören u. a. nach der RVO Hausgewerbetreibende sowie Küstenschiffer und Küstenfischer als Unternehmer (kleinerer) gewerblicher Betriebe der Seefahrt (§ 1227 Abs. 1 Nr. 3 und 4 RVO) und nach dem AVG selbständige Lehrer, Erzieher und Musiker, Artisten, Seelotsen sowie in bestimmten Pflegeberufen selbständig Tätige (§ 2 Abs. 1 Nr. 3 bis 6 a AVG).

Weiterhin unterliegen der Versicherungspflicht kraft Gesetzes Personen, die in Einrichtungen der Jugendhilfe durch Beschäftigung für eine Erwerbstätigkeit befähigt werden oder in Einrichtungen für Behinderte an berufsfördernden Maßnahmen teilnehmen (§ 1227 Abs. 1 Nr. 3 a RVO, § 2 Abs. 1 Nr. 2 a AVG) sowie die Mitglieder bestimmter karitativer Organisationen, wenn sie keine monatlichen Barbezüge von mehr als einem Achtel der für Monatsbezüge geltenden Beitragsbemessungsgrenze erhalten (§ 1227 Abs. 1 Nr. 5 RVO, § 2 Abs. 1 Nr. 7 AVG).

Seit dem 1.1.1986 sind außerdem Mütter und Väter, die ihr Kind erziehen, in den ersten zwölf Kalendermonaten nach Ablauf des Monats der Geburt des Kindes versichert. Erziehen sie in diesem Zeitraum mehrere Kinder, verlängert sich die Zeit der Versicherung für das zweite und jedes weitere Kind um die Anzahl an Kalendermonaten, in denen gleichzeitig mehrere Kinder erzogen worden sind (§ 1227 a RVO, § 2 a AVG).

---

[3] Eicher/Haase/Rauschenbach § 1227 Anm. 8; Hoernigk/Jorks § 1227 Anm. 7; zum Beschäftigungsverhältnis siehe auch § 7 I.

2. Versicherungspflicht kraft Antrags

Neben der Versicherungspflicht kraft Gesetzes kennen die gesetzlichen Rentenversicherungen der Arbeiter und Angestellten als Besonderheit die Möglichkeit einer Versicherungspflicht kraft Antrags. Dabei ist zu unterscheiden zwischen der Pflichtversicherung auf Antrag des Betroffenen und der Pflichtversicherung auf Antrag des Arbeitgebers.

Durch ihren eigenen Antrag können Personen, die nicht schon aufgrund anderer Bestimmungen kraft Gesetzes versicherungspflichtig sind und im Inland eine selbständige Erwerbstätigkeit ausüben, zu Pflichtversicherten nach der RVO oder dem AVG werden, sofern sie diesen Antrag innerhalb von zwei Jahren nach Aufnahme der selbständigen Erwerbstätigkeit oder dem Ende ihrer Versicherungspflicht stellen (§ 1227 Abs. 1 Nr. 9 RVO, § 2 Abs. 1 Nr. 11 AVG). Die Zweijahresfrist soll dabei sicherstellen, daß die zur Antragstellung berechtigten Personen der Rentenversicherung nicht erst dann beitreten, wenn der Eintritt eines Versicherungsfalls droht.[4]

Die Möglichkeit einer Pflichtversicherung auf Antrag des Arbeitgebers besteht für Deutsche, die für eine begrenzte Zeit im Ausland beschäftigt sind und die nicht bereits aufgrund anderer Bestimmungen der Versicherungspflicht unterliegen (§ 1227 Abs. 1 Nr. 8, § 2 Abs. 1 Nr. 10 AVG). Die Beschäftigung kann sich auch über mehrere Jahre erstrecken, erforderlich ist nur, daß sie von vornherein begrenzt und nicht auf Dauer angelegt ist.[5]

Die Pflichtversicherung kraft Antrags ist nur hinsichtlich ihres Zustandekommens mit einer freiwilligen Versicherung zu vergleichen, inhaltlich handelt es sich dagegen um eine Pflichtversicherung, da der nach § 1227 Abs. 1 Nr. 8 und 9 RVO bzw. § 2 Abs. 1 Nr. 10 und 11 AVG Versicherte die gleichen Rechte und Pflichten wie ein kraft Gesetzes Pflichtversicherter hat. Dies gilt insbesondere für die Höhe der Beiträge und die Anrechnung von Ersatz- und Ausfallzeiten. Hierdurch unterscheidet sich die Pflichtversicherung kraft eigenen Antrags gemäß § 1227 Abs. 1 Nr. 9 RVO, § 2 Abs. 1 Nr. 11 AVG von der Selbständigen ebenfalls offenstehenden freiwilligen Versicherung kraft Antrags gemäß § 1233 RVO, § 10 AVG, bei der der Versicherte zwar nicht zu regelmäßigen einkommensbezogenen Beitragszahlungen verpflichtet ist, dafür jedoch Nachteile bei der Anrechnung von Ersatz- und Ausfallzeiten in Kauf nehmen muß.[6]

---

[4] Bley, S. 149.
[5] Eicher/Haase/Rauschenbach § 1227 Anm. 25.
[6] Vgl. ausführlich Rüfner, S. 126 m.w.N.

II. Versicherungsfreiheit

Von der Versicherungspflicht gemäß § 1227 RVO, § 2 AVG bestehen einige Ausnahmen, wobei ebenso wie im Krankenversicherungsrecht zwischen der Versicherungsfreiheit kraft Gesetzes und der Versicherungsfreiheit kraft Antrags zu unterscheiden ist.

1. Versicherungsfreiheit kraft Gesetzes

Kraft Gesetzes versicherungsfrei sind wie auch im Krankenversicherungsrecht u. a. Personen, die nur eine geringfügige Beschäftigung oder eine geringfügige selbständige Tätigkeit[7] ausüben (vgl. § 1228 RVO, § 4 AVG) sowie die Mehrzahl der Beamten und beamtenähnlichen Personen, da deren Altersversorgung in der Regel anderweitig gewährleistet ist (vgl. § 1229 Abs. 1 Nr. 2 bis 5 RVO, § 6 Abs. 1 Nr. 2 bis 6 AVG). Daneben sind kraft Gesetzes Personen von der Versicherungspflicht befreit, die bereits Altersruhegeld aus den Rentenversicherungen der Arbeiter oder der Angestellten oder der knappschaftlichen Rentenversicherung beziehen (§ 1229 Abs. 1 Nr. 1 RVO, § 6 Abs. 1 Nr. 1 AVG).

2. Versicherungsfreiheit kraft Antrags

Bei der Versicherungsfreiheit kraft Antrags ist zu unterscheiden zwischen der Befreiung auf Antrag des Versicherten und der Befreiung auf Antrag des Arbeitgebers.

Eine Befreiung auf Antrag des Versicherten kommt in Betracht für ehemalige Beamte und beamtenähnliche Personen, denen bereits eine lebenslange Versorgung von weniger als 65% der ruhegehaltsfähigen Dienstbezüge bewilligt und Hinterbliebenenversorgung gewährleistet ist und die nunmehr eine normalerweise versicherungspflichtige Tätigkeit aufnehmen (§ 1230 Abs. 1 RVO, § 7 Abs. 1 AVG). Darüber hinaus kann ein Antrag auf Befreiung von der Versicherungspflicht gestellt werden von Personen, die aufgrund einer gesetzlich angeordneten oder auf Gesetz beruhenden Verpflichtung Mitglieder einer öffentlich-rechtlichen Versorgungseinrichtung einer Berufsgruppe sind, wie z. B. Ärzte und Zahnärzte (§ 7 Abs. 2 AVG). Eine auf Tarifordnung oder Satzung beruhende Versorgung reicht dagegen nicht aus.[8]

Die Möglichkeit einer Befreiung von der Versicherungspflicht auf Antrag des Arbeitgebers besteht unter bestimmten Voraussetzungen u. a. für Beamte und beamtenähnliche Personen, die nicht bereits gemäß § 1229 Abs. 1 Nr. 2 RVO, § 6 Abs. 1 Nr. 2 AVG versicherungsfrei sind, ausländische Seeleute und die Mitglieder geistlicher Genossenschaften (vgl. § 1231 RVO, § 8 AVG).

---

[7] Zum Begriff der Geringfügigkeit siehe oben § 7 II 1.
[8] BSG E 18, 154.

3. Nachversicherung

Scheidet ein kraft Gesetzes versicherungsfreier oder auf Antrag des Arbeitgebers von der Versicherungspflicht befreiter Beamter bzw. eine beamtenähnliche Person aus dem versicherungsfreien Beschäftigungsverhältnis aus, ohne daß ihr eine beamtenrechtlichen Vorschriften oder Grundsätzen entsprechende Versorgung gewährt wird, besteht grundsätzlich die Pflicht zur Nachversicherung. Dies gilt auch dann, wenn gemäß § 1229 Abs. 1 Nr. 2 bis 5 RVO, § 6 Abs. 1 Nr. 2 bis 5 AVG versicherungsfreie Personen ihren Anspruch auf Versorgung ganz und auf Dauer verlieren (§ 1232 RVO, § 9 AVG).

Durch die Nachversicherung wird die versicherungsfreie Beschäftigung nachträglich einer rentenversicherungspflichtigen gleichgestellt, da der Grund für die Versicherungsfreiheit – die ausreichende anderweitige Sicherung – entfallen ist.

III. Versicherungsberechtigung

Ebenso wie in der Kranken- und Unfallversicherung besteht auch in den Rentenversicherungen der Arbeiter und Angestellten neben der Versicherungspflicht die Möglichkeit einer freiwilligen Versicherung in Form einer Beitrittsberechtigung. Ihr kommt besondere Bedeutung zu, da grundsätzlich jeder, der im Inland seinen Wohnsitz oder gewöhnlichen Aufenthalt hat, für die Zeit nach der Vollendung seines 16. Lebensjahres freiwillig Beiträge entrichten kann (§ 1233 Abs. 1 RVO, § 10 Abs. 1 AVG). Das Versicherungsverhältnis kommt in diesem Fall – anders als in der Krankenversicherung[9] – mit der Zahlung des ersten Beitrages zustande.[10] Eingeschränkt ist das Recht, den Rentenversicherungen der Arbeiter und Angestellten beizutreten, lediglich für kraft Gesetzes oder kraft Antrags versicherungsfreie Personen (§ 1233 Abs. 1a RVO, § 10 Abs. 1a AVG). Von Interesse ist die Versicherungsberechtigung insbesondere für Nichterwerbstätige, wie z. B. Hausfrauen, und für selbständig Erwerbstätige, sofern die letzteren nicht von der Möglichkeit der Pflichtversicherung kraft Antrags Gebrauch gemacht haben.

Eine weitere Form der freiwilligen Versicherung stellt die sog. Höherversicherung dar (§ 1234 RVO, § 11 AVG), die mit der Zusatzversicherung im Unfallversicherungsrecht zu vergleichen ist und eine Grundversicherung voraussetzt. Unterschiede gegenüber der freiwilligen Versicherung gemäß § 1233 RVO, § 10 AVG bestehen insoweit, als die Beiträge zur Höherversicherung nach versicherungsmathematischen Grundsätzen in Abhängigkeit vom Alter des Versicherten und damit dem versicherten

---

[9] Siehe oben § 7 I.
[10] Bley, S. 178.

Risiko berechnet werden (vgl. § 1261 RVO, § 38 AVG) und die Leistungen aus der Höherversicherung von der Anpassung der sonstigen laufenden Renten an die wirtschaftliche Entwicklung ausgeschlossen sind (§ 1272 Abs. 3 RVO, § 49 Abs. 3 AVG).[11]

§ 17. Leistungen und Versicherungsfälle

Die Leistungen der Rentenversicherungen der Arbeiter und Angestellten umfassen in erster Linie medizinische, berufsfördernde und ergänzende Maßnahmen zur Rehabilitation sowie Renten an den Versicherten und seine Hinterbliebenen (vgl. § 23 SGB I, § 1235 RVO, § 12 AVG). Darüber hinaus werden u.a. Abfindungen und Beitragserstattungen gewährt. Versicherungsfälle für die Erbringung dieser Leistungen sind Berufsunfähigkeit, Erwerbsunfähigkeit, Alter und Tod. Neben dem Eintritt eines dieser Versicherungsfälle setzt die Inanspruchnahme der genannten Leistungen im Rentenversicherungsrecht im Gegensatz zur Kranken- und Unfallversicherung in der Regel die Erfüllung bestimmter Wartezeiten voraus.

I. Rehabilitationsleistungen

Zu den Regelleistungen[1] der Rentenversicherungen der Arbeiter und Angestellten gehören zunächst medizinische, berufsfördernde und ergänzende Maßnahmen zur Rehabilitation (§§ 1236 ff. RVO, §§ 13 ff. AVG). Diese Leistungen entsprechen inhaltlich weitgehend den Rehabilitationsleistungen der gesetzlichen Unfallversicherung.[2] Auf ihre Gewährung hat der Versicherte jedoch keinen Rechtsanspruch, sondern sie steht im (pflichtgemäßen) Ermessen des zuständigen Trägers der gesetzlichen Rentenversicherung.

Der Rentenversicherungsträger kann Rehabilitationsleistungen gewähren, sofern die Erwerbsfähigkeit eines Versicherten infolge von Krankheit oder anderen Gebrechen oder Schwäche seiner körperlichen oder geistigen Kräfte gefährdet oder gemindert ist und voraussichtlich erhalten oder wiederhergestellt werden kann und der Versicherte außerdem die erforderlichen Wartezeiten zurückgelegt hat.

Unter Erwerbsfähigkeit ist ebenso wie im Recht der Unfallversicherung die Fähigkeit des Versicherten zu verstehen, sich unter Ausnutzung der Arbeitsgelegenheiten, die sich ihm nach seinen gesamten Kenntnissen und körperlichen sowie geistigen Fähigkeiten im ganzen Bereich des

---

[11] Zur Höherversicherung vgl. Wannagat, S. 359.
[1] Im Bereich der Altershilfe für Landwirte handelt es sich um Mehrleistungen.
[2] Siehe oben § 12 II 2 a).

wirtschaftlichen Lebens bieten, einen Erwerb zu verschaffen.[3] Gefährdet ist diese Fähigkeit, wenn nach der zu erwartenden Entwicklung nicht ausgeschlossen werden kann, daß es zu einer Beeinträchtigung der Erwerbsfähigkeit kommt.[4] Eine Minderung der Erwerbsfähigkeit im Sinne der § 1236 Abs. 1 RVO, § 13 Abs. 1 AVG liegt vor, wenn die Erwerbsfähigkeit in einem nicht unerheblichen Umfang eingeschränkt ist, ohne daß bereits Berufsunfähigkeit vorliegt.[5]

Neben einer Gefährdung oder Minderung der Erwerbsfähigkeit setzen Maßnahmen zur Rehabilitation in den Rentenversicherungen der Arbeiter und der Angestellten die Erfüllung bestimmter Wartezeiten voraus. Hinsichtlich der Länge der Wartezeit ist zu unterscheiden zwischen Leistungen der medizinischen und der beruflichen Rehabilitation.

Anspruchsberechtigt bezüglich medizinischer Rehabilitationsleistungen sind nur diejenigen Personen, für die im Zeitpunkt der Antragstellung in den vorausgegangenen 24 Kalendermonaten mindestens für 6 Monate Beiträge aufgrund eines Pflichtversicherungsverhältnisses entrichtet worden sind, sowie solche Personen, die bereits Träger einer Rentenanwartschaft sind, d.h. die entweder eine Versicherungszeit von 180 Kalendermonaten zurückgelegt haben oder die eine Versicherungszeit von 60 Monaten zurückgelegt haben und die erwerbs- oder berufsunfähig sind. Auf die Erfüllung einer Wartezeit wird nur dann verzichtet, wenn die Zeit zwischen der Beendigung der Ausbildung und dem Antrag auf die Rehabilitationsleistung so kurz ist, daß der Versicherte die Wartezeit nicht erfüllen kann.

Die Inanspruchnahme von Leistungen der beruflichen Rehabilitation kommt nur für jene Personen in Betracht, die eine Versicherungszeit von 180 Monaten zurückgelegt haben oder die Rente wegen Berufs- oder Erwerbsunfähigkeit beziehen (§ 1236 Abs. 1a RVO, § 13 Abs. 1a AVG).

II. Rentenleistungen an Versicherte

Als Renten an Versicherte werden in den Rentenversicherungen der Arbeiter und Angestellten Berufsunfähigkeits- und Erwerbsunfähigkeitsrenten sowie Altersruhegelder gewährt (vgl. § 1245 RVO, § 22 AVG). Alle diese Leistungen setzen den Eintritt eines entsprechenden Versicherungsfalls und die Erfüllung bestimmter Wartezeiten voraus.

1. Berufsunfähigkeitsrente

Rente wegen Berufsunfähigkeit erhält derjenige Versicherte, der berufsunfähig ist und zuletzt vor Eintritt der Berufsunfähigkeit eine versi-

---
[3] BSG E 28, 18, 19.
[4] Eicher/Haase/Rauschenbach § 1236 Anm. 4a.
[5] BSG E 28, 18, 20.

cherungspflichtige Beschäftigung oder Tätigkeit ausgeübt hat, wenn die erforderliche Wartezeit erfüllt ist (§ 1246 Abs. 1 RVO, § 23 Abs. 1 AVG).

a) Berufsunfähigkeit

Berufsunfähig ist nach der Legaldefinition des § 1246 Abs. 2 S. 1 RVO, § 23 Abs. 2 S. 1 AVG ein Versicherter, „dessen Erwerbsfähigkeit infolge von Krankheit oder anderen Gebrechen oder Schwächen seiner körperlichen oder geistigen Kräfte auf weniger als die Hälfte derjenigen eines körperlich und geistig gesunden Versicherten mit ähnlicher Ausbildung und gleichwertigen Kenntnissen und Fähigkeiten herabgesunken ist".

aa) Minderung der Erwerbsfähigkeit

Voraussetzung für die Berufsunfähigkeit ist also nach dieser Definition zunächst, daß die Erwerbsfähigkeit infolge von Krankheit, anderen Gebrechen oder Schwäche gemindert ist. Unter Krankheit im Sinne des Rentenversicherungsrechts ist dabei jeder regelwidrige Körper- oder Geisteszustand zu verstehen. Anders als im Krankenversicherungsrecht ist nicht erforderlich, daß Behandlungsbedürftigkeit oder Arbeitsunfähigkeit vorliegt.[6] Krankheiten im Sinne der genannten Definition können auch Trunksucht[7] oder Neurosen[8] sein. Wegen der „Simulationsnähe" zahlreicher Neurosen sind bei der Feststellung der anspruchsbegründenden Tatbestandsmerkmale bei Neurosen allerdings strenge Maßstäbe anzulegen. Für ihr Vorhandensein, also für das tatsächliche Vorliegen von seelischen Störungen, ihre Unüberwindbarkeit aus eigener Kraft und ihre Auswirkungen auf die Erwerbsfähigkeit trifft daher den Rentenbewerber die Beweislast. Wenn trotz sorgfältiger Ermittlungen bei der gebotenen kritischen Würdigung die Vortäuschung der Störung, ihre Überwindbarkeit oder die Unerheblichkeit der Störung für die Erwerbsfähigkeit nicht auszuschließen sind, so geht dies zu Lasten des Rentenbewerbers.[9] Keine Krankheiten im Sinne des Rentenversicherungsrechts sind der bloße Krankheitsverdacht und das Alter.[10] Gebrechen im Sinne der Definition der Berufsunfähigkeit sind Regelwidrigkeiten von nicht absehbarer Dauer.[11] Ob die Berufsunfähigkeit auf die Krankheit oder das Gebrechen zurückzuführen ist, wird ebenso wie im Unfallversicherungsrecht nach der Theorie der wesentlich mitwirkenden Bedingung entschieden. Die Krankheit oder das Gebrechen müssen wesentliche Bedingung für die Minderung der Erwerbsfähigkeit sein, d. h. die Gesundheitsstörungen müssen zu einer Beeinträchtigung der Erwerbsfähigkeit zumin-

---

[6] BSG E 14, 207.
[7] BSG E 28, 114ff.
[8] BSG E 21, 189.
[9] Eicher/Haase/Rauschenbach § 1246 Anm. 5 I 1.
[10] BSG E 28, 137; 30, 154.
[11] BSG E 14, 83, 84; 19, 244, 245.

§ 17. Leistungen und Versicherungsfälle

dest wesentlich beigetragen haben.[12] Für die Frage, ob die Krankheit oder das Gebrechen zu einer Minderung der Erwerbsfähigkeit geführt hat, ist auf den bisherigen Beruf des Versicherten und nicht wie in der gesetzlichen Unfallversicherung auf den allgemeinen Arbeitsmarkt abzustellen.[13]

bb) Verweisungmöglichkeiten

Über die Minderung der Erwerbsfähigkeit infolge einer Krankheit oder eines Gebrechens hinaus ist Voraussetzung für den Versicherungsfall der Berufsunfähigkeit, daß die Minderung der Erwerbsfähigkeit mehr als 50% beträgt. Diese Voraussetzung ist erfüllt, wenn die Resterwerbsfähigkeit geringer als die Hälfte der Vollerwerbsfähigkeit eines gesunden Versicherten mit ähnlicher Ausbildung und gleichen Kenntnissen ist. Als Vergleichswert wird also im Gegensatz zum Unfallversicherungsrecht nicht die Erwerbsfähigkeit des Versicherten vor seiner Erkrankung, sondern die Erwerbsfähigkeit einer typisierten Vergleichsperson herangezogen.[14]

Da die Minderung der Erwerbsfähigkeit mindestens 50% betragen muß, scheidet Berufsunfähigkeit zunächst dann aus, wenn der Versicherte in seinem bisherigen oder einem vergleichbaren Beruf noch halbschichtig arbeiten kann und damit die Hälfte seines bisherigen Einkommens erzielt. Kann der Versicherte in seinem bisherigen oder einem vergleichbaren Beruf nur noch weniger als halbschichtig arbeiten, so ist er jedoch nicht in jedem Fall als berufsunfähig anzusehen, sondern nur dann, wenn er auch durch eine mehr als halbschichtige Tätigkeit in einem anderen Beruf nicht mindestens 50% seines bisherigen Einkommens erzielen kann.

Dieser Verweisungsberuf darf den Versicherten allerdings nicht gesundheitlich oder wissens- und könnensmäßig **objektiv** überfordern.[15] Es darf daher niemand auf körperlich schwere Arbeiten verwiesen werden, der nach seinem Gesundheitszustand nur noch körperlich leichte Arbeiten verrichten kann. Der Versicherte darf auch nicht auf Tätigkeiten verwiesen werden, für die ihm die notwendigen beruflichen Fähigkeiten fehlen. Der Versicherte kann dagegen auf solche Tätigkeiten verwiesen werden, die er zwar lange nicht mehr ausgeübt hat, für die er aber noch die erforderlichen beruflichen Fähigkeiten besitzt.[16]

Weitere Voraussetzung für eine Verweisung auf einen anderen Beruf ist, daß der Verweisungsberuf auch **subjektiv** zumutbar ist, da der Versi-

---

[12] BSG E 30, 167, 178f. m.w.N.; zur Theorie der wesentlich mitwirkenden Bedingung siehe oben § 12 II 2b).
[13] Wannagat, S. 279.
[14] Bley, S. 201; Rüfner, S. 128.
[15] BSG E 9, 254, 257.
[16] Bley, S. 201f.; BSG E 19, 57, 61.

cherte gegen einen allzu starken sozialen Abstieg durch die Berufsunfähigkeit geschützt werden soll.[17]

Hinsichtlich der Frage, welche Verweisungsberufe zumutbar sind, bestimmt § 1246 Abs. 2 S. 2 RVO, § 23 Abs. 2 S. 2 AVG, daß die Erwerbsfähigkeit des Versicherten nach allen Tätigkeiten zu beurteilen ist, „die seinen Kräften und Fähigkeiten entsprechen und ihm unter Berücksichtigung der Dauer und des Umfangs seiner Ausbildung sowie seines bisherigen Berufes und der besonderen Anforderungen seiner bisherigen Berufstätigkeit zugemutet werden können".

Zur Konkretisierung dieses Zumutbarkeitsbegriffes hat das Bundessozialgericht zunächst ein Dreistufenschema entwickelt. Danach ist nach Art und Dauer der Ausbildung zu unterscheiden zwischen anerkannten Lehrberufen, anerkannten Anlernberufen und ungelernten Tätigkeiten. Zumutbar ist normalerweise ein Abstieg um eine Stufe, unzumutbar dagegen ein Abstieg um mehrere Stufen.[18] Gelernter Arbeiter (Facharbeiter) im Sinne dieses Dreistufenschemas ist derjenige, der einen Lehrberuf mit einer vorgeschriebenen Lehrzeit von mindestens zwei Jahren und einer Abschlußprüfung erlernt hat, angelernter Arbeiter (Spezialarbeiter), wer einen anerkannten Anlernberuf mit einer vorgeschriebenen Anlernzeit von ein bis zwei Jahren und einer Abschlußprüfung erlernt hat und ungelernter Arbeiter (Hilfsarbeiter) ist derjenige, der weder eine Lehre noch eine vorgeschriebene Anlernzeit durchlaufen hat, sondern nur kurz im Betrieb eingewiesen oder angelernt worden ist.[19] Diese Dreiteilung ist im Laufe der Zeit weiter modifiziert worden, indem man zunächst die ungelernten Tätigkeiten unterteilte in einfachste ungelernte Tätigkeiten, normale ungelernte Tätigkeiten und herausgehobene ungelernte Tätigkeiten mit besonderer Verantwortung. Die letztgenannten werden grundsätzlich den Anlernberufen gleichgestellt.[20] Die Gruppe der anerkannten Lehrberufe ist ebenfalls unterteilt worden, und zwar in normale Lehrberufe einerseits und besonders hochqualifizierte Facharbeiter und Vorarbeiter mit Vorgesetztenfunktionen andererseits.[21]

Im Ergebnis besteht damit ein Fünfstufenschema:
– hochqualifizierte Facharbeiter und Vorarbeiter mit Vorgesetztenfunktionen
– normale Lehrberufe
– normale Anlernberufe und herausgehobene ungelernte Tätigkeiten mit besonderer Verantwortung

---

[17] Rüfner, S. 128.
[18] Vgl. BSG E 9, 254 ff.; 11, 123.
[19] Brackmann, S. 670b IV m. w. N.; Bley S. 203 f.
[20] BSG E 17, 191 ff.; 38, 153.
[21] BSG E 43, 243, 246; vgl. auch 45, 276.

§ 17. Leistungen und Versicherungsfälle

- normale ungelernte Tätigkeiten
- einfachste ungelernte Tätigkeiten.[22]

Dieses Schema kann zumindest als Anhaltspunkt für die Beurteilung der Zumutbarkeit dienen. Als in der Regel zumutbar ist weiterhin ein Abstieg um eine Stufe anzusehen, als unzumutbar dagegen normalerweise ein Abstieg um zwei oder mehr Stufen. Benachteiligt werden hierdurch jene Versicherten, die normale und einfachste ungelernte Tätigkeiten ausüben, da sie auf jeden Beruf verwiesen werden können, so daß eine Berufsunfähigkeit für sie praktisch nicht in Betracht kommt.

Da eine allzu starre Handhabung dieses im wesentlichen an der Art und Dauer der Ausbildung orientierten Schemas zu unbilligen Ergebnissen führen kann, sind die einzelnen Berufsgruppen allerdings nur als „Leitberufe" anzusehen.[23] Für die Bewertung einer Tätigkeit können neben der Ausbildung im Einzelfall auch andere Kriterien von Bedeutung sein. Solche Merkmale können u.a. allgemeine Persönlichkeitswerte sein, die in einem bestimmten Beruf üblicherweise bei der Erwerbstätigkeit in Erscheinung treten.[24] Hierzu gehören Charaktereigenschaften wie überdurchschnittliche Leistungsbereitschaft, Gewissenhaftigkeit, besonderes Verantwortungsbewußtsein oder Selbständigkeit des Denkens und Handelns.[25] Auch die Höhe der Entlohnung und die tarifliche Einstufung kann ein wichtiges Indiz für die Qualifizierung einer Berufstätigkeit sein.[26] Zumutbar ist daher grundsätzlich auch eine Tätigkeit, die höher entlohnt wird als die bisherige, und zwar auch dann, wenn sie nach dem an der Ausbildung orientierten Stufenschema unzumutbar wäre.[27]

Unabhängig von der objektiven und subjektiven Zumutbarkeit eines bestimmten Verweisungsberufes darf allerdings, was insbesondere für Teilzeitarbeiter von Bedeutung ist, kein Versicherter auf Tätigkeiten verwiesen werden, für die der Arbeitsmarkt praktisch verschlossen ist, d.h. Berufsunfähigkeit ist auch dann gegeben, wenn der Versicherte zwar abstrakt noch über eine Erwerbsfähigkeit von mindestens 50% verfügt, diese aber nicht konkret verwertbar ist, da keine zumutbaren Arbeitsplätze zur Verfügung stehen.[28] Verschlossen, mit der Folge, daß trotz einer abstrakten Erwerbsfähigkeit von 50% Berufsunfähigkeit vorliegt, ist der Arbeitsmarkt nach der Rechtsprechung des Bundessozialgerichtes dann, wenn dem Versicherten innerhalb eines Jahres nach der Rentenantragstellung kein zumutbarer (Teilzeit-)Arbeitsplatz angeboten wird, den

---

[22] Bley, S. 204; ders. SGb 80, 274, 275 ff.
[23] BSG E 38, 153, 154.
[24] BSG E 17, 191, 195.
[25] BSG E 29, 96, 97 f.
[26] BSG E 31, 106, 108; 38, 153, 156.
[27] Vgl. BSG SozR 2200 § 1246 RVO Nr. 34; BSG E 45, 267, 269 f.
[28] BSG E 30, 167, 176 f.; 43, 75.

er täglich von seiner Wohnung aus erreichen kann, und er einen solchen auch nicht innehat.[29]

Die Frage, unter welchen Voraussetzungen der Arbeitsmarkt als verschlossen anzusehen ist, ist im übrigen nicht nur für den Versicherten, sondern auch für die Träger der Rentenversicherungen und der Arbeitslosenversicherung von entscheidender Bedeutung. Nach der Rechtsprechung des Bundessozialgerichts, wonach der Arbeitsmarkt für die Dauer eines Jahres als offen gilt, ist das Risiko der Verwertbarkeit der Resterwerbsfähigkeit zunächst für ein Jahr von den Trägern der Arbeitslosenversicherung zu tragen. Eine Belastung der Träger der Rentenversicherungen tritt erst nach Ablauf dieser Frist ein, und dann auch nicht rückwirkend, da die Rente bis zur Höhe des Arbeitslosengeldes ruht (§ 1283 RVO, § 60 AVG).[30]

b) Wartezeiten

Neben der Berufsunfähigkeit und der versicherungspflichtigen Beschäftigung vor Eintritt des Versicherungsfalls (§ 1246 Abs. 2a RVO, § 23 Abs. 2a AVG) ist, wie auch bei den anderen Leistungen der gesetzlichen Rentenversicherungen, weitere Voraussetzung für einen Anspruch auf Berufsunfähigkeitsrente, daß eine Wartezeit erfüllt worden ist. Durch dieses Erfordernis soll sichergestellt werden, daß nur Versicherte, die für eine Mindestzeit Mitglieder der Versichertengemeinschaft waren, Leistungen erhalten. Die Wartezeiten sind damit Ausdruck des Versicherungsprinzips in den gesetzlichen Rentenversicherungen.[31] Im Fall der Berufsunfähigkeitsrente ist die Wartezeit erfüllt, wenn vor Eintritt der Berufsunfähigkeit eine Versicherungszeit von 60 Kalendermonaten zurückgelegt worden ist (§ 1246 Abs. 3 RVO, § 23 Abs. 3 AVG).

Bei der Ermittlung der anrechnungsfähigen Versicherungszeiten ist zu unterscheiden zwischen Beitrags- und Ersatzzeiten, sowie Kindererziehungszeiten.

Beitragszeiten sind gemäß § 1250 Abs. 1 Buchst. a RVO, § 27 Abs. 1 Buchst. a AVG Zeiten, für die Beiträge wirksam entrichtet worden sind oder als entrichtet gelten. Letzteres ist dann der Fall, wenn der Versicherte glaubhaft machen kann, daß der auf ihn entfallende Beitragsanteil von seinem Lohn abgezogen worden ist (§ 1397 Abs. 6 RVO, § 119 Abs. 6 AVG).

Ersatzzeiten sind dagegen Zeiten, in denen der Versicherte keine Beiträge entrichten konnte, weil er infolge von Umständen, die von der Allgemeinheit zu verantworten und nicht seiner Privatsphäre zuzurechnen sind,[32] daran gehindert war. Hierzu gehören u. a. Zeiten eines

---

[29] BSG E 43, 75, 81 ff.; anders noch E 30, 167; vgl. Bley, S. 206.
[30] Bley, S. 207.
[31] Rüfner, S. 145 f.
[32] BSG E 32, 239.

§ 17. Leistungen und Versicherungsfälle

militärischen Dienstes im Sinne des Bundesversorgungsgesetzes (BVG), der Internierung oder Verschleppung im Sinne des Heimkehrergesetzes und des Gewahrsams bei Personen im Sinne des § 1 des Häftlingshilfegesetzes (HHG). Voraussetzung für eine Anrechnung dieser Ersatzzeiten ist allerdings in der Regel, daß vor ihrem Beginn Versicherungspflicht bestanden hat oder zumindest innerhalb von 3 Jahren nach ihrem Ende eine versicherungspflichtige Beschäftigung aufgenommen worden ist (§ 1251 RVO, § 28 AVG). Seit dem 1.1.1986 werden schließlich für die Erfüllung der Wartezeit Müttern und Vätern, die nach dem 31.12.1920 geboren sind, Zeiten der Kindererziehung vor dem 1.1.1986 in den ersten zwölf Kalendermonaten nach Ablauf des Monats der Geburt des Kindes angerechnet. Haben sie in diesem Zeitraum mehrere Kinder erzogen und wird die Zeit ihrer Erziehung auf die Wartezeit angerechnet, verlängert sich die Kindererziehungszeit für das zweite und jedes weitere Kind um die Anzahl an Kalendermonaten, in denen gleichzeitig mehrere Kinder erzogen worden sind (§ 1251a RVO, § 28a AVG). Diese Regelung beruht auf dem Gesetz über Hinterbliebenenrenten und Kindererziehungszeiten vom 11. Juli 1985.

Auf die Erfüllung der Wartezeit wird nur dann ausnahmsweise verzichtet, wenn der Versicherungsfall auf Umständen beruht, für die die Allgemeinheit oder die Unternehmerschaft einstehen müssen, d.h. z.B. bei Kriegseinwirkungen oder Arbeitsunfällen. Die Erfüllung der Wartezeit wird in diesen Fällen fingiert (§ 1252 RVO, § 29 AVG).

2. Erwerbsunfähigkeitsrente

Ein Anspruch auf Erwerbsunfähigkeitsrente setzt voraus, daß Erwerbsunfähigkeit vorliegt und zuletzt vor Eintritt der Erwerbsunfähigkeit eine versicherungspflichtige Beschäftigung ausgeübt wurde, wenn die Wartezeit erfüllt ist (§ 1247 Abs. 1 RVO, § 24 Abs. 1 AVG).

a) Erwerbsunfähigkeit

Der Versicherungsfall der Erwerbsunfähigkeit liegt nach der Legaldefinition der § 1247 Abs. 2 S. 1 RVO, § 23 Abs. 2 S. 1 AVG vor, wenn der Versicherte „infolge von Krankheit oder anderen Gebrechen oder Schwäche seiner körperlichen und geistigen Kräfte auf absehbare Zeit eine Erwerbstätigkeit in gewisser Regelmäßigkeit nicht mehr ausüben" (1. Alternative) „oder nicht mehr als nur geringfügige Einkünfte durch Erwerbstätigkeit erzielen kann" (2. Alternative).

Im Gegensatz zur Berufsunfähigkeit liegt Erwerbsunfähigkeit also nur dann vor, wenn der Versicherte in keinem Beruf mehr eine regelmäßige Erwerbstätigkeit ausüben oder nurmehr geringfügige Einkünfte erzielen kann. Die Verweisbarkeit des Versicherten ist grundsätzlich nicht durch subjektive Zumutbarkeitsgesichtspunkte beschränkt, sondern nur durch sein körperliches und geistiges Leistungsvermögen, d.h. unabhängig von seinen beruflichen Kenntnissen und Fähigkeiten kann jeder Versicherte auch auf ungelernte Tätigkeiten verwiesen werden. Eine Ausnahme besteht nur dann, wenn diese Verweisung im Hinblick auf die bisherige Lebensstellung des Versicherten eine offensichtliche Härte wäre.[33] Diese Einschränkung, die dem Wortlaut des Gesetzes nicht zu entnehmen ist, ergibt sich nach Auffassung des Bundessozialgerichts aus dem auch die Rechtsbeziehungen zwischen den Versicherten und den Versicherungsträgern beherrschenden Grundsatz von Treu und Glauben.[34]

Da der Versicherte grundsätzlich auf jede Erwerbstätigkeit verwiesen werden kann, ist die Entscheidung, ob Erwerbsunfähigkeit vorliegt, in der Regel davon abhängig, ob er noch zu einer regelmäßigen Tätigkeit in der Lage ist. Dies ist zu bejahen, wenn er täglich 2–3 Stunden arbeiten kann.[35] Ebenso wie bei der Berufsunfähigkeit ist allerdings auch bei der Erwerbsunfähigkeit erforderlich, daß der Arbeitsmarkt für die in Betracht kommenden Tätigkeiten offen ist.[36]

Die 2. Alternative der § 1247 Abs. 2 S. 1 RVO, § 24 Abs. 2 S. 1 AVG erlangt nur Bedeutung, wenn die 1. Alternative nicht eingreift, d. h. wenn der Versicherte zwar noch zu einer regelmäßigen Tätigkeit in der Lage ist, hierdurch aber nur geringfügige Einkünfte erzielen kann.[37] Als geringfügig gelten dabei Einkünfte, die durchschnittlich im Monat ein Siebtel der monatlichen Bezugsgröße (§ 1247 Abs. 2 S. 2 RVO, § 24 Abs. 2 S. 2 AVG) nicht überschreiten.[38]

b) Wartezeiten

Die Wartezeit für eine Erwerbsunfähigkeitsrente ist grundsätzlich ebenso wie bei der Berufsunfähigkeitsrente erfüllt, wenn vor dem Eintritt des Versicherungsfalles der Erwerbsunfähigkeit eine Versicherungszeit von 60 Monaten zurückgelegt worden ist, wobei der Rentenanspruch voraussetzt, daß dem Eintritt des Versicherungsfalls eine versicherungspflichtige Beschäftigung vorausgegangen ist (§ 1247 Abs. 2a RVO, § 24 Abs. 2a AVG). Tritt der Versicherungsfall vor Erfüllung der Wartezeit von 60 Monaten ein, so wird – ohne Rücksicht auf den Zeitpunkt des Eintritts des Versicherungsfalls – dennoch Erwerbsunfähigkeitsrente gewährt, wenn insgesamt vor der Antragstellung eine Versicherungszeit von 240 Monaten liegt (§ 1247 Abs. 3 RVO, § 24 Abs. 3 AVG). Durch diese Regelung, die durch das Gesetz über die Sozialversicherung Behinderter vom 7. Mai 1975 in die RVO bzw. das AVG eingefügt wurde, hat man auch Personen, die bereits bei Eintritt in die Versicherung erwerbs-

---

[33] Wannagat, S. 267; Brackmann, S. 682 g m. w. N.
[34] BSG E 19, 147, 150.
[35] Wannagat, S. 277; vgl. auch BSG E 21, 133, 136; 30, 192, 208.
[36] Siehe oben § 17 II 1 a) bb).
[37] BSG E 21, 133.
[38] Anders noch E 30, 192, 208.

unfähig sind, die Möglichkeit verschafft, einen Anspruch auf Rente wegen Erwerbsunfähigkeit zu erwerben.[39]

Für die Berechnung der Versicherungszeit gilt das zur Berufsunfähigkeitsrente Gesagte, d. h. es ist zu unterscheiden zwischen Zeiten für die Beiträge wirksam entrichtet worden sind oder als entrichtet gelten (Beitragszeiten) und Ersatzzeiten.[40]

3. Altersruhegeld

Versicherungsfall für einen Anspruch auf Altersruhegeld ist das Erreichen bestimmter Altersgrenzen. Darüber hinaus ist erforderlich, daß bestimmte, mit den unterschiedlichen Altersgrenzen korrespondierende, Wartezeiten erfüllt sind.

a) Altersgrenzen

Hinsichtlich der Altersgrenzen, deren Erreichen für den Versicherungsfall Alter entscheidend ist, kann man unterscheiden zwischen der „normalen", den flexiblen und den vorgezogenen Altersgrenzen.[41]

Die „normale" Altersgrenze für den Eintritt des Versicherungsfalls Alter ist grundsätzlich noch immer für alle Versicherten die Vollendung des 65. Lebensjahres (§ 1248 Abs. 5 RVO, § 25 Abs. 5 AVG). Für diese Versicherten ist eine Weiterarbeit neben dem Rentenbezug uneingeschränkt zulässig. Der Versicherte kann allerdings auch ohne Altersrente weiter arbeiten und anschließend eine höhere Rente beziehen (§ 1248 Abs. 6 RVO, § 25 Abs. 6 AVG).

Neben der „normalen" sind durch das Rentenreformgesetz von 1972 flexible Altersgrenzen eingeführt worden, durch die dem unterschiedlichen Leistungsvermögen älterer Versicherter Rechnung getragen werden soll. Alle Versicherten können danach mit der Vollendung des 63., Schwerbehinderte mit der Vollendung des 60. Lebensjahres Altersruhegeld beantragen (§ 1248 Abs. 1 RVO, § 25 Abs. 1 AVG). Will der Versicherte allerdings diese Möglichkeit in Anspruch nehmen, so muß er nicht nur längere Wartezeiten zurückgelegt haben, sondern er darf auch nur noch in beschränktem Umfang eine Erwerbstätigkeit ausüben (§ 1248 Abs. 4 RVO, § 25 Abs. 4 AVG).

Für Frauen, die die allgemeine Wartezeit erfüllt und in den letzten 20 Jahren überwiegend eine rentenversicherungspflichtige Beschäftigung oder Tätigkeit ausgeübt haben, besteht darüber hinaus die Möglichkeit, nach Vollendung des 60. Lebensjahres vorgezogenes Altersruhegeld zu beantragen (§ 1248 Abs. 3 RVO, § 25 Abs. 3 AVG). Die Rentenversiche-

---

[39] Bley, S. 211 f.
[40] Vgl. ausführlicher oben § 17 II 1 b).
[41] Bley, S. 213 ff.

rungen tragen hiermit der Doppelbelastung durch Erwerbstätigkeit und Hausarbeit Rechnung.[42]

Die Möglichkeit, nach Vollendung des 60. Lebensjahres vorgezogenes Altersruhegeld zu beantragen, besteht außerdem für Personen, die innerhalb der letzten 1½ Jahre 1 Jahr arbeitslos waren und die allgemeine Wartezeit erfüllt haben (§ 1248 Abs. 2 RVO, § 25 Abs. 2 AVG). Diese Versicherten dürfen jedoch ebenso wie bei Inanspruchnahme der flexiblen Altersgrenze nur in beschränktem Umfang weiterhin eine Erwerbstätigkeit ausüben.

b) Wartezeiten

Die Wartezeit für die Inanspruchnahme des Altersruhegeldes nach der RVO und dem AVG bei Erreichen der „normalen" Altersgrenze sowie für Frauen und ältere Arbeitslose, die beim Erreichen der vorgezogenen Altersgrenze Altersruhegeld in Anspruch nehmen wollen, beträgt 180 Kalendermonate. Will der Versicherte von der Möglichkeit der flexiblen Altersgrenze Gebrauch machen, so muß er 35 anrechnungsfähige Versicherungsjahre[43] zurückgelegt haben, in denen mindestens eine Versicherungszeit von 180 Monaten enthalten ist (§ 1248 Abs. 7 RVO, § 25 Abs. 7 AVG). Für die Errechnung der Versicherungszeit ist, ebenso wie bei Berufs- und Erwerbsunfähigkeitsrenten, zu unterscheiden zwischen Beitrags- und Ersatzzeiten.[44]

4. Berechnung der Versichertenrenten

Die Höhe der Versichertenrenten ist in den Rentenversicherungen der Arbeiter und der Angestellten von vier Faktoren abhängig: Dem Prozentsatz der persönlichen Bemessungsgrundlage (P), der allgemeinen Bemessungsgrundlage (B), der Zahl der anrechnungsfähigen Versicherungsjahre (J) und dem Steigerungssatz je anrechnungsfähigem Versicherungsjahr (St) (§ 1254 RVO, §§ 30f. AVG). Für die Berechnung der Versicherungsrenten gilt die Formel:

$$\text{Jahresrente} = (P \times B) \times (J \times St)$$

a) Der Prozentsatz der persönlichen Bemessungsgrundlage (P) gibt dabei das Verhältnis des Bruttoarbeitsentgelts des Versicherten zum durchschnittlichen Bruttoarbeitsentgelt aller Versicherten, das jährlich durch Rechtsverordnung festgesetzt wird, an (§§ 1255 Abs. 1, 1256 Abs. 1 RVO, §§ 32 Abs. 1, 33 Abs. 1 AVG). Mittels des Prozentsatzes der persönlichen Bemessungsgrundlage wird die Stellung des Versicherten innerhalb des Einkommensgefüges und damit auch die Höhe seiner Beitragsleistungen während seines Arbeitslebens bei der Rentenberech-

---

[42] Schulin, S. 151.
[43] Zum Begriff des Versicherungsjahres siehe unten § 17 II 4c).
[44] Siehe oben § 17 II 1b).

nung berücksichtigt, da sich für überdurchschnittlich verdienende Versicherte Werte über 100%, für unterdurchschnittlich Verdienende dagegen von unter 100% ergeben.

Der Prozentsatz der persönlichen Bemessungsgrundlage ist allerdings einerseits nach oben auf maximal 200% begrenzt, während andererseits Kleinstrenten infolge von früheren niedrigen Löhnen dadurch vermieden werden, daß unter bestimmten Voraussetzungen eine Mindest-Rentenbemessungsgrundlage der Rentenberechnung zugrundegelegt wird (vgl. §§ 55a und b des Arbeiterrentenversicherungs-Neuregelungsgesetzes – ArVNG –, §§ 54b und c des Angestelltenversicherungs-Neuregelungsgesetz – AnVNG –).

b) Die allgemeine Bemessungsgrundlage (B), die ebenfalls durch Rechtsverordnung festgesetzt wird, dient der Anpassung der ursprünglich gezahlten Versicherungsbeiträge an die Entwicklung des Lohnniveaus und des Geldwertes.

Bis 1977 wurde die allgemeine Bemessungsgrundlage bestimmt durch das Mittel der durchschnittlichen Bruttoarbeitsentgelte aller Versicherten ohne Lehrlinge und Anlernlinge in den drei Kalenderjahren, die dem Jahr vor dem Eintritt des Versicherungsfalls vorausgingen. Dies bedeutete, daß beispielsweise die allgemeine Bemessungsgrundlage für das Jahr 1976 dem Durchschnitt der Bruttoarbeitsentgelte der Jahre 1972 bis 1974 entsprach. Diese Berechnungsweise ist in den vergangenen Jahren mehrfach geändert worden.[45] Nunmehr gilt folgende Regelung: Die allgemeine Bemessungsgrundlage ist für das Jahr 1983 auf 25 445,– DM festgesetzt worden. Sie verändert sich seitdem entsprechend der Entwicklung der Bruttoarbeitsentgelte. Die Veränderung richtet sich dabei nach dem vom Hundertsatz, um den das Bruttoarbeitsentgelt des Kalenderjahres vor dem Jahr, für das die allgemeine Bemessungsgrundlage bestimmt wird, das Bruttoarbeitsentgelt des voraufgegangenen Kalenderjahres übersteigt (§§ 1255 Abs. 2, 1256 RVO, §§ 32 Abs. 2, 33 AVG).

Das Produkt aus der allgemeinen Bemessungsgrundlage und dem

---

[45] Durch das 20. RAG wurde zunächst die allgemeine Bemessungsgrundlage für das Jahr 1977 auf 20 161 DM festgelegt (§ 1255 Abs. 2 S. 1 RVO, § 32 Abs. 2 S. 1 AVG). Dieser Wert sollte bis einschließlich 1981 jährlich um den Prozentsatz erhöht werden, der sich aus dem Vergleich der durchschnittlichen Bruttoarbeitsentgelte aller Versicherten aus den letzten drei Kalenderjahren vor dem Versicherungsfall mit dem Entgelt aus den vorletzten drei Kalenderjahren ergab. Die Anpassung der Renten an die allgemeine Einkommensentwicklung sollte dadurch um ein Jahr aktualisiert und damit im Ergebnis die Rentensteigerung entsprechend der Lohnentwicklung reduziert werden (§ 1235 Abs. 2 S. 2 RVO, § 32 Abs. 2 S. 2 AVG).
Durch das 21. RAG wurde auch von dieser Regelung wiederum nach unten abgewichen, indem man für die Zeit vom 1. 7. 1978 bis 31. 12. 1981 Beträge als allgemeine Bemessungsgrundlage festsetzte, die unter jenen liegen, die sich bei Anwendung der § 1255 RVO, § 32 AVG in der Fassung des 20. RAG ergeben hätten (vgl. Art. 2 § 11 Abs. 3 ArVNG, Art. 2 § 11 Abs. 4 AnVNG).

Prozentsatz der persönlichen Bemessungsgrundlage (P × B) bildet die persönliche Bemessungsgrundlage des Versicherten.

c) Die persönliche Bemessungsgrundlage wird mit der Anzahl der anrechnungsfähigen Versicherungsjahre (J) multipliziert, um auch auf diese Weise der Lebensleistung des Versicherten Rechnung zu tragen. Die anrechnungsfähigen Versicherungsjahre setzen sich zusammen aus den Versicherungszeiten, also den Beitrags- und Ersatzzeiten,[46] sowie den Ausfall- und den Zurechnungszeiten (§ 1258 Abs. 1 RVO, § 35 Abs. 1 AVG).

Bei den Ausfallzeiten handelt es sich, ebenso wie bei den Ersatzzeiten, um Zeiten, in denen der Versicherte an einer versicherungspflichtigen Beschäftigung ohne eigenes Verschulden gehindert war.[47] Im Gegensatz zu den Ersatzzeiten liegen die Ursachen hierfür jedoch nicht im Verantwortungsbereich der Allgemeinheit. Die Ausfallzeiten werden daher anders als die Ersatzzeiten nur bei der Berechnung der Versicherungsjahre, nicht dagegen auch bei der Berechnung der Versicherungszeiten berücksichtigt.[48] Ausfallzeiten sind u. a. Zeiten, in denen eine versicherungspflichtige Beschäftigung oder Tätigkeit durch eine infolge Krankheit bedingte Arbeitsunfähigkeit oder durch Maßnahmen zur Rehabilitation unterbrochen worden ist, Zeiten, in denen eine versicherungspflichtige Beschäftigung oder Tätigkeit durch Schwangerschaft, Wochenbett, Schutzfristen nach dem Mutterschutzgesetz oder durch Mutterschaftsurlaub unterbrochen worden ist, Zeiten, in denen eine versicherungspflichtige Beschäftigung oder Tätigkeit durch eine mindestens einen Kalendermonat andauernde Arbeitslosigkeit unterbrochen worden ist, Zeiten des Bezugs von Arbeitslosengeld, Arbeitslosenhilfe, Unterhaltsgeld oder Übergangsgeld der Bundesanstalt für Arbeit sowie Zeiten einer nach Vollendung des 16. Lebensjahres liegenden Ausbildung. Bestand infolge von Krankheit, Rehabilitationsmaßnahmen, Schwangerschaft oder Arbeitslosigkeit kein Beschäftigungsverhältnis, so ist stets erforderlich, daß ein Beschäftigungsverhältnis „unterbrochen worden ist", d.h., es muß zuvor ein Beschäftigungsverhältnis bestanden haben und es müssen Beiträge entrichtet worden sein.[49] Ausbildungszeiten nach der Vollendung des 16. Lebensjahres zählen dagegen auch dann als Ausfallzeiten, wenn vorher keine Pflichtversicherungszeit zurückgelegt worden ist (§ 1259 Abs. 1 RVO, § 36 Abs. 1 AVG).

Als Versicherungsjahre angerechnet werden die Ausfallzeiten jedoch nur, wenn die Zeit vom Eintritt in die Rentenversicherung bis zum Versicherungsfall mindestens zur Hälfte, nicht jedoch unter 60 Monaten,

---

[46] Siehe oben § 17 II 1b).
[47] BSG E 41, 41, 49f.
[48] Bley, S. 269f.
[49] BSG E 21, 21.

§ 17. Leistungen und Versicherungsfälle

mit Beiträgen belegt ist (§ 1259 Abs. 3 RVO, § 36 Abs. 3 AVG). Für die Zeit vor dem 1.1.1957 werden zur Vermeidung von Beweisschwierigkeiten pauschal bestimmte Ausfallzeiten anerkannt (vgl. Art. 2 § 14 ArVNG, Art. 2 § 14 AnVNG).

Zurechnungszeit ist schließlich die Zeit zwischen dem Eintritt der Versicherungsfälle Berufs- bzw. Erwerbsunfähigkeit und der Vollendung des 55. Lebensjahres. Sie werden den Versicherungsjahren zugerechnet, um niedrige Renten bei frühzeitiger Invalidität zu verhindern.[50] Ebenso wie bei den Ausfallzeiten ist jedoch erforderlich, daß eine Mindestzeit mit Pflichtbeiträgen belegt ist (§ 1260 RVO, § 37 AVG).

d) Die Zahl der anrechnungsfähigen Versicherungsjahre wird multipliziert mit dem Steigerungssatz je Versicherungsjahr (St). Dieser beträgt für die Berufsunfähigkeitsrente 1%, für die Erwerbsunfähigkeitsrente und für das Altersruhegeld 1,5% (§§ 1253 Abs. 1 und 2, 1254 Abs. 1 RVO, §§ 30 Abs. 1 und 2, 31 Abs. 1 AVG). Der Steigerungssatz für Berufsunfähigkeitsrenten ist geringer, da davon ausgegangen wird, daß diese Versicherten die ihnen verbliebene Erwerbsfähigkeit noch anderweitig verwenden können.

Das Produkt aus der Zahl der anrechnungsfähigen Versicherungsjahre und dem Steigerungssatz (J × St) ergibt den Vomhundertsatz für alle Versicherungsjahre. Dieser wird zur Berechnung der Versichertenrente multipliziert mit der persönlichen Bemessungsgrundlage des Versicherten, also dem Produkt aus dem Prozentsatz der persönlichen Bemessungsgrundlage (P) und der allgemeinen Bemessungsgrundlage (B).

Die auf dieser Grundlage errechneten Renten wegen Berufs- oder Erwerbsunfähigkeit bzw. das Altersruhegeld erhöhen sich für jedes Kind, für das der Rentenberechtigte vor dem 1.1.1984 einen Anspruch auf Kinderzuschuß gehabt hat, um einen Kinderzuschuß, soweit nicht bereits vergleichbare Leistungen, wie etwa die Kinderzulage aus der gesetzlichen Unfallversicherung, gewährt werden. Dieser Kinderzuschuß ist im Gegensatz zur Kinderzulage in der gesetzlichen Unfallversicherung nicht von der Höhe der Versichertenrente abhängig, sondern es wird ein für alle Kinder gleicher, gesetzlich festgelegter Betrag gezahlt (§ 1262 RVO, § 39 AVG).

Eine weitere Erhöhung der Rente tritt ein, wenn Beiträge zur Höherversicherung entrichtet worden sind (§ 1261 RVO, § 38 AVG).[51]

III. Rentenleistungen an Hinterbliebene

Bei Eintritt des Versicherungsfalls Tod gewähren die gesetzlichen Rentenversicherungen der Arbeiter und Angestellten Renten an Hinter-

---

[50] Eicher/Haase/Rauschenbach § 1260 Anm. 2.
[51] Zur Höherversicherung siehe oben § 16 III.

bliebene, sofern dem verstorbenen Versicherten zur Zeit seines Todes ein Anspruch auf Versichertenrente zustand oder die Wartezeit für eine Berufsunfähigkeitsrente erfüllt war.

1. Witwen- und Witwerrenten

Zu den Hinterbliebenenrenten gehören zunächst Witwen- und Witwerrenten, die den Unterhaltsausfall durch den Tod des Versicherten ausgleichen sollen (§§ 1263 ff. RVO, §§ 41 ff. AVG).

Hinsichtlich der Voraussetzungen für die Gewährung einer Witwen- bzw. Witwerrente ist zu differenzieren zwischen jenen Fällen, in denen der Tod des Versicherten vor dem 31.12.1985 eingetreten ist, und solchen Fällen, in denen der Tod nach diesem Zeitpunkt eingetreten ist.

Ist der Todesfall vor dem 31.12.1985 eingetreten, so findet das „alte Recht" Anwendung, das folgende Regelung vorsah: einen Rentenanspruch hatte jede Witwe, ein Witwer jedoch nur dann, wenn die verstorbene Versicherte den Unterhalt ihrer Familie überwiegend bestritten hatte. Maßgeblich hierfür war der letzte wirtschaftliche Dauerzustand vor ihrem Tod.[52] Während dieser Zeit mußte die Versicherte mehr als die Hälfte der Gesamtaufwendungen für den Familienunterhalt aufgebracht haben, wobei zu den Unterhaltsleistungen der Versicherten auch der tatsächliche Wert ihrer Haushaltsführung, die Kinderbetreuung und die Mithilfe im Geschäft gerechnet wurden.[53] Die Höhe der Witwen- bzw. Witwerrente betrug mindestens $^6/_{10}$ der Versichertenrente wegen Berufsunfähigkeit („Kleine Witwenrente") und erhöhte sich auf $^6/_{10}$ der Versichertenrente wegen Erwerbsunfähigkeit („Große Witwenrente"), sofern die bzw. der Berechtigte das 45. Lebensjahr vollendet hatte, berufs- oder erwerbsunfähig war oder ein waisenrentenberechtigtes Kind erzog (§ 1268 RVO, § 45 AVG).

Diese Regelung stellte eine Ungleichbehandlung zwischen Männern und Frauen dar, da Witwen in jedem Fall eine Hinterbliebenenrente gewährt wurde, während Witwern nur dann ein Anspruch zustand, wenn die Verstorbene den Unterhalt ihrer Familie überwiegend bestritten hatte. Diese Ungleichbehandlung war darauf zurückzuführen, daß der Gesetzgeber bei der Schaffung der genannten Regelungen von der sog. Hausfrauenehe, bei der nur der Ehemann berufstätig ist, ausging. Bei der Hausfrauenehe trat aber nur für die Ehefrau beim Tod des Ehemannes eine wesentliche wirtschaftliche Zäsur ein, weil sie für ihre Tätigkeit als Hausfrau von den Geldleistungen des Ehemannes abhängig war, während es beim Tod der Ehefrau für den Ehemann an einer vergleichbaren wirtschaftlichen Zäsur fehlte.[54]

---

[52] BSG E 14, 129; 35, 243.
[53] BSG E 31, 90, 93, 99; 38, 179; 40, 161.
[54] Vgl. BVerfG E 17, 1, 17 ff.

Das Bundesverfassungsgericht hatte diese Regelung in einer Entscheidung vom 12. März 1975[55] zwar als noch verfassungsmäßig angesehen, da die Mehrzahl der verheirateten Frauen nicht berufstätig sei, angesichts des sich wandelnden Rollenverständnisses und der zunehmenden Erwerbstätigkeit verheirateter Frauen hatte es dem Gesetzgeber aber aufgegeben, diese Materie neu zu regeln.

Diesem Auftrag ist der Gesetzgeber durch das Gesetz der Neuregelung der Hinterbliebenenrenten sowie zur Anerkennung von Kindererziehungszeiten in der gesetzlichen Rentenversicherung nachgekommen.

Für Versicherungsfälle, die nach dem 31.12.1985 eingetreten sind, gilt danach folgende Regelung:

Männern und Frauen wird unter gleichen Bedingungen eine Hinterbliebenenrente gewährt. Diese Rente wird wie in der Vergangenheit berechnet. Allerdings wird auf die Hinterbliebenenrente eigenes Arbeitseinkommen, z.B. das Arbeitsentgelt, wenn der Hinterbliebene noch arbeitet, und Erwerbsersatzeinkommen, z.B.: eine eigene Rente, angerechnet. Die Anrechnung erfolgt allerdings nur, soweit ein Freibetrag in Höhe von monatlich 3,3% der jeweils geltenden allgemeinen Bemessungsgrundlage überschritten wird. Das über den Freibetrag hinausgehende Einkommen wird zu 40% auf die Hinterbliebenenrente angerechnet, das eigene Einkommen bleibt aber unangetastet.

2. Geschiedenenwitwen- bzw. Geschiedenenwitwerrenten und Erziehungsrenten

Hinsichtlich der Voraussetzungen der Gewährung von Geschiedenenwitwen- bzw. Geschiedenenwitwerrenten ist zum einen danach zu differenzieren, ob der Tod des Versicherten vor dem 1.1.1986 oder danach eingetreten ist, und zum anderen danach, ob die Ehe vor oder nach dem 1.7.1977 geschieden, für nichtig erklärt oder aufgehoben worden ist.

Ist der Tod des Versicherten vor dem 1.1.1986 eingetreten und ist die Ehe vor dem 1.7.1977 geschieden, für nichtig erklärt oder aufgehoben worden, so gilt folgende Regelung:

Die frühere Ehefrau erhält eine sog. Geschiedenenwitwenrente, wenn der verstorbene Versicherte ihr zum Zeitpunkt seines Todes Unterhalt nach den Vorschriften des Ehegesetzes oder aus sonstigen Gründen geleistet hatte oder ihr im letzten Jahr vor seinem Tod tatsächlich Unterhalt geleistet hat. Der frühere Ehemann erhält dagegen nur dann eine Geschiedenenwitwerrente, wenn sein Unterhalt überwiegend von der versicherten Verstorbenen bestritten worden ist. Ebenso wie bei der Witwerrente nach altem Recht ist auch bei der Geschiedenenwitwerrente insoweit auf den letzten wirtschaftlichen Dauerzustand abzustellen, soweit dieser nach der Auflösung der Ehe liegt. Für die Geschiedenenwit-

---

[55] BVerfG E 39, 169.

wen- bzw. Geschiedenenwitwerrente gelten damit grundsätzlich dieselben Regelungen wie für Witwen- bzw. Witwerrenten, auf die noch das alte Recht Anwendung findet.

Ist der Tod eines Versicherten vor dem 1.1.1986 eingetreten und die Ehe nach dem 30.6.1977 aufgelöst worden, so erhält der frühere Ehegatte keine Hinterbliebenenrente aus dem Versicherungsverhältnis des Verstorbenen, da er infolge des durch das 1. Eherechtsreformgesetz eingeführten Anwartschaftssplitting bei Auflösung der Ehe eigene Rentenansprüche erwirbt. Nur ausnahmsweise wird einem unverheirateten früheren Ehegatten auf Antrag eine sog. Erziehungsrente gewährt, wenn er eine Versicherungszeit von 60 Monaten zurückgelegt hat, mindestens ein waisenrentenberechtigtes Kind erzieht und von ihm eine berufliche Tätigkeit mit monatlichen Einkünften von mehr als $^3/_{10}$ der für Monatsbezüge geltenden Bemessungsgrenze wegen der Kindererziehung nicht erwartet werden kann. Die Höhe der Rente ist von der Zahl der zu erziehenden Kinder abhängig und wird entsprechend den Vorschriften über Berufs- bzw. Erwerbsunfähigkeitsrente errechnet (§ 1265a RVO, § 42a AVG).

Ist der Tod des Versicherten nach dem 31.12.1985 eingetreten und die Ehe vor dem 1.7.1977 geschieden, für nichtig erklärt oder aufgehoben worden, so gilt – entsprechend den neuen Vorschriften über die Witwen- bzw. Witwerrente – die Regelung, daß Männern und Frauen unter gleichen Bedingungen Hinterbliebenenrente gewährt wird. Allerdings wird auch bei der Geschiedenenwitwer- bzw. Geschiedenenwitwenrente eigenes Arbeitseinkommen angerechnet. Die Anrechnung erfolgt auch hier, soweit ein Freibetrag in Höhe von monatlich 3,3% der jeweils geltenden allgemeinen Bemessungsgrundlage überschritten wird. Das über den Freibetrag hinausgehende Einkommen wird zu 40% auf die Hinterbliebenenrente angerechnet, das eigene Einkommen bleibt unangetastet.

Ist der Tod des Versicherten schließlich nach dem 30.12.1985 eingetreten und die Ehe nach dem 30.6.1977 geschieden, für nichtig erklärt oder aufgehoben worden, so wird die bereits dargestellte Erziehungsrente gewährt.

3. Waisenrente

Einen Anspruch auf Waisenrente haben leibliche und an Kindes Statt angenommene Kinder des Versicherten, seine Stiefkinder und Pflegekinder iSd § 2 Abs. 1 S. 1 Nr. 2 BKGG sowie seine Enkel und Geschwister, sofern er sie in seinen Haushalt aufgenommen oder überwiegend unterhalten hat. Der Anspruch besteht bis zur Vollendung des 18. Lebensjahres bzw. bis zur Vollendung des 25. Lebensjahres, sofern der Berechtigte sich noch in einer Schul- oder Berufsausbildung befindet.[56] Der An-

---

[56] Zum Begriff der Schul- oder Berufsausbildung vgl. BSG E 21, 185 ff.; 39, 156.

§ 17. *Leistungen und Versicherungsfälle*

spruch für die Zeit nach Vollendung des 18. Lebensjahres entfällt allerdings, wenn die Waise über ein nennenswertes eigenes Einkommen verfügt, da der Gesetzgeber davon ausgegangen ist, daß unter diesen Voraussetzungen auch die Eltern keinen Unterhalt mehr geleistet hätten (§ 1267 RVO, § 44 AVG). Die Höhe der Rente beträgt für Halbwaisen $^1\!/_{10}$, für Vollwaisen $^2\!/_{10}$ der Erwerbsunfähigkeitsrente des Versicherten ohne den Kinderzuschuß. Dieser Betrag erhöht sich bei Halbwaisen um den Kinderzuschuß und bei Vollwaisen um $^1\!/_{10}$ der allgemeinen Bemessensgrundlage für die Berechnung der Versichertenrenten (§ 1269 RVO, § 46 AVG).

4. Sonstige Leistungen

Die vorgenannten Rentenleistungen an Hinterbliebene werden auch dann gewährt, wenn ein Versicherter als verschollen gilt (§ 1271 RVO, § 48 AVG).

Die Möglichkeit einer Rentenabfindung besteht nach der RVO und dem AVG im Gegensatz zum Unfallversicherungsrecht[57] nur dann, wenn eine Witwe oder ein Witwer wieder heiratet, da die Renten aus den gesetzlichen Rentenversicherungen in der Regel erforderlich sind, um deren Empfänger auf Dauer wirtschaftlich zu sichern. Dieses Bedürfnis entfällt normalerweise nur bei einer Wiederheirat. Als Abfindung wird in diesem Fall das Zweifache des Jahresbetrages der bisher gezahlten Rente gewährt (§ 1302 RVO, § 81 AVG). Hat eine Witwe oder ein Witwer sich wiederverheiratet und wird diese Ehe aufgelöst, so lebt der Anspruch auf Witwen- bzw. Witwerrente auf Antrag wieder auf (§ 1291 Abs. 2 RVO, § 68 Abs. 2 AVG).

Als weitere Leistungen der Rentenversicherungen der Arbeiter und Angestellten sind schließlich Beitragserstattungen zu nennen, auf die derjenige einen Anspruch hat, dessen Versicherungspflicht in allen Zweigen der gesetzlichen Rentenversicherung entfällt, ohne daß das Recht zur freiwilligen Versicherung besteht (§ 1303 RVO, § 82 AVG). Die Beitragserstattung dient der Rückabwicklung eines beendeten Pflichtversicherungsverhältnisses, das nicht als freiwilliges fortgesetzt werden und daher auch nicht zur Grundlage eines künftigen Rentenanspruches gemacht werden kann.[58] Von Bedeutung ist die Beitragserstattung für pflichtversicherte ausländische Arbeitnehmer, die in ihr Heimatland zurückkehren.[59]

---

[57] Siehe oben § 12 II 2 b) cc).
[58] BSG E 14, 33, 36.
[59] Bley, S. 284.

§ 18. Träger der gesetzlichen Rentenversicherungen der Arbeiter und Angestellten – Finanzierung

I. Träger der gesetzlichen Rentenversicherungen der Arbeiter und Angestellten

Entsprechend der Gliederung in die Rentenversicherung der Arbeiter und die Angestelltenversicherung ist hinsichtlich der Träger im wesentlichen zu unterscheiden zwischen den Landesversicherungsanstalten und der Bundesversicherungsanstalt für Angestellte.

Träger der Rentenversicherung der Arbeiter sind, abgesehen von den sog. Sonderanstalten, zur Zeit 18 durch die Landesregierungen errichtete regional gegliederte Landesversicherungsanstalten (§ 1326 RVO). Sie sind grundsätzlich zuständig für die in ihrem Bezirk Beschäftigten, die nicht bei einer Sonderanstalt pflichtversichert sind (§ 1329 Abs. 1 RVO). Sonderanstalten sind die von der See-Berufsgenossenschaft eingerichtete See-Kasse als Träger der Rentenversicherung der Arbeiter in der See-Schiffahrt (§§ 1360, 1375 RVO) und die Bundesbahn-Versicherungsanstalt (vgl. § 26 Bundesbahngesetz).

Träger der Rentenversicherung der Angestellten ist die Bundesversicherungsanstalt für Angestellte, die für die Durchführung der Versicherung nach dem AVG zuständig ist (vgl. § 1 des Gesetzes über die Errichtung der Bundesversicherungsanstalt für Angestellte – BfAEG –).

Die Organe der Versicherungsträger setzen sich wie in den anderen Zweigen der Sozialversicherung grundsätzlich paritätisch aus Vertretern der Arbeitgeber und der Versicherten zusammen. Sonderregelungen bestehen für die Bundesbahn-Versicherungsanstalt (vgl. § 44 SGB IV).

II. Finanzierung

Die Finanzierung der Rentenversicherungen der Arbeiter und der Angestellten erfolgt grundsätzlich durch Beiträge der Versicherten und der Arbeitgeber. Daneben leistet der Bund einen Zuschuß für Ausgaben der Rentenversicherungen, die nicht Leistungen der Alterssicherung sind (vgl. §§ 1382, 1389 RVO, §§ 109, 116 AVG).

Die Beiträge zu den Rentenversicherungen der Arbeiter und der Angestellten werden für pflichtversicherte Arbeitnehmer grundsätzlich je zur Hälfte durch die Arbeitgeber und die Versicherten getragen (§ 1385 Abs. 4a RVO, § 112 Abs. 4a AVG). Pflichtversicherte Selbständige und auf Antrag Pflichtversicherte (§ 1227 Abs. 1 S. 1 Nr. 4 und 9 RVO, § 2 Nr. 3 bis 6, 11 AVG) haben dagegen die Beiträge selbst aufzubringen (§ 1384 Abs. 4b RVO, § 112 Abs. 4b AVG). Für andere Versicherte bestehen eine Vielzahl von Sonderregelungen, wonach die Beiträge z.B. vom Bund, der Bundesanstalt für Arbeit oder einem Rehabilitationsträger zu entrichten sind oder als entrichtet gelten (vgl. § 1385 Abs. 4 und 4a RVO, § 112 Abs. 4 und 4a AVG). Die Höhe der Beiträge für pflichtversicherte Arbeitnehmer und pflichtversicherte Selbständige betrug bis zum 31.5.1985 in den Rentenversicherungen der Arbeiter und der Angestellten 18,7% und beträgt von diesem Zeitpunkt an 19,2% ihres Bruttoarbeitsentgelts bzw. ihres Bruttoarbeitseinkommens, soweit dieses die Beitragsbemessungsgrenze (§ 1385 Abs. 2 RVO, § 112 Abs. 2 AVG in Verbindung mit der RV-Bezugsgrößenverordnung) nicht überschreitet (§ 1385 Abs. 1, 3, 3a RVO, § 112 Abs. 1, 3, 3a AVG).

2. Unterabschnitt. Knappschaftliche Rentenversicherung

Literatur: *Etmer,* Reichsknappschaftsgesetz, 1968ff.; *Ilgenfritz,* Reichsknappschaftsgesetz; *Miesbach-Busl,* Reichsknappschaftsgesetz, 4. Aufl.; *Schimanski,* Knappschaftsversicherung, 1973ff.; *Schulz,* Reichsknappschaftsgesetz.

Die Grundzüge der knappschaftlichen Rentenversicherung stimmen mit denen der Rentenversicherungen der Arbeiter und der Angestellten überein. Abweichungen bestehen im wesentlichen nur im Bereich des Leistungsrechts, da die knappschaftliche Rentenversicherung zusätzliche bzw. höhere Leistungen gewährt, durch die der besonderen körperlichen Belastung durch die bergmännische Arbeit und dem hieraus resultierenden vorzeitigen Verschleiß der Arbeitskraft Rechnung getragen werden soll.[1]

§ 19. Personenkreis

Versicherungspflichtig kraft Gesetzes sind in der knappschaftlichen Rentenversicherung zunächst Personen, die als Arbeitnehmer gegen Entgelt oder als Lehrlinge in einem knappschaftlichen Betrieb (§ 2 RKG) beschäftigt sind.[1] Weiterhin unterliegen kraft Gesetzes der Versicherungspflicht solche Personen, die zwar nicht unmittelbar in einem knappschaftlichen Betrieb tätig sind, die aber eine mit dem Bergbau eng zusammenhängende Tätigkeit ausüben. Hierzu gehören Personen, die als Arbeitnehmer bei Arbeitnehmer- und Arbeitgeberorganisationen die berufsständischen Interessen des Bergbaus wahrnehmen und die bei Bergämtern und ähnlichen Einrichtungen Beschäftigten (§ 29 Abs. 1 Nr. 1 in Verbindung mit § 1 Abs. 1 RKG). Diese Personen bleiben, ebenso wie die der Versicherungspflicht in den Rentenversicherungen der Arbeiter und Angestellten unterliegenden Arbeitnehmer auch dann kraft Gesetzes in der knappschaftlichen Rentenversicherung pflichtversichert, wenn sie Wehr- oder Zivildienst leisten (§ 29 Abs. 1 Nr. 2 und 3 RKG).

---

[1] Jäger, S. 197.
[1] Zum Beschäftigungsverhältnis siehe oben § 7 I.

Die Möglichkeit einer Pflichtversicherung kraft Antrags besteht im Gegensatz zu den Rentenversicherungen der Arbeiter und Angestellten nicht.

Die Regelungen hinsichtlich der Versicherungsfreiheit entsprechen weitgehend den vergleichbaren Vorschriften der RVO und des AVG. Versicherungsfrei kraft Gesetzes sind auch nach dem Recht der knappschaftlichen Rentenversicherung u. a. Personen, die nur eine geringfügige Beschäftigung oder eine geringfügige selbständige Tätigkeit ausüben, sowie diejenigen, die bereits Knappschaftsruhegeld[2] oder Altersruhegeld aus den Rentenversicherungen der Arbeiter und Angestellten beziehen (§§ 30 f. RKG). Versicherungsfrei kraft eigenen Antrags sind ehemalige Beamte und beamtenähnliche Personen, denen bereits eine beamtenrechtlichen Vorschriften entsprechende lebenslange Versorgung bewilligt und Hinterbliebenenversorgung gewährleistet ist (vgl. §§ 31, 32 Abs. 1 bis 3 RKG).

Während diese Regelungen mit den entsprechenden Vorschriften in den Rentenversicherungen der Arbeiter und Angestellten übereinstimmen, stellt die Befreiung von der Versicherungspflicht auf gemeinsamen Antrag des Arbeitgebers und des Arbeitnehmers eine Besonderheit der knappschaftlichen Rentenversicherung dar. Diese Möglichkeit ist gegeben für ausländische Bergleute, die nur eine begrenzte Zeit in der Bundesrepublik arbeiten sollen und mit deren Heimatländern kein Sozialversicherungsabkommen besteht (§ 32 Abs. 6 RKG). Diese Befreiungsmöglichkeit hat insbesondere für japanische und koreanische Bergleute Bedeutung erlangt.[3]

Die Möglichkeit eines freiwilligen Beitritts zur knappschaftlichen Rentenversicherung besteht nicht, da diese ausschließlich eine Versicherung für Arbeitnehmer des Bergbaus sein soll. Auch solche Personen, die bisher nur knappschaftlich versichert waren, können sich daher nach Beendigung ihres Beschäftigungsverhältnisses in einem knappschaftlichen Betrieb nicht freiwillig in der knappschaftlichen Rentenversicherung weiterversichern. Für sie besteht allerdings die Möglichkeit einer freiwilligen Versicherung entsprechend ihrer früheren Beschäftigung in der Rentenversicherung der Arbeiter oder der Angestellten (§ 33 Abs. 2 RKG, § 1233 RVO, § 10 AVG). Dies gilt entsprechend auch für die Höherversicherung der knappschaftlich Versicherten. Sie können sich zwar nicht in der knappschaftlichen Rentenversicherung höher versichern, sie sind aber berechtigt, neben den Beiträgen zur knappschaftlichen Rentenversicherung entsprechend ihrer Beschäftigung zusätzlich Beiträge zum Zweck der Höherversicherung in der Rentenversicherung der Arbeiter oder der Angestellten zu entrichten.

---

[2] Siehe unten § 20 II 3.
[3] Vgl. Ilgenfritz § 32 Rdnr. 15.

§ 20. Leistungen und Versicherungsfälle

Die Leistungen der knappschaftlichen Rentenversicherung umfassen im wesentlichen medizinische, berufsfördernde und ergänzende Leistungen zur Rehabilitation sowie Renten an den Versicherten und an seine Hinterbliebenen (§ 34 RKG). Versicherungsfälle für die Erbringung dieser Leistungen sind, ebenso wie für die Leistungen nach der RVO und dem AVG, Berufsunfähigkeit, Erwerbsunfähigkeit, Alter und Tod, sowie zusätzlich die verminderte bergmännische Berufsfähigkeit. Neben dem Eintritt des Versicherungsfalles ist auch für die Inanspruchnahme der Leistungen nach dem RKG die Erfüllung von Wartezeiten erforderlich.

I. Rehabilitationsleistungen

Die von der knappschaftlichen Rentenversicherung gewährten Leistungen zur medizinischen und berufsfördernden Rehabilitation entsprechen denen in den Rentenversicherungen der Arbeiter und Angestellten.[1] Dies gilt sowohl für den Leistungsumfang als auch für die Anspruchsvoraussetzungen einschließlich der zu erfüllenden Wartezeiten (vgl. §§ 35 ff. RKG).

II. Rentenleistungen an Versicherte

Rentenleistungen an Versicherte sind nach dem Recht der knappschaftlichen Rentenversicherung die Bergmannsrente, die Knappschaftsrente wegen Berufs- oder Erwerbsunfähigkeit und das Knappschaftsruhegeld (vgl. § 44 RKG). Die Bergmannsrente stellt dabei einen der wesentlichen Unterschiede im Vergleich zu den Rentenversicherungen der Arbeiter und Angestellten dar, die keine entsprechenden Leistungen gewähren.

1. Bergmannsrente

Die Bergmannsrente dient dazu, Lohneinbußen auszugleichen, die in der Regel eintreten, wenn ein Versicherter aus gesundheitlichen Gründen seine bergmännische Arbeit vorzeitig aufgeben und eine geringer entlohnte Tätigkeit verrichten muß. Obwohl sie in erster Linie für die unter Tage Beschäftigten eingeführt worden ist, können auch Versicherte, die nur über Tage beschäftigt waren, Bergmannsrente erhalten.[2]

Bergmannsrente erhält zunächst derjenige Versicherte, der vermindert bergmännisch berufsfähig ist, zuletzt vor Eintritt der verminderten berg-

---

[1] Siehe oben § 17 I.
[2] Ilgenfritz § 45 Rdnr. 1; BSG SozR 2600 § 45 RKG Nr. 35 aF.

männischen Berufsfähigkeit eine versicherungspflichtige Beschäftigung ausgeübt hat und die erforderliche Wartezeit erfüllt hat (§ 45 Abs. 1 Nr. 1 RKG). Der Versicherungsfall der verminderten bergmännischen Berufsfähigkeit tritt nach der Legaldefinition des § 45 Abs. 2 RKG ein, wenn ein Versicherter infolge von Krankheit oder anderer Gebrechen oder Schwäche weder im Stande ist, die von ihm bisher verrichtete knappschaftliche Arbeit auszuüben, noch im Stande ist, andere im wesentlichen wirtschaftlich gleichwertige Arbeit von Personen mit ähnlicher Ausbildung sowie gleichwertigen Kenntnissen und Fähigkeiten in knappschaftlich versicherten Betrieben auszuüben. Als im wesentlichen wirtschaftlich gleichwertig sind dabei noch solche Tätigkeiten anzusehen, die eine Lohnminderung von etwa 12,5% gegenüber der bisherigen knappschaftlichen Tätigkeit zur Folge haben.[3] Die erforderliche Wartezeit beträgt in diesem Fall 60 Monate (§ 49 Abs. 1 S. 1 RKG), wobei für die Berechnung der Wartezeit dieselben Regelungen gelten wie in den Rentenversicherungen der Arbeiter und Angestellten.[4]

Bergmannsrente erhält darüber hinaus derjenige Versicherte, der das 50. Lebensjahr vollendet und im Vergleich zu der von ihm bisher verrichteten knappschaftlichen Arbeit keine wirtschaftlich gleichwertigen Arbeiten mehr ausübt (§ 45 Abs. 1 Nr. 2 RKG). Als wirtschaftlich gleichwertig gilt dabei eine Tätigkeit, bei der die Minderung des Arbeitseinkommens im Vergleich zu der bisher verrichteten knappschaftlichen Arbeit nicht mehr als 7,5% beträgt.[5] Die Wartezeit für die Bergmannsrente nach § 45 Abs. 1 Nr. 2 RKG ist erfüllt, wenn eine Versicherungszeit von 300 Kalendermonaten mit ständigen Arbeiten unter Tage oder gleichwertigen Arbeiten zurückgelegt worden ist (§ 49 Abs. 2 RKG).

2. Knappschaftsrente wegen Berufsunfähigkeit oder Erwerbsunfähigkeit

Die Knappschaftsrenten wegen Berufs- bzw. Erwerbsunfähigkeit entsprechen den Berufs- bzw. Erwerbsunfähigkeitsrenten in den Rentenversicherungen der Arbeiter und Angestellten. Dies gilt sowohl für die Versicherungsfälle der Berufsunfähigkeit und der Erwerbsunfähigkeit als auch für die zu erfüllenden Wartezeiten (§§ 46, 47, 49 RKG).[6]

3. Knappschaftsruhegeld

Das Knappschaftsruhegeld entspricht grundsätzlich dem Altersruhegeld nach der RVO und dem AVG. Sowohl die verschiedenen Altersgrenzen als auch die mit ihnen korrespondierenden Wartezeiten und die

---

[3] BSG SozR 2600 § 45 RKG Nr. 16.
[4] Siehe oben § 17 II 1 b).
[5] BSG Der Kompaß 77, 315 f.
[6] Zur Berufs- bzw. Erwerbsunfähigkeit siehe oben § 17 II 1 und 2.

§ 20. Leistungen und Versicherungsfälle

Möglichkeiten, in beschränktem Umfang weiterhin eine Erwerbstätigkeit auszuüben, sind identisch (vgl. §§ 48 f. RKG).

Eine Abweichung besteht nur insoweit, als nach dem Recht der knappschaftlichen Rentenversicherung auch dann ein Anspruch auf Knappschaftsruhegeld gewährt wird, wenn ein Versicherter das 60. Lebensjahr vollendet hat und keine Beschäftigung in einem knappschaftlichen Betrieb mehr ausübt. Die erforderliche Wartezeit ist in diesem Fall allerdings nur dann erfüllt, wenn der Versicherte eine Versicherungszeit von 300 Kalendermonaten mit ständigen Arbeiten unter Tage zurückgelegt hat (§§ 48 Abs. 1 Nr. 2, 49 Abs. 2 RKG).

4. Berechnung der Versichertenrenten

Die Höhe der Versichertenrenten aus der knappschaftlichen Rentenversicherung ist ebenso wie in den Rentenversicherungen nach der RVO und dem AVG abhängig von dem Prozentsatz der persönlichen Bemessungsgrundlage (P), der allgemeinen Bemessungsgrundlage (B), der Zahl der anrechnungsfähigen Versicherungsjahre (J) und dem Steigerungssatz je anrechnungsfähigem Versicherungsjahr (St). Die Rentenberechnung erfolgt auch in der knappschaftlichen Rentenversicherung nach der Formel

$$\text{Jahresrente} = (P \times B) \times (J \times St).$$

Für die Berechnung des Prozentsatzes der persönlichen Bemessungsgrundlage, der allgemeinen Bemessungsgrundlage und der Zahl der anrechnungsfähigen Versicherungsjahre gelten identische Bestimmungen wie in den Rentenversicherungen der Arbeiter und Angestellten (§§ 54 Abs. 1 und 2, 56 ff. RKG). Die allgemeine Bemessungsgrundlage ist allerdings infolge des unterschiedlichen Lohnniveaus in der knappschaftlichen Rentenversicherung höher.

Während die vorgenannten Rentenberechnungsfaktoren identisch sind, weicht der Steigerungssatz je anrechnungsfähigem Versicherungsjahr in der knappschaftlichen Rentenversicherung von dem in den Rentenversicherungen der Arbeiter und Angestellten ab. Er beträgt für die Bergmannsrente 0,8% (§ 53 Abs. 1 RKG), für die Knappschaftsrente wegen Berufsunfähigkeit 1,2%, solange eine knappschaftlich versicherte Tätigkeit ausgeübt wird bzw. 1,8%, wenn der Versicherte keine knappschaftliche Beschäftigung mehr ausübt (§ 53 Abs. 2 RKG; vgl. § 1253 Abs. 1 RVO, § 30 Abs. 1 AVG: 1%) und für die Knappschaftsrente wegen Erwerbsunfähigkeit sowie für das Knappschaftsruhegeld 2% (§ 53 Abs. 3 und 4 RKG; vgl. §§ 1253 Abs. 2, 1254 Abs. 1 RVO, §§ 30 Abs. 2, 31 Abs. 1 AVG: 1,5%).

Die auf dieser Grundlage errechneten Versichertenrenten erhöhen sich ebenso wie in den Rentenversicherungen der Arbeiter und Angestellten gegebenenfalls um einen in seiner Höhe gesetzlich fixierten Kinderzuschuß (§ 60 RKG). Darüber hinaus wird als weitere Besonderheit der knappschaftlichen Rentenversicherung ein Leistungszuschlag für jedes Jahr gewährt, in dem der Versicherte ständig Arbeit unter Tage verrichtet hat (§ 59 RKG).

III. Rentenleistungen an Hinterbliebene – sonstige Leistungen

Die Rentenleistungen der knappschaftlichen Rentenversicherung an Hinterbliebene – Witwen- und Witwerrenten, Geschiedenenwitwen- bzw. Geschiedenenwitwerrenten und Erziehungsrenten sowie Waisen- und Verschollenenrenten – entsprechen ebenso wie die sonstigen Leistungen – Rentenabfindungen bei Wiederheirat und Beitragserstattungen – denen in den Rentenversicherungen der Arbeiter und Angestellten (§§ 63 ff. RKG). Sie sind allerdings im Durchschnitt höher als die entsprechenden Leistungen nach der RVO und dem AVG, da auch die knappschaftlich Versicherten infolge der unterschiedlichen Steigerungssätze höhere Renten erhalten.

§ 21. Träger der knappschaftlichen Rentenversicherung – Finanzierung

Träger der knappschaftlichen Rentenversicherung ist die Bundesknappschaft (§§ 7 f., 1 RKG). Ihre Organe bestehen im Gegensatz zu den Landesversicherungsanstalten und der Bundesversicherungsanstalt für Angestellte nur zu einem Drittel aus Arbeitgebervertretern und zu zwei Dritteln aus Arbeitnehmervertretern.

Die Finanzierung der knappschaftlichen Rentenversicherung erfolgt ebenfalls durch Beiträge der Arbeitgeber und der Versicherten sowie durch einen Zuschuß des Bundes (§ 127 RKG).

Der Beitragssatz für pflichtversicherte Arbeitnehmer beträgt ab 24,25% des Bruttoarbeitsentgelts des Versicherten, soweit dieses die knappschaftliche Beitragsbemessungsgrenze nicht übersteigt (§ 130 Abs. 1 und 5 Buchstabe a RKG). Anders als in den Rentenversicherungen der Arbeiter und Angestellten wird der Beitrag jedoch nicht zu gleichen Teilen vom Arbeitgeber und vom Versicherten aufgebracht, sondern in Höhe von 15% vom Arbeitgeber und in Höhe von 9,25% vom Versicherten (§ 130 Abs. 6 a RKG). Für knappschaftlich Versicherte, deren Beschäftigungsverhältnis unterbrochen oder beendet worden ist (vgl. § 29 Abs. 1 Nr. 2 und 3 RKG) gelten zahlreiche Sonderregelungen hinsichtlich der Beitragsberechnung und Beitragszahlung (vgl. § 130 Abs. 5 ff. RKG).

Der Bundeszuschuß dient der dauernden Aufrechterhaltung der Leistungen der knappschaftlichen Rentenversicherung, die nicht allein durch die genannten Beiträge finanziert werden können. Seine Höhe entspricht

§ 22. *Personenkreis*

der Differenz zwischen den Gesamteinnahmen und den Gesamtausgaben der Knappschaften (§ 128 RKG).

3. Unterabschnitt. *Rentenversicherung der Handwerker*

Literatur: *Heinze,* Die Selbständigen in der Sozialversicherung (einschließlich Sozialversicherung der Handwerker und der Landwirte) in: Sozialrechtsprechung, Festschrift zum 25jährigen Bestehen des Bundessozialgerichts, S. 345; *Jahn/Hoernigk,* Das Handwerker-Versicherungsgesetz.

Die Handwerkerversorgung wurde bis zum Inkrafttreten des HwVG am 1. Januar 1962 von den Trägern der Angestelltenversicherung durchgeführt. Dabei gelangten weitgehend die Vorschriften des AVG zur Anwendung. Die Handwerker waren allerdings nur dann pflichtversichert, wenn sie keinen Lebensversicherungsvertrag bei einem privaten Versicherungsunternehmen abgeschlossen hatten.[1]

Durch das Handwerkerversicherungsgesetz ist die Rentenversicherung der Handwerker in die Rentenversicherung der Arbeiter eingegliedert worden, so daß grundsätzlich die Vorschriften der RVO über die Rentenversicherung der Arbeiter Anwendung finden, soweit diese auch für die nach § 1227 Abs. 1 Nr. 3 und 4 RVO pflichtversicherten Hausgewerbetreibenden sowie Kleinunternehmer der Küstenschiffahrt und Küstenfischerei gelten (§ 1 Abs. 5 HwVG). Einige Sonderregelungen tragen jedoch der besonderen sozialen Stellung der selbständigen Handwerker Rechnung.

§ 22. Personenkreis

Kraft Gesetzes pflichtversichert sind nach dem HwVG Handwerker, die in der Handwerksrolle eingetragen sind, sowie die ihnen gleichgestellten Gesellschafter von in der Handwerksrolle eingetragenen Personengesellschaften (§ 1 Abs. 1 HwVG). Die Versicherungspflicht der nach § 1 Abs. 1 HwVG versicherten Personen ist in Abweichung von den Bestimmungen der Rentenversicherung der Arbeiter allerdings zeitlich auf 216 Monate begrenzt. Für die Berechnung dieser Frist werden nur Beitragszeiten, nicht aber Ersatzzeiten herangezogen. Durch die zeitliche Befristung der Versicherungspflicht wird der sozialen Stellung der Handwerker Rechnung getragen, indem man den Handwerkern als Selbständigen eine gewisse Eigenverantwortung für ihre Altersversorgung beläßt. Die Pflichtversicherung nach dem HwVG soll nur zu einer Grundsicherung führen, die der einzelne Handwerker nach eigenem Ermessen durch

---

[1] Zur geschichtlichen Entwicklung vgl. Jahn/Hoernigk, Das Handwerkerversicherungsgesetz, Einführung; Brackmann, S. 779 ff.

eine spätere freiwillige Versicherung in der Rentenversicherung der Arbeiter, durch eine private Versicherung oder auf andere Weise ergänzen kann. Die zeitliche Begrenzung der Versicherungspflicht gilt nicht für die ebenfalls pflichtversicherten Schornsteinfegermeister (§ 1 Abs. 1 a HwVG).

Versicherungsfrei kraft Gesetzes sind im wesentlichen die Inhaber handwerklicher Nebenbetriebe, Personen, die als Nachlaßverwalter, Nachlaßpfleger, Nachlaßkonkursverwalter oder Testamentsvollstrecker einen Handwerksbetrieb führen, Erben und in ungeteilter Erbengemeinschaft stehende Personen, die zwar in die Handwerksrolle eingetragen, aber nicht selbst im Handwerksbetrieb tätig sind, sowie Witwen und Witwer, die nach dem Tode ihres Ehegatten den Handwerksbetrieb weiterführen, sofern sie nicht bereits vor dessen Tod nach § 1 Abs. 1 HwVG pflichtversichert waren (§ 2 Abs. 1 HwVG).

Versicherungsfreiheit kraft Antrags wird, wie aus § 2 Abs. 4 HwVG zu entnehmen ist,[1] gewährt, wenn die Voraussetzungen der §§ 1230, 1231 RVO vorliegen. Abweichungen ergeben sich nur hinsichtlich des Beginns der Befreiungsmöglichkeit. Der Abschluß eines privaten Lebensversicherungsvertrages mit einem Versicherungsunternehmen führt im Gegensatz zum früheren Recht nicht mehr zur Versicherungsfreiheit.

Für die freiwillige Versicherung der Handwerker nach Ablauf der Beitragszeit von 216 Monaten gelten die Bestimmungen der Rentenversicherung der Arbeiter (§ 1233 RVO).[2]

§ 23. Leistungen und Versicherungsfälle

Die Leistungen der Rentenversicherung der Handwerker sind sowohl hinsichtlich ihres Umfangs als auch ihrer Voraussetzungen im wesentlichen identisch mit denen der Rentenversicherung der Arbeiter. Unterschiede, die den Besonderheiten der selbständigen Tätigkeit der Handwerker Rechnung tragen, bestehen nur hinsichtlich des Versicherungsfalls der Berufsunfähigkeit sowie bei der Berücksichtigung von Ersatz- und Ausfallzeiten.

Ein selbständiger Handwerker ist als berufsunfähig anzusehen, wenn er in seinem Handwerk die wesentlichen von ihm zu erbringenden körperlichen oder geistigen Fähigkeiten oder auch nur eine von ihnen nicht mehr in ausreichendem Umfang ausüben kann. Bei der Entscheidung, ob Berufsunfähigkeit vorliegt, ist insbesondere die Art und der Umfang des Betriebes zu berücksichtigen.[1] Ein in etwa gleichbleibendes

---

[1] Brackmann, S. 788 b.
[2] Siehe oben § 16 III.
[1] BSG E 2, 91; SGb 77, 359; LSG Nordrhein-Westfalen Breith. 73, 894.

Einkommen bei annähernd gleicher Mitarbeiterzahl führt nicht in jedem Fall dazu, daß Berufsunfähigkeit zu verneinen ist. Es ist vielmehr auch zu prüfen, ob die dem Handwerker verbliebene Arbeitskraft oder ob sonstige Umstände überwiegend für den erzielten Gewerbeertrag ursächlich sind.[2]

Hinsichtlich der Berechnung von Ersatz- und Ausfallzeiten ist zu berücksichtigen, daß Zeiten der Arbeitslosigkeit nur dann als Ersatz- bzw. Ausfallzeiten angerechnet werden, wenn und solange der Handwerker aus der Handwerksrolle gelöscht ist. Zeiten der Krankheit im Sinne des § 1251 Abs. 1 RVO, der Arbeitsunfähigkeit, der Schwangerschaft oder des Wochenbetts werden nur dann als Ersatz- bzw. Ausfallzeiten anerkannt, wenn der Handwerker in dieser Zeit keine versicherungspflichtigen Personen mit Ausnahme von Lehrlingen und nahen Verwandten beschäftigt hat (§ 3 HwVG).

§ 24. Träger der Handwerkerversicherung – Finanzierung

Träger der Rentenversicherung der Handwerker sind, entsprechend ihrer Eingliederung in die Rentenversicherung der Arbeiter, die Landesversicherungsanstalten.

Da die Rentenversicherung der Handwerker in die Arbeiterrentenversicherung eingegliedert ist, werden auch die Leistungen an die versicherten Handwerker durch die Beiträge der in diesem Versicherungszweig versicherten Personen sowie durch den Bundeszuschuß für solche Leistungen der Rentenversicherung, die nicht Leistungen der Alterssicherung sind, finanziert.

Besonderheiten ergeben sich jedoch hinsichtlich der Höhe der von den Handwerkern zu entrichtenden Beiträge. Um den Handwerkern eine genaue Überprüfung ihrer Einkommensverhältnisse zu ersparen und die Beitragserhebung zu vereinfachen, orientiert sich die Beitragshöhe nicht an der Einkommenshöhe, sondern es ist von allen Handwerkern ein einheitlicher Beitrag zu entrichten. Die Höhe dieses Beitrages entspricht dem Beitrag für das Durchschnittsentgelt für Arbeitnehmer. Pflichtversicherte können allerdings einen höheren Beitragssatz wählen.

Der einheitliche Beitrag ist nur alle zwei Monate zu zahlen – und halbiert sich damit – für Handwerker, die noch nicht drei Jahre in die Handwerksrolle eingetragen sind sowie für sog. Alleinmeister, d.h. Kleinhandwerker, die außer Lehrlingen und nahen Verwandten keine versicherungspflichtigen Personen beschäftigen (§ 4 HwVG).

---

[2] BSG SGb 71, 426, Nr. 9; Jahn/Hoernigk § 1 Anm. 12.

4. Unterabschnitt. Altershilfe für Landwirte

Literatur: *Bley*, „Bedingtes" Hinterbliebenengeld in der Altershilfe für Landwirte – ein Vorbild für die gesetzliche Rentenversicherung? ZSR 80, 575; *Buss*, Die Rechtsprechung des Bundessozialgerichts in den Jahren 1978 und 1979 zum GAL, Soziale Sicherheit in der Landwirtschaft 1980, 152; *Noell*, Die Altershilfe für Landwirte, 10. Aufl. 1983; *Noell*, Die landwirtschaftliche Sozialversicherung in der sozialgerichtlichen Rechtsprechung in: Jahrbuch des Sozialrechts der Gegenwart (Hrsg. Wannagat) 1979, 189; *Schieckel*, Altershilfegesetz, 5. Aufl.; *Weidner*, Zur Weiterentwicklung der Alterssicherung der Landwirte, Soziale Sicherheit in der Landwirtschaft 1979, 239; *Wiesner*, Vorzeitiges Altersgeld nach dem GAL und vorübergehende Erwerbsunfähigkeit, SozVers 1979, 317.

Die Altershilfe für Landwirte nach dem im Jahre 1957 in Kraft getretenen GAL weist gegenüber den anderen Zweigen der gesetzlichen Rentenversicherung eine Reihe von bedeutsamen Abweichungen auf, die im wesentlichen darauf zurückzuführen sind, daß die Leistungen der Altershilfe für Landwirte nicht nur der Alterssicherung dienen sollten, sondern darüber hinaus auch agrarpolitische Ziele verfolgen. So dient die Gewährung von Altersgeld und vorzeitigem Altersgeld bei Erwerbsunfähigkeit auch dazu, älteren landwirtschaftlichen Unternehmern die Übergabe ihres Hofes an jüngere zu erleichtern. Die 1969 eingeführte sog. Landabgaberente verfolgt außerdem das Ziel, einen Anreiz zur Aufgabe kleinerer landwirtschaftlicher Betriebe zu schaffen und damit eine Strukturverbesserung zu ermöglichen.[1]

§ 25. Personenkreis

Pflichtversichert kraft Gesetzes – das GAL verwendet mit Rücksicht auf die bestehenden Unterschiede im Gegensatz zu den anderen Zweigen der Sozialversicherung die Bezeichnung beitragspflichtig – sind grundsätzlich alle landwirtschaftlichen Unternehmer ohne Rücksicht auf die Höhe ihres Einkommens oder die Größe ihres Hofes und, seit dem Inkrafttreten des Dritten Agrarsozialen Ergänzungsgesetzes am 1. 1. 1986, unter bestimmten Voraussetzungen auch mitarbeitende Familienangehörige (§§ 1, 14 Abs. 1 GAL).

Als landwirtschaftliche Unternehmer im Sinne des GAL gelten u.a. alle Unternehmer der Land- und Forstwirtschaft einschließlich des Wein-, Obst-, Gemüse- und Gartenbaus sowie der Teichwirtschaft und der Fischzucht, deren Unternehmen, unabhängig vom jeweiligen Unternehmer, eine auf Bodenbewirtschaftung beruhende Existenzgrundlage bietet. Ihnen gleichgestellt sind bestimmte Mitarbeiter von juristischen Personen, die ein landwirtschaftliches Unternehmen betreiben (vgl. § 1

---

[1] Vgl. Staub/Schusinski/Ströer, § 4 VI 1.

Abs. 3, 3a GAL). Eine Existenzgrundlage im Sinne der Definition des landwirtschaftlichen Unternehmens bietet ein Unternehmen insbesondere dann, wenn sein Wirtschaftswert, sein Flächenwert oder sein Arbeitsbedarf eine bestimmte Mindesthöhe erreicht (§ 1 Abs. 4 bis 7 GAL).

Auf Antrag von der Versicherungs- bzw. Beitragspflicht befreit werden zunächst jene landwirtschaftlichen Unternehmer und mitarbeitenden Familienangehörigen, die nach den Bestimmungen des AVG kraft Gesetzes oder kraft Antrags versicherungsfrei wären, weil sie bereits über eine ausreichende anderweitige Alterssicherung verfügen (vgl. § 6 Abs. 1 Nr. 1, 3 bis 6, § 7 Abs. 1 und 2, § 8 AVG).[1] Darüber hinaus werden diejenigen landwirtschaftlichen Unternehmer befreit, die entweder vor der Antragstellung neben ihrer Tätigkeit als landwirtschaftlicher Unternehmer mindestens 60 Kalendermonate in einem anderen Zweig der gesetzlichen Rentenversicherung versicherungspflichtig waren und zur Zeit der Antragstellung versicherungspflichtig beschäftigt sind oder die als selbständige Handwerker in der Handwerksrolle eingetragen sind (§ 14 GAL).

Die Möglichkeit einer freiwilligen Weiterversicherung besteht in erster Linie für Personen, die mindestens 60 Kalendermonate nach dem GAL pflichtversichert waren und deren Versicherungspflicht endet sowie für deren Witwen bzw. Witwer. Voraussetzung für die freiwillige Weiterversicherung ist die Abgabe einer entsprechenden Erklärung gegenüber der landwirtschaftlichen Alterskasse innerhalb von zwei Jahren nach dem Ende des Versicherungsverhältnisses (§ 27 GAL; vgl. außerdem § 39 GAL).

§ 26. Leistungen und Versicherungsfälle

Die Regelleistungen der landwirtschaftlichen Altershilfe sind Renten an den Versicherten und seine Hinterbliebenen. Darüber hinaus können u. a. Leistungen zur Rehabilitation sowie ein zusätzliches Altersgeld gewährt werden (vgl. § 23 Abs. 2 SGB I, §§ 2 bis 9a GAL).

I. Rehabilitationsleistungen

Die im Rahmen der Altershilfe für Landwirte gewährten Rehabilitationsleistungen umfassen Maßnahmen zur medizinischen Rehabilitation sowie ergänzende Leistungen. Der Leistungsumfang entspricht insoweit im wesentlichen dem der Rehabilitationsleistungen in den übrigen Zweigen der gesetzlichen Rentenversicherung. Abweichungen bestehen insofern, als einerseits keine Leistungen zur beruflichen Rehabilitation er-

---

[1] Siehe oben § 16 II 1 und 2.

bracht werden, andererseits aber während einer stationären Heilbehandlung im Rahmen der medizinischen Rehabilitation bei einem entsprechenden Bedarf eine Betriebs- oder Haushaltshilfe als Ersatzkraft gestellt wird.

Die Rehabilitationsleistungen werden außerdem sowohl für Versicherte und ihre Ehegatten als auch für Witwen und Witwer ohne Erfüllung einer Wartezeit erbracht (§§ 6 ff. GAL).

II. Rentenleistungen an Versicherte

Rentenleistungen an Versicherte nach dem GAL sind das Altersgeld, das vorzeitige Altersgeld und die Landabgaberente.

1. Altersgeld

Anspruch auf Altersgeld hat derjenige landwirtschaftliche Unternehmer, der das 65. Lebensjahr vollendet, mindestens bis zur Vollendung des 60. Lebensjahres und für mindestens 180 Kalendermonate Beiträge an die landwirtschaftliche Alterskasse gezahlt und das Unternehmen abgegeben hat (§ 2 Abs. 1 GAL).

Das Altersgeld unterscheidet sich damit von dem Altersruhegeld nach der RVO, dem AVG und dem RKG zunächst dadurch, daß nur eine einheitliche Altersgrenze von 65 Jahren und keine flexiblen oder vorgezogenen Altersgrenzen bestehen. Eine weitere Abweichung liegt darin, daß für 180 Monate Beiträge gezahlt werden müssen, d. h. es werden keine Ersatzzeiten angerechnet. Der wesentliche Unterschied gegenüber den anderen Zweigen der gesetzlichen Rentenversicherung ist aber darin zu sehen, daß die Gewährung von Altersgeld von der Abgabe des Hofes abhängig ist, wodurch entsprechend den agrarpolitischen Zielen des GAL die Übergabe von landwirtschaftlichen Unternehmen an jüngere Unternehmer gefördert werden soll.

Unter einer Hofabgabe im Sinne der Anspruchsvoraussetzungen für das Altersgeld ist die Übergabe des landwirtschaftlichen Unternehmens oder ein sonstiger Verlust der Unternehmereigenschaft zu verstehen. Erfolgt die Hofübergabe im Wege einer Eigentumsübertragung, so ist die Übergabe im Sinne des GAL frühestens mit der Auflassung vollzogen.[1] Eine Eigentumsübertragung ist jedoch nicht zwingend erforderlich, es reicht vielmehr aus, wenn eine Hofabgabe ohne Eigentumsübertragung schriftlich für einen Zeitraum vereinbart wird, der frühestens mit der Vollendung des 74. Lebensjahres und neun Jahre nach der Abgabe des landwirtschaftlichen Unternehmens endet. Werden von einem landwirtschaftlichen Unternehmer mehrere Höfe betrieben, so muß er sämtliche

---

[1] BSG SozR 5850 § 2 GAL Nr. 1.

Unternehmen abgeben, um einen Anspruch auf Altersgeld zu erwerben. Durch eine Übergabe des Unternehmens an den Ehegatten werden die Voraussetzungen für das Altersgeld nicht erfüllt (§ 2 Abs. 3 und 4 GAL). Der Hofübergabe gleichgestellt sind andere Maßnahmen von agrarpolitischer Bedeutung wie z. B. die erstmalige Aufforstung des Unternehmens (vgl. § 2a GAL).

Mitarbeitende Familienangehörige erhalten Altersgeld, wenn sie das 65. Lebensjahr vollendet haben, die Zeit vom Beginn der Beitragspflicht als mitarbeitender Familienangehöriger bis zur Vollendung des 65. Lebensjahres mindestens zur Hälfte, jedoch nicht unter 180 Kalendermonaten, mit Beiträgen belegt haben oder während der 25 Jahre, die der Vollendung des 65. Lebensjahres vorausgegangen sind, mindestens 180 Kalendermonate mit Beiträgen belegt haben und nicht selbst landwirtschaftlicher Unternehmer sind (§ 2 Abs. 1a GAL).

2. Vorzeitiges Altersgeld

Anspruch auf vorzeitiges Altersgeld hat derjenige landwirtschaftliche Unternehmer, der erwerbsunfähig im Sinne des § 1247 Abs. 2 RVO ist,[2] mindestens bis zur Vollendung des 60. Lebensjahres oder bis zum Eintritt der Erwerbsunfähigkeit und mindestens für 60 Kalendermonate Beiträge an die landwirtschaftliche Alterskasse gezahlt und das Unternehmen abgegeben hat (§ 2 Abs. 2 GAL). Eine ähnliche Regelung gilt gem. § 2 Abs. 2a GAL für mitarbeitende Familienangehörige.

Das vorzeitige Altersgeld entspricht damit hinsichtlich des Erfordernisses der Erwerbsunfähigkeit und der Versicherungszeit von 60 Kalendermonaten weitgehend der Erwerbsunfähigkeitsrente in den anderen Zweigen der gesetzlichen Rentenversicherung. Unterschiede bestehen insoweit, als ebenso wie beim Altersgeld keine Ersatzzeiten angerechnet werden und die Übergabe des Unternehmens erforderlich ist.

3. Landabgaberente

Ein Anspruch auf Landabgaberente setzt zunächst voraus, daß ein landwirtschaftlicher Unternehmer bis zum 31. Dezember 1983 das 60. Lebensjahr vollendet hat oder berufsunfähig im Sinne des § 1246 Abs. 2 RVO ist,[3] daß er für mindestens 60 Kalendermonate Beiträge an die landwirtschaftliche Alterskasse gezahlt und sein Unternehmen abgegeben hat, und daß er während der fünf Jahre vor der Abgabe überwiegend hauptberuflicher[4] landwirtschaftlicher Unternehmer gewesen ist. Da die Landabgaberente der Strukturverbesserung in der Landwirtschaft dienen soll ist darüber hinaus erforderlich, daß das Unternehmen einer-

---

[2] Siehe oben § 17 II 2a).
[3] Siehe oben § 17 II 1a).
[4] Vgl. dazu BSG SozR 5850 § 41 GAL Nr. 3 und 10.

seits eine bestimmte Größe nicht überschreitet oder ein bestimmtes Arbeitseinkommen nicht erreicht werden kann und daß andererseits die Abgabe zum Zwecke der Strukturverbesserung erfolgt (§§ 41 Abs. 1, 42 GAL). Ob die angestrebte Strukturverbesserung tatsächlich erreicht wird, ist für den Rentenanspruch des abgebenden Unternehmers ohne Bedeutung.[5]

4. Berechnung der Versichertenrenten

Die Höhe des Altersgeldes und des insoweit identischen vorzeitigen Altersgeldes ist für Unternehmer unabhängig vom früheren Einkommen oder der Größe des abgegebenen landwirtschaftlichen Unternehmens und grundsätzlich auch von der Anzahl der Beitragsjahre. Vielmehr wird allen Unternehmern ein Altersgeld bzw. vorzeitiges Altersgeld in gleicher Höhe gewährt. Unterschieden wird lediglich zwischen verheirateten und unverheirateten Unternehmern. Das Altersgeld bzw. vorzeitige Altersgeld, das bisher für jedes Kalenderjahr gesetzlich festgelegt wurde, beträgt seit dem 1. Juli 1985 für unverheiratete Berechtigte 357,20 DM und für verheiratete Berechtigte 535,50 DM. Zum 1. Juli eines jeden folgenden Jahres erhöht es sich jeweils um den Prozentsatz, um den auch die Renten aus der Rentenversicherung der Arbeiter steigen (§ 4 Abs. 1 S. 1 und 3 GAL). Hat ein Versicherter vor der Vollendung seines 65. Lebensjahres für 180 Kalendermonate Beiträge zur landwirtschaftlichen Alterskasse gezahlt, erhöht sich das Altersgeld bzw. das vorzeitige Altersgeld für jedes weitere Beitragsjahr um 3% (§ 4 Abs. 1 S. 4 GAL). Für mitarbeitende Familienangehörige gelten die skizzierten Regelungen entsprechend, die Beträge sind allerdings geringer. Darüber hinaus kann die Vertreterversammlung des Gesamtverbandes der landwirtschaftlichen Alterskassen als Mehrleistung durch Beschluß einer Mehrheit von ⅔ ihrer stimmberechtigten Mitglieder ein zusätzliches Altersgeld festsetzen (§ 5 GAL).

Als Landabgaberente wird ebenfalls unabhängig von der Größe des abgegebenen Unternehmens ein gesetzlich festgelegter Betrag gewährt, der allerdings höher ist als das Altersgeld und das vorzeitige Altersgeld.

III. Rentenleistungen an Hinterbliebene

Im Fall des Todes eines landwirtschaftlichen Unternehmers werden nach dem GAL als Rentenleistungen an Hinterbliebene Altersgeld und vorzeitiges Altersgeld an Witwen bzw. Witwer und frühere Ehegatten, Hinterbliebenengeld und Landabgaberenten an Witwen bzw. Witwer sowie Waisengeld gewährt.

---

[5] Schieckel, Altershilfegesetz, § 41 Anm. 2.

1. Altersgeld und vorzeitiges Altersgeld für Witwen, Witwer und frühere Ehegatten

Einen Anspruch auf Altersgeld haben Witwen und Witwer landwirtschaftlicher Unternehmer, wenn das Unternehmen abgegeben wurde, sie selbst nicht landwirtschaftliche Unternehmer im Sinne des § 1 GAL sind und entweder der Verstorbene Anspruch auf vorzeitiges Altersgeld hatte und die Ehe vor der Vollendung seines 65. Lebensjahres geschlossen war (1. Alternative) oder die Witwe das 60. bzw. der Witwer das 65. Lebensjahr vollendet hat (2. Alternative). Für einen Anspruch auf Altersgeld nach der 2. Alternative ist grundsätzlich weitere Voraussetzung, daß der verstorbene Unternehmer mindestens bis zur Vollendung des 60. Lebensjahres oder bis zu seinem Tode und für mindestens 180 Kalendermonate Beiträge zur landwirtschaftlichen Alterskasse entrichtet hat. Auf die 180 Kalendermonate werden jedoch auch Beiträge angerechnet, die der überlebende Ehegatte nach dem Tode des Unternehmers entrichtet (§ 3 Abs. 1 und 3 GAL).

Vorzeitiges Altersgeld erhalten Witwen bzw. Witwer landwirtschaftlicher Unternehmer, wenn das Unternehmen abgegeben wurde, sie selbst nicht landwirtschaftliche Unternehmer im Sinne des § 1 GAL sind und entweder der verstorbene Ehegatte Anspruch auf vorzeitiges Altersgeld hatte und die Ehe vor der Vollendung seines 65. Lebensjahres geschlossen war (1. Alternative) oder die Witwe bzw. der Witwer erwerbsunfähig ist (2. Alternative). Zusätzliche Voraussetzung für einen Anspruch nach der 2. Alternative ist, daß der verstorbene Unternehmer mindestens bis zur Vollendung seines 60. Lebensjahres oder bis zu seinem Tode und für mindestens 60 Kalendermonate Beiträge entrichtet hat. Auch in diesem Fall werden jedoch Beiträge des überlebenden Ehegatten nach dem Tode des Unternehmers angerechnet (§ 3 Abs. 2 und 4 GAL).

Die vorgenannten Regelungen gelten entsprechend für frühere Ehegatten, wenn die Ehe vor dem 1. Juli 1977 aufgelöst und während der Ehezeit Beitragszahlungen geleistet wurden (§ 3 Abs. 5 GAL).

Entsprechende Regelungen sind durch das Dritte Agrarsoziale Ergänzungsgesetz für die Witwen und Witwer mitarbeitender Familienangehöriger eingeführt worden.

2. Hinterbliebenengeld

Ein Anspruch auf Hinterbliebenengeld,[6] das durch das Zweite Agrarsoziale Ergänzungsgesetz eingeführt worden ist, setzt für Witwen oder Witwer landwirtschaftlicher Unternehmer zunächst ebenfalls voraus, daß das Unternehmen abgegeben wurde, der hinterbliebene Ehegatte nicht selbst landwirtschaftlicher Unternehmer ist und der verstorbene Unter-

---

[6] Ausführlich zum Hinterbliebenengeld Bley, ZSR 80, 575.

nehmer mindestens bis zur Vollendung seines 60. Lebensjahres oder bis zu seinem Tode und für mindestens 60 Kalendermonate Beiträge entrichtet hat. In Abweichung von dem Anspruch auf vorzeitiges Altersgeld ist darüber hinaus Anspruchsvoraussetzung, daß der überlebende Ehegatte den Unterhalt seiner Familie nicht überwiegend bestritten hat. Letzte Voraussetzung für die Inanspruchnahme von Hinterbliebenengeld ist schließlich, daß entweder im Haushalt des Hinterbliebenen ein waisengeldberechtigtes Kind bzw. Pflegekind lebt, welches das 16. Lebensjahr noch nicht vollendet hat und der Hinterbliebene nur ein geringfügiges Arbeitsentgelt bzw. -einkommen bezieht (1. Alternative), oder daß der Hinterbliebene das 45. Lebensjahr vollendet hat und er nur ein geringfügiges Arbeitsentgelt bzw. -einkommen erzielen kann (2. Alternative, vgl. § 3b Abs. 1 GAL).

Witwen und Witwer erhalten unter den Voraussetzungen des § 3b Abs. 2 GAL Hinterbliebenengeld.

3. Landabgaberente für Witwen und Witwer

Witwen und Witwer erhalten Landabgaberente, wenn der verstorbene Unternehmer einen entsprechenden Anspruch hatte und der Überlebende nicht selbst landwirtschaftlicher Unternehmer im Sinne des § 1 GAL ist. Frühere Ehegatten haben dagegen keinen Anspruch auf Landabgaberente (§ 43 GAL).

4. Waisengeld

Einen Anspruch auf Waisengeld haben die Kinder und Pflegekinder eines verstorbenen landwirtschaftlichen Unternehmers oder eines mitarbeitenden Familienangehörigen sowie unter einschränkenden Voraussetzungen seine Enkel und Geschwister, sofern der Unternehmer bzw. der mitarbeitende Familienangehörige bis zur Vollendung seines 60. Lebensjahres oder bis zu seinem Tode oder bis zum Bezug einer Landabgaberente für mindestens 60 Kalendermonate Beiträge an die landwirtschaftliche Alterskasse gezahlt hat. Der Anspruch besteht bis zur Vollendung des 18. Lebensjahres bzw. bis zur Vollendung des 25. Lebensjahres, sofern der Berechtigte sich in einer Berufsausbildung befindet (§ 3a GAL). Das Waisengeld beträgt für Halbwaisen ¼ und für Vollwaisen die Hälfte des Altersgeldes für unverheiratete Berechtigte (§ 4a GAL).

§ 27. Träger der landwirtschaftlichen Altershilfe – Finanzierung

Träger der landwirtschaftlichen Altershilfe sind die bei den landwirtschaftlichen Berufsgenossenschaften errichteten landwirtschaftlichen Alterskassen (§ 16 GAL), die zum Gesamtverband der landwirtschaftlichen Alterskassen, der beim Bundesverband der landwirtschaftlichen Berufsgenossenschaften errichtet worden ist (§ 22 GAL), zusammengeschlossen sind. Ihre Organe sind der Vorstand und die Vertreterversammlung der landwirtschaftlichen Berufsgenossenschaften. Die Vertreter der Selbständigen, die nicht nach dem GAL versichert sind, sowie die Vertreter der Arbeitnehmer wirken allerdings in Angelegenheiten der landwirtschaftlichen Altershilfe nicht mit (vgl. § 44 SGB IV).

Die Finanzierung der landwirtschaftlichen Altershilfe erfolgt grundsätzlich durch Beiträge sowie einen Zuschuß des Bundes. Die Beiträge sind ähnlich wie in der Rentenversicherung der Handwerker für alle Beitragspflichtigen gleich und werden für jedes Kalenderjahr so festgesetzt, daß sie zusammen mit dem Bundeszuschuß die Gesamtaufwendungen der landwirtschaftlichen Alterskassen decken (§§ 12f. GAL).

Die durch die Landabgaberenten entstehenden Ausgaben werden vom Bund getragen (§ 45 GAL).

5. Unterabschnitt. Rentenversicherung nach dem Künstlersozialversicherungsgesetz

Literatur: *Brandmüller*, Künstlersozialversicherungsgesetz (KSVG), 1985 ff.; *Bökkel*, Künstlersozialversicherungsgesetz, 1982; *Finke/Müncheberg/Lepszy*, Künstlersozialversicherungsgesetz, 1982; *Kraegeloh*, Künstlersozialversicherungsgesetz (KSVG), 1984; *Schulze*, Kommentar zum Künstlersozialversicherungsgesetz (KSVG), 1983; *Zweng*, Künstlersozialversicherungsgesetz, 1983.

Mit dem Gesetz über die Sozialversicherung der selbständigen Künstler und Publizisten vom 27. Juli 1981, das am 1. Januar 1983 in Kraft getreten ist, wurde eine weitere Gruppe von Selbständigen in die Sozialversicherung einbezogen. Auslösender Faktor hierfür war nicht zuletzt der sog. Künstlerbericht der Bundesregierung vom 13. Januar 1975[1], der deutlich machte, daß zahlreiche Künstler und Publizisten wirtschaftlich und sozial weitgehend ungesichert waren. Es wurden daher eine Reihe von Maßnahmen zur Verbesserung der beruflichen und sozialen Lage der Künstler und Publizisten beschlossen, wie z.B. Maßnahmen im Bereich der Arbeitsvermittlung, des Steuer-, Urheber- und Wettbewerbsrechts, Maßnahmen zur Ertweiterung des Arbeits- und Auftragsmarktes für Künstler sowie Förderungsmöglichkeiten für Künstler. Den Schwerpunkt dieser Maßnahmen bildete jedoch die Schaffung des Künstlersozialversicherungsgesetzes. Nach den Ergebnissen der Erhebung zum Künstlerbericht der Bundesregierung und ähnlichen Untersuchungen für Publizisten hatten sich nämlich auch nach der Öffnung der Rentenversicherung selbständige Künstler und Publizisten merklich schlechter für ihr Alter gesichert als der Durchschnitt aller anderen Erwerbstätigen. Einer der wesentlichen Gründe hierfür war nach diesen Untersuchungen in der häufig fehlenden Bereitschaft zu suchen, Vorsorge zu treffen und

---

[1] BT-Drucks. 7/3071.

die damit verbundene Belastung, vor allem bei geringem Einkommen, auf sich zu nehmen, obwohl der berufliche Lebensweg von Künstlern und Publizisten außergewöhnlich risikoreich ist und die Einkommensverhältnisse überdurchschnittlichen Schwankungen unterliegen.

Die häufig mangelnde Vorsorgebereitschaft auf der einen Seite und das hohe Berufsrisiko auf der anderen Seite veranlaßten den Gesetzgeber, der in der Vergangenheit nur selbständige Musiker, Kunsterzieher und selbständige Artisten in den Kreis der kraft Gesetzes versicherten Personen aufgenommen hatte, alle Künstler und Publizisten der Versicherungspflicht zu unterstellen.

Eine entsprechende Ausweitung der Versicherungspflicht erschien dem Gesetzgeber jedoch nicht ausreichend, um den angestrebten Sozialschutz dieses Personenkreises zu verwirklichen. Da die Inanspruchnahme von künstlerischen Werken und Leistungen für die materielle Existenz nicht zwingend notwendig ist und die Nachfrage nach Kunst daher besonders elastisch ist, hat der überwiegende Teil der Künstler und Publizisten, vor allem diejenigen, die sich noch keinen Namen erringen konnten, eine schwache Stellung am Markt. Diese hindert sie daran, als einzelner einen Teil ihrer Beitragsleistung auf die Abnehmer zu überwälzen. Aus diesem Grunde wurde für die Künstlersozialversicherung eine besondere Art der Finanzierung eingeführt, indem man auch die sog. Vermarkter mit einer Abgabe belastet.[2]

Entsprechend diesen Überlegungen enthält das Künstlersozialversicherungsgesetz im wesentlichen Regelungen über den versicherten Personenkreis einerseits und über die Finanzierung der Künstlersozialversicherung andererseits. Es fehlen dagegen Vorschriften über die Versicherungsfälle und die zu gewährenden Leistungen. Insoweit finden die allgemeinen Regelungen des AVG Anwendung.[3]

§ 28. Personenkreis

Den Schutz der Rentenversicherung nach dem KSVG genießen selbständige Künstler und Publizisten, die gem. § 1 KSVG in der Rentenversicherung der Angestellten versichert werden. Als Künstler bzw. Publizisten im Sinne dieser Regelung ist dabei anzusehen, wer nicht nur vorübergehend selbständig erwerbstätig Musik, darstellende oder bildende Kunst schafft, ausübt oder lehrt oder als Schriftsteller, Journalist oder in anderer Weise publizistisch tätig ist. § 2 Abs. 1 zählt damit einige, aber nicht alle Kriterien des Berufs „Künstler" auf. Wegen der Vielfalt hat der Gesetzgeber bewußt auf eine Legaldefinition des Begriffs Künstler ver-

---

[2] BT-Drucks. 9/26, S. 16.
[3] Vgl. oben § 17.

zichtet.⁴ Zumindest wertvolle Anhaltspunkte für die Auslegung des Begriffs Künstler gibt jedoch der Künstlerbericht der Bundesregierung, in dem als Künstler u.a. angesehen werden im Bereich Musik die Komponisten, Musikbearbeiter, Textdichter, ausübende Musiker, Sänger und Musikerzieher mit Ausnahme der Lehrer an allgemein bildenden Schulen, im Bereich der darstellenden Kunst Ballettänzer, Choreographen, Schauspieler, Unterhaltungskünstler, Artisten und Regisseure, sowie im Bereich der bildenden Kunst Maler und Bildhauer, Designer, Bildjournalisten und Kunsthandwerker. Als Publizisten sind dagegen nach der Gesetzesbegründung alle im Bereich Wort tätigen Autoren, insbesondere also Schriftsteller und Autoren, anzusehen. Hierunter fallen auch die Übersetzer von schön-geistiger, dramatischer und wissenschaftlicher Literatur.⁵

Neben der Zugehörigkeit dieser Personen ist Voraussetzung für die Versicherungspflicht, daß die Tätigkeit nicht nur vorübergehend ausgeübt wird. Damit fallen nur diejenigen Künstler und Publizisten unter das KSVG, die eine auf Dauer angelegte selbständig künstlerische bzw. publizistische Tätigkeit ausüben.⁶

Hinsichtlich der weiteren Frage, wann es sich um eine selbständige Tätigkeit handelt, ist auf die allgemeinen Regeln des Sozialversicherungsrechts zurückzugreifen. Eine selbständige Erwerbstätigkeit ist danach jede gewerbliche oder berufliche Tätigkeit, die als freie, nicht von Weisungen Dritter abhängige Tätigkeit ausgeübt wird, d.h. die nicht im Rahmen eines abhängigen Beschäftigungsverhältnisses erfolgt.⁷

Anhand des Merkmals der „Erwerbstätigkeit" sind schließlich diejenigen Künstler aus dem Anwendungsbereich des KSVG auszugrenzen, bei deren Tätigkeit es sich lediglich um eine Liebhaberei handelt. Voraussetzung für den Versicherungsschutz ist, daß es sich um eine nachhaltige Tätigkeit handelt. Es kommt insoweit darauf an, ob durch die Tätigkeit auf Dauer Einnahmen erzielt werden und diese in einem vernünftigen Verhältnis zu den Ausgaben und dem Bedarf für den Lebensunterhalt stehen.⁸

Der so umschriebene Kreis der Künstler und Publizisten wird durch § 2 Abs. 2 KSVG dahingehend eingeschränkt, daß nicht als Künstler oder Publizist im Sinne des Gesetzes gilt, wer einen künstlerisch oder publizistisch tätigen Arbeitnehmer ständig beschäftigt oder als Handwerker in die Handwerksrolle eingetragen ist, es sei denn, daß er nach dem Handwerkerversicherungsgesetz versicherungsfrei ist.⁹ Damit wird zum

---

⁴ BT-Drucks. 9/26, S. 18.
⁵ BT-Drucks. 7/3071, S. 6.
⁶ BT-Drucks. 9/26, S. 18.
⁷ Vgl. oben § 7.
⁸ Vgl. *Brandmüller*, § 2 Anm. II 5.
⁹ Vgl. oben § 22.

einen berücksichtigt, daß künstlerische und publizistische Leistungen im wesentlichen persönlich erbracht werden und sich daraus das einem Arbeitnehmer vergleichbare Versicherungsbedürfnis herleitet. Deshalb werden diejenigen Personen ausgeschlossen, die ständig qualifizierte Hilfskräfte beschäftigen. Zum anderen trägt die Einschränkung dem Umstand Rechnung, daß die Übergänge in den Grenzbereichen zwischen Kunst und Handwerk fließend sind.[10]

Wie auch in den anderen Zweigen der Sozialversicherung bestehen auch nach dem KSVG Ausnahmen von der Versicherungspflicht. Korrespondierend mit der Voraussetzung der nicht nur vorübergehenden Erwerbstätigkeit ist kraft Gesetzes versicherungsfrei, wer ein Jahreseinkommen erzielt, das ⅙ der nach § 18 SGB IV geltenden Bezugsgröße, bei höherem Einkommen ⅙ des Gesamteinkommens nicht übersteigt (§ 3 Abs. 1 KSVG). Damit entspricht § 3 Abs. 1 KSVG weitgehend § 168 RVO, § 8 SGB IV, die auch außerhalb des KSVG geringfügig Beschäftigte nicht der Versicherungspflicht unterstellen. Im Unterschied zu § 8 SGB IV stellt aber § 3 Abs. 1 KSVG für die Geringfügigkeitsgrenze nicht auf das Monatseinkommen, sondern auf das Jahreseinkommen ab. Damit soll der Besonderheit Rechnung getragen werden, daß Einkommen aus selbständiger, künstlerischer oder publizistischer Tätigkeit außerordentlichen Schwankungen unterliegen können. Von der Versicherungsfreiheit kraft Gesetzes bei geringfügigen Tätigkeiten besteht allerdings eine Ausnahme. Die Versicherungsfreiheit geringfügig Beschäftigter gilt nicht für Berufsanfänger, d.h. sie gilt nicht für die ersten fünf Jahre nach der erstmaligen Aufnahme der künstlerischen bzw. publizistischen Tätigkeit. Diese Regelung soll dem Umstand Rechnung tragen, daß die Aufnahme einer selbständigen Tätigkeit als Künstler oder Publizist regelmäßig mit besonderer Unsicherheit und einem hohen wirtschaftlichen Risiko verbunden ist.[11] Des weiteren wird der Grundsatz, daß Versicherte mit geringfügigem Einkommen versicherungsfrei sind, dadurch eingeschränkt, daß sie trotzdem versichert bleiben, wenn sie wegen eines guten Arbeitseinkommens in zurückliegender Zeit über ein Guthaben bei der Künstlersozialkasse verfügen und dieses Guthaben zusammen mit dem Jahreseinkommen die Geringfügigkeitsgrenze des § 3 Abs. 1 KSVG erreicht (§ 3 Abs. 2 S. 2 KSVG).

Neben den nur geringfügig Verdienenden sind – wie auch in den anderen Zweigen der gesetzlichen Rentenversicherung – eine Reihe von Personen von der Versicherungspflicht befreit, die bereits anderweitig kraft Gesetzes für ihr Alter gesichert sind. Dabei handelt es sich insbesondere um Beamte, Richter und Soldaten sowie um Beschäftigte, die eine Versorgung ähnlich wie ein Beamter zu erwarten haben (§ 4 Nr. 1

---

[10] BT-Drucks. 9/26, S. 18.
[11] *Finke/Müncheberg/Lepszy*, § 6 RdNr. 1.

KSVG i.V.m. der Versicherungsfreiheit gem. § 6 Abs. 1 bis 7 AVG bzw. der Versicherungsbefreiung gem. § 7 Abs. 1, 2, § 8 Abs. 1 bis 3 AVG). Zum anderen sind versicherungsfrei Personen, die aufgrund einer anderweitigen Beschäftigung oder Tätigkeit in die soziale Sicherung einbezogen sind, sofern sie aus dieser Beschäftigung ein Entgelt erzielen, das während des Kalenderjahres voraussichtlich die Hälfte der für dieses Jahr geltenden Beitragsbemessungsgrenze in der Rentenversicherung der Angestellten beträgt (§ 4 Nr. 1 KSVG). Der Nachteil dieser Regelung liegt darin, daß davon auch diejenigen betroffen sind, deren Einnahmen aus der künstlerischen bzw. publizistischen Tätigkeit höher sind als die aus der die Versicherungsfreiheit begründenden, anderen Beschäftigung. Die höheren Einnahmen fallen damit für die Alterssicherung aus.[12]

Schließlich werden durch § 4 Nr. 3 bis 6 KSVG die Bezieher von Altersruhegeld, die Studenten und die Wehr- und Zivildienstleistenden von der Versicherungspflicht ausgenommen.

§ 29. Finanzierung

Den Vorschriften des KSVG über die Finanzierung der Leistungen liegt die Überlegung zugrunde, daß die berufliche Situation von selbständigen Künstlern und Publizisten vielfach der von Arbeitnehmern ähnlich ist. Der Gesetzgeber wollte deshalb an dem Prinzip festhalten, daß die Finanzierung hälftig durch die Versicherten einerseits und die Arbeitgeber andererseits erfolgt. Dieses Prinzip mußte aber zwangsläufig modifiziert werden, da die selbständigen Künstler und Publizisten, anders als die übrigen in der Rentenversicherung der Angestellten pflichtversicherten abhängig Beschäftigten rechtlich nicht in einem echten Arbeitsverhältnis zu den Verwertern ihrer Werke stehen, sondern sich nur infolge der durch ihre berufliche Situation bedingten wirtschaftlichen Abhängigkeit ein arbeitnehmerähnliches Verhältnis herausgebildet hat.[1] Diesen Überlegungen hat man zunächst dadurch Rechnung getragen, daß die versicherten Künstler und Publizisten – wie Arbeitnehmer – die Hälfte des Beitrags zahlen, während zur Finanzierung der zweiten Hälfte im wesentlichen die sog. Vermarkter herangezogen werden, die eine – dem Arbeitgeberanteil vergleichbare – Künstlersozialabgabe zu entrichten haben.

Der Gesetzgeber mußte aber noch auf eine weitere Besonderheit, die sich aus der Tätigkeit von selbständigen Künstlern bzw. Publizisten ergibt, Rücksicht nehmen, nämlich auf die Tatsache, daß ein nicht unbeträchtlicher Teil seine Werke selbst vermarktet, ohne Galerien,

---

[12] *Zweng*, § 4 Anm. II D.
[1] *Finke/Müncheberg/Lepszy*, § 10 RdNr. 1.

Kunsthändler oder ähnliche Unternehmen zwischenzuschalten. In diesem Fall besteht nicht die Möglichkeit, einen Vermarkter zur Zahlung der Künstlersozialabgabe heranzuziehen. Um dies auszugleichen, wird die Rentenversicherung der Künstler und Publizisten zusätzlich durch einen Zuschuß des Bundes finanziert. Entsprechend diesen Überlegungen sieht § 10 KSVG als Grundsatz vor, daß die Mittel für die Versicherung durch Beitragsanteile der Versicherten zur einen Hälfte und durch die Künstlersozialabgabe und einen Zuschuß des Bundes zur anderen Hälfte aufgebracht werden.

Der Beitragsanteil des Versicherten bemißt sich nach dem Arbeitseinkommen aus künstlerischen oder publizistischen Tätigkeiten bis zu der in § 112 Abs. 2 AVG für Jahresbezüge festgesetzten Beitragsbemessungsgrenze. Der Beitragssatz beträgt die Hälfte des in § 12 Abs. 1 AVG festgesetzten Beitragssatzes.

Während die Berechnung des Versichertenbeitrags insoweit noch mit den Regelungen in den anderen Zweigen der gesetzlichen Rentenversicherung zu vergleichen ist, ergeben sich Besonderheiten, wenn das Einkommen aus künstlerischer oder publizistischer Tätigkeit die Beitragsbemessungsgrenze übersteigt. Das übersteigende Arbeitseinkommen des Versicherten wird bis zum zweifachen der in § 112 Abs. 2 AVG für Jahresbezüge festgesetzten Beitragsbemessungsgrenze ebenfalls zu Beitragszahlungen herangezogen (§ 11 Abs. 2 KSVG). Diese zusätzlichen Beitragszahlungen werden dem Versicherten gutgeschrieben. Den gutgeschriebenen Beitragsanteil verwendet die Künstlersozialkasse mit einem gleich hohen Betrag aus dem Aufkommen aus der Künstlersozialabgabe und dem Bundeszuschuß dazu, in den Jahren, in denen das Jahresarbeitseinkommen des Versicherten die Beitragsbemessungsgrenze nicht erreicht, den für den Versicherten zur Rentenversicherung der Angestellten zu entrichtenden Beitrag entsprechend zu erhöhen (§ 14 Abs. 1 und 2 KSVG). Durch diese Bestimmung wird der für künstlerische und publizistische Berufe typischen Besonderheit Rechnung getragen, daß das Arbeitseinkommen über mehrere Jahre hinweg stark schwankt.

Zur Künstlersozialabgabe verpflichtet sind Unternehmen und Institutionen, die darauf ausgerichtet sind, künstlerische oder publizistische Werke oder Leistungen gegen Entgelt in Anspruch zu nehmen, sie zu verwerten und daraus unmittelbare Einnahmen zu erzielen.[2] Dies sind insbesondere Buch-, Presse- und sonstige Verlage, Theater- und Konzertdirektionen, Unternehmen, die sich mit der Herstellung von bespielten Bild- und Tonträgern befassen sowie Galerien. Außerdem sind Rundfunkanstalten und Unternehmer und juristische Personen des öf-

---

[2] BT-Drucks. 9/26, S. 19.

fentlichen Rechts, die Theater, Orchester, Musikschulen oder Museen betreiben zur Künstlersozialabgabe verpflichtet (§ 24 KSVG).

Bemessungsgrundlage für die Künstlersozialabgabe sind die Entgelte für künstlerische oder publizistische Werke oder Leistungen, die die vorstehend genannten Unternehmen im Laufe eines Kalenderjahres an Künstler und Publizisten zahlen, sowie die Entgelte, die für Rechnung des Künstlers oder Publizisten an Dritte gezahlt werden, sofern dieser Dritte nicht seinerseits zur Künstlersozialabgabe verpflichtet ist. Entgelt im Sinne dieser Regelung ist grundsätzlich alles, was der zur Künstlersozialabgabe verpflichtete aufwendet, um das Werk oder die Leistung zu erhalten oder zu nutzen (§ 25 KSVG).

Der Vomhundertsatz der Künstlersozialabgabe wird getrennt nach den Bereichen Wort, bildende Kunst, Musik und darstellende Kunst so festgesetzt, daß das Aufkommen aus der Künstlersozialabgabe zusammen mit den Beitragsanteilen der Versicherten und dem Bundeszuschuß ausreicht, um den Bedarf der Künstlersozialkasse in dem jeweiligen Kalenderjahr zu decken. Der genaue Beitragssatz wird ebenfalls durch Rechtsverordnung festgesetzt. Er betrug in den vergangenen Jahren jeweils 5% (§ 1 Künstlersozialabgabe-VO 1985).[3]

Der dritte Faktor für die Finanzierung der Rentenversicherung nach dem KSVG ist schließlich der Zuschuß des Bundes. Diese ist für das Jahr 1983 auf 80 Mio. DM festgesetzt worden und verändert sich jährlich entsprechend dem Bundeszuschuß nach § 116 Abs. 2 S. 2 AVG. Der Zuschuß wird gemindert, soweit er für ein Kalenderjahr 17% der Ausgaben der Künstlersozialkassen übersteigt (§ 34 KSVG). Der Zuschuß dient wie ausgeführt dazu, einen Ausgleich dafür herbeizuführen, daß zahlreiche Künstler und Publizisten ihr Arbeitseinkommen gar nicht von Vermarktern, sondern unmittelbar durch Geschäfte mit Endabnehmern, z.B. von Privatkunden, erzielen, so daß keine Künstlersozialabgabe zu entrichten ist. Der Bundeszuschuß beträgt bis zu 17% der Gesamtausgaben der Künstlerkasse, weil der Anteil der Selbstvermarktung am versicherungspflichtigen Einkommen auf etwa $\frac{1}{3}$ geschätzt wird, so daß der Bund $\frac{1}{3}$ der anderen Beitragshälfte, also $\frac{1}{6}$ der Gesamtausgaben der Künstlersozialkassen (rund 17%) zu tragen hat.[4]

Zur Durchführung der Sozialversicherung der selbständigen Künstler und Publizisten ist die bereits mehrfach angesprochene Künstlersozialkasse errichtet worden. Es handelt sich dabei um eine rechtsfähige bundesunmittelbare Anstalt des öffentlichen Rechts mit Sitz in Wilhelmshaven (§ 37 KSVG).

---

[3] BT-Drucks. 9/26, S. 16.
[4] vom 26.9.1984, BGBl. I S. 1255.
[5] BT-Drucks. 9/429, S. 35.

Dritter Teil. Arbeitsförderung

Literatur: *Eckert/Hess u.a.*, Gemeinschaftskommentar zum Arbeitsförderungsgesetz; *Gagel/Jülicher*, Arbeitsförderungsgesetz, §§ 1–62, 1979; *Gebhardt*, Arbeitsförderungsgesetz, 1. Aufl. 1976; *Gebhardt*, Neue Förderungsmöglichkeiten der Arbeitsämter bei Personaleinstellung und Betriebserweiterung, 1977; *Geffers/Schwarz*, Arbeitsförderungsgesetz, 1976 ff.; *Hennig/Kühl/Heuer*, Arbeitsförderungsgesetz; *Herbst-Weber*, Arbeitsförderungsgesetz mit Erläuterungen, 4. Aufl., 1976; *Hoppe*, Fünftes AFG-Änderungsgesetz in Kraft getreten, AuB 1979, 225 und 261; *Hoppe*, AFG-Novelle mit wichtigen Änderungen, Sozialer Fortschritt 1979, 246; *Hoppe/Berlinger*, Förderung der beruflichen Bildung 1976 ff.; *Krebs*, Arbeitsförderungsgesetz mit Erläuterungen, 3. Aufl. 1978 (zitiert: Krebs, AFG); *Krebs*, Arbeitsförderungsgesetz, Kommentar (zitiert: Krebs, Arbeitsförderungsgesetz); *Menke*, Die Rechtsansprüche auf Bildungsförderung nach dem Bundesausbildungsförderungsgesetz und dem Arbeitsförderungsgesetz, 1975; *Schiekel*, Arbeitsförderungsgesetz; *Siegers*, Arbeitsförderung, 1978; *Siegers*, Das 5. Änderungsgesetz zum Arbeitsförderungsgesetz, BlStSozArbR 1979, 289; *Schmitz/Specke/Picard u.a.*, Arbeitsförderungsgesetz, 2. Aufl.; *Schönefelder/Kranz/Wanka*, Arbeitsförderungsgesetz, 1972 ff.; *Weber*, Arbeitsförderungsgesetz, 1979; *Zeuner*, Schutz des Arbeitnehmers im Konkurs des Arbeitgebers, JZ 1976, 1.

Das Recht der Arbeitsförderung ist im wesentlichen enthalten im Arbeitsförderungsgesetz (AFG), das seit dem 1. Juli 1969 an die Stelle des Gesetzes über Arbeitslosenvermittlung und Arbeitslosenversicherung vom 16. Juli 1927 (AVAVG) getreten ist. Neben dem AFG sind für das Recht der Arbeitsförderung eine Vielzahl von Rechtsverordnungen von Bedeutung, denn zahlreiche Bestimmungen des AFG, wie z.B. die §§ 3 Abs. 5, 24 Abs. 3, 42 Abs. 4, 44 Abs. 2c, 68 Abs. 4, 80 Abs. 2, 111 Abs. 2 und 136 Abs. 3, sehen vor, daß nähere Einzelheiten durch Rechtsverordnungen geregelt werden. Diese Rechtsverordnungen betreffen sowohl die Voraussetzungen als auch den Umfang der Leistungen nach dem AFG. Schließlich sind bei der Anwendung des AFG auch die vom Verwaltungsrat der Bundesanstalt für Arbeit erlassenen Anordnungen zu beachten (vgl. § 191 Abs. 3 und 4 AFG). Sie sind insbesondere dann von Bedeutung, wenn das AFG die Gewährung von Leistungen in das Ermessen der Bundesanstalt für Arbeit stellt. Die Anordnungen legen in diesen Fällen fest, unter welchen Voraussetzungen die Leistungen gewährt werden.[1] Dabei handelt es sich nicht um interne Weisungen, sondern die Anordnungen enthalten als autonome Satzungen der Bundesanstalt für Arbeit für die Betroffenen unmittelbar geltendes Recht und sind auch von den Gerichten zu beachten.[2]

---

[1] Anordnungen der Bundesanstalt für Arbeit sind insbesondere zu folgenden Bestimmungen des AFG erlassen worden: §§ 21 Abs. 2, 23 Abs. 3, 39, 53 Abs. 3, 55 Abs. 2, 58 Abs. 2, 72 Abs. 5, 99, 116 Abs. 3, 122, 132 Abs. 2.

[2] Krebs, AFG, S. 16; BSGE 35, 164, 166.

Alle Maßnahmen nach dem AFG sind darauf ausgerichtet, einen hohen Beschäftigungsstand zu erzielen und aufrechtzuerhalten sowie die Beschäftigungsstruktur zu verbessern und damit das Wachstum der Wirtschaft zu fördern (§ 1 AFG). Insbesondere sollen sie dazu beitragen, weder Arbeitslosigkeit noch einen Mangel an Arbeitskräften eintreten oder fortdauern zu lassen, die berufliche Beweglichkeit der Erwerbstätigen zu sichern und zu verbessern, die Folgen von wirtschaftlichen Strukturveränderungen zu vermeiden oder auszugleichen, Frauen und älteren Arbeitnehmern die berufliche Eingliederung zu erleichtern und die Struktur der Beschäftigung nach Gebieten und Wirtschaftszweigen zu verbessern (§ 2 AFG).

Um diese Ziele zu erreichen, sind der Bundesanstalt für Arbeit eine Vielzahl von Aufgaben übertragen worden (vgl. § 3 AFG, § 19 Abs. 1 SGB I). Hierzu gehören insbesondere die Berufsberatung und die Arbeitsvermittlung (§§ 25 ff., 13 ff. AFG), die Förderung der beruflichen Bildung (§§ 40 ff. AFG), die Gewährung von Leistungen zur Erhaltung und Schaffung von Arbeitsplätzen, wie z.B. Kurzarbeiter- und Schlechtwettergeld (§§ 63 ff., 74 ff. AFG), sowie die Gewährung von Arbeitslosengeld und Konkursausfallgeld (§§ 100 ff., 141 a ff. AFG). Darüber hinaus gewährt die Bundesanstalt für Arbeit im Auftrag des Bundes Arbeitslosenhilfe (§§ 134 ff. AFG).

Im Gegensatz zur Kranken-, Unfall- und Rentenversicherung setzt die Inanspruchnahme der Leistungen nach dem AFG nicht in jedem Fall das Bestehen eines Sozialversicherungsverhältnisses voraus. Einige der genannten Leistungen, wie z.B. die Berufsberatung, die Arbeitsvermittlung, die beruflichen Ausbildungsmaßnahmen und die Arbeitslosenhilfe können vielmehr auch von Personen in Anspruch genommen werden, die bisher keine Beiträge nach dem AFG entrichtet haben. Die Leistungsgewährung erfolgt in diesen Fällen aus sozialpolitischen Gründen unabhängig vom Bestehen eines Sozialversicherungsverhältnisses.

Die Mehrzahl der Leistungen nach dem AFG setzt jedoch voraus, daß ein Sozialversicherungsverhältnis besteht bzw. bestanden hat. Darüber hinaus ist in der Regel auch der Eintritt eines entsprechenden Versicherungsfalles Voraussetzung für die Inanspruchnahme der Leistungen. Das Recht der Arbeitsförderung ist insoweit der Sozialversicherung im weiteren Sinne zuzurechnen.[3]

Ansprüche auf Leistungen, die dem Versicherungsprinzip unterliegen, haben ca. 21 Millionen Arbeitnehmer. Die Aufwendungen für Leistungen nach dem AFG betrugen 1983 ca. 39,6 Milliarden DM oder 2,37% des Bruttosozialproduktes. Den größten Anteil hieran hatten folgende Bereiche:

---

[3] Zur Frage, welche Leistungen nach dem AFG als Versicherungsleistungen anzusehen sind, vgl. Rüfner, S. 143; Wannagat, S. 13.

Förderung der beruflichen Bildung	3,6 Milliarden DM
Leistungen zur Rehabilitation	1,9 Milliarden DM
Produktive Winterbauförderung	1,6 Milliarden DM
Maßnahmen zur Arbeitsbeschaffung	1,2 Milliarden DM
Leistungen an Arbeitslose	18,5 Milliarden DM.

Überdurchschnittlich stark angestiegen sind in den vergangenen Jahren die Ausgaben für Maßnahmen zur Arbeitsbeschaffung (1974: 19 Mio. DM, 1977: 471 Mio. DM, 1983: 1185 Mio.DM), für Leistungen zur beruflichen Rehabilitation (1974: 355 Mio. DM, 1980: 1072 Mio. DM, 1983: 1867 Mio. DM) und für das Kurzarbeitergeld (1977: 594 Mio. DM, 1983: 3635 Mio. DM).

Diese Steigerungen sind teilweise auf die gesamtwirtschaftliche Entwicklung, teilweise aber auch auf Änderungen des Leistungsrechts zurückzuführen.[4]

§ 30. Personenkreis

Im Gegensatz zum Kranken-, Unfall- und Rentenversicherungsrecht als dem Sozialversicherungsrecht im engeren Sinne werden im Arbeitsförderungsrecht nicht die Bezeichnungen Pflichtversicherte und Versicherungsfreiheit verwendet, sondern das AFG spricht statt dessen von Beitragspflichtigen bzw. von Beitragsfreiheit. Hierdurch wird der Tatsache Rechnung getragen, daß der Kreis der Anspruchsberechtigten bei jenen Leistungen, die kein Sozialversicherungsverhältnis voraussetzen, größer ist als der Kreis der Beitragspflichtigen.[1]

Auch die Bezeichnung „Beitragspflichtige" ist allerdings insofern irreführend, als keineswegs alle „Beitragspflichtigen" tatsächlich selbst Beiträge nach dem AFG zu entrichten haben. „Beitragspflichtige" im Sinne des AFG sind vielmehr auch solche Personen, deren Beiträge ausschließlich von ihrem Arbeitgeber oder von einem Dritten, wie z.B. einem Rehabilitationsträger, dem Bund oder einem Land, zu tragen sind. Die Bezeichnung einer Person als „beitragspflichtig" bedeutet daher nur, daß sie pflichtversichert ist, es wird jedoch keine Aussage darüber getroffen, wer tatsächlich zur Zahlung von Beiträgen verpflichtet ist.[2]

Das Versicherungsverhältnis der nach dem AFG Beitragspflichtigen wird ausschließlich kraft Gesetzes begründet. Die Möglichkeit einer Pflichtversicherung kraft Antrags oder Satzung besteht ebensowenig wie die Möglichkeit einer freiwilligen Versicherung. Dies gilt entsprechend

---

[4] Vgl. zu den statistischen Angaben BR-Drucks. 407/80 (Sozialbericht) S. 93, 108 ff.;BR-Drucks. 565/83 S. 76, 87 ff.; BArbl 1985, Heft 4, S. 6 ff., S. 133 ff.
[1] Vgl. Schulin, S. 169.
[2] Zur Beitragspflicht vgl. unten § 30.

auch für die Beitragsfreiheit, die ebenfalls nur kraft Gesetzes, nicht aber kraft Antrags eintreten kann.

I. Beitragspflichtige (Pflichtversicherte)

Der Kreis der nach dem AFG Beitragspflichtigen stimmt weitgehend mit dem der in der gesetzlichen Krankenversicherung pflichtversicherten Personen überein. Er umfaßt jedoch im Gegensatz zur Krankenversicherung und den anderen Zweigen der Sozialversicherung ausschließlich abhängig Beschäftigte und keine selbständig Tätigen, da die Arbeitslosenversicherung aufgrund ihrer historischen Entwicklung nur die Aufgabe hat, abhängig Beschäftigte vor den Folgen fehlender Erwerbsmöglichkeit zu schützen.[3] Beitragspflichtig nach dem AFG sind zunächst Personen, die als Arbeiter oder Angestellte gegen Entgelt oder zu ihrer Berufsausbildung beschäftigt sind (§ 168 Abs. 1 S. 1 AFG). Als entgeltlich beschäftigte Arbeitnehmer gelten auch Personen, die wegen Beendigung des Arbeitsverhältnisses eine Urlaubsabgeltung erhalten oder zu beanspruchen haben; insoweit gilt das bisherige Beschäftigungsverhältnis für die Zeit des abgegoltenen Urlaubs als fortbestehend (§ 168 Abs. 1 S. 2 AFG). Ob eine Person als Arbeiter oder Angestellter beschäftigt ist, hat dabei für die Beitragspflicht keinerlei Bedeutung, da Angestellte nach dem AFG auch dann beitragspflichtig sind, wenn sie die Beitragspflichtgrenze in der gesetzlichen Krankenversicherung[4] überschritten haben. Die Beitragspflicht nach dem AFG geht insoweit über die der gesetzlichen Krankenversicherung hinaus.

Den Arbeitnehmern, zu denen gemäß § 168 Abs. 4 AFG auch die Heimarbeiter zu zählen sind, und den zu ihrer Berufsausbildung Beschäftigten gleichgestellt sind jugendliche Behinderte, die in Einrichtungen für Behinderte an berufsfördernden Maßnahmen teilnehmen und Jugendliche, die in Einrichtungen der Jugendhilfe durch Beschäftigung für eine Erwerbstätigkeit befähigt werden sollen (§ 168 Abs. 1 AFG). Personen, die aufgrund der Wehrpflicht Wehrdienst oder zivilen Ersatzdienst leisten, sind ebenfalls beitragspflichtig, sofern sie zuvor in einem beitragspflichtigen Beschäftigungsverhältnis gestanden haben oder arbeitslos waren (§ 168 Abs. 2 AFG). Schließlich sind nach dem AFG auch Gefangene beitragspflichtig (§ 168 Abs. 3a AFG).

Außer nach dem AFG besteht ein Versicherungsschutz für Gefangene bisher nur im Unfallversicherungsrecht (§ 540 RVO). Entsprechende Regelungen sind für die Kranken- und Rentenversicherung zwar ebenfalls vorgesehen, bisher aber nicht in Kraft getreten (vgl. §§ 165c, 1227 Abs. 3 RVO).

---

[3] Bley, S. 82.
[4] Vgl. oben § 7 I.

II. Beitragsfreiheit (Versicherungsfreiheit)

Beitragsfrei sind zunächst jene Personen, die in der gesetzlichen Krankenversicherung wegen der Geringfügigkeit ihrer Beschäftigung oder wegen der Gewährleistung einer anderweitigen Versorgung versicherungsfrei sind (§ 169 Nr. 1 AFG, §§ 168f., 172 RVO). Darüber hinaus sind u. a. Personen beitragsfrei, die das 63. Lebensjahr vollendet haben, denen ein Anspruch auf Erwerbsunfähigkeitsrente zuerkannt ist, die wegen einer Minderung ihrer Leistungsfähigkeit nicht der Arbeitsvermittlung zur Verfügung stehen, sowie Arbeitnehmer, die nur eine kurzzeitige oder unständige Beschäftigung ausüben. Unter bestimmten, einschränkenden Voraussetzungen sind schließlich auch Ausländer beitragsfrei, sofern sie eine Beschäftigung ausüben, die ihrer beruflichen Aus- oder Fortbildung dient (vgl. § 169 Nr. 2ff. AFG).

§ 31. Leistungen und Leistungsvoraussetzungen

Die folgende Darstellung der einzelnen Leistungen nach dem AFG und ihrer Voraussetzungen ist nicht gegliedert nach Leistungen, die aus sozialpolitischen Gründen an jedermann erbracht werden, und Leistungen, die voraussetzen, daß ein Sozialversicherungsverhältnis besteht oder bestanden hat, sondern sie orientiert sich vielmehr am Aufbau des AFG. Soweit die Inanspruchnahme einer Leistung ein Sozialversicherungsverhältnis voraussetzt oder zusätzlich noch vom Eintritt eines Versicherungsfalles abhängig ist, es sich also um eine Leistung der Sozialversicherung im weiteren Sinne handelt, wird hierauf jeweils gesondert hingewiesen.

I. Arbeitsvermittlung und Berufsberatung einschließlich der Vermittlung beruflicher Ausbildungsstellen

Zu den Leistungen nach dem AFG gehören zunächst die Arbeitsvermittlung, die Berufsberatung und die Vermittlung beruflicher Ausbildungsstellen (§§ 13ff. AFG). Diese Tätigkeiten dürfen von wenigen Ausnahmen abgesehen (vgl. §§ 18 Abs. 1 S. 2 und 23 Abs. 1 AFG) nur von der Bundesanstalt für Arbeit ausgeübt werden. Es besteht insoweit ein öffentlich-rechtliches Monopol der Bundesanstalt für Arbeit, das als verfassungsmäßig anzusehen ist, da es dem Schutz besonders wichtiger Gemeinschaftsgüter, der Bekämpfung von Arbeitslosigkeit und der Behebung des Mangels an Arbeitskräften, dient und zur Gefahrenabwehr unentbehrlich ist.[1] Die Arbeitsvermittlung, die Berufsberatung und die

---

[1] BVerfGE 21, 271, 272.

§ 31. Leistungen und Leistungsvoraussetzungen 181

Vermittlung beruflicher Ausbildungsstellen setzen nicht voraus, daß ein Sozialversicherungsverhältnis besteht bzw. bestanden hat, sondern können unabhängig hiervon von jedermann in Anspruch genommen werden.

1. Arbeitsvermittlung

Unter Arbeitsvermittlung im Sinne des AFG ist eine Tätigkeit zu verstehen, die darauf gerichtet ist, Arbeitsuchende mit Arbeitgebern zur Begründung von Arbeitsverhältnissen oder mit Auftraggebern oder Zwischenmeistern zur Begründung von Heimarbeitsverhältnissen zusammenzuführen (§ 13 Abs. 1 AFG). Ziel der Arbeitsvermittlung ist es, Arbeitssuchenden Arbeit und Arbeitgebern die erforderlichen Arbeitskräfte zu verschaffen.

Die Bundesanstalt für Arbeit hat dabei u. a. die besonderen Verhältnisse der freien Arbeitsplätze sowie die Eignung und die persönlichen Verhältnisse der Arbeitsuchenden zu berücksichtigen. Um eine sachgerechte Vermittlung unter Berücksichtigung dieser Kriterien durchführen zu können, ist die Bundesanstalt für Arbeit berechtigt, Arbeitsuchende soweit erforderlich mit deren Einverständnis ärztlich untersuchen und begutachten zu lassen (§ 14 AFG).

Eng mit der Arbeitsvermittlung zusammen hängt die ebenfalls der Bundesanstalt für Arbeit obliegende Arbeitsberatung. Sie hat die Aufgabe, Arbeitnehmer und Arbeitgeber unabhängig von einer konkreten Arbeitsvermittlung über die Lage auf dem Arbeitsmarkt, die Notwendigkeit und die Möglichkeiten der beruflichen Bildung und deren Förderung zu unterrichten und in Fragen der Wahl oder der Besetzung von Arbeitsplätzen zu beraten (§ 15 Abs. 1 AFG). Die Arbeitsberatung findet grundsätzlich nur auf Verlangen des Arbeitnehmers oder des Arbeitgebers statt. Arbeitnehmer, die arbeitslos gemeldet sind, lädt die Bundesanstalt für Arbeit allerdings von sich aus in Abständen von nicht mehr als drei Monaten zu einer Arbeitsberatung ein.

Sowohl die Arbeitsvermittlung als auch die Arbeitsberatung sind von der Bundesanstalt für Arbeit unparteiisch auszuüben. Dies hat u.a. zur Folge, daß Arbeitsuchende bzw. Ratsuchende nicht nach ihrer Zugehörigkeit zu einer Partei, Gewerkschaft oder Religionsgemeinschaft gefragt werden dürfen. Eine Ausnahme besteht nur dann, wenn die Eigenart des Betriebes oder der Beschäftigung dies erfordert (vgl. § 20 AFG). Die Inanspruchnahme der Arbeitsvermittlung und der Arbeitsberatung ist grundsätzlich unentgeltlich. Dies gilt für Arbeitnehmer uneingeschränkt. Von Arbeitgebern kann dagegen eine Gebühr erhoben werden, wenn entweder durch die Vermittlung überdurchschnittlich hohe Aufwendungen entstehen oder wenn ausländische Arbeitnehmer vermittelt werden sollen (vgl. § 21 AFG).

2. Berufsberatung einschließlich der Vermittlung beruflicher Ausbildungsstellen

Die Berufsberatung im Sinne des AFG umfaßt die Erteilung von Rat und Auskunft in Fragen der Berufswahl einschließlich eines Berufswechsels. Jugendliche und Erwachsene sollen vor dem Eintritt in das Berufsleben und während ihres Berufslebens in allen Fragen der Berufswahl und des beruflichen Fortkommens beraten werden. Die Lage und Entwicklung des Arbeitsmarktes und der einzelnen Berufe sind dabei ebenso zu berücksichtigen wie die körperlichen, geistigen und charakterlichen Eigenschaften sowie die Neigungen und die persönlichen Verhältnisse des Ratsuchenden (§§ 25 bis 27 AFG).

Die Berufsberatung wird ergänzt durch die Vermittlung geeigneter beruflicher Ausbildungsstellen (§ 29 AFG). Hierunter sind nicht nur Lehrstellen zu verstehen, sondern auch Anlern-, Praktikanten- und Volontärstellen.[2]

Für die Berufsberatung und die Vermittlung von Ausbildungsstellen gelten im übrigen dieselben Grundsätze wie für die Arbeitsvermittlung und die Arbeitsberatung, d.h. sie erfolgen unparteiisch und unentgeltlich (§ 30 AFG).

II. Förderung der beruflichen Bildung

Die Maßnahmen zur Förderung der beruflichen Bildung (§§ 33 bis 52 AFG) sollen einerseits die berufliche Mobilität der Arbeitskräfte erhöhen und ihren beruflichen Aufstieg erleichtern, andererseits sollen sie aber auch die für ein ausreichendes Wachstum der Wirtschaft notwendigen strukturellen Anpassungsprozesse fördern.[3] Zu diesem Zweck werden sowohl individuelle Förderungsmaßnahmen gewährt, als auch Maßnahmen der institutionellen Förderung.

Gefördert werden die berufliche Ausbildung, die berufliche Fortbildung und die berufliche Umschulung, und zwar unabhängig davon, ob die berufliche Bildungsmaßnahme in Form von ganztägigem Unterricht, berufsbegleitendem Unterricht oder Fernunterricht durchgeführt werden soll. Voraussetzung ist insoweit lediglich, daß die Maßnahme eine erfolgreiche berufliche Bildung erwarten läßt (§§ 33 f. AFG).[4]

Alle Maßnahmen der individuellen Förderung der beruflichen Bildung setzen in persönlicher Hinsicht voraus, daß der Antragsteller beabsichtigt, eine beitragspflichtige Beschäftigung im Geltungsbereich des AFG aufzunehmen oder fortzusetzen und daß er für die angestrebte berufliche Tätigkeit geeignet ist und voraussichtlich mit Erfolg an der Förderungsmaßnahme teilnehmen wird (§ 36 Nr. 1 und 2 AFG).

---

[2] Krebs, AFG, S. 27.
[3] Hennig/Kühl/Heuer, Vorbem. vor § 34.
[4] BSG E 40, 1; 43, 134.

Die Inanspruchnahme von Maßnahmen der beruflichen Bildung ist also nicht davon abhängig, daß bereits ein Sozialversicherungsverhältnis besteht oder bestanden hat. Es reicht vielmehr aus, daß der Antragsteller beabsichtigt, nach Abschluß der Maßnahme eine beitragspflichtige Beschäftigung aufzunehmen. Gefördert werden daher z. B. auch Personen, die bisher als Selbständige oder als Beamte tätig waren und nun ein beitragspflichtiges Beschäftigungsverhältnis begründen wollen; nicht gefördert werden dagegen Arbeitnehmer, die in Zukunft als Selbständige oder Beamte tätig werden wollen.

Neben der Absicht, eine beitragspflichtige Beschäftigung aufzunehmen oder fortzusetzen, ist die Eignung des Antragstellers eine weitere persönliche Voraussetzung für die Inanspruchnahme von beruflichen Bildungsmaßnahmen. Eine entsprechende Eignung ist zu bejahen, wenn für den Antragsteller nach seiner körperlichen und geistigen Verfassung sowie aufgrund seines bisherigen persönlichen und beruflichen Werdeganges die Erwartung gerechtfertigt ist, daß er den Beruf, den er mit Hilfe der Bildungsmaßnahme anstrebt, auch auszuüben in der Lage sein wird.[5]

Neben der Erfüllung dieser persönlichen Voraussetzungen ist für die Inanspruchnahme von Leistungen der beruflichen Bildungsförderung weiterhin erforderlich, daß die Maßnahme auch zweckmäßig ist, wobei insbesondere die Lage und Entwicklung des Arbeitsmarktes zu berücksichtigen ist (§ 36 Nr. 3 AFG). So wird die Teilnahme an beruflichen Fortbildungs- oder Umschulungsmaßnahmen nicht gefördert, wenn der Antragsteller in dem von ihm angestrebten Beruf voraussichtlich in angemessener Zeit keinen Arbeitsplatz finden wird. Berufliche Umschulungsmaßnahmen aus Berufen, in denen Arbeitskräftemangel besteht, werden nur gefördert, wenn schwerwiegende persönliche Gründe dies erfordern.[6]

1. Förderung der Berufsausbildung

Die Maßnahmen zur individuellen Förderung der beruflichen Bildung umfassen zunächst Maßnahmen zur Förderung der beruflichen Ausbildung. Zu diesem Zweck gewährt die Bundesanstalt für Arbeit Auszubildenden Berufsausbildungsbeihilfen in Form von Zuschüssen oder Darlehen für eine berufliche Ausbildung in Betrieben oder überbetrieblichen Ausbildungsstätten sowie für die Teilnahme an Grundausbildungs- und Förderungslehrgängen und anderen berufsvorbereitenden Maßnahmen (§ 40 AFG). Gefördert wird nach den Vorschriften über die Berufsausbildungsförderung grundsätzlich die erste Berufsausbildung. Bildungsmaßnahmen nach einer abgeschlossenen Berufsausbildung können nur

---

[5] BSG E 39, 291.
[6] Vgl. BSG E 41, 1 ff.

als berufliche Fortbildungs- oder Umschulungsmaßnahmen gefördert werden.[7]

Voraussetzung für die Förderung von beruflichen Ausbildungsmaßnahmen ist grundsätzlich, daß dem Auszubildenden die hierfür erforderlichen Mittel nicht anderweitig zur Verfügung stehen. Eine Anrechnung eigenen Einkommens unterbleibt nur dann, wenn der Antragsteller arbeitslos ist und mindestens ein Jahr lang eine die Beitragspflicht begründende Beschäftigung ausgeübt hat (§ 40 a AFG).

2. Förderung der beruflichen Fortbildung

Maßnahmen zur Förderung der beruflichen Fortbildung setzen im Gegensatz zu beruflichen Ausbildungsmaßnahmen voraus, daß der zu Fördernde bereits über eine abgeschlossene Berufsausbildung oder eine entsprechende berufliche Erfahrung verfügt. Sofern ein Antragsteller eine abgeschlossene Berufsausbildung vorweisen kann und mindestens drei Jahre beruflich tätig war oder ein Antragsteller ohne eine abgeschlossene Berufsausbildung mindestens sechs Jahre beruflich tätig war, fördert die Bundesanstalt für Arbeit die Teilnahme an Maßnahmen, die das Ziel haben, berufliche Kenntnisse und Fertigkeiten festzustellen, zu erhalten, zu erweitern oder der technischen Entwicklung anzupassen oder einen beruflichen Aufstieg zu ermöglichen (§§ 41 ff. AFG). Dabei muß es sich um Maßnahmen handeln, die an bisher erworbene Kenntnisse und Fähigkeiten anknüpfen und diese weiter qualifizieren.[8]

Nicht erforderlich ist, daß es sich bei der bisherigen beruflichen Tätigkeit des Antragstellers um eine beitragspflichtige Beschäftigung gehandelt hat. Gefördert werden vielmehr auch ehemalige Beamte und Selbständige.[9]

Zur Förderung der beruflichen Fortbildung kann auch die Gewährung von Unterhaltsgeld bei Fortbildungsmaßnahmen mit ganztägigem Unterricht sowie die Übernahme der unmittelbar[10] entstehenden, notwendigen Sachkosten – Lehrgangskosten, Fahrtkosten, Kosten für Arbeitskleidung etc. – gehören (§§ 44 f. AFG). Voraussetzung hierfür ist grundsätzlich, daß der Antragsteller entweder zuvor für eine bestimmte Zeit eine die Beitragspflicht begründende Tätigkeit ausgeübt hat oder er sich verpflichtet, nach Abschluß der Fortbildungsmaßnahme mindestens drei Jahre lang eine solche Beschäftigung auszuüben (§ 46 AFG).

Die Höhe des Unterhaltsgeldes ist davon abhängig, ob die Teilnahme an der Fortbildungsmaßnahme auf einem besonderen arbeitsmarktpolitischen Interesse beruht oder ob sie zwar zweckmäßig, aber nicht notwen-

---

[7] Zur Abgrenzung der Maßnahmen vgl. BSG E 38, 174, 175; 44, 173, 175 f.
[8] BSG E 43, 124; 44, 173, 176.
[9] Hennig/Kühl/Heuer § 42 Anm. 2.
[10] Vgl. BSG E 38, 109, 116.

dig ist. Sofern die berufliche Fortbildungsmaßnahme notwendig ist, damit ein Antragsteller, der arbeitslos ist, beruflich eingegliedert oder eine drohende Arbeitslosigkeit verhindert wird oder ein Antragsteller, der keinen beruflichen Abschluß hat, eine berufliche Qualifikation erwerben kann, beträgt das Unterhaltsgeld 65% des um die gesetzlichen Abzüge verminderten gewöhnlich anfallenden Arbeitsentgelts bzw. 73% bei einem Teilnehmer, der mindestens ein Kind hat, oder dessen Ehegatte aufgrund von Pflegebedürftigkeit keine Erwerbstätigkeit ausführen kann.[11] Sind diese Voraussetzungen nicht erfüllt, und kann von dem Antragsteller die Teilnahme an einer gleichwertigen Bildungsmaßnahme mit berufsbegleitendem Unterricht nicht erwartet werden, so kann ein Unterhaltsgeld in Höhe von 58% des entsprechend verminderten Arbeitsentgelts als Darlehen gewährt werden. Sonderregelungen gelten schließlich seit dem 1. 1. 1986 für Teilnehmer, die unmittelbar vor Eintritt in die Bildungsmaßnahme Arbeitslosengeld oder Arbeitslosenhilfe bezogen haben sowie Teilnehmer, die im Bemessungszeitraum zur Berufsausbildung beschäftigt waren (vgl. § 44 AFG).

3. Förderung von Umschulungsmaßnahmen

Als dritte Form von Maßnahmen zur individuellen Förderung der beruflichen Bildung werden von der Bundesanstalt für Arbeit berufliche Umschulungsmaßnahmen gefördert. Hierbei muß es sich um Maßnahmen handeln, die das Ziel verfolgen, den Übergang in eine andere geeignete berufliche Tätigkeit zu ermöglichen, insbesondere um die berufliche Beweglichkeit zu sichern oder zu verbessern. Umschulungsmaßnahmen müssen also nicht an die bisherige berufliche Tätigkeit anknüpfen, sondern es handelt sich vielmehr um das Erlernen einer Tätigkeit mit neuem Inhalt.[12] Die berufliche Umschulung kann dabei gleichzeitig auch einen beruflichen Aufstieg zum Ziel haben.[13]

Die persönlichen Voraussetzungen für die Teilnahme an einer beruflichen Umschulungsmaßnahme stimmen mit denen für die Förderung beruflicher Fortbildungsmaßnahmen überein, d.h. gefördert werden Personen, die über eine abgeschlossene Berufsausbildung oder eine entsprechende Berufserfahrung verfügen und die entweder eine beitragspflichtige Beschäftigung aufnehmen oder eine solche fortsetzen wollen (§§ 47 Abs. 1, 42, 46 AFG). Zulässig ist auch die Umschulung noch in einem Beschäftigungsverhältnis stehender Arbeitnehmer, sofern hierdurch eine drohende Arbeitslosigkeit vermieden werden kann (§ 47 Abs. 3 AFG). Für die Gewährung von Unterhaltsgeld und die Übernah-

---

[11] Zum Begriff der Notwendigkeit im Sinne des § 44 Abs. 2 AFG vgl. BSG SozR 4100 § 44 AFG Nr. 21.
[12] BSG E 38, 104.
[13] BSG E 37, 223; SozR 4100 § 47 AFG Nr. 2.

me der notwendigen Sachkosten gilt das für berufliche Fortbildungsmaßnahmen Gesagte entsprechend (§§ 47 Abs. 1, 44 ff. AFG).

Ergänzend kann die Bundesanstalt für Arbeit Arbeitgebern Zuschüsse gewähren, wenn diese Arbeitnehmer beschäftigen, die ihre volle Leistung am Arbeitsplatz erst nach einer Einarbeitungszeit erreichen können. Dieser sog. Einarbeitungszuschuß kann bis zu 70% des tariflichen bzw. ortsüblichen Arbeitsentgelts betragen und wird gewährt, bis der Umschüler eine vollwertige Arbeitskraft darstellt, längstens jedoch für die Dauer eines Jahres (§ 49 AFG).

4. Institutionelle Förderung der beruflichen Bildung

Um zu verhindern, daß eine als notwendig erkannte Maßnahme der individuellen Berufsbildungsförderung daran scheitert, daß keine entsprechenden Bildungseinrichtungen vorhanden sind, sieht das AFG neben den individuellen auch institutionelle Förderungsmaßnahmen vor. Gemäß §§ 50 ff. AFG kann die Bundesanstalt für Arbeit daher Darlehen und Zuschüsse für den Aufbau, die Erweiterung und die Ausstattung von Einrichtungen gewähren, die der beruflichen Ausbildung, Fortbildung oder Umschulung dienen. In Ausnahmefällen kann die Förderung sich auch auf den Unterhalt der Einrichtungen erstrecken (§ 50 Abs. 1 AFG). Über die Förderung von Berufsbildungseinrichtungen hinaus kann die Bundesanstalt für Arbeit auch selbst entsprechende Einrichtungen einschließlich überbetrieblicher Lehrwerkstätten schaffen, sofern im Hinblick auf die Zahl der Schulungswilligen und die arbeitsmarktpolitischen Erfordernisse ein dringender Bedarf besteht und geeignete Einrichtungen nicht in ausreichendem Maße zur Verfügung stehen (§ 52 Abs. 1 AFG).

III. Kurzarbeitergeld

Kurzarbeitergeld wird von der Bundesanstalt für Arbeit gewährt für Zeiten, in denen aus bestimmten Gründen in einem Betrieb verkürzt gearbeitet wird oder die Arbeit ganz ausfällt (§§ 63 ff. AFG). Das Kurzarbeitergeld kompensiert den hierdurch entstehenden Lohnausfall und führt damit zu einer Entlastung des Arbeitgebers, der in der Regel zur Lohnfortzahlung verpflichtet wäre. Zweck des Kurzarbeitergeldes ist aber nicht die Entlastung des Arbeitgebers, sondern es dient in erster Linie zur Verhütung von Arbeitslosigkeit und zur Sicherung der Arbeitsplätze.[14]

Im Gegensatz zu den vorgenannten Leistungen nach dem AFG ist der Anspruch auf Kurzarbeitergeld davon abhängig, daß der Anspruchsteller bei Beginn des Arbeitsausfalls in einem Betrieb eine beitragspflichtige Beschäftigung ausübt und diese ungekündigt fortsetzt oder daß er aus

---

[14] BSG E 46, 218, 222.

zwingenden Gründen eine beitragspflichtige Beschäftigung in dem Betrieb aufnimmt (§ 65 Abs. 1 Nr. 1 AFG). Voraussetzung für einen Anspruch auf Kurzarbeitergeld ist also zunächst das Bestehen eines Sozialversicherungsverhältnisses. Darüber hinaus setzt die Gewährung von Kurzarbeitergeld den Eintritt des Versicherungsfalls „Kurzarbeit" voraus. Bei dem Kurzarbeitergeld handelt es sich damit um eine Leistung der Sozialversicherung im weiteren Sinne.

1. Versicherungsfall „Kurzarbeit"

Der Versicherungsfall „Kurzarbeit" liegt vor, wenn es aufgrund wirtschaftlicher Ursachen einschließlich betrieblicher Strukturveränderungen oder aufgrund anderer unabwendbarer Ereignisse zu einem unvermeidbaren Arbeitsausfall kommt, der ein bestimmtes Mindestmaß übersteigt (§ 64 Abs. 1 Nr. 1 bis 3 AFG, betriebliche Voraussetzungen) und dieser Arbeitsausfall die Minderung oder den Wegfall des Arbeitsentgelts zur Folge hat (§ 65 Abs. 1 Nr. 2 AFG, persönliche Voraussetzung).

Als wirtschaftliche Ursache für den Arbeitsausfall kommt in erster Linie ein Mangel an Aufträgen in Betracht. Dieser darf allerdings nicht branchenüblich, betriebsüblich oder saisonbedingt sein und er darf auch nicht ausschließlich auf betriebsorganisatorischen Gründen beruhen (§ 64 Abs. 3 AFG). Dies hat z.B. zur Folge, daß der entstehende Arbeitsausfall dann nicht entschädigt wird, wenn ein Unternehmen seinen Betrieb umstellt, ohne durch allgemein-wirtschaftliche Gründe hierzu gezwungen zu sein. Im übrigen erfüllen betriebliche Strukturveränderungen nur dann die Voraussetzungen eines Anspruchs auf Kurzarbeitergeld, wenn nach der notwendigen Veränderung die Vollarbeit in absehbarer Zeit wieder aufgenommen werden kann. Langwierige Strukturveränderungen können nicht durch das Kurzarbeitergeld ausgeglichen werden.[15] Dem Arbeitsausfall aus wirtschaftlichen Gründen gleichgestellt sind andere unabwendbare Ereignisse. Hierzu zählen nicht nur Naturereignisse, sondern auch behördliche oder behördlich anerkannte Maßnahmen, die der Arbeitgeber nicht zu vertreten hat, wie z.B. Ein- oder Ausfuhrverbote, Transportbeschränkungen oder die Kontigentierung von Betriebsstoffen.[16] Kein unabwendbares Ereignis liegt dagegen vor, wenn der Arbeitsausfall durch gewöhnliche, dem üblichen Wetterverlauf entsprechende Gründe verursacht ist (§ 64 Abs. 2 AFG).[17]

Weitere Voraussetzung für den Versicherungsfall „Kurzarbeit" ist, daß der Arbeitsausfall unvermeidbar ist (§ 64 Abs. 1 Nr. 2 AFG). Dies bedeutet, daß nicht nur im Zeitpunkt des Antrags auf Kurzarbeitergeld,

---

[15] Krebs, AFG, S. 48f.
[16] Hennig/Kühl/Heuer § 64 Anm. 13.
[17] Im Baugewerbe kommt allerdings die Gewährung von Schlechtwettergeld in Betracht, vgl. unten § 31 IV 2.

sondern auch schon in der Zeit davor alle Möglichkeiten zur Vermeidung der Kurzarbeit ausgeschöpft worden sein müssen. Nicht unvermeidbar ist ein Arbeitsausfall daher, wenn er im Rahmen des technisch Möglichen und wirtschaftlich Vertretbaren abgewendet werden kann durch Arbeit auf Lager, rechtzeitige Anlegung von Rohstoffvorräten, innerbetriebliche Umsetzungen, Aufräumungs- und Instandsetzungsarbeiten oder ähnliche Maßnahmen.[18]

Letzte betriebliche Voraussetzung für den Versicherungsfall Kurzarbeit ist schließlich, daß eine bestimmte Mindestarbeitszeit ausgefallen ist. Für einen zusammenhängenden Zeitraum von mindestens vier Wochen beginnend mit dem Tage, an dem ein Arbeitsausfall erstmals nach Eingang der erforderlichen Anzeige eintritt, muß für mindestens ein Drittel der im Betrieb beschäftigten Arbeitnehmer mindestens ein Zehntel der regelmäßigen, betriebsüblichen wöchentlichen Arbeitszeit (§ 69 AFG) ausgefallen sein. Für die darauf folgende Zeit reicht es aus, wenn für mindestens ein Zehntel der Arbeitnehmer mindestens ein Zehntel der Arbeitszeit ausfällt (§ 64 Abs. 1 Nr. 3 AFG).

Neben diesen betrieblichen Erfordernissen setzt ein Anspruch auf Kurzarbeitergeld in persönlicher Hinsicht voraus, daß der betroffene Arbeitnehmer infolge des Arbeitsausfalls ein vermindertes Arbeitsentgelt oder kein Arbeitsentgelt bezieht. Da der Arbeitgeber nach allgemeinen Regeln bei einem betriebsbedingten Arbeitsausfall normalerweise zur Lohnzahlung verpflichtet bleibt, ist diese Voraussetzung in der Regel nur dann erfüllt, wenn der Lohnanspruch bei einem betriebsbedingten Arbeitsausfall aufgrund entsprechender einzelvertraglicher oder tarifvertraglicher Regelungen entfällt.

2. Leistungsumfang

Die Höhe des Anspruchs auf Kurzarbeitergeld ist abhängig vom Arbeitsentgelt des betroffenen Arbeitnehmers und der Anzahl der ausgefallenen Arbeitsstunden. Er beträgt grundsätzlich 68% bzw. für kinderlose Arbeitnehmer 63% des gewöhnlich anfallenden, um die gesetzlichen Abzüge verminderten Arbeitsentgelts, soweit dieses infolge der Kurzarbeit nicht gezahlt worden ist und auch kein entsprechender Anspruch besteht. Sonderregelungen für die Berechnung des gewöhnlichen Arbeitsentgelts bestehen für solche Arbeitnehmer, die für die ausgefallene Arbeitszeit Leistungslohn („Akkordlohn") erhalten hätten (vgl. § 68 AFG).

Kurzarbeitergeld wird grundsätzlich von dem Tage an gewährt, an dem die Kurzarbeit dem Arbeitsamt angezeigt worden ist, sofern an diesem Tage bereits die übrigen Anspruchsvoraussetzungen vorliegen. Es

---

[18] Hennig/Kühl/Heuer § 64 Anm. 4.

wird längstens für die Dauer von sechs Monaten gezahlt, falls nicht der Bundesminister für Arbeit und Sozialordnung die Bezugsfrist auf 12 bzw. 24 Monate verlängert. Dies ist zulässig, wenn in einem bestimmten Wirtschaftszweig oder Bezirk bzw. auf dem gesamten Arbeitsmarkt außergewöhnliche Verhältnisse vorliegen (vgl. §§ 66f. AFG).

3. Antrag

Die Gewährung von Kurzarbeitergeld ist schließlich abhängig von einer entsprechenden schriftlichen Anzeige und einem Antrag des Arbeitgebers oder der zuständigen Betriebsvertretung. Durch die Anzeige müssen zugleich die Voraussetzungen für die Gewährung von Kurzarbeitergeld glaubhaft gemacht werden (§ 72 AFG).

IV. Förderung der ganzjährigen Beschäftigung in der Bauwirtschaft

Eine weitere wichtige Aufgabe der Bundesanstalt für Arbeit sind die Maßnahmen zur Förderung der ganzjährigen Beschäftigung in der Bauwirtschaft (§§ 74 bis 90 AFG). Zu diesen Maßnahmen gehören einerseits die Leistungen der sog. Produktiven Winterbauförderung (§§ 77 bis 82 AFG) und andererseits das Schlechtwettergeld (§§ 83 bis 90 AFG). Ziel dieser Maßnahmen ist es, die früher weitgehend üblichen Entlassungen von Arbeitnehmern des Baugewerbes zu Beginn der Schlechtwetterperiode zu vermeiden. Die Maßnahmen zur Förderung der ganzjährigen Beschäftigung in der Bauwirtschaft dienen damit sowohl dem Schutz der Arbeitnehmer vor periodisch eintretender Arbeitslosigkeit als auch der Leistungsfähigkeit der Baubetriebe.

1. Produktive Winterbauförderung

Leistungen der Produktiven Winterbauförderung können sowohl Arbeitgeber des Baugewerbes als auch die bei ihnen beschäftigten Arbeitnehmer erhalten.

Die Arbeitgeber des Baugewerbes erhalten zunächst Zuschüsse für den Erwerb oder die Miete von Einrichtungen, die für die Durchführung von Arbeiten in der Schlechtwetterzeit (vgl. § 75 Abs. 2 Nr. 2 AFG) zusätzlich erforderlich sind. Hierzu gehören insbesondere Winterbauschutzhallen, Heizaggregate, Warmwasserbereiter, Dampferzeuger und ähnliche Einrichtungen, die mit bis zu 50% bezuschußt werden. Für sonstige Geräte und Einrichtungen kann der Zuschuß bis zu 30% betragen. Für Kleinbetriebe erhöht sich die Obergrenze auf 60 bzw. 40% (vgl. § 77 Abs. 2 AFG).

Neben diesem sog. Investitionskostenzuschuß werden den Arbeitgebern Zuschüsse zu den sonstigen witterungsbedingten Mehrkosten von Bauarbeiten während der Schlechtwetterperiode gewährt (§ 78 Abs. 1

AFG). Derartige Mehrkosten sind z. B. die Kosten für die Beheizung der Arbeitsplätze und des Bauwerks.[19] Grundsätzlich werden alle von Betrieben der Bauwirtschaft auf Baustellen verrichteten Bauarbeiten gefördert, sofern die Bauarbeiter, die Baustelle, das Bauwerk und die Materialien ausreichend gegen Witterungseinflüsse geschützt sind, so daß die Bauarbeiten auch bei ungünstiger Witterung durchgeführt werden können (§ 78 Abs. 2 AFG).

Die Höhe des Mehrkostenzuschusses ist abhängig von der Anzahl der in der Förderungszeit (vgl. § 75 Abs. 2 Nr. 1 AFG) geleisteten Arbeitsstunden sowie dem sog. Förderungssatz. Dieser wird vom Bundesminister für Arbeit und Sozialordnung festgesetzt und beträgt mindestens ein Drittel und höchstens zwei Drittel der normalerweise entstehenden Mehrkosten (§ 79 AFG).

Während es sich bei dem Investitionskosten- und dem Mehrkostenzuschuß um Leistungen der Produktiven Winterbauförderung an die Arbeitgeber des Baugewerbes handelt, wird das Wintergeld (§§ 80 ff. AFG) unmittelbar den Arbeitern – nicht jedoch den Angestellten – in den Betrieben der Bauwirtschaft gewährt. Ein Anspruch auf Wintergeld setzt im wesentlichen voraus, daß ein Arbeiter in einem Betrieb des Baugewerbes beschäftigt ist und sein Arbeitsverhältnis in der Schlechtwetterzeit nicht aus Witterungsgründen gekündigt werden kann (§ 83 AFG). Die letztgenannte Voraussetzung ist aufgrund der einschlägigen Tarifverträge für die Arbeiter im Baugewerbe regelmäßig erfüllt.

Wird ein Arbeiter im Baugewerbe, dessen Arbeitsverhältnis nicht aus Witterungsgründen gekündigt werden kann, auf einem witterungsabhängigen Arbeitsplatz beschäftigt, so erhält er für jede während der Förderungszeit (§ 75 Abs. 2 Nr. 1 AFG) geleistete Arbeitsstunde einen Betrag von 2 DM pro Arbeitsstunde (§ 80 Abs. 1 AFG). Dieses sog. Wintergeld stellt eine pauschale Abgeltung der Mehraufwendungen des Arbeiters während der Schlechtwetterzeit dar. In verfahrensmäßiger Hinsicht setzt die Gewährung von Wintergeld einen schriftlichen Antrag des Arbeitgebers oder der Betriebsvertretung beim zuständigen Arbeitsamt voraus (§ 81 AFG).

2. Schlechtwettergeld

Das Schlechtwettergeld (§§ 83 ff. AFG) wird ebenso wie das Wintergeld an Arbeiter in Betrieben des Baugewerbes gezahlt, deren Arbeitsverhältnis nicht aus Witterungsgründen gekündigt werden kann. Es dient dem Ausgleich von Lohneinbußen, wenn es zu einem witterungsbedingten Arbeitsausfall kommt und kein Anspruch auf Lohnfortzahlung durch den Arbeitgeber besteht.[20]

---

[19] Hennig/Kühl/Heuer § 78 Anm. 5.
[20] Zur Funktion des Schlechtwettergeldes vgl. BSG E 33, 64, 65.

§ 31. Leistungen und Leistungsvoraussetzungen

Das Schlechtwettergeld ist, ebenso wie das Kurzarbeitergeld,[21] eine jener Leistungen nach dem AFG, die der Sozialversicherung im weiteren Sinne zuzurechnen sind, d.h. Voraussetzung für einen Anspruch auf Schlechtwettergeld ist das Bestehen eines Sozialversicherungsverhältnisses, d.h. eines die Beitragspflicht begründenden Beschäftigungsverhältnisses (§ 85 Abs. 1 Nr. 1 AFG), und der Eintritt des entsprechenden Versicherungsfalles.

Versicherungsfall für das Schlechtwettergeld ist ein nicht ganz geringfügiger Arbeitsausfall, der ausschließlich durch zwingende Witterungsgründe verursacht worden ist (betriebliche Voraussetzungen, § 84 Abs. 1 Nr. 1 und 2 AFG) und der einen Ausfall an Arbeitsentgelt zur Folge hat (persönliche Voraussetzung, § 85 Abs. 1 Nr. 2 AFG).

Auf zwingende Witterungsgründe im Sinne dieser Definition ist ein Arbeitsausfall dann zurückzuführen, wenn atmosphärische Einwirkungen, wie etwa Regen, Schnee oder Frost so nachhaltig sind, daß trotz Schutzvorkehrungen eine Fortführung der Bauarbeiten technisch unmöglich, wirtschaftlich unvertretbar oder für die Arbeitnehmer unzumutbar ist (§ 84 Abs. 2 AFG). Unmittelbaren atmosphärischen Einwirkungen gleichgestellt werden Folgewirkungen wie z.B. Verschlammung in Folge von Regen. Keine Folgewirkungen im Sinne des § 84 Abs. 2 AFG sind dagegen witterungsbedingte Transportschwierigkeiten außerhalb der Baustelle oder Schneeverwehungen auf dem Anreiseweg der Bauarbeiter.[22]

Diese Witterungseinflüsse müssen zu einem nicht nur ganz geringfügigen Arbeitsausfall geführt haben. Als nicht ganz geringfügig ist dabei ein Ausfall von mindestens einer Stunde pro Arbeitstag anzusehen (§ 84 Abs. 1 Nr. 2 AFG).

Neben diesen betrieblichen Voraussetzungen ist für den Anspruch auf Schlechtwettergeld erforderlich, daß der Arbeitsausfall zu einem entsprechenden Ausfall an Arbeitsentgelt geführt hat. Da witterungsbedingte Arbeitsausfälle grundsätzlich in den Verantwortungsbereich des Arbeitgebers fallen, kommt es ebenso wie beim Kurzarbeitergeld darauf an, ob die Lohnfortzahlungspflicht für den Fall eines witterungsbedingten Arbeitsausfalls einzelvertraglich oder tarifvertraglich abbedungen worden ist. Für den Anwendungsbereich des Schlechtwettergeldes ist der Lohnfortzahlungsanspruch bei witterungsbedingtem Arbeitsausfall allerdings regelmäßig durch Tarifvertrag ausgeschlossen.[23]

Die Höhe des Schlechtwettergeldes richtet sich nach den Bestimmungen, die auch für das Kurzarbeitergeld Anwendung finden, d.h. sie ist abhängig vom Arbeitsentgelt des betroffenen Arbeitnehmers sowie der

---

[21] Vgl. oben § 31 III.
[22] BSG E 28, 153.
[23] Hennig/Kühl/Heuer § 85 Anm. 8.

Anzahl der ausgefallenen Arbeitsstunden und beträgt 63 bzw. 68% des gewöhnlichen um die gesetzlichen Abzüge verminderten Arbeitsentgelts soweit dieses in Folge des Arbeitsausfalles nicht gezahlt worden ist und auch kein entsprechender Anspruch besteht (§§ 86, 68 AFG).[24]

In verfahrensmäßiger Hinsicht ist zu beachten, daß ein Anspruch auf Schlechtwettergeld eine entsprechende Anzeige des Arbeitgebers voraussetzt und nur auf Antrag des Arbeitgebers oder der zuständigen Betriebsvertretung gewährt wird (§ 88 AFG).

V. Maßnahmen zur Arbeitsbeschaffung

Hinsichtlich der Maßnahmen zur Arbeitsbeschaffung ist zu unterscheiden zwischen allgemeinen Maßnahmen zur Arbeitsbeschaffung (§§ 91 bis 96 AFG) und solche Maßnahmen, die speziell der Arbeitsbeschaffung für ältere Arbeitnehmer dienen (§§ 97 bis 99 AFG).

1. Allgemeine Maßnahmen zur Arbeitsbeschaffung

Im Rahmen der allgemeinen Maßnahmen zur Arbeitsbeschaffung werden durch Zuschüsse der Bundesanstalt für Arbeit solche Maßnahmen gefördert, die im öffentlichen Interesse liegen, ohne den Zuschuß nicht oder erst zu einem späteren Zeitpunkt durchgeführt würden und die nach Lage und Entwicklung des Arbeitsmarktes zweckmäßig erscheinen (§ 91 Abs. 2 AFG). Als Träger der Maßnahmen kommen insbesondere juristische Personen des öffentlichen Rechts sowie Unternehmen und Einrichtungen des privaten Rechts, die gemeinnützige Zwecke verfolgen, in Betracht. Es können aber auch sonstige Unternehmen des privaten Rechts gefördert werden, wenn zu erwarten ist, daß die Förderung zu einer wirtschaftlich und sozialpolitisch wünschenswerten Belebung des Arbeitsmarktes beiträgt (§ 92 AFG).

Die Bundesanstalt für Arbeit fördert ausschließlich die Beschäftigung solcher Arbeitnehmer, die dem Träger der Maßnahme vom Arbeitsamt zugewiesen worden sind. Hierbei muß es sich in der Regel um Personen handeln, die sich zuvor beim Arbeitsamt arbeitslos gemeldet haben (§ 93 Abs. 1 AFG). Die Förderung erfolgt in der Weise, daß dem Arbeitgeber mindestens 60% und in der Regel nicht mehr als 80% des Arbeitsentgelts erstattet werden (§ 94 AFG).

Für die Rechtsbeziehungen zwischen dem zugewiesenen Arbeitnehmer und dem Träger der Maßnahme gelten grundsätzlich die normalen arbeitsrechtlichen Regelungen. Besonderheiten bestehen nur hinsichtlich der Beendigung des Arbeitsverhältnisses. Dieses kann ohne Einhaltung einer Frist gekündigt werden, wenn das Arbeitsamt den zugewiesenen Arbeitnehmer abberuft. Darüber hinaus kann der zugewiesene Arbeit-

---

[24] Vgl. oben § 31 III 2.

§ 31. Leistungen und Leistungsvoraussetzungen

nehmer das Arbeitsverhältnis auch dann fristlos kündigen, wenn er eine andere Arbeit oder eine andere berufliche Ausbildungsstelle findet oder an einer Maßnahme zur beruflichen Bildung[25] teilnehmen kann (§ 93 Abs. 2 AFG).

2. Maßnahmen zur Arbeitsbeschaffung für ältere Arbeitnehmer

Die Maßnahmen zur Arbeitsbeschaffung für ältere Arbeitnehmer umfassen sowohl individuelle als auch institutionelle Förderungsmaßnahmen.

Im Rahmen der individuellen Förderung kann die Bundesanstalt für Arbeit Arbeitgebern 50% der Lohnkosten für ältere Arbeitnehmer erstatten. Voraussetzung ist allerdings, daß diese älteren Arbeitnehmer zusätzlich eingestellt und beschäftigt werden und die Förderung unter Berücksichtigung der Lage und Entwicklung des Arbeitsmarktes zweckmäßig erscheint, um die Arbeitslosigkeit unter den älteren Arbeitnehmern zu beheben (§ 97 AFG).

Eine institutionelle Förderung kann Arbeitgebern in Form von Darlehen oder Zuschüssen für den Aufbau, die Erweiterung und die Ausstattung von Betrieben und Betriebsabteilungen gewährt werden, die die Beschäftigung älterer Arbeitnehmer zum Ziel haben (§ 98 AFG). Nach der hierzu gemäß § 99 AFG ergangenen Anordnung der Bundesanstalt für Arbeit werden in erster Linie Antragsteller gefördert, die nach gemeinnützigen Grundsätzen arbeiten. Der Zuschuß kann nach dieser Anordnung bis zu 30% der Gesamtkosten betragen.

VI. Arbeitslosengeld

Das Arbeitslosengeld gemäß §§ 100ff. AFG gehört zu jenen Leistungen nach dem AFG, die dem Versicherungsprinzip unterliegen. Im Gegensatz zum Kurzarbeiter- und Schlechtwettergeld setzt ein Anspruch auf Arbeitslosengeld nicht nur voraus, daß ein Sozialversicherungsverhältnis besteht bzw. bestanden hat und der Versicherungsfall der Arbeitslosigkeit eintritt, sondern weitere Voraussetzung ist darüber hinaus auch die Erfüllung einer Anwartschaftszeit. In verfahrensmäßiger Hinsicht ist schließlich noch eine Arbeitslosmeldung sowie ein Antrag auf Arbeitslosengeld erforderlich.

1. Versicherungsfall Arbeitslosigkeit

Der Versicherungsfall der Arbeitslosigkeit liegt vor, wenn ein Arbeitnehmer arbeitslos ist und die Gründe hierfür nicht in seiner Person, sondern in den Verhältnissen des Arbeitsmarktes liegen.[26]

---

[25] Vgl. oben § 31 II.
[26] Bley, S. 236 f.

Arbeitnehmer im Sinne dieser Definition sind Personen, die im Zeitpunkt der Antragstellung und während der Zeit der anschließenden Arbeitslosigkeit dem Kreis jener Personen zuzurechnen sind, die anderenfalls in dieser Zeit eine abhängige Beschäftigung von mehr als geringfügigem Umfang ausüben würden.[27] Ihnen stellt das Gesetz Auszubildende und Heimarbeiter gleich (§ 101 Abs. 2 AFG). Arbeitslos ist ein Arbeitnehmer, der vorübergehend nicht in einem Beschäftigungsverhältnis steht oder nur eine kurzzeitige (§ 102 AFG) Beschäftigung ausübt (§ 101 Abs. 1 AFG).

Neben der Arbeitslosigkeit im Sinne des § 101 Abs. 1 AFG setzt der Versicherungsfall Arbeitslosigkeit voraus, daß die Arbeitslosigkeit nicht auf die mangelnde Erwerbsfähigkeit oder Erwerbswilligkeit des Versicherten zurückzuführen ist, sondern die Gründe hierfür in den Verhältnissen des Arbeitsmarktes liegen, denn die Arbeitslosenversicherung soll nur gegen die Risiken einer durch den Arbeitsmarkt und nicht durch persönliche Gründe bedingten Arbeitslosigkeit schützen.[28] Voraussetzung für die Gewährung von Arbeitslosengeld ist daher, daß der Anspruchsteller der Arbeitsvermittlung zur Verfügung steht, d. h. er muß eine zumutbare Beschäftigung unter den üblichen Bedingungen des allgemeinen Arbeitsmarktes annehmen können und dürfen und hierzu auch bereit sein (§ 103 Abs. 1 AFG). Dem durch das 5. Änderungsgesetz zum AFG vom 23. Juli 1979[29] teilweise neu definierten Begriff der „zumutbaren Beschäftigung" (§ 103 Abs. 2 AFG i.V.m. der Zumutbarkeits-Anordnung vom 16.3.1982) kommt folglich zentrale Bedeutung für die Frage nach der Verfügbarkeit und damit für den Anspruch auf Arbeitslosengeld zu.

Bei der Beurteilung der Zumutbarkeit einer Beschäftigung sind gemäß § 103 Abs. 2 AFG i.V.m. der Zumutbarkeits-AO die Interessen des Arbeitslosen und die der Gesamtheit der Beitragszahler gegeneinander abzuwägen, wobei insbesondere die bisherige berufliche Tätigkeit und die beruflichen Kenntnisse des Arbeitslosen, seine familiären und sonstigen persönlichen Verhältnisse, die Lage und Entwicklung des Arbeitsmarktes und die Dauer der Arbeitslosigkeit zu berücksichtigen sind. Da die Arbeitslosenversicherung, anders als beispielsweise die Rentenversicherung bei der Feststellung der Erwerbsfähigkeit gemäß § 1246 RVO, grundsätzlich keinen Berufsschutz gewährt[30] und sich die Zumutbarkeit nicht nur nach den persönlichen Verhältnissen des Versicherten, sondern auch nach den Erfordernissen des Arbeitsmarktes bestimmt, ist eine Beschäftigung z. B. nicht allein deshalb unzumutbar, weil sie einen

---

[27] BSG E 41, 229; 42, 76, 77.
[28] Bley, S. 237.
[29] Vgl. zu den Änderungen Siegers, BlStSozArbR 79, 289; Hoppe, AuB 79, 225 ff., 261 ff.; ders., Sozialer Fortschritt 79, 246 ff.
[30] BSG E 44, 71, 74 ff.

§ 31. Leistungen und Leistungsvoraussetzungen

Berufswechsel erforderlich macht, weiter vom Wohnort des Arbeitslosen entfernt ist als sein bisheriger Beschäftigungsort und eine tägliche Rückkehr unmöglich ist, die Arbeitsbedingungen, insbesondere hinsichtlich des Lohnes, ungünstiger sind oder die Dauer, Lage und Verteilung der Arbeitszeit anders als bei der bisherigen Beschäftigung ist (§ 103 Abs. 2 AFG, § 1 Nr. 1 bis 4 Zumutbarkeits-AO). Unzumutbar ist eine Beschäftigung jedoch dann, wenn sie die Ausübung der bisherigen beruflichen Tätigkeit des Arbeitslosen wesentlich erschwert oder seine weitere berufliche Entwicklung schwer beeinträchtigen würde.[31] Seit dem 1. 1. 1986 gelten Sonderregelungen hinsichtlich der Zumutbarkeit für Arbeitslose, die das 58. Lebensjahr vollendet haben.

2. Anwartschaftszeit

Neben dem Eintritt des Versicherungsfalls Arbeitslosigkeit setzt ein Anspruch auf Arbeitslosengeld die Erfüllung einer Anwartschaftszeit voraus, d. h. der Versicherte muß ähnlich wie im Rentenversicherungsrecht eine bestimmte Zeit der Solidargemeinschaft angehört haben, um einen Anspruch auf Arbeitslosengeld geltend machen zu können. Im Gegensatz zu den Wartezeiten in den Rentenversicherungen wird die Anwartschaftszeit jedoch nicht ein für allemal erfüllt, sondern sie muß grundsätzlich nach jeder Inanspruchnahme von Arbeitslosengeld neu erfüllt werden.[32]

Die Anwartschaftszeit erfüllt, wer innerhalb der sog. Rahmenfrist von drei Jahren (§ 104 Abs. 3 AFG) mindestens 360 Kalendertage in einem beitragspflichtigen Beschäftigungsverhältnis gestanden und Arbeitsentgelt bezogen hat. Einer beitragspflichtigen Beschäftigung gleichgestellt werden u. a. Zeiten, in denen der Arbeitslose als Wehr- oder Ersatzdienstleistender beitragspflichtig war, sowie Zeiten, in denen er beitragsfrei war, weil er das 63. Lebensjahr vollendet hatte (§§ 104 Abs. 1, 107 ff. AFG; vgl. hierzu auch die Anwartschaftszeit-VO vom 28. 1. 1982).

3. Dauer und Umfang des Anspruchs

Der Anspruch auf Arbeitslosengeld besteht nur zeitlich befristet, wobei sich die Dauer des Anspruchs nach der Dauer der beitragspflichtigen Beschäftigung innerhalb der sog. Rahmenfrist und dem Alter des Arbeitslosen richtet (§§ 106 f. AFG)

Die Höhe des Arbeitslosengeldes beträgt 68% bzw. bei kinderlosen Arbeitslosen 63% des um die gesetzlichen Abzüge verminderten gewöhnlich anfallenden Arbeitsentgelts (vgl. § 111 Abs. 1 AFG sowie die jährlich erlassenen AFG-Leistungsverordnungen). Eigenes Einkommen

---

[31] BSG E 44, 71, 76; vgl. auch § 2 Zumutbarkeits-AO.
[32] Vgl. Bley, S. 306.

des Arbeitslosen aus einer unselbständigen oder selbständigen Tätigkeit während des Bezugs von Arbeitslosengeld wird hierauf zur Hälfte angerechnet, soweit es nach dem Abzug von Steuern, Sozialversicherungsbeiträgen und Werbungskosten 30 DM wöchentlich übersteigt (§ 115 Abs. 1 AFG). Nicht angerechnet werden dagegen Einkünfte aus Vermietung und Verpachtung oder aus Kapitalvermögen.[33] Durch die Freibetragsgrenze und die nur teilweise Anrechnung soll erreicht werden, daß ein gewisser Anreiz zur Ausübung von Nebenbeschäftigungen während der Arbeitslosigkeit erhalten bleibt.[34]

Der Anspruch auf Arbeitslosengeld ruht, sofern durch die Gewährung des Arbeitslosengeldes in Arbeitskämpfe eingegriffen würde (vgl. § 116 AFG sowie die Neutralitätsanordnung der Bundesanstalt für Arbeit). Durch die Neutralitätspflicht der Bundesanstalt für Arbeit soll verhindert werden, daß das Arbeitskampfrisiko der Arbeitnehmerseite durch die Zahlung von Arbeitslosengeld an Arbeitnehmer, die durch den Streik arbeitslos geworden sind, herabgesetzt wird.[35] Die Auslegung dieser Regelungen ist nicht nur in der Rechtsprechung, sondern insbesondere auch zwischen den Tarifvertragsparteien im Hinblick auf die Fernwirkungen von Arbeitskämpfen heftig umstritten. Eine gesetzliche Neuregelung dieses Problemkreises wird daher gegenwärtig versucht. Der Anspruch auf Arbeitslosengeld ruht ferner, wenn der Arbeitslose Arbeitsentgelt erhält oder zu erhalten hat (§ 117 AFG), wenn er bestimmte andere Sozialleistungen erhält (§ 118 AFG) oder wenn er eine Schule oder Hochschule besucht und hierdurch voll in Anspruch genommen wird (§ 118a AFG).

Kein Arbeitslosengeld erhält ein Arbeitsloser schließlich auch für sog. Sperrzeiten. Eine solche tritt u. a. dann ein, wenn der Arbeitslose die Arbeitslosigkeit vorsätzlich oder grob fahrlässig herbeigeführt hat, z.B. durch eine Kündigung ohne konkrete Aussicht auf einen Anschlußarbeitsplatz (§ 119 Abs. 1 Nr. 1 AFG).[36] Weiterhin tritt eine Sperrzeit auch dann ein, wenn ein Arbeitsloser trotz entsprechender Belehrung eine ihm vom Arbeitsamt angebotene Arbeit nicht angenommen oder nicht angetreten hat (§ 119 Abs. 1 Nr. 2 AFG). Eine Nichtannahme der Arbeit ist dabei auch dann zu bejahen, wenn der Arbeitslose das Zustandekommen des Arbeitsverhältnisses dadurch vereitelt, daß er durch eine übertriebene oder unnötige Schilderung seiner schlechten Eigenschaften den potentiellen Arbeitgeber von einer Einstellung abschreckt.[37] Die Dauer der Sperrzeit beträgt in der Regel acht Wochen. Gibt ein Arbeitsloser zum zweiten

---

[33] Hennig/Kühl/Heuer § 115 Anm. 2.
[34] Eckert, GK-AFG, § 115 Anm. 1.
[35] Ausführlich zur Neutralitätspflicht BSGE 40, 190.
[36] BSG E 43, 269.
[37] Vgl. Hennig/Kühl/Heuer § 119 Anm. 9 m. w. N.

§ 31. Leistungen und Leistungsvoraussetzungen

Mal Anlaß für eine Sperrfrist, so erlischt der ihm sonst noch zustehende Anspruch auf Arbeitslosengeld (§ 119 Abs. 3 AFG).

4. Antrag

In verfahrensmäßiger Hinsicht ist die Gewährung von Arbeitslosengeld schließlich davon abhängig, daß der Arbeitslose sich persönlich beim zuständigen Arbeitsamt arbeitslos meldet und Arbeitslosengeld beantragt (§§ 100 Abs. 1, 105 AFG).

VII. Arbeitslosenhilfe

Die Arbeitslosenhilfe gemäß §§ 134 bis 141 AFG dient ebenso wie das Arbeitslosengeld dem Ausgleich von Lohnausfällen in Folge von Arbeitslosigkeit. Sie wird Arbeitslosen gewährt, die mangels Erfüllung der erforderlichen Anwartschaftszeit[38] keinen Anspruch auf Arbeitslosengeld haben – sog. originäre Arbeitslosenhilfe – oder deren Anspruch wegen Überschreitung der Höchstdauer[39] – sog. Anschluß-Arbeitslosenhilfe – erloschen ist. Da ein Anspruch auf Arbeitslosenhilfe einerseits nicht in allen Fällen voraussetzt, daß ein beitragspflichtiges Beschäftigungsverhältnis besteht oder bestanden hat (vgl. § 134 Abs. 3 AFG i.V.m. § 1 der Arbeitslosenhilfe-Verordnung; vgl. hierzu auch das Arbeitsförderungs-Konsolidierungsgesetz), andererseits der Anspruchsteller aber bedürftig sein muß, ist die Arbeitslosenhilfe nicht den Leistungen der Sozialversicherung im weiteren Sinne zuzurechnen, sondern sie weist hinsichtlich ihrer Anspruchsvoraussetzungen vielmehr Parallelen zur Sozialhilfe auf.[40]

1. Leistungsvoraussetzungen

Die Gewährung von Arbeitslosenhilfe setzt zunächst voraus, daß der Anspruchsteller arbeitslos ist, der Arbeitslosenvermittlung zur Verfügung steht, sich beim zuständigen Arbeitsamt arbeitslos gemeldet und Arbeitslosenhilfe beantragt hat (§ 134 Abs. 1 Nr. 1 AFG). Ob der Anspruchsteller als arbeitslos anzusehen ist und ob er der Arbeitsvermittlung zur Verfügung steht, beurteilt sich dabei nach denselben Regeln, die auch für die Gewährung von Arbeitslosengeld gelten.[41] Ein Unterschied besteht nur insofern, als derjenige keinen Anspruch auf Arbeitslosenhilfe erlangen kann, der nur mit Einschränkungen hinsichtlich der Dauer der Arbeitszeit im Stande ist, eine Beschäftigung unter den üblichen Bedin-

---

[38] Vgl. oben § 31 VI 1.
[39] Vgl. oben § 31 VI 2.
[40] Bley, S. 311.
[41] Vgl. oben § 31 VI 1.

gungen des allgemeinen Arbeitsmarktes auszuüben (§ 134 Abs. 4 S. 2 AFG).

Neben der Arbeitslosigkeit und der Verfügbarkeit des Antragstellers ist gemäß § 134 Abs. 1 Nr. 2 AFG Voraussetzung für einen Anspruch auf Arbeitslosenhilfe, daß kein Anspruch auf Arbeitslosengeld besteht, weil die Anwartschaftszeit nicht erfüllt ist. Hierdurch wird zum Ausdruck gebracht, daß die Arbeitslosenhilfe gegenüber dem Arbeitslosengeld subsidiär ist.

Weitere Voraussetzung für die Inanspruchnahme von Arbeitslosenhilfe ist die Bedürftigkeit des Antragstellers (§ 134 Abs. 1 Nr. 3 AFG). Wer als bedürftig im Sinne der Arbeitslosenhilfe anzusehen ist, ergibt sich aus den §§ 137f. AFG. Als bedürftig gilt danach derjenige, der seinen Lebensunterhalt, den seines Ehegatten und den seiner Kinder nicht in anderer Weise als durch Arbeitslosenhilfe bestreiten kann. Als Einkommen gelten dabei alle Leistungen in Geld oder Geldeswert.

Im Gegensatz zum Arbeitslosengeld werden also nicht nur Einkünfte aus selbständigen oder unselbständigen Tätigkeiten, sondern auch solche aus Vermietung und Verpachtung sowie Kapitalerträge berücksichtigt. Auch eine Verwertung seines Vermögens sowie des Vermögens seines nicht dauernd getrennt lebenden Ehegatten wird grundsätzlich von dem Arbeitslosen verlangt, ehe er Arbeitslosenhilfe in Anspruch nehmen kann.

Neben den bisher genannten Voraussetzungen, die für einen Anspruch auf Arbeitslosenhilfe kumulativ erfüllt sein müssen, muß eine der folgenden Voraussetzungen alternativ gegeben sein (§ 134 Abs. 1 Nr. 4 AFG):
– Der Arbeitslose hat Arbeitslosengeld bezogen und der Anspruch ist nicht durch eine zweimalige Verwirkung einer Sperrfrist erloschen. Nach dieser Alternative wird Arbeitslosenhilfe nach Ablauf der Bezugsfrist für das Arbeitslosengeld gewährt (Anschluß-Arbeitslosenhilfe).
– Der Arbeitslose hat zwar mangels Erfüllung der normalen Anwartschaftszeit kein Arbeitslosengeld bezogen, er hat aber innerhalb des letzten Jahres vor der Arbeitslosmeldung mindestens 150 Kalendertage eine entlohnte Beschäftigung ausgeübt (sog. „kleine Anwartschaftszeit"). Ist der Anspruch auf Arbeitslosengeld wegen der zweimaligen Verwirkung einer Sperrfrist erloschen, so beträgt die kleine Anwartschaftszeit 240 Kalendertage (originäre Arbeitslosenhilfe).

2. Dauer und Umfang des Anspruchs

Arbeitslosenhilfe wird zeitlich unbeschränkt gewährt. Bewilligt wird sie jedoch jeweils längstens für ein Jahr (§ 139a AFG).

Die Höhe der Arbeitslosenhilfe beträgt 58% bzw. bei kinderlosen Arbeitslosen 53% des um die gesetzlichen Abzüge verminderten gewöhnlichen Arbeitsentgelts (vgl. § 136 AFG). Bezieht der Arbeitslose Einkommen aus einer unselbständigen oder selbständigen Tätigkeit, welches nicht ausreicht, um seine Bedürftigkeit zu verneinen, so wird dieses nach den für das Arbeitslosengeld geltenden Bestimmungen auf die Arbeitslosenhilfe angerechnet (§§ 134 Abs. 4 S. 1 i. V. m. 115 AFG).

VIII. Konkursausfallgeld

Die Bestimmungen über das Konkursausfallgeld (§§ 141a ff. AFG) sind durch das Gesetz über das Konkursausfallgeld im Jahre 1974 in das AFG eingefügt worden, um Lohneinbußen der Arbeitnehmer beim Konkurs des Arbeitgebers zu verhindern und eine alsbaldige Befriedigung ihrer Ansprüche sicherzustellen.[42] Das Konkursausfallgeld ist insofern den Versicherungsleistungen zuzurechnen, als es nur Arbeitnehmern gewährt wird (vgl. § 141a AFG) und den Eintritt eines Versicherungsfalls voraussetzt. Untypisch für eine Versicherungsleistung ist allerdings, daß das Konkursausfallgeld ausschließlich durch die Arbeitgeber finanziert wird, obwohl diese kein Eigeninteresse an den Leistungen haben, weil sie – im Gegensatz etwa zur Unfallversicherung – durch die Zahlung des Konkursausfallgeldes nicht von ihrer Leistungspflicht frei werden (vgl. § 141m Abs. 1 AFG). Beim Konkursausfallgeld fehlt es daher an dem für Versicherungsleistungen typischen Gegenseitigkeitsverhältnis von Leistungen und Beiträgen.

1. Versicherungsfall

Versicherungsfall für das Konkursausfallgeld ist das Bestehen rückständiger Ansprüche auf Arbeitsentgelt für die vorausgegangenen drei Monate bei der Eröffnung des Konkursverfahrens über das Vermögen des Arbeitgebers (§ 141b Abs. 1 AFG). Unter den Begriff Arbeitsentgelt fallen dabei alle Bezüge aus dem Arbeitsverhältnis bzw. dem Ausbildungs- oder Heimarbeitsverhältnis. Auch Schadensersatzansprüche aus entgangenem Kurzarbeiter- oder Wintergeld werden als Arbeitsentgeltansprüche im Sinne des § 141b AFG angesehen.[43] Der Eröffnung des Konkursverfahrens gleichgestellt sind die Abweisung des Konkursantrags mangels Masse und die Betriebseinstellung bei Zahlungsunfähigkeit des Arbeitgebers, sofern zum Zeitpunkt der Betriebseinstellung ein Konkursverfahren mangels Masse offensichtlich nicht in Betracht kommt (§ 141b Abs. 3 AFG).[44]

---

[42] Zur Zielsetzung des Konkursausfallgeldes vgl. Zeuner, JZ 76, 1.
[43] BSG Breith. 80, 319.
[44] Vgl. BSG USK 79132.

2. Leistungsumfang

Die Höhe des Konkursausfallgeldes entspricht dem Teil des um die gesetzlichen Abzüge verminderten Arbeitsentgelts für die letzten drei Monate vor der Konkurseröffnung, den der Arbeitnehmer noch zu beanspruchen hat (§ 141 d Abs. 1 AFG). Auf Antrag wird dem betroffenen Arbeitnehmer unter bestimmten Voraussetzungen auch ein angemessener Vorschuß auf das Konkursausfallgeld gezahlt (§ 141 f AFG).

Neben dem Lohnersatz werden nach den Bestimmungen über das Konkursausfallgeld außerdem für denselben Zeitraum auf Antrag der zuständigen Einzugsstelle Pflichtbeiträge zur gesetzlichen Krankenversicherung, den gesetzlichen Rentenversicherungen sowie zur Bundesanstalt für Arbeit entrichtet, soweit diese bei Konkurseröffnung noch nicht gezahlt worden sind (§ 141 n AFG).

3. Verfahren

In verfahrensmäßiger Hinsicht setzt ein Anspruch auf Konkursausfallgeld voraus, daß innerhalb einer Ausschlußfrist von zwei Monaten nach der Eröffnung des Konkursverfahrens ein entsprechender Antrag beim zuständigen Arbeitsamt gestellt wird (§ 141 e AFG).

§ 32. Träger der Arbeitsförderungsmaßnahmen – Finanzierung

I. Träger der Arbeitsförderungsmaßnahmen

Zuständig für die Durchführung der Maßnahmen nach dem AFG ist die Bundesanstalt für Arbeit mit ihren Untergliederungen, den Landesarbeitsämtern und den Arbeitsämtern (§§ 3 Abs. 1, 189 Abs. 2 AFG). Das Gesetz bezeichnet die Bundesanstalt für Arbeit, ebenso wie die anderen Sozialversicherungsträger, als Körperschaft des öffentlichen Rechts mit Selbstverwaltung (§ 189 Abs. 1 AFG).[1] Die Selbstverwaltungsorgane der Bundesanstalt für Arbeit sind der Verwaltungsrat, der Vorstand sowie die Verwaltungsausschüsse der Landesarbeitsämter und der Arbeitsämter (§ 190 AFG). Sie sind drittelparitätisch mit Vertretern der Arbeitnehmer, der Arbeitgeber und der öffentlichen Körperschaften, d. h. des Bundes, des Landes oder der Gemeinde besetzt (§ 192 AFG). Im Gegensatz zu den Mitgliedern der Selbstverwaltungsorgane in der Kranken-, Unfall- und Rentenversicherung werden sie allerdings nicht gewählt, sondern auf Vorschlag der Koalitionen von Arbeitgebern und Arbeitnehmern sowie der betroffenen öffentlichen Körperschaften berufen (vgl. §§ 195, 197 AFG).

---

[1] Zur Frage, ob es sich bei der Bundesanstalt für Arbeit tatsächlich um eine Körperschaft oder aber um eine Anstalt handelt vgl. Wölfel in: Geffers/Schwarz, § 189 Anm. 2; Krebs, Arbeitsförderungsgesetz, § 189 Anm. 2.

II. Finanzierung

Die Finanzierung der Maßnahmen nach dem AFG erfolgt grundsätzlich durch Beiträge der Arbeitnehmer und der Arbeitgeber (§ 172 AFG). Die Höhe der Beiträge beträgt für Arbeitgeber und Arbeitnehmer je 2,2% bzw. – für die Zeit vom 1.6.1985 bis 31.12.1986 – 2,05% der Beitragsbemessungsgrundlage (§ 174 Abs. 1 AFG), die für nach dem AFG beitragspflichtige Arbeitnehmer mit der Bemessungsgrundlage für die Beiträge zur gesetzlichen Rentenversicherung identisch ist (§ 175 Abs. 1 Nr. 1 AFG). Bei geringfügig verdienenden Arbeitnehmern hat der Arbeitgeber neben seinen eigenen Beiträgen auch die Beiträge des Arbeitnehmers zu tragen.

Sonderregelungen gelten für die übrigen Gruppen von „Beitragspflichtigen".[2] So werden z.B. die Beiträge von Wehr- und Zivildienstleistenden (§ 168 Abs. 2 AFG) vom Bund und die Beiträge von Gefangenen (§ 168 Abs. 3a AFG) von dem für die Vollzugsanstalt zuständigen Land getragen (§ 171 Abs. 2 und 3 AFG). Für diese Personengruppen gelten auch Sonderregelungen hinsichtlich der Beitragsbemessungsgrundlage (vgl. § 175 Abs. 2 Nr. 2ff. AFG).

Sonderregelungen gelten schließlich auch für die Finanzierung einiger Leistungen nach dem AFG. Die Maßnahmen der produktiven Winterbauförderung gemäß §§ 78 und 80 AFG werden von den Arbeitgebern des Baugewerbes durch eine Umlage finanziert (§ 186a AFG), während die Kosten der Arbeitslosenhilfe vom Bund getragen werden (§ 188 AFG). Die Mittel für das Konkursausfallgeld werden schließlich jährlich nachträglich von den Berufsgenossenschaften aufgebracht (§§ 186b ff. AFG).

---

[2] Zum Begriff der „Beitragspflicht" siehe oben § 30.

Vierter Teil. Sozialversorgung
(soziale Entschädigung bei Gesundheitsschäden)

Literatur: *Baumann,* Zurechnungskriterien beim Opferentschädigungsgesetz, SGb 1980, 221; *Bick,* Das Gesetz über die Entschädigung für Opfer von Gewalttaten, Soziale Sicherheit in der Landwirtschaft 1977, 525; *Binter,* Bundesversorgungsgesetz; *Einwag/Schoen,* Bundesgrenzschutzgesetz, 1973; *Etmer-Lundt,* Deutsche Seuchengesetze; *Fehl,* Der anspruchsberechtigte Personenkreis im Sinne von § 51 Abs. 3 BSeuchG, Der Versorgungsbeamte 1980, 39; *Rohr/Strässer,* Bundesversorgungsrecht mit Verfahrensrecht, 1977 ff.; *Rüfner,* Die Entschädigung für Opfer von Gewalttaten, NJW 1976, 1249; *Sack,* Die Grenzen des Gesetzes über die Entschädigung der Opfer von Gewalttaten, Der Versorgungsbeamte 1979, 17; *Schieckel,* Zivildienstgesetz; *Schieckel/Gurgel,* Das BVG, 3. Aufl. 1960 ff.; *Schönleiter,* Handbuch der Bundesversorgung, 2. Aufl. 1974 ff.; *Schoreit/Düsseldorf,* Gesetz über die Entschädigung für Opfer von Gewalttaten, 1977; *Schulz-Lüke/Wolf,* Gewalttaten und Opferentschädigung, 1977; *Wilke/Wunderlich,* BVG, 4. Aufl. 1973.

Das Versorgungsrecht im engeren Sinne[1] umfaßt im wesentlichen die soziale Entschädigung bei Gesundheitsschäden, die demjenigen gewährt wird, der einen Gesundheitsschaden erleidet, für dessen Folgen die staatliche Gemeinschaft in Abgeltung eines besonderen Opfers oder aus anderen Gründen nach versorgungsrechtlichen Vorschriften einzustehen hat (§ 5 SGB I). Einige andere Materien, wie insbesondere das Lastenausgleichsrecht,[2] fallen zwar auch unter den Begriff Sozialversorgung,[3] sie sind aber wegen ihrer geringer werdenden Bedeutung nicht in das SGB aufgenommen worden und werden aus diesem Grund hier auch nicht behandelt.

Den Kern der sozialen Entschädigung bei Gesundheitsschäden bildet das Recht der Kriegsopferversorgung nach dem Bundesversorgungsgesetz (BVG; vgl. § 24 Abs. 1 SGB I), dem nach der Auffassung des Gesetzgebers hinsichtlich des gesamten sozialen Entschädigungsrechts grundsätzlicher Charakter zukommt.[4] Der Anwendungsbereich des BVG ist jedoch dadurch erheblich ausgeweitet worden, daß in zahlreichen anderen Gesetzen auf das BVG, insbesondere auf dessen Leistungsrecht, Bezug genommen wird. Entsprechende Verweisungen enthalten das Soldatenversorgungsgesetz (SVG), das Bundesgrenzschutzgesetz (BGSG), das Zivildienstgesetz (ZDG), das Bundesseuchengesetz

---

[1] Zu den Leistungen zur Minderung des Familienaufwandes, dem Zuschuß für eine angemessene Wohnung und der Ausbildungsförderung, deren Zuordnung zur Sozialversorgung zumindest zweifelhaft ist, siehe unten §§ 38 ff.

[2] Vgl. dazu das Lastenausgleichsgesetz (LAG) vom 14. August 1952 i.d.F. vom 1. Oktober 1969, BGBl. I S. 1909.

[3] Siehe dazu oben § 1.

[4] Vgl. die Begründung zu § 5 SGB I, BT-Drucks. 7/868, S. 24.

(BSeuchG), das Gesetz über die Entschädigung für Opfer von Gewalttaten (OEG) und das Häftlingshilfegesetz (HHG) (vgl. § 80 SVG, § 59 Abs. 1 BGSG i. V. m. § 80 SVG, § 47 ZDG, § 51 BSeuchG, § 1 OEG, § 4 HHG).

Die Leistungen der sozialen Entschädigung bei Gesundheitsschäden sind, da keine präventiven Maßnahmen durchgeführt werden, ausnahmslos abhängig vom Eintritt eines Versorgungsfalls sowie einem entsprechenden Antrag des Leistungsberechtigten. Sind diese Voraussetzungen erfüllt, so werden als Leistungen zur sozialen Entschädigung u. a. Heil- und Krankenbehandlung sowie andere Leistungen zur Wiederherstellung der Leistungsfähigkeit, besondere Hilfen im Einzelfall einschließlich der Berufsförderung sowie Renten an den Geschädigten bzw. an seine Hinterbliebenen gewährt (vgl. § 24 Abs. 1 SGB I).

Leistungen zur sozialen Entschädigung bei Gesundheitsschäden erhielten 1983 ca. 1,8 Millionen Personen. Davon waren

Beschädigte	848 000
Witwen bzw. Witwer	891 000
Voll- oder Halbwaisen	23 100
Eltern	51 200.

Da jene Personen, die Leistungen der Kriegsopferversorgung nach dem BVG erhalten, noch immer mit Abstand den größten Anteil an den Empfängern von Leistungen zur sozialen Entschädigung stellen, ist die Zahl der Leistungsempfänger naturgemäß rückläufig (1960: 3,3 Millionen, 1970: 2,6 Millionen, 1980: 2,0 Millionen).

Die Aufwendungen für Leistungen zur sozialen Entschädigung bei Gesundheitsschäden betrugen 1983 ca. 14,2 Milliarden DM. Hiervon entfielen auf Leistungen nach dem

BVG	13 043 Millionen DM
SVG/BGSG	83 Millionen DM
ZDG	1 Million DM
HHG	27 Millionen DM
OEG	15 Millionen DM.

Der Anteil der sozialen Entschädigungsleistungen am Bruttosozialprodukt nimmt naturgemäß ebenfalls ab. Während er 1950 noch bei 2,1% lag, betrug er 1983 nur noch 0,8%.[5]

§ 33. Versorgungsfälle

Die Versorgungsfälle des sozialen Entschädigungsrechts weisen im wesentlichen dieselbe Grundstruktur auf wie der Versicherungsfall Arbeitsunfall in der gesetzlichen Unfallversicherung. Erforderlich ist in der

---

[5] Zu den statistischen Angaben vgl. BT-Drucks. 565/83 S. 76, 102 ff.; BArbBl 1985, Heft 4, S. 133 ff.; Stat. Jahrbuch 1985 S. 410.

Regel, daß es bei einer risikogeschützten Tätigkeit (≙ versicherter Tätigkeit in der gesetzlichen Unfallversicherung) zu einer Gesundheitsschädigung (≙ Unfall) gekommen ist und diese eine gesundheitliche und/oder wirtschaftliche Beeinträchtigung zur Folge hat. Zwischen der geschützten Tätigkeit und der Gesundheitsbeschädigung sowie zwischen der Beschädigung und dem entsprechenden Schaden muß eine kausale Verknüpfung bestehen (≙ haftungsbegründender und haftungsausfüllender Kausalität),[6] wobei ebenso wie im Recht der gesetzlichen Unfallversicherung für die Kausalitätsprüfung die Theorie der wesentlichen Bedingung gilt.[7] Unterschiede zwischen den verschiedenen Versorgungsfällen des sozialen Entschädigungsrechts bestehen im wesentlichen nur hinsichtlich der risikogeschützten Tätigkeit.

I. BVG

Versorgungsfall nach dem BVG ist grundsätzlich eine Wehrdienstbeschädigung. Diese liegt vor, wenn jemand durch eine militärische oder militärähnliche Dienstverrichtung oder durch einen Unfall während der Ausübung des militärischen oder militärähnlichen Dienstes oder durch die diesem Dienst eigentümlichen Verhältnisse eine gesundheitliche Schädigung erlitten hat, welche zu gesundheitlichen und wirtschaftlichen Folgen geführt hat (§ 1 Abs. 1 BVG).

Als militärischer Dienst im Sinne dieser Definition gilt dabei insbesondere der Dienst in der ehemaligen deutschen Wehrmacht (§ 2 BVG). Nicht erfaßt wird dagegen durch das BVG der militärische Dienst bei der Bundeswehr; insoweit gilt im wesentlichen das SVG. Unter militärähnlichem Dienst im Sinne des § 1 Abs. 1 BVG ist im Gegensatz zum militärischen Dienst insbesondere der Dienst in verschiedenen ehemaligen paramilitärischen Organisationen zu verstehen, sofern dieser nicht aufgrund einer Dienstverpflichtung oder eines Arbeitsvertrages erfolgte und der Einsatz mit besonderen, kriegseigentümlichen Gefahren verbunden war (vgl. § 3 BVG).

Im übrigen ist hinsichtlich der Wehrdienstbeschädigung gemäß § 1 Abs. 1 BVG zwischen drei Alternativen zu unterscheiden: Der Schädigung durch eine militärische oder militärähnliche Dienstverrichtung, der Schädigung durch einen Unfall während der Ausübung des militärischen oder militärähnlichen Dienstes und der Schädigung durch die dem Dienst eigentümlichen Verhältnisse.

Als Dienstverrichtung im Sinne der ersten Alternative sind solche Handlungen anzusehen, die zur Verrichtung des Dienstes ausgeführt

---

[6] Vgl. Wertenbruch, S. 414f.; Henke, S. 170f.
[7] BSGE 1, 72, 76; 7, 53; 11, 50.

werden,[8] d. h. es muß ein rechtlich wesentlicher, innerer Zusammenhang mit dem militärischen bzw. militärähnlichen Dienst bestehen.[9]

Im Gegensatz dazu reicht es für die Verwirklichung der zweiten Alternative grundsätzlich aus, daß der Unfall, der ebenso wie im Recht der gesetzlichen Unfallversicherung als ein auf äußeren Einwirkungen beruhendes, plötzliches, zeitlich und örtlich bestimmbares, einen Körperschaden verursachendes Ereignis definiert wird,[10] mit dem militärischen oder militärähnlichen Dienst in einem zeitlichen Zusammenhang steht.[11] Als Dienst gelten dabei u. a. auch der Weg zum Gestellungsort und der Heimweg, so daß auch Wegeunfälle versorgungsrechtlich geschützt sind (vgl. § 4 BVG).

Eine Schädigung durch die dem militärischen bzw. militärähnlichen Dienst „eigentümlichen Verhältnisse" (dritte Alternative) ist schließlich dann zu bejahen, wenn die Ursache der Schädigung den von den Verhältnissen des zivilen Lebens abweichenden Verhältnissen des Militärdienstes zuzurechnen ist. Sie muß auf Umstände zurückzuführen sein, die für die Eigenart dieses Dienstes typisch und zwangsläufig mit ihm verbunden sind.[12]

Der Wehrdienstbeschädigung im engeren Sinne werden durch § 1 Abs. 2 BVG eine Reihe anderer kriegsbedingter Schädigungen gleichgestellt, wie etwa Schädigungen durch eine Kriegsgefangenschaft oder eine Internierung. Besondere Bedeutung kommt der Gleichstellung von sog. unmittelbaren Kriegseinwirkungen zu (§ 1 Abs. 2 Buchst. a i.V.m. § 5 BVG), da durch diese Regelung auch zivile Kriegsopfer Entschädigungsleistungen nach dem BVG erhalten können.[13]

II. SVG, BGSG, ZDG

Der Wehrdienstbeschädigung nachgebildet sind die Versorgungsfälle bei gesundheitlichen Schädigungen von Angehörigen der Bundeswehr (§ 81 SVG) und des Bundesgrenzschutzes (§ 59 Abs. 1 BGSG i.V.m. §§ 80 ff. SVG) sowie von Zivildienstleistenden (§ 47 Abs. 2 ZDG). Auch hinsichtlich dieser Versorgungsfälle ist jeweils zu unterscheiden zwischen Schädigungen durch die dienstliche Tätigkeit, Schädigungen durch während dieser Tätigkeit erlittene Unfälle und Schädigungen durch dem Dienst eigentümliche Verhältnisse. Wegeunfälle gelten auch im Rahmen dieser Gesetze als Dienstbeschädigungen (vgl. § 81 Abs. 4 SVG, § 47 Abs. 5 ZDG).

---

[8] BSGE 20, 266, 268.
[9] Bley, S. 340.
[10] BSGE 8, 264, 270; 20, 266, 269.
[11] BSGE 41, 153, 154 m.w.N.
[12] BSGE 10, 251, 255; 18, 199, 201.
[13] Zum Begriff der unmittelbaren Kriegseinwirkung vgl. BSGE 2, 29; 4, 193; 13, 272.

III. BSeuchG

Versorgungsfall nach dem BSeuchG ist ein Impfschaden in Folge einer gesetzlich vorgeschriebenen, aufgrund des BSeuchG angeordneten, von einer zuständigen Behörde empfohlenen[14] oder aufgrund der Verordnungen zur Ausführung der Internationalen Gesundheitsvorschriften[15] durchgeführten Impfung (§ 51 Abs. 1 BSeuchG). Unter einem Impfschaden im Sinne des BSeuchG ist dabei ein das übliche Ausmaß einer Impfreaktion übersteigender Gesundheitsschaden zu verstehen (§ 52 BSeuchG), der gesundheitliche und wirtschaftliche Folgen hervorgerufen hat.

IV. OEG

Versorgungsfall für die Leistungen nach dem OEG ist eine gesundheitliche Schädigung infolge eines vorsätzlichen rechtswidrigen tätlichen Angriffs gegen den Geschädigten oder einen Dritten (erste Alternative) oder infolge von dessen Abwehr (zweite Alternative), die gesundheitliche und wirtschaftliche Folgen hat (§ 1 Abs. 1 OEG). Die erste Alternative weist dabei gegenüber den bisher dargestellten Versorgungsfällen insofern eine Besonderheit auf, als es an einer risikogeschützten Tätigkeit fehlt.[16]

Darüber hinaus unterscheidet sich die Gewährung von Leistungen nach dem OEG auch insoweit von den übrigen Bereichen der sozialen Entschädigung, als keine Leistungen erbracht werden, wenn der Geschädigte die Schädigung selbst verursacht hat (§ 2 Abs. 1 OEG). Ansprüche nach dem OEG scheiden also bereits dann aus, wenn der Beschädigte eine nach der Theorie der wesentlichen Bedingung relevante Ursache für den Schaden gesetzt hat, während sonst nur Vorsatz zum Anspruchsausschluß führt (§ 1 Abs. 4 BVG, § 80 Abs. 6 SVG, § 47 Abs. 6 ZDG; vgl. auch § 553 RVO).[17]

V. HHG

Der Versorgungsfall der Beschädigtenversorgung nach dem HHG besteht schließlich darin, daß ein Deutscher nach der Besetzung seines früheren Aufenthaltsortes oder aus politischen und von ihm nach freiheitlich demokratischer Auffassung nicht zu vertretenden Gründen in Gewahrsam genommen worden ist und hierdurch eine gesundheitliche Schädigung erlitten hat, die zu gesundheitlichen und wirtschaftlichen

---

[14] Vgl. BSGE 42, 178.
[15] Vgl. BSGE 42, 172.
[16] Bley, S. 343; zur Struktur der Versorgungsfälle siehe oben Einleitung vor § 33.
[17] Vgl. Rüfner, NJW 1976, 1249f.

Folgen geführt hat (§§ 1, 4 HHG). Die soziale Entschädigung nach dem HHG unterscheidet sich damit von den vorgenannten Entschädigungstatbeständen dadurch, daß die Allgemeinheit für die Schädigung keine erhöhte Verantwortung trifft, sondern die Entschädigungsleistungen rein sozialstaatlich motiviert sind.[18]

Besondere Bedeutung hat das HHG in letzter Zeit bei der Entschädigung von sog. Fluchthelfern erlangt. Sie haben nach der Rechtsprechung des Bundesverwaltungsgerichts dann Anspruch auf Leistungen nach dem HHG, wenn die Fluchthilfe überwiegend im Interesse des Flüchtlings erfolgte. Die Voraussetzungen für einen Entschädigungsanspruch nach dem HHG liegen dagegen nicht vor, wenn der Fluchthelfer im wesentlichen aus eigenen persönlichen Interessen Fluchthilfe geleistet hat. Allein aus der Tatsache, daß der Fluchthelfer Geldzuwendungen erhalten hat, kann allerdings nicht der Schluß gezogen werden, er habe überwiegend im eigenen Interesse gehandelt.[19]

§ 34. Leistungen

Als Leistungen zur sozialen Entschädigung bei Gesundheitsschäden werden nach dem BVG im wesentlichen gewährt: Heil- und Krankenbehandlung (§§ 10 ff. BVG), Renten an Beschädigte wegen Minderung der Erwerbsfähigkeit (§§ 30 ff. BVG), Renten an Hinterbliebene, Bestattungs- und Sterbegeld (§§ 36 ff. BVG) und sonstige Hilfen im Einzelfall (§§ 25 ff. BVG, sog. Kriegsopferfürsorge).

I. Heil- und Krankenbehandlung

Jeder Beschädigte hat bei Vorliegen von Gesundheitsstörungen, die als Folge einer Schädigung anerkannt sind, einen Anspruch auf Heilbehandlung (§ 10 Abs. 1 BVG). Unter einer Gesundheitsstörung ist dabei ein Zustand zu verstehen, der eine Behandlung erforderlich macht.[1] Hinsichtlich ihres Umfangs entspricht die Heilbehandlung weitgehend der Krankenpflege in der gesetzlichen Krankenversicherung[2] (§ 11 Abs. 1 BVG). Hat die Gesundheitsstörung zu Folge, daß der Beschädigte arbeitsunfähig im Sinne der Vorschriften der gesetzlichen Krankenversicherung wird, so steht ihm neben dem Anspruch auf Heilbehandlung ein Anspruch auf Übergangsgeld zu (§§ 16 ff. BVG). Dieses ist nicht nur hinsichtlich der Leistungsvoraussetzungen, sondern auch bezüglich des

---

[18] Bley, S. 343.
[19] BVerwG NJW 1979, 72; vgl. auch OVG Münster ZfSH 1978, 53 (Nr. 9).
[1] Binter § 10 Anm. 2.
[2] Siehe dazu oben § 8 II 2.

Leistungsumfanges mit dem Krankengeld der gesetzlichen Krankenversicherung zu vergleichen. Schwerbeschädigten, d.h. Personen, deren Erwerbsfähigkeit um mindestens 50% gemindert ist (§ 31 Abs. 3 BVG) stehen Ansprüche auf Heilbehandlung und Übergangsgeld auch dann zu, wenn die Gesundheitsstörungen nicht als Folge einer Schädigung anerkannt sind (§§ 10 Abs. 2, 16 Abs. 1 b BVG). Außerdem wird Schwerbeschädigten für ihren Ehegatten, für ihre Kinder und für sonstige Angehörige, die mit ihnen in häuslicher Gemeinschaft leben und von ihnen überwiegend unterhalten werden, Krankenbehandlung gewährt (§ 10 Abs. 4 BVG). Diese entspricht hinsichtlich ihres Umfanges im wesentlichen der Heilbehandlung für den Beschädigten (§ 12 BVG) und ist mit der Familienhilfe in der gesetzlichen Krankenversicherung zu vergleichen.[3]

Durchgeführt wird die Heil- und Krankenbehandlung sowie die Gewährung von Übergangsgeld in der Regel von den Trägern der gesetzlichen Krankenversicherung (vgl. §§ 18 c ff. BVG).

II. Renten an Beschädigte wegen Minderung der Erwerbsfähigkeit

Die dem Beschädigten wegen der Minderung seiner Erwerbsfähigkeit gezahlte Rente setzt sich grundsätzlich zusammen aus der Grundrente, der Ausgleichsrente und dem Berufsschadensausgleich. Sie erhöht sich gegebenenfalls um den Ehegattenzuschlag und Kinderzuschläge.

1. Grundrente

Ein Anspruch auf Grundrente besteht, sofern die schädigungsbedingte Minderung der Erwerbsfähigkeit mindestens 30% beträgt. Die Minderung der Erwerbsfähigkeit ist dabei nach der körperlichen und geistigen Beeinträchtigung im allgemeinen Erwerbsleben zu beurteilen, wobei auch seelische Begleiterscheinungen und Schmerzen zu berücksichtigen sind (§ 30 Abs. 1 BVG). Die Höhe der Grundrente ist in Abhängigkeit von der Minderung der Erwerbsfähigkeit gesetzlich fixiert. Sie orientiert sich nicht an den tatsächlichen Einkommenseinbußen des Beschädigten, da sie ein Ausgleich für die Einbußen an körperlicher Integrität und die hieraus resultierenden Nachteile sein soll.[4] Aus diesem Grunde erfolgt auch keine Anrechnung des sonstigen Einkommens des Beschädigten (vgl. § 31 BVG).

2. Ausgleichsrente

Die Ausgleichsrente wird neben der Grundrente an Schwerbeschädigte bezahlt, sofern sie infolge ihres Gesundheitszustandes oder hohen Alters

---

[3] Zur Familienhilfe siehe oben § 8 VI.
[4] BSGE 40, 225, 227.

§ 34. Leistungen

oder aus einem von ihnen nicht zu vertretenden sonstigen Grund eine zumutbare Erwerbstätigkeit nicht oder nur im beschränkten Umfang oder nur mit überdurchschnittlichem Kräfteaufwand ausüben können. Ihre Höhe ist ebenfalls in Abhängigkeit von der Minderung der Erwerbsfähigkeit gesetzlich fixiert (§ 32 BVG). Auf die Ausgleichsrente wird das sonstige Einkommen des Geschädigten angerechnet, soweit es bestimmte Freibeträge übersteigt (§ 33 BVG). Sondervorschriften gelten für die Bemessung der Ausgleichsrente für schwerbeschädigte Kinder und Jugendliche (§ 34 BVG).

3. Berufsschadensausgleich

Berufsschadensausgleich erhalten schließlich alle rentenberechtigten Beschädigten, d. h. jene Beschädigten, deren Minderung der Erwerbsfähigkeit mindestens 30% beträgt, sofern ihr Einkommen aus gegenwärtiger oder früherer Tätigkeit durch die Schädigungsfolgen gemindert ist. Die Höhe des Berufsschadensausgleichs beträgt $^4/_{10}$ des Einkommensverlustes, der sich errechnet aus der Differenz zwischen dem Bruttoeinkommen des Beschädigten aus gegenwärtiger oder früherer Tätigkeit zuzüglich der Ausgleichsrente und dem Durchschnitt jener Berufs- und Wirtschaftsgruppe, der der Beschädigte ohne die Schädigung wahrscheinlich angehören würde (§ 30 Abs. 3 und 4 BVG).

4. Ehegatten- und Kinderzulage

Für verheiratete Schwerbeschädigte erhöht sich die Schwerbeschädigtenrente um einen in seiner Höhe ebenfalls gesetzlich fixierten Ehegattenzuschlag. Den Ehegattenzuschlag erhalten neben den verheirateten auch solche Schwerbeschädigte, deren Ehe aufgelöst oder für nichtig erklärt worden ist, sofern sie in ihrem eigenen Haushalt für ein Kind im Sinne des § 33 b Abs. 2 BVG sorgen (§ 33 a Abs. 1 BVG). Darüber hinaus erhalten Schwerbeschädigte für jedes Kind einen Kinderzuschlag. Dieser wird allerdings grundsätzlich nur bis zur Vollendung des 16. Lebensjahres gezahlt und auch nur dann, wenn für das Kind kein Anspruch auf Kindergeld besteht (§ 33 b BVG).[5]

5. Pflegezulage

Neben dem Anspruch auf Beschädigtenrente einschließlich eventueller Zuschläge kann jedem Beschädigten ein Anspruch auf eine sog. Pflegezulage zustehen. Diese wird gewährt, solange der Beschädigte infolge seiner Schädigung so hilflos ist, daß er für die gewöhnlichen und regelmäßig wiederkehrenden Verrichtungen des täglichen Lebens in erheblichem

---

[5] Zum Anspruch auf Kindergeld siehe unten § 41 I.

Umfang fremder Hilfe dauernd bedarf (§ 35 BVG).[6] Im Gegensatz zum Ehegatten- und Kinderzuschlag ist die Pflegezulage kein Bestandteil der Beschädigtenrente, sondern eine selbständige Versorgungsleistung.[7] Dies bedeutet, daß sie ausdrücklich neben der Beschädigtenrente zu beantragen ist und über ihren Beginn, ihre Erhöhung oder ihre Entziehung unabhängig von der Beschädigtenrente entschieden wird.[8]

III. Leistungen an Hinterbliebene

Als Leistungen an Hinterbliebene werden nach dem BVG neben dem Bestattungs- und Sterbegeld in erster Linie Hinterbliebenenrenten oder Hinterbliebenenbeihilfen gewährt. Diese Leistungen unterscheiden sich – abgesehen vom Leistungsumfang – im wesentlichen dadurch, daß Hinterbliebenenrentenansprüche nur dann bestehen, wenn der Tod des Beschädigten auf dessen Schädigung zurückzuführen ist, während Hinterbliebenenbeihilfen gewährt werden, wenn die Beschädigung nicht kausal für den Tod des Beschädigten war.

1. Hinterbliebenenrente

Einen Anspruch auf Hinterbliebenenrente haben die Witwen, die Waisen und die Verwandten der aufsteigenden Linie, sofern der Beschädigte an den Folgen seiner Schädigung gestorben ist. Dabei gilt der Tod dann stets als Folge der Schädigung, wenn der Beschädigte an einem Leiden stirbt, das als Folge seiner Schädigung anerkannt und für das ihm ein Beschädigtenrentenanspruch zuerkannt war (§ 38 Abs. 1 BVG). Durch diese gesetzliche Vermutung wird es der zuständigen Verwaltungsbehörde verwehrt, bei der Bewilligung einer Hinterbliebenenrente erneut die Kausalität des schädigenden Ereignisses für das Versorgungsleiden zu überprüfen. Die Rechtsvermutung reicht allerdings nicht soweit, daß auch die Kausalität des anerkannten Schädigungsleidens für den Tod vermutet würde. Diese Frage ist vielmehr anhand der Theorie der wesentlichen Bedingung[9] zu überprüfen.[10]

Ist der Beschädigte an den Folgen seiner Schädigung gestorben, so hat die Witwe einen Anspruch auf eine Hinterbliebenenrente, die sich – ähnlich wie die Beschädigtenrente – grundsätzlich zusammensetzt aus der Witwengrundrente, der Ausgleichsrente und dem Schadensausgleich.

Als Grundrente erhält die Witwe einen gesetzlich fixierten Betrag, dessen Höhe unabhängig von ihrem Einkommen oder dem des verstor-

---

[6] Zum Begriff der Hilflosigkeit vgl. BSGE 8, 97.
[7] Rohr/Strässer § 35 Anm. 1.
[8] Binter § 35 Anm. 1.
[9] Siehe dazu oben § 12 II 1 b).
[10] Zur Reichweite der Rechtsvermutung des § 38 Abs. 1 S. 2 BVG vgl. BSGE 24, 185, 186f.; Rohr/Strässer § 38 Anm. 3 m.w.N.

benen Ehegatten ist. Ebenso wie bei der Grundrente des Beschädigten erfolgt auch keine Anrechnung des sonstigen Einkommens oder Vermögens (§ 40 BVG).

Neben der Grundrente erhält die Witwe eine Ausgleichsrente, sofern sie infolge von Krankheit oder anderen Gebrechen mindestens um 50% in ihrer Erwerbsfähigkeit gemindert ist oder das 45. Lebensjahr vollendet hat oder mindestens ein waisenrentenberechtigtes Kind des Verstorbenen erzieht. Sonstiges Einkommen der Witwe wird auf die Ausgleichsrente angerechnet, sofern es bestimmte Freibeträge übersteigt. Die Witwenausgleichsrente weist damit weitgehende Parallelen mit der an Schwerbeschädigte gezahlte Ausgleichsrente auf. Sie unterscheidet sich allerdings insoweit von der Schwerbeschädigtenausgleichsrente, als die Witwenausgleichsrente für alle Anspruchsberechtigten gleich hoch ist (vgl. § 41 BVG).

Erfüllt die Witwe die Voraussetzungen des Anspruchs auf eine Ausgleichsrente, so erhält sie darüber hinaus noch einen Schadensausgleich, wenn ihr Einkommen geringer ist als die Hälfte des Einkommens, das der verstorbene Ehemann ohne seine Schädigung erzielt hätte (§ 40a BVG). Im Falle der Wiederheirat erhält eine Witwe anstelle ihres Rentenanspruchs eine Abfindung in Höhe des 50fachen der monatlichen Grundrente, wodurch die Bereitschaft zu einer erneuten Eheschließung gefördert werden soll (§ 44 BVG).[11]

Die von dem an den Folgen einer Schädigung gestorbenen Beschädigten hinterlassenen Waisen erhalten bis zur Vollendung des 18. Lebensjahres und unter bestimmten Voraussetzungen auch darüber hinaus eine Waisenrente. Auch diese setzt sich aus einer Grund- und einer Ausgleichsrente zusammen. Ein Schadensausgleich wird an Waisen dagegen nicht gezahlt. Hinsichtlich der Anrechnung sonstigen Einkommens gilt das für die Witwenrente Gesagte entsprechend (vgl. §§ 45 ff. BVG).

Die Eltern eines an einem Schädigungsleiden gestorbenen Beschädigten erhalten eine Aszendentenrente, sofern sie erwerbsunfähig im Sinne des § 1247 Abs. 2 RVO sind[12] oder aus anderen zwingenden Gründen keine zumutbare Erwerbstätigkeit ausüben können oder das 60. Lebensjahr vollendet haben. Im Gegensatz zum Unfallversicherungsrecht ist der Anspruch auf eine Aszendentenrente nicht davon abhängig, daß der Verstorbene seine Eltern unterhalten hat bzw. unterhalten würde (vgl. §§ 49 ff. BVG).[13]

2. Hinterbliebenenbeihilfen

Während die vorgenannten Leistungen voraussetzen, daß der Beschädigte an den Folgen seiner Schädigung gestorben ist, kommt ein An-

---

[11] Bley, S. 348.
[12] Siehe dazu oben § 17 II 2a).
[13] Zur Aszendentenrente im Unfallversicherungsrecht siehe oben § 12 II 2b) bb) (3).

spruch auf Witwen- bzw. Witwer- und Waisenbeihilfe dann in Betracht, wenn ein Schwerbeschädigter nicht an den Folgen seiner Schädigung gestorben ist. Voraussetzung für einen Anspruch auf eine Beihilfe ist jedoch, daß der Verstorbene infolge der Schädigung keine Erwerbstätigkeit in vollem Umfang ausüben konnte und infolgedessen die Versorgung seiner Hinterbliebenen nicht unerheblich beeinträchtigt wurde. Die Ansprüche auf Witwen- und Waisenbeihilfen sind in der Regel geringer als die entsprechenden Rentenansprüche (§ 48 BVG).

3. Bestattungs- und Sterbegeld

Neben den Renten und Beihilfen werden als einmalige Leistungen an die Hinterbliebenen eines Beschädigten das Bestattungs- und das Sterbegeld gezahlt. Das Bestattungsgeld dient dabei der Bestreitung der Bestattungskosten und wird an denjenigen gezahlt, der die Bestattung besorgt hat. Seine Höhe ist davon abhängig, ob der Beschädigte an den Folgen einer Schädigung gestorben ist (§ 36 BVG). Das Sterbegeld wird im Gegensatz dazu völlig unabhängig von der Todesursache gezahlt und soll den Hinterbliebenen die Anpassung an die durch den Tod des Beschädigten veränderten wirtschaftlichen Verhältnisse erleichtern.[14] Seine Höhe entspricht dem dreifachen der monatlichen Versorgungsbezüge des Verstorbenen (vgl. § 37 BVG).

IV. Sonstige Hilfen im Einzelfall (Kriegsopferfürsorge)

Eine Sonderstellung innerhalb der Leistungen nach dem BVG nehmen die sog. sonstigen Hilfen im Einzelfall (Kriegsopferfürsorge) ein. Sie werden sowohl dem Beschädigten als auch seinen Hinterbliebenen gewährt, wenn und soweit der Beschädigte infolge der Schädigung bzw. die Hinterbliebenen infolge des Verlustes ihres Ehegatten bzw. ihrer Eltern nicht in der Lage sind, ihren Lebensbedarf durch die sonstigen Leistungen nach dem BVG oder durch ihr sonstiges Einkommen und Vermögen zu decken (§ 25a Abs. 1 BVG). Die Kriegsopferfürsorge folgt damit einerseits dem für die Sozialversorgung typischen Kausalprinzip, da sie eine Beschädigung, also den Eintritt eines Versorgungsfalles voraussetzt, andererseits gelten aber die für die Sozialhilfe charakteristischen Prinzipien der Individualisierung und der Subsidiarität.[15] Die Leistungen der Kriegsopferfürsorge umfassen u. a. berufsfördernde Hilfen zur Rehabilitation einschließlich Übergangsgeld, Erziehungsbeihilfen, Unterhaltsbeihilfen, Erholungshilfen und Wohnungshilfen sowie Hilfen in besonderen Lebenslagen (vgl. §§ 26ff. BVG).

---

[14] vgl. Bley, S. 347.
[15] Rüfner, S. 72; Zur Subsidiarität der Kriegsopferfürsorge BSGE 33, 195, 200; zu den Grundprinzipien der Sozialversorgung und der Sozialhilfe siehe oben § 1.

V. Leistungen nach anderen Gesetzen

Das SVG, das BGSG, das ZDG, das BSeuchG, das OEG und das HHG verweisen hinsichtlich des Leistungsrechts grundsätzlich auf die Vorschriften des BVG. Geringfügige Abweichungen ergeben sich nur im Bereich der Heil- und Krankenbehandlung nach dem SVG, dem BGSG und dem ZDG (vgl. § 82 SVG, § 59 BGSG i.V.m. § 82 SVG, § 48 ZDG).

§ 35. Durchführungsbehörden und Kostenträger

Durchgeführt wird die soziale Entschädigung bei Gesundheitsschäden grundsätzlich von den Versorgungsämtern und den Landesversorgungsämtern sowie den sog. orthopädischen Versorgungsstellen. Lediglich die besonderen Hilfen im Einzelfall werden von den Kreisen und den kreisfreien Städten sowie den Hauptfürsorgestellen erbracht (vgl. § 1 des Gesetzes über die Errichtung der Verwaltungsbehörden der Kriegsopferversorgung, § 88 Abs. 1 SVG, § 59 BGSG i.V.m. § 80 Abs. 1 SVG, § 51 ZDG, § 55 BSeuchG, § 6 OEG, § 10 Abs. 1 HHG; vgl. auch § 24 Abs. 2 SGB I).

Die Kosten der sozialen Entschädigung nach dem BVG, dem SVG, dem BGSG, dem ZDG und dem HHG werden grundsätzlich vom Bund getragen (Art. 120 Abs. 1 S. 1 GG, § 1 Abs. 1 des Ersten Gesetzes zur Überleitung von Lasten und Deckungsmitteln auf den Bund, § 88 Abs. 6 SVG, § 59 BGSG i.V.m. § 88 Abs. 6 SVG, § 51 Abs. 4 ZDG i.V.m. § 88 Abs. 6 SVG, § 13 Abs. 2 HHG). Die Versorgung wegen eines Impfschadens wird dagegen von dem Land gewährt, in dem der Schaden verursacht worden ist (§ 59 Abs. 2 BSeuchG). Kostenträger nach dem OEG sind schließlich zu 40% der Bund und zu 60% die Länder (§ 4 Abs. 2 S. 1 OEG).

Fünfter Teil. Sozialhilfe

Literatur: *Flottmann*, Sozialhilfe, 2. Aufl. 1975; *Freudenthal,* Sozialhilferecht, 4. Aufl. 1985; *Gottschick/Giese,* BSHG, 8. Aufl. 1983; *Jehle/Schmitt,* Sozialhilferecht, 4. Aufl. 1976; *Knopp/Fichtner,* BSHG, 5. Aufl. 1983; *Luber,* BSHG, 1976 ff.; *Mergler/Zink/Dahlinger/Zeitler,* BSHG, 3. Aufl. 1981; *Oestreicher,* Bundessozialhilfegesetz, 2. Aufl. 1981; *Schellhorn/Jirasek,* Praktische Sozialhilfe, 3. Aufl. 1979; *Schellhorn/Jirasek/Seipp,* Das BSHG, 11. Aufl. 1984; *Vogt,* Sozialhilferecht, 1975.

Den dritten Teilbereich des Sozialrechts neben der Sozialversicherung und der Sozialversorgung bildet die Sozialhilfe oder Fürsorge. Sie ist im wesentlichen geregelt im Bundessozialhilfegesetz (BSHG). Daneben sind insbesondere die zu den §§ 22, 24, 47, 72, 76, 81 und 88 BSHG ergangenen Durchführungsverordnungen[1] und die von den Ländern erlassenen Ausführungsgesetze zum BSHG von Bedeutung.

Gemäß § 1 Abs. 2 S. 1 BSHG ist es Aufgabe der Sozialhilfe, dem Empfänger der Hilfe die Führung eines Lebens zu ermöglichen, das der Würde des Menschen entspricht. Durch das BSHG wird damit die Pflicht des Staates zum Schutz der Menschenwürde und zugleich die Sozialpflichtigkeit des Staates aus Art. 20 GG konkretisiert, denn durch die Sozialhilfeleistungen soll eine Hilfsbedürftigkeit beseitigt werden, deren Fortbestehen die Menschenwürde des Hilfesuchenden verletzen würde.[2] Gleichzeitig soll die Hilfe den Hilfesuchenden als Mittel zur Selbsthilfe[3] soweit als möglich befähigen, wieder unabhängig von der Sozialhilfe zu leben (§ 1 Abs. 2 S. 2 BSHG, vgl. auch § 9 SGB I). Um diese Ziele zu erreichen werden nach dem BSHG persönliche Hilfen sowie Geld- und Sachleistungen gewährt (§ 8 BSHG). Dabei gelten für die Erbringung aller Sozialhilfeleistungen – im Gegensatz zur Sozialversicherung und zur sozialen Entschädigung – die Prinzipien der Subsidiarität und der Individualisierung.

Aus dem Grundsatz der Subsidiarität folgt, daß Sozialhilfeleistungen

---

[1] Verordnung zur Durchführung des § 22 des BSHG – Regelsatz-Verordnung – vom 20. 7. 1962, BGBl I S. 515, i. d. F. vom 10. 5. 1971, BGBl I S. 451; Verordnung zur Durchführung des § 24 Abs. 2 S. 1 des BSHG vom 28. 6. 1974, BGBl I S. 1365; Verordnung nach § 47 des BSHG – Eingliederungshilfe-Verordnung – vom 27. 5. 1964, BGBl I S. 339, i. d. F. vom 1. 2. 1975, BGBl I S. 433; Verordnung zur Durchführung des § 72 des BSHG vom 9. 6. 1976, BGBl I S. 1469; Verordnung zur Durchführung des § 76 des BSHG vom 28. 11. 1962, BGBl I S. 692, i. d. F. vom 23. 11. 1976, BGBl I S. 3234; Verordnung zur Durchführung des § 81 Abs. 1 Nr. 3 des BSHG vom 12. 5. 1975, BGBl I S. 1109; Verordnung zur Durchführung des § 88 Abs. 2 Nr. 8 des BSHG vom 9. 11. 1970, BGBl I S. 1529, i. d. F. vom 6. 12. 1979, BGBl I S. 2004.
[2] BVerwGE 35, 178, 180.
[3] BVerwGE 47, 103, 106.

nicht erhält, wer sich selbst helfen kann oder wer die für ein menschenwürdiges Leben erforderliche Hilfe von anderen, insbesondere von Angehörigen oder anderen Sozialleistungsträgern, erhält (vgl. § 2 Abs. 1 BSHG). „Andere" im Sinne des Sozialhilferechts sind – wie sich aus der Formulierung „insbesondere" ergibt – aber nicht nur die besonders hervorgehobenen Angehörigen und sonstigen Sozialleistungsträger, sondern alle Personen oder Organisationen, von denen der Hilfsbedürftige Hilfe zu erhalten hat oder tatsächlich erhält. Die Sozialhilfe ist also auch nachrangig gegenüber allen Versicherungs- oder Versorgungsansprüchen sowie gegenüber privatrechtlichen Ansprüchen auf vertraglicher oder deliktischer Grundlage.[4] Tatsächliche Leistungen anderer, auf die der Hilfsbedürftige keinen Anspruch hat, schließen Leistungen der Sozialhilfe ebenfalls aus, soweit sie die Notlage beheben.

Der Grundsatz der Individualisierung der Leistungen der Sozialhilfe besagt, daß Art, Form und Maß der Sozialhilfeleistungen sich nach den Besonderheiten des Einzelfalles, insbesondere nach der Person des Hilfeempfängers, der Art seines Bedarfs und den örtlichen Verhältnissen zu richten haben. Auch Wünschen des Hilfeempfängers hinsichtlich der Gestaltung der Hilfe soll entsprochen werden, soweit sie angemessen sind und keine unvertretbaren Mehrkosten verursachen (§ 3 Abs. 1 und 2 BSHG). Eine Grenze für die individuelle Gestaltung der Sozialhilfe ergibt sich allerdings aus dem Gleichbehandlungsgrundsatz des Art. 3 GG.[5] Außerdem findet das Prinzip der Individualisierung der Hilfeleistungen dort keine Anwendung, wo das BSHG selbst oder die hierzu ergangenen Durchführungsverordnungen die Voraussetzungen und den Umfang der Sozialhilfeleistungen abschließend regeln.[6]

Liegt bei einem Hilfesuchenden ein individueller Bedarf vor, und kann dieser nicht durch Selbsthilfe oder auf andere Weise gedeckt werden, so hat der Hilfesuchende einen Anspruch auf die entsprechenden Leistungen nach dem BSHG (vgl. § 4 BSHG). Auf die Ursache für die Hilfsbedürftigkeit kommt es grundsätzlich nicht an; auch eigenes Verschulden steht dem Sozialhilfeanspruch nicht entgegen, sofern kein Mißbrauch vorliegt (vgl. §§ 25, 29a, 92a BSHG).[7] Eines Antrags des Hilfsbedürftigen bedarf es nicht, da die Leistungen der Sozialhilfe von Amts wegen gewährt werden (§ 5 BSHG).

In Anspruch genommen wurden Leistungen nach dem BSHG 1983 von ca. 2,4 Millionen Personen. Die Aufwendungen für die ihnen gewährten Sozialhilfeleistungen betrugen 18 Milliarden DM. Davon entfielen auf

---

[4] Knopp/Fichtner § 2 Rdn. 2.
[5] Vgl. BVerwG FEVS 9, 41.
[6] Zu den Grenzen des Grundsatzes der Individualisierung vgl. Knopp/Fichtner § 3 Rdn. 1 und 3.
[7] BVerwGE 29, 99; 35, 360, 362.

Hilfen zum Lebensunterhalt	6123 Millionen DM
Krankenhilfe, Hilfen zur Familienplanung	993 Millionen DM
Eingliederung Behinderter	3650 Millionen DM
Hilfe zur Pflege	6386 Millionen DM.

Der Anteil der Sozialhilfeleistungen am Bruttosozialprodukt lag 1983 bei 1,2%. Nachdem er 1950 noch 1% betrug und 1965 mit 0,47% seinen Tiefstand erreichte, ist er seitdem stetig angestiegen.[8]

§ 36. Leistungen und Leistungsvoraussetzungen

Hinsichtlich der Leistungen der Sozialhilfe ist zu differenzieren zwischen den Hilfen zum Lebensunterhalt (§§ 11 ff. BSHG) und den Hilfen in besonderen Lebenslagen (§§ 27 ff. BSHG; vgl. auch § 1 Abs. 1 BSHG, § 28 Abs. 1 SGB I). Besondere Bedeutung kommt dieser Unterscheidung deshalb zu, weil einerseits das Prinzip der Individualisierung im Bereich der Hilfen zum Lebensunterhalt teilweise durch feste Regelsätze verdrängt wird und andererseits der Grundsatz der Subsidiarität im Bereich der Hilfen in besonderen Lebenslagen nur eingeschränkt gilt und an seine Stelle Zumutbarkeitsgesichtspunkte treten.

I. Hilfen zum Lebensunterhalt

Hilfe zum Lebensunterhalt ist dem zu gewähren, der seinen notwendigen Lebensunterhalt nicht oder nicht ausreichend aus eigenen Kräften und Mitteln, vor allem aus seinem Einkommen und Vermögen, beschaffen kann. Nur in begründeten Ausnahmefällen erhält auch derjenige Hilfe zum Lebensunterhalt, dessen Einkommen und Vermögen normalerweise zur Deckung seines notwendigen Lebensunterhaltes ausreicht (§ 11 BSHG).

1. Arten und Umfang

Der Begriff des notwendigen Lebensunterhalts umfaßt gemäß § 12 Abs. 1 S. 1 BSHG insbesondere Ernährung, Unterkunft, Kleidung, Körperpflege, Hausrat, Heizung und persönliche Bedürfnisse des täglichen Lebens. Zu den persönlichen Bedürfnissen gehören dabei in vertretbarem Umfang auch die Beziehungen zur Umwelt und eine Teilnahme am kulturellen Leben, so daß z.B. der Bezug einer Tageszeitung und ein Rundfunkgerät zum notwendigen Lebensunterhalt zu rechnen sind, nicht dagegen ein Fernsehgerät[9] oder ein Telefonanschluß.[10] § 1 Abs. 1

---

[8] Zu den statistischen Angaben vgl. BR-Drucks. 565/83 S. 76, 106 ff.; BArbBl 1985, Heft 4, S. 133 ff.; Stat. Jahrbuch 1985, S. 411.
[9] BVerwGE 48, 237 ff.
[10] VGH Baden-Württemberg FEVS 23, 383.

der zu § 22 BSHG ergangenen Regelsatz-Verordnung nennt als weitere Bestandteile des notwendigen Lebensunterhalts über § 12 Abs. 1 BSHG hinaus die Kochfeuerung, Beleuchtung und Reinigung. Auch diese Aufzählung ist jedoch nicht abschließend, sondern es können auch andere Bedürfnisse befriedigt werden, sofern diese unter Berücksichtigung der Umstände des Einzelfalls und der Verkehrsanschauung zum notwendigen Lebensunterhalt gehören.

Hinsichtlich der Form und des Umfangs der Hilfe zum Lebensunterhalt ist zu unterscheiden zwischen laufenden und einmaligen Leistungen.

Laufende Leistungen sind die zur Deckung des Lebensunterhalts notwendigen, regelmäßig wiederkehrenden und voraussehbaren Leistungen. Die laufenden Leistungen zum Lebensunterhalt bemessen sich grundsätzlich nach Regelsätzen, die von den zuständigen Landesbehörden festgesetzt werden (vgl. § 22 BSHG). Diese Regelsätze umfassen die laufenden Leistungen für die zum Lebensunterhalt gehörenden Bedürfnisse wie Ernährung, Kochfeuerung, Beschaffung und Instandhaltung von Wäsche und Hausrat in kleinerem Umfang, Beleuchtung, Betrieb elektrischer Geräte usw. (vgl. § 1 der Regelsatz-Verordnung).

Für bestimmte Gruppen, wie z. B. für über 60jährige, Erwerbsunfähige, werdende Mütter, Blinde und Behinderte wird darüber hinaus pauschal ein bestimmter Mehrbedarf an laufenden Leistungen anerkannt (§§ 23f. BSHG). Die Besonderheiten des jeweiligen Einzelfalles werden grundsätzlich nur insoweit berücksichtigt, als die Höhe der Regelsätze vom Alter und von der Zahl der Familienangehörigen abhängig ist (vgl. § 2 der Regelsatz-Verordnung). Eine abweichende Bemessung der laufenden Leistungen zum Lebensunterhalt erfolgt nur dann, wenn dies nach den Besonderheiten des Einzelfalles geboten ist (§ 22 Abs. 1 S. 2 BSHG).

Nicht durch die Regelsätze umfaßt werden die Aufwendungen des Hilfesuchenden für die Unterkunft und die Heizung. Insoweit werden im Rahmen der laufenden Leistungen die tatsächlichen Aufwendungen ersetzt, soweit diese nicht den nach den Umständen des Einzelfalles angemessenen Umfang übersteigen (§ 3 der Regelsatz-Verordnung).

Einmalige Leistungen werden erbracht zur Deckung eines nicht im voraus abzusehenden gleichmäßig berechenbaren Bedarfs. Hierzu gehören z. B. die Beschaffung von Heizmaterial und Kleidung in größerem Umfang sowie Aufwendungen zur Instandhaltung der Wohnung.[11] Diese Leistungen kann auch derjenige in Anspruch nehmen, der zwar keine laufenden Leistungen zum Lebensunterhalt benötigt, aber den Lebensunterhalt aus eigenen Kräften nicht vollständig beschaffen kann (§ 21 Abs. 2 BSHG). Die Höhe der einmaligen Leistungen bemißt sich grundsätzlich nach dem Bedarf im Einzelfall.

---

[11] Knopp/Fichtner § 21 Rdn. 4.

2. Anrechnung von Einkommen und Vermögen

Sowohl einmalige als auch laufende Hilfen zum Lebensunterhalt werden nur gewährt, wenn der Betroffene seinen notwendigen Lebensunterhalt nicht aus eigenem Einkommen oder eigenem Vermögen bestreiten kann. Dabei wird grundsätzlich jedes Einkommen angerechnet. Eine Ausnahme besteht nur für andere Leistungen nach dem BSHG, die Grundrente nach dem BVG,[12] Schmerzensgeldansprüche nach § 847 BGB sowie – unter einschränkenden Voraussetzungen – für Leistungen, die aufgrund öffentlich-rechtlicher Vorschriften zu einem bestimmten, ausdrücklich genannten Zweck gewährt werden und für Zuwendungen der freien Wohlfahrtspflege (§§ 76 ff. BSHG).

Neben dem Einkommen ist grundsätzlich auch das Vermögen unbeschränkt einzusetzen. Eine Ausnahme gilt allerdings für das sog. Schonvermögen (§ 88 Abs. 2 BSHG).[13] Außerdem darf die Hilfe dann nicht von der Verwertung des Vermögens abhängig gemacht werden, wenn dies für den Hilfesuchenden oder seine Angehörigen eine Härte bedeuten würde (§ 88 Abs. 3 S. 1 BSHG).

II. Hilfen in besonderen Lebenslagen

Die Hilfen in besonderen Lebenslagen umfassen eine Vielzahl von Leistungen (vgl. § 27 Abs. 1 BSHG, § 28 Abs. 1 SGB I), die gewährt werden, soweit es dem Hilfesuchenden, seinem nicht getrennt lebenden Ehegatten und, bei unverheirateten Minderjährigen, seinen Eltern nicht zuzumuten ist, die erforderlichen Mittel aus eigenem Einkommen oder eigenem Vermögen aufzubringen.

1. Arten und Umfang

a) Zu den Hilfen in besonderen Lebenslagen gehört zunächst die Hilfe zum Aufbau oder zur Sicherung einer Lebensgrundlage, die demjenigen gewährt werden kann, dem eine ausreichende wirtschaftliche Lebensgrundlage fehlt oder bei dem diese gefährdet ist. Im Gegensatz zu zahlreichen anderen Hilfen in besonderen Lebenslagen handelte es sich bei der Hilfe zum Aufbau oder zur Sicherung einer Lebensgrundlage allerdings nur um eine Ermessensleistung, die normalerweise nur dann gewährt werden soll, wenn sonst Hilfe zum Lebensunterhalt gewährt werden müßte (vgl. § 30 BSHG).

b) Die Hilfen in besonderen Lebenslagen umfassen weiterhin zahlreiche medizinische Leistungen. Hierzu gehören Maßnahmen der vorbeugenden Gesundheitshilfe, Vorsorgeuntersuchungen zur Früherkennung

---

[12] Vgl. dazu oben § 34 II 1.
[13] Vgl. BVerwGE 47, 103, 106 ff.

von Krankheiten (§ 36 BSHG), Krankenhilfe (§ 37 BSHG), Hilfen bei einem nicht rechtswidrigen Schwangerschaftsabbruch oder bei einer nicht rechtswidrigen Sterilisation (§ 37a BSHG), Hilfen zur Familienplanung (§ 37b BSHG) und Hilfen für werdende Mütter und Wöchnerinnen (§ 38 BSHG). Der Umfang dieser Hilfen entspricht im wesentlichen dem der entsprechenden Leistungen der gesetzlichen Krankenversicherung.[14] Abweichungen ergeben sich insoweit, als einerseits nach dem BSHG kein Krankengeld gewährt wird, andererseits im Rahmen der Hilfen zur Familienplanung aber die Kosten für empfängnisregelnde Mittel übernommen werden.

c) Eine weitere Form der Hilfe in besonderen Lebenslagen sind die Eingliederungshilfen für Behinderte (§§ 39ff. BSHG). Ihre Aufgabe ist es, drohende Behinderungen zu verhüten oder eine bereits vorhandene Behinderung oder deren Folgen zu mildern und den Behinderten in die Gesellschaft einzugliedern, ihm die Teilnahme am Leben in der Gemeinschaft und die Ausübung eines angemessenen Berufs zu ermöglichen und ihn soweit wie möglich unabhängig von Pflege zu machen. Zu diesem Zweck werden neben medizinischen Maßnahmen u.a. Hilfen zu einer angemessenen Schulbildung, zur Ausbildung, zur Fortbildung und zur Erlangung eines geeigneten Arbeitsplatzes gewährt. Darüber hinaus umfassen die Maßnahmen der Eingliederungshilfe auch die Gewährung des Lebensunterhalts für den Behinderten und eventuell auch für andere Personen, solange der Behinderte Hilfen zur Schulbildung, Ausbildung oder Fortbildung erhält.

d) Eine Sonderstellung innerhalb der Hilfen in besonderen Lebenslagen nehmen die Maßnahmen der Tuberkulosehilfe ein (§§ 48ff. BSHG). Sie unterscheiden sich von den anderen Hilfen in besonderen Lebenslagen zunächst dadurch, daß sie nicht nur im Interesse des Hilfebedürftigen erbracht werden, also eine fürsorgerische Aufgabe haben, sondern daß sie auch die Umgebung des Kranken gegen die Übertragung der Tuberkulose schützen sollen und insoweit eine sozialhygienische Funktion ausüben. Außerdem nimmt die Tuberkulosehilfe auch hinsichtlich ihrer Finanzierung eine Sonderstellung innerhalb des Sozialhilferechts ein.[15] Die Tuberkulosehilfe umfaßt u.a. vorbeugende Hilfen, Maßnahmen zur Heilbehandlung, Maßnahmen zur Eingliederung in das Arbeitsleben, insbesondere in Form von Hilfen zur Schulbildung, Ausbildung und Fortbildung sowie zur Erlangung eines geeigneten Arbeitsplatzes und Hilfen zum Lebensunterhalt.

e) Von relativ geringer praktischer Bedeutung als Sozialhilfeleistung ist die Blindenhilfe nach dem BSHG (vgl. § 67 BSHG).[16] Da einerseits die

---

[14] Siehe oben § 7.
[15] Siehe unten § 37 II.
[16] Zu den auf sie entfallenden Ausgaben der Sozialhilfe vgl. BR-Drucks. 407/80 (Sozialbericht), S. 122f.

Blindenhilfe davon abhängig ist, daß keine gleichartigen Leistungen nach anderen Rechtsvorschriften gewährt werden, andererseits aber alle Bundesländer Blindengesetze oder entsprechende Richtlinien erlassen haben,[17] kommt ein Anspruch auf Blindenhilfe nach § 67 BSHG nur dann in Betracht, wenn z. B. das betreffende Landesgesetz die Blindenhilfe von einer bestimmten Zeit der Ansässigkeit im Land abhängig macht. Die Blindenhilfe nach dem BSHG übt insoweit die Funktion eines Auffangtatbestandes aus. Darüber hinaus gewährleistet § 67 BSHG eine gewisse Einheitlichkeit in der Anwendung und Auslegung der Landesgesetze, da die von ihnen verwendeten Begriffe weitgehend denen in § 67 BSHG entsprechen.[18]

f) Die gemessen an den auf sie entfallenden Ausgaben bedeutendste[19] Form der Hilfen in besonderen Lebenslagen sind die Hilfen zur Pflege (§§ 68 ff. BSHG). Sie werden demjenigen gewährt, der infolge von Krankheit oder Behinderung so hilflos ist, daß er nicht ohne Pflege bleiben kann. Unter einer Krankheit ist dabei jede körperliche und geistige Regelwidrigkeit zu verstehen, unabhängig davon, ob sie nur vorübergehender Art ist oder ob es sich um ein Dauerleiden handelt. Im Gegensatz zur Krankenhilfe gemäß § 37 BSHG ist nicht erforderlich, daß die Regelwidrigkeit behandlungsbedürftig ist. Behinderungen sind ebenfalls körperliche, geistige oder seelische Regelwidrigkeiten, die aber im Gegensatz zur Krankheit stets einen Dauerzustand darstellen.[20]

Neben dem Vorliegen einer Krankheit oder einer Behinderung ist weitere Voraussetzung für einen Anspruch auf Hilfe zur Pflege, daß der Hilfesuchende sich in einem Zustand befindet, in dem er zur Erhaltung seiner physischen Existenz der Pflege durch andere Personen bedarf. Seine Hilflosigkeit muß sich auf die gewöhnlichen und regelmäßig wiederkehrenden Verrichtungen im Ablauf des täglichen Lebens beziehen, wobei nur Grunderfordernisse, wie z. B. Waschen, Essen und Anziehen zu berücksichtigen sind.[21]

Sind diese Voraussetzungen gegeben, so hat der Hilfesuchende zunächst einen Anspruch auf häusliche Pflege. Diese soll möglichst durch eine ihm nahestehende Person oder im Wege der Nachbarschaftshilfe erfolgen. Nur wenn dies nicht möglich ist, wird eine besondere Pflegekraft herangezogen. Die entstehenden Kosten werden, soweit sie angemessen sind, von dem zuständigen Sozialhilfeträger übernommen. Ist eine Pflege im häuslichen Bereich nach dem Zustand des Pflegebedürftigen nicht möglich oder steht keine geeignete Pflegeperson oder besonde-

---

[17] Vgl. die Zusammenstellungen bei Knopp/Fichtner § 67 Rdn. 2 und Mergler/Zink § 67 Rdn. 34 ff.
[18] Gottschick/Giese § 67 Anm. 1.2.
[19] Vgl. BR-Drucks. 407/80 (Sozialbericht), S. 122f.
[20] Knopp/Fichtner § 68 Rdn. 5 und 6.
[21] BVerwGE 22, 319, 322.

re Pflegekraft zur Verfügung, so muß dem Hilfebedürftigen die erforderliche Pflege in einer Anstalt oder einem Heim zur Verfügung gestellt werden.

g) Eine weitere Form der Hilfe in besonderen Lebenslagen ist die Hilfe zur Weiterführung des Haushalts, die – in der Regel nur vorübergehend – gewährt werden soll, wenn keiner der Haushaltsangehörigen den Haushalt führen kann[22] und die Weiterführung des Haushalts geboten erscheint. Die Gewährung von Hilfe zur Weiterführung des Haushalts kommt u.a. in Betracht zur Versorgung erkrankter Alleinstehender oder zur Versorgung der Familie bei vorübergehender Abwesenheit der Mutter. Ebenso wie die Hilfe zur Pflege soll die Hilfe zur Weiterführung des Haushalts grundsätzlich durch dem Hilfebedürftigen nahestehende Personen oder im Wege der Nachbarschaftshilfe erfolgen. Ist dies nicht möglich, so wird entweder eine besondere Pflegekraft eingesetzt oder es können die angemessenen Kosten für eine vorübergehende anderweitige Unterbringung von Haushaltsangehörigen übernommen werden (§§ 70 f. BSHG).

h) Hilfen zur Überwindung besonderer sozialer Schwierigkeiten erhalten Personen, bei denen der Teilnahme am Leben in der Gemeinschaft besondere soziale Schwierigkeiten entgegenstehen, sofern sie nicht in der Lage sind, diese Schwierigkeiten aus eigener Kraft zu überwinden. Im Gegensatz zu den meisten anderen Formen der Hilfe in besonderen Lebenslagen werden im Rahmen der Hilfen zur Überwindung besonderer sozialer Schwierigkeiten die im Einzelfall erforderlichen persönlichen Hilfen ohne Rücksicht auf Einkommen und Vermögen gewährt. Auch andere als persönliche Hilfen werden unabhängig vom Einkommen und Vermögen des Hilfebedürftigen gewährt, sofern durch eine Anrechnung der Erfolg der Hilfe gefährdet würde (vgl. § 72 BSHG).

Die Voraussetzungen und Arten der Hilfen zur Überwindung besonderer sozialer Schwierigkeiten werden durch die zu § 72 BSHG erlassene Durchführungsverordnung[23] näher geregelt. Als Anspruchsberechtigte kommen danach insbesondere Personen ohne ausreichende Unterkunft, Landfahrer, Nichtseßhafte, aus Freiheitsentziehung Entlassene und verhaltensgestörte junge Menschen in Betracht (vgl. §§ 2ff. der Verordnung zu § 72 BSHG). Ihnen werden u.a. Beratungen, Hilfen zur Beschaffung und Erhaltung einer Wohnung, Hilfen zur Erlangung und Sicherung eines Arbeitsplatzes und Hilfen zur Ausbildung gewährt (vgl. §§ 7ff. der Verordnung zur Durchführung des § 72 BSHG).

i) Als letzte Form der Hilfe in besonderen Lebenslagen regelt das BSHG schließlich die Altenhilfe (§ 75 BSHG). Die Maßnahmen der Altenhilfe, die auch vorbeugenden Charakter haben können, verfolgen

---

[22] Vgl. BVerwG ZfSH 69, 663.
[23] Vgl. Anm. 1.

eine doppelte Zielsetzung, nämlich einerseits altersbedingte Schwierigkeiten körperlicher, geistiger oder seelischer Art zu verhüten, zu überwinden oder zu mildern und andererseits dem alten Menschen die Möglichkeit zu erhalten, am Leben in der Gemeinschaft teilzunehmen. Sind zur Erreichung dieser Ziele persönliche Hilfen erforderlich, so werden sie – ebenso wie die Hilfen zur Überwindung besonderer sozialer Schwierigkeiten – grundsätzlich ohne Rücksicht auf vorhandenes Einkommen oder Vermögen erbracht. Für Geld- oder Sachleistungen besteht dagegen keine vergleichbare Sonderregelung.

j) Über die im Gesetz ausdrücklich genannten Fälle hinaus können auch in anderen besonderen Lebenslagen Hilfen gewährt werden, sofern der Einsatz öffentlicher Mittel gerechtfertigt erscheint (§ 27 Abs. 2 BSHG). Durch diese Generalklausel soll der Praxis der Sozialhilfe die Möglichkeit eröffnet werden, sich künftigen Änderungen der gesellschaftlichen Verhältnisse anpassen zu können.[24]

2. Anrechnung von Einkommen und Vermögen

Ein Anspruch auf Hilfen in besonderen Lebenslagen besteht, anders als ein Anspruch auf Hilfe zum Lebensunterhalt, nicht nur, wenn der Hilfesuchende die erforderlichen Mittel nicht selbst aufbringen kann, sondern bereits dann, wenn ihm dies nicht zuzumuten ist. Eigenes Einkommen steht daher der Gewährung von Hilfen in besonderen Lebenslagen nur entgegen, soweit es bestimmte Einkommensgrenzen übersteigt (§§ 79ff. BSHG).

Das Vermögen ist dagegen grundsätzlich in demselben Umfang einzusetzen wie bei den Hilfen zum Lebensunterhalt, d.h. es ist einzusetzen, sofern es nicht zum Schonvermögen gehört oder die Verwertung des Vermögens eine Härte für den Hilfesuchenden bedeuten würde (§ 88 Abs. 2 und Abs. 3 S. 1 BSHG). Ein Unterschied zur Vermögensanrechnung im Rahmen der Hilfen zum Lebensunterhalt besteht nur insoweit, als die Verwertung bei den Hilfen in besonderen Lebenslagen bereits dann als Härte anzusehen ist, wenn hierdurch eine angemessene Lebensführung oder die Aufrechterhaltung einer angemessenen Alterssicherung wesentlich erschwert würde (§ 88 Abs. 3 S. 2 BSHG).

In begründeten Ausnahmefällen können Hilfen zum Lebensunterhalt selbst dann gewährt werden, wenn das Einkommen des Hilfesuchenden die Einkommensgrenzen übersteigt und eigenes Vermögen, das nicht zum Schonvermögen gehört, vorhanden ist. In diesen Fällen ist der Hilfesuchende allerdings verpflichtet, dem Sozialhilfeträger die Aufwendungen zu ersetzen (§ 29 BSHG).

---

[24] Vgl. die Begründung des Regierungsentwurfs zu § 27 BSHG, BT-Drucks. III/1799.

§ 37. Träger der Sozialhilfe – Finanzierung

I. Träger der Sozialhilfe

Hinsichtlich der Träger der Sozialhilfe ist zu differenzieren zwischen örtlichen und überörtlichen Trägern.

Sachlich zuständig für die Gewährung von Sozialhilfeleistungen sind grundsätzlich die örtlichen Träger der Sozialhilfe (§ 99 BSHG), d.h. die kreisfreien Städte und die Landkreise. Die Länder können darüber hinaus bestimmen, daß die Landkreise ihnen zugehörige Gemeinden und Gemeindeverbände zur Durchführung der Aufgaben nach dem BSHG heranziehen und ihnen dabei Weisungen erteilen können (§ 96 Abs. 1 BSHG). Von dieser Ermächtigung hat die überwiegende Zahl der Bundesländer Gebrauch gemacht.[1] Örtlich zuständig ist in der Regel derjenige Sozialhilfeträger, in dessen Bereich sich der Hilfesuchende tatsächlich aufhält (§§ 97 ff. BSHG).

Neben den örtlichen Trägern bestehen überörtliche Sozialhilfeträger. Diese sind zuständig für die Gewährung verschiedener Hilfen in besonderen Lebenslagen. In ihre Zuständigkeit fallen u.a. einige Maßnahmen im Rahmen der Eingliederungshilfe für Behinderte, die Tuberkulosehilfe, die Blindenhilfe und die Hilfe zur Überwindung besonderer sozialer Schwierigkeiten. Darüber hinaus sollen die überörtlichen Träger zur Weiterentwicklung von Maßnahmen der Sozialhilfe beitragen (§§ 100 f. BSHG).

Die Bestimmung der überörtlichen Sozialhilfeträger und ihre Befugnisse im Verhältnis zu den örtlichen Trägern richten sich nach Landesrecht (§ 96 Abs. 2 BSHG). Die landesrechtlichen Regelungen haben entweder das Land selbst oder Kommunalverbände höherer Ordnung zu überörtlichen Sozialhilfeträgern bestimmt.[2]

II. Finanzierung

Der zuständige Träger der Sozialhilfe hat grundsätzlich auch die Kosten der Sozialhilfeleistungen zu tragen. Diese werden infolgedessen im wesentlichen aus den Steuermitteln der kreisfreien Städte, der Kreise und der Länder finanziert. Eine Ausnahme besteht lediglich für die Tuberkulosehilfe, deren Kosten zu 50% vom Bund getragen werden (vgl. § 66 BSHG).

---

[1] Vgl. Mergler/Zink § 96 Rdn. 14.
[2] Schellhorn/Jirasek/Seipp § 96 Rdn. 20.

Sechster Teil. Weitere Bereiche des Sozialrechts

Neben den bisher erörterten „klassischen" sozialrechtlichen Materien, der Sozialversicherung einschließlich der Arbeitsförderung, der Sozialversorgung und der Sozialhilfe, gehören das Recht der Ausbildungsförderung, die Minderung des Familienaufwandes, das Wohngeldrecht und das Recht der Jugendwohlfahrt zum Sozialrecht im Sinne des SGB. Diese neueren Sozialrechtsbereiche lassen sich kaum bzw. nur unter Überdehnung des Begriffs der Sozialversorgung in die übliche Dreiteilung des Sozialrechts – Sozialversicherung, Sozialversorgung und Sozialhilfe – einordnen. Sie werden daher im folgenden im Anschluß an die klassischen sozialrechtlichen Materien getrennt dargestellt.

1. Abschnitt. Ausbildungsförderung

Literatur: *Baumann*, Bundesausbildungsförderungsgesetz, 8. Aufl. 1980; *Göbel*, Das Bundesausbildungsförderungsgesetz, 1971 ff.; *Menke*, Die Rechtsansprüche auf Bildungsförderung nach dem BAföG und nach dem AFG, 1975; *Rothe/Blanke*, BAföG, 12. Aufl. 1982; *Schieckel*, BAföG, 1975 ff.

Das Recht der Ausbildungsförderung ist enthalten in den Bestimmungen des Bundesgesetzes über die individuelle Förderung der Ausbildung (Bundesausbildungsförderungsgesetz – BAföG), zahlreichen hierzu ergangenen Rechtsverordnungen[1] und den Ausführungsgesetzen der einzelnen Bundesländer.[2] Nicht dem Recht der individuellen Ausbildungsförderung zuzurechnen sind nach der Systematik des SGB I (vgl. § 18

---

[1] Vgl. zu § 13 Abs. 4: Verordnung über die Leistung von Zuschlägen zu dem Bedarf bei einer Ausbildung außerhalb des Geltungsbereichs des BAföG vom 27. Juni 1979, BGBl I S. 813; zu § 14a: Verordnung über Zusatzleistungen in Härtefällen i.d.F. vom 17. Dezember 1974, BGBl I S. 3630 i.d.F. vom 22.12.1981, BGBl I S. 1523, 1528; zu § 15 Abs. 4: Verordnung über die Förderungshöchstdauer für den Besuch von Höheren Fachschulen, Akademien und Hochschulen i.d.F. vom 2. Juli 1979, BGBl S. 1047, geändert durch VO v. 12.7.1985, BGBl I S. 1521; zu § 18 Abs. 6: Verordnung über die Einziehung der nach dem BAföG geleisteten Darlehen vom 9. Juli 1980, BGBl I S. 895 i.d.F. vom 28.10.1983, BGBl I S. 1340; zu § 21 Abs. 3: Verordnung über die Bezeichnung der als Einkommen geltenden sonstigen Einnahmen nach § 21 Abs. 3 Nr. 4 des BAföG i.d.F. vom 16. Juli 1975, BGBl I S. 1924; zu § 44 Abs. 1: Verordnung über die Errichtung eines Beirates für die Ausbildungsförderung vom 11. November 1971, BGBl I S. 1801; zu § 45 Abs. 4: Verordnung über die örtliche Zuständigkeit für Ausbildungsförderung außerhalb des Geltungsbereichs des BAföG vom 27. Oktober 1971, BGBl I S. 1699.

[2] Vgl. die Zusammenstellung bei Schieckel, Band III.

Abs. 1 SGB I) die Leistungen zur Ausbildungsförderung nach anderen sozialrechtlichen Bestimmungen, wie etwa die Maßnahmen zur Förderung der beruflichen Bildung gemäß §§ 33 ff. AFG[3] und die Erziehungsbeihilfen gemäß § 27 BVG.

Ebenfalls nicht zu den Leistungen der individuellen Ausbildungsförderung im Sinne des SGB gehören die Leistungen nach dem Gesetz über die Förderung des wissenschaftlichen Nachwuchses an den Hochschulen (Graduiertenförderungsgesetz – GFG). Die nach dem GFG gewährten Stipendien zur Förderung von Promotionen werden nicht im Interesse der Stipendiaten vergeben, sondern mit ihnen werden bildungspolitische Ziele verfolgt. Durch die Stipendien soll die Zahl jener Hochschulabsolventen erhöht werden, die sich in selbständiger wissenschaftlicher Arbeit geübt und auf diesem Gebiet ihre Befähigung nachgewiesen haben, um auf diese Weise den Bedarf an wissenschaftlichem Nachwuchs, vornehmlich im Hochschulbereich, zu decken.[4] Im Gegensatz zu den Leistungen nach dem BAföG und auch zu den Leistungen nach dem AFG und dem BVG verfolgen die Leistungen nach dem GFG also keine sozialstaatlichen, sondern strukturpolitische Ziele. Das GFG ist aus diesem Grunde auch nicht dem Sozialrecht im Sinne des SGB zuzurechnen.

Leistungen der individuellen Ausbildungsförderung im engeren Sinne, also nach dem BAföG, haben im Jahre 1982 ca. 455 000 Schüler und 340 000 Studenten erhalten. Die Gefördertenquote ist allerdings rückläufig. Von den Teilnehmern an einer förderungsfähigen Ausbildung[5] erhielten Leistungen nach dem BAföG

	Schüler	Studenten
1978	31,7%	36,4%
1982	27,8%	30,3%

Für Leistungen zur Ausbildungsförderung wurden 1983 über 2,5 Milliarden DM aufgewendet. Dies entspricht einem Anteil am Bruttosozialprodukt von ca. 0,2%.[6]

§ 38. Anspruchsvoraussetzungen

Gemäß § 1 BAföG (vgl. auch § 3 Abs. 1 SGB I) hat einen Anspruch auf eine individuelle Förderung seiner Ausbildung nach dem Bundesausbildungsförderungsgesetz, wer an einer Ausbildung teilnimmt, die seiner Neigung, Eignung und Leistung entspricht, sofern ihm die für seinen

---

[3] Vgl. oben § 31 II.
[4] Henke, S. 46 f.; vgl. auch die amtliche Begründung zum Entwurf des GFG, BT-Drucks. VI/2118, S. 1 und 6 ff.
[5] Vgl. unten § 38 I 1.
[6] Zu den statistischen Angaben vgl. BR-Drucks. 407/80 (Sozialbericht), S. 93, 124 ff.

Lebensunterhalt und seine Ausbildung erforderlichen Mittel nicht zur Verfügung stehen. Die Inanspruchnahme von Leistungen der individuellen Ausbildungsförderung nach dem BAföG wird damit von zwei Voraussetzungen abhängig gemacht: Der Förderungsfähigkeit und der Förderungsbedürftigkeit.

I. Förderungsfähigkeit

Die Förderungsfähigkeit ist davon abhängig, daß der Leistungsempfänger einerseits an einer – sachlich, örtlich und zeitlich – förderungsfähigen Ausbildung teilnimmt (vgl. §§ 2 ff. BAföG) und daß er andererseits bestimmte persönliche Voraussetzungen erfüllt (§§ 8 ff. BAföG).

1. Förderungsfähige Ausbildung

Die Förderungsfähigkeit einer Ausbildung ist sachlich zunächst auf bestimmte Schulformen beschränkt. Hierzu gehören u. a. weiterführende allgemeinbildende Schulen und Fachoberschulen, Abendhaupt- und Abendrealschulen, Berufsaufbauschulen, Abendgymnasien und -kollegs, Berufsfachschulen, höhere Fachschulen und Akademien sowie Hochschulen (§ 2 Abs. 1 BAföG). Der Besuch von Ergänzungsschulen, nicht staatlichen Hochschulen und gleichwertigen Ausbildungsstätten[7] (§ 2 Abs. 2 und 3 BAföG) sowie die Teilnahme an Fernkursen (§ 3 BAföG) gehören unter bestimmten einschränkenden Voraussetzungen ebenfalls zu den förderungsfähigen Ausbildungen. Abgesehen von der Teilnahme an Fernkursen muß es sich dabei stets um Ausbildungen handeln, die die Arbeitskraft des Auszubildenden im allgemeinen voll in Anspruch nehmen.

Weitere Voraussetzung für die Förderungsfähigkeit einer Ausbildung ist in örtlicher Hinsicht, daß es sich um eine Ausbildung im Geltungsbereich des BAföG handelt (§ 4 BAföG). Deutsche, die ihren ständigen Wohnsitz im Geltungsbereich des BAföG haben, können allerdings auch für den Besuch ausländischer Ausbildungsstätten Leistungen zur Ausbildungsförderung erhalten, sofern der Besuch der ausländischen Ausbildungsstätte ihrer Ausbildung förderlich oder für die Ausbildung erforderlich ist (vgl. § 5 BAföG). Eine Förderung von Deutschen, die ihren ständigen Wohnsitz im Ausland haben, kommt dagegen nur in Ausnahmefällen in Betracht (vgl. § 6 BAföG).

In zeitlicher Hinsicht setzt die Förderungsfähigkeit einer Ausbildung schließlich voraus, daß diese mindestens ein Schul- oder Studienhalbjahr dauert (§ 2 Abs. 5 BAföG). Eine zeitliche Obergrenze für die Förderung besteht grundsätzlich nicht, sondern die Ausbildungsförderungsleistungen werden für die gesamte Dauer der Ausbildung einschließlich unter-

---

[7] Vgl. dazu BVerwG E 51, 354, 358.

richts- und vorlesungsfreier Zeiten gewährt. Lediglich beim Besuch von höheren Fachschulen, Akademien und Hochschulen ist die Förderungsdauer begrenzt (vgl. § 15 Abs. 2 BAföG i. V. m. der Förderungshöchstdauerverordnung).[8]

Wird in diesen Fällen die Förderungshöchstdauer überschritten, so wird nur dann für eine angemessene Zeit weiterhin Ausbildungsförderung geleistet, wenn die Förderungshöchstdauer infolge einer Ausbildung im Ausland, infolge der Mitwirkung in der Hochschulverwaltung, infolge des erstmaligen Nichtbestehens der Abschlußprüfung oder aus anderen schwerwiegenden Gründen überschritten wurde (vgl. § 15 Abs. 3 BAföG). Bei der Prüfung der Frage, ob ein anderer schwerwiegender Grund vorliegt, ist sowohl das öffentliche Interesse an einer wirtschaftlichen und sparsamen Vergabe der Förderungsmittel als auch das Interesse des Auszubildenden an einer durchgehenden Förderung zu berücksichtigen.[9] Zu bejahen ist das Vorliegen eines schwerwiegenden Grundes dann, wenn Tatsachen vorliegen, die für die Verzögerung des erfolgreichen Abschlusses der Ausbildung innerhalb der Förderungshöchstdauer von erheblicher Bedeutung sind und die die Förderung über die Höchstdauer hinaus unter Beachtung ihres Zweckes rechtfertigen.[10]

Letzte Voraussetzung für die Förderungsfähigkeit einer Ausbildung ist schließlich grundsätzlich, daß es sich um die erste Ausbildung handelt. Wer bereits eine Ausbildung mit einem berufsqualifizierenden Abschluß beendet hat, erhält für weitere Ausbildungen in der Regel nur dann Förderungsleistungen, wenn die vorhergehende Ausbildung in derselben Richtung fachlich weitergeführt wird, d.h. wenn die materiellen Wissenssachgebiete identisch sind,[11] oder wenn im Zusammenhang mit der Abschlußprüfung der vorhergehenden Ausbildung der Zugang zu der weiteren Ausbildung eröffnet worden ist.[12]

Eine zweite, selbständige Ausbildung wird dagegen nur dann gefördert, wenn die besonderen Umstände des Einzelfalles, insbesondere das angestrebte Berufsziel, dies rechtfertigen (vgl. § 7 Abs. 2 BAföG). Bricht der Auszubildende die Ausbildung ab oder wechselt er die Fachrichtung, so wird Ausbildungsförderung für die zweite Ausbildung nur dann geleistet, wenn ein wichtiger Grund vorlag (§ 7 Abs. 3 BAföG). Für die Anerkennung eines wichtigen Grundes sind dabei entsprechend der Dauer der Ausbildung qualifizierte Anforderungen zu stellen; bei Erreichung der Förderungshöchstdauer ist eine Existenzbeeinträchtigung zu verlangen. Allein eine wesentliche Verschlechterung der künftigen Ar-

---

[8] Vgl. Anm. 1.
[9] Rothe/Blanke § 15 Anm. 17.
[10] Vgl. VerwG Hamburg FamRZ 76, 719.
[11] BVerwG E 55, 205 ff.
[12] Vgl. BVerwG E 55, 200.

beits- und Verdienstmöglichkeiten stellt daher nicht ohne weiteres einen wichtigen Grund im Sinne des § 7 Abs. 3 BAföG dar.[13]

2. Persönliche Voraussetzungen

In persönlicher Hinsicht ist der Anspruch auf Ausbildungsförderung abhängig von der Staatsangehörigkeit, dem Alter und der Eignung des Anspruchsstellers.

Anspruch auf Leistungen der individuellen Ausbildungsförderung haben grundsätzlich nur Deutsche im Sinne des Grundgesetzes. Es bestehen jedoch eine Vielzahl von Ausnahmeregelungen, wonach auch Ausländer Leistungen nach dem BAföG erhalten können. Hierzu gehören u. a. heimatlose Ausländer, Ausländer, die ihren gewöhnlichen Aufenthalt im Geltungsbereich des BAföG haben und die asylberechtigt sind, sowie Auszubildende, denen als Kinder nach dem Gesetz über die Einreise und den Aufenthalt von Staatsangehörigen der Mitgliedsstaaten der EG Freizügigkeit gewährt ist. Weitere Sonderregelungen bestehen für Ausländer, die sich insgesamt fünf Jahre im Geltungsbereich des BAföG aufgehalten haben und rechtmäßig erwerbstätig gewesen sind oder deren einer Elternteil sich drei Jahre im Geltungsbereich des BAföG aufgehalten hat und rechtmäßig erwerbstätig war (vgl. § 8 BAföG).

In altersmäßiger Hinsicht ist grundsätzlich Voraussetzung für die Inanspruchnahme der Ausbildungsförderung, daß der Anspruchsteller bei Beginn der Ausbildung das 30. Lebensjahr noch nicht vollendet hat. Auch insoweit bestehen jedoch zahlreiche Ausnahmen, so z.B. für Personen, die die Ausbildungsvoraussetzungen an einer Abendschule erworben haben und danach unmittelbar mit der Ausbildung beginnen sowie für Auszubildende, die aus persönlichen oder familiären Gründen an einem rechtzeitigen Ausbildungsbeginn gehindert waren (vgl. § 10 Abs. 3 BAföG).

Schließlich setzt die persönliche Förderungsfähigkeit eine entsprechende Eignung voraus, d.h. die Ausbildung wird nur gefördert, wenn die Leistungen des Auszubildenden erwarten lassen, daß er das angestrebte Ausbildungsziel erreichen wird. Da das BAföG jedoch kein Instrument der Begabtenförderung ist, sondern seine Aufgabe vielmehr darin besteht, für die Ausbildung möglichst Chancengleichheit herzustellen, werden an die Eignung und die Leistungen des Geförderten nur geringe Anforderungen gestellt.[14] Grundsätzlich begründet bereits der Besuch einer Ausbildungsstätte oder die Teilnahme an einem Praktikum die Vermutung, daß eine entsprechende Eignung vorhanden ist. Lediglich beim Besuch von höheren Fachschulen, Akademien und Hochschulen

---

[13] BVerwG E 50, 161, 166f.
[14] Rüfner, S. 62f.; Rothe/Blanke § 9 Anm. 1. 2; ausführlich Menke, S. 46ff.

muß der Auszubildende Studienfortschritte entsprechend den jeweiligen Ausbildungs- und Prüfungsordnungen erkennen lassen (§ 9 BAföG).

II. Förderungsbedürftigkeit

Neben der Förderungsfähigkeit setzt ein Anspruch auf Ausbildungsförderung voraus, daß der Auszubildende förderungsbedürftig ist. Zur Ermittlung der Förderungsbedürftigkeit werden im BAföG monatliche Bedarfssätze für Schüler, Studenten und Praktikanten festgelegt, wobei nach der Art der Ausbildung differenziert wird (vgl. §§ 12ff. BAföG). Diesem monatlichen Bedarf wird das Einkommen des Auszubildenden, seines Ehegatten und seiner Eltern sowie das Vermögen des Auszubildenden, seines Ehegatten und seiner Eltern – jeweils unter Berücksichtigung bestimmter Freibeträge – gegenübergestellt. Eine elternunabhängige Förderung erfolgt nur in Ausnahmefällen, so z. B. wenn der Auszubildende ein Abendgymnasium besucht, bei Beginn des Ausbildungsabschnitts das 30. Lebensjahr vollendet hat oder eine weitere in sich selbständige Ausbildung beginnt, nachdem seine Eltern ihm gegenüber ihre Unterhaltspflicht erfüllt haben (vgl. §§ 21ff., 26ff. BAföG). Ist das anzurechnende Einkommen und Vermögen nicht ausreichend um den monatlichen Bedarf zu decken, so ist die Förderungsbedürftigkeit des Auszubildenden zu bejahen.

Dieser Förderungsbedürftigkeit im engeren Sinne gleichgestellt ist der Fall, daß die Eltern zwar über anzurechnendes Einkommen oder Vermögen verfügen, der Auszubildende aber glaubhaft machen kann, daß sie ihm tatsächlich keinen entsprechenden Unterhalt leisten und dadurch seine Ausbildung gefährdet ist (§ 36 BAföG). Das Amt für Ausbildungsförderung erbringt unter diesen Voraussetzungen an den Auszubildenden dieselben Leistungen wie bei echter Förderungsbedürftigkeit. Nachdem es in Vorleistung getreten ist, leitet es die bürgerlich-rechtlichen Unterhaltsansprüche des Auszubildenden gegen seine Eltern auf das Land über (§ 37 BAföG).

§ 39. Anspruchsinhalt

Sind die vorgenannten Voraussetzungen gegeben, erhält der Auszubildende Ausbildungsförderung für seinen Lebensunterhalt und die Ausbildung (§ 11 Abs. 1 BAföG). Die Höhe der Leistungen zur individuellen Ausbildungsförderung entspricht grundsätzlich der Differenz zwischen dem gesetzlich fixierten monatlichen Bedarf und dem anzurechnenden Einkommen bzw. Vermögen. In besonderen Härtefällen werden darüber hinaus Zusatzleistungen erbracht (vgl. § 14a BAföG i.V.m. der hierzu ergangenen Härte-Verordnung).[1]

Hinsichtlich der Art der Förderung ist zu unterscheiden zwischen Zuschüssen und Darlehen, wobei nach der Systematik des Gesetzes die Ausbildungsförderung im Regelfall in Form von Zuschüssen erfolgt. Die Gewährung von Darlehen kommt insbesondere in Betracht beim Besuch von höheren Fachschulen, Akademien und Hochschulen sowie bei der Teilnahme an einem Praktikum, das mit dem Besuch einer dieser Ausbildungsstätten in Zusammenhang steht (§ 17 Abs. 2 BAföG).

Die Darlehen zur Ausbildungsförderung sind, sofern der Darlehensnehmer nicht mit der Rückzahlung in Verzug gerät, nicht zu verzinsen. Zur Rückzahlung des Darlehens in Raten ist der Darlehensnehmer erst mit Ablauf von fünf Jahren nach der Beendigung seiner Ausbildung verpflichtet, vorausgesetzt, daß sein Einkommen zu diesem Zeitpunkt einen gesetzlich fixierten Mindestbetrag übersteigt (vgl. §§ 18f. BAföG und die hierzu ergangene Darlehens-Verordnung).[2]

Um einen Anreiz zur beschleunigten Durchführung des Studiums zu schaffen, wird dem Darlehensnehmer auf seinen Antrag ein Betrag in Höhe von 5000 DM erlassen, sofern er seine Ausbildung mindestens vier Monate vor dem Erreichen der Förderungshöchstdauer erfolgreich abschließt (§ 18b BAföG). Außerdem werden dem Auszubildenden, der nach dem Ergebnis der Abschlußprüfung zu den ersten 30 v.H. der Geförderten gehört, die diese Prüfung in demselben Kalenderjahr abgeschlossen haben, 25 v.H. des geleisteten Darlehensbetrages erlassen. Die näheren Einzelheiten regelt insoweit die Verordnung über den leistungsabhängigen Teilerlaß von Ausbildungsförderungsdarlehen.[3]

§ 40. Durchführungsbehörden und Finanzierung

Die Durchführung des BAföG obliegt grundsätzlich den Ländern im Rahmen der Auftragsverwaltung (§ 39 Abs. 1 BAföG). Die einzelnen Länder haben daher Ausführungsgesetze erlassen, durch die Ämter für Ausbildungsförderung in allen Kreisen und kreisfreien Städten sowie bei Hochschulen (vgl. § 40 BAföG) und Landesämter für Ausbildung (vgl. § 40a BAföG) errichtet worden sind. Die Ämter für Ausbildungsförderung, deren örtliche Zuständigkeit je nach Art der Ausbildungsstätte unterschiedlich geregelt ist (vgl. § 45 BAföG), nehmen grundsätzlich die zur Durchführung des BAföG erforderlichen Aufgaben wahr. Eine

---

[1] Verordnung über Zusatzleistungen in Härtefällen vom 15. Juli 1974, BGBl I S. 1449, i.d.F. vom 22. Dezember 1981, BGBl I S. 1523.
[2] Vom 9..Juli 1980, BGBl. I S. 895.
[3] BAföG-TeilerlaßVO vom 14. Dezember 1983, BGBl I S. 1439.

§ 40. Durchführungsbehörden und Finanzierung

Sonderregelung besteht für die Verwaltung und Einziehung der zur Ausbildungsförderung geleisteten Darlehen; sie obliegt dem Bundesverwaltungsamt (§ 39 Abs. 2 BAföG).

Weitere mit der Durchführung des BAföG befaßte Stellen sind die Förderungsausschüsse und der Beirat für Ausbildungsförderung.

Den Förderungsausschüssen, die bei den Hochschulen einzurichten sind und die aus Vertretern des Lehrkörpers, der Auszubildenden und des zuständigen Amtes für Ausbildungsförderung bestehen, obliegt es, gutachtlich Stellung zu nehmen zu den besonderen Leistungsvoraussetzungen einer Ausbildung im Ausland, einer weiterführenden oder einer selbständigen zweiten Ausbildung, einer Ausbildung nach Vollendung des 30. Lebensjahres und einer Förderung nach Überschreiten der Förderungshöchstdauer (vgl. §§ 42 f. BAföG).

Der Beirat für Ausbildungsförderung, dem Vertreter aller an Fragen der Ausbildungsförderung interessierten Gruppen angehören, hat die Aufgabe, den zuständigen Bundesminister bei der Durchführung des BAföG und seiner Weiterentwicklung sowie hinsichtlich der Berücksichtigung neuer Ausbildungsformen zu beraten (vgl. § 44 BAföG i.V.m. der hierzu ergangenen Verordnung).[1]

Die Ausgaben, die bei der Ausführung des BAföG entstehen, werden zu 65% vom Bund und zu 35% von den Ländern getragen (§ 56 Abs. 1 BAföG).

---

[1] Vom 11. November 1971, BGBl. I 1801.

2. Abschnitt. Minderung des Familienaufwandes

Der Minderung des Familienaufwandes, auf die ein Recht hat, wer Kindern Unterhalt leistet oder zu leisten hat (§ 6 SGB I), dienen eine Vielzahl von Leistungen in allen Bereichen des Sozialrechts. Hierzu gehören z. B. die Familienhilfe in der gesetzlichen Krankenversicherung (§ 205 RVO),[1] die Kinderzulage in der gesetzlichen Unfallversicherung (§ 583 RVO),[2] der Kinderzuschuß in den gesetzlichen Rentenversicherungen (§ 1262 RVO, § 39 AVG)[3] und der Kinderzuschlag im Recht der sozialen Entschädigung (§ 33 b BVG).[4] Im Mittelpunkt der Leistungen zur Minderung des Familienaufwandes steht jedoch das Kindergeld nach dem Bundeskindergeldgesetz (BKGG), das in § 25 Abs. 1 SGB I auch als einzige Sozialleistung zur Konkretisierung des Rechts auf Minderung des Familienaufwandes erwähnt wird. Darüber hinaus wird man jedoch auch das am 1. Januar 1980 in Kraft getretene „Gesetz zur Sicherung des Unterhalts von Kindern alleinstehender Mütter und Väter durch Unterhaltsvorschüsse oder -ausfalleistungen" (Unterhaltsvorschußgesetz – UhVG), das gemäß Art. II § 1 Nr. 18 SGB I als besonderer Teil des Sozialgesetzbuches gilt, dem Recht der Minderung des Familienaufwandes zurechnen müssen.[5]

Leistungen zur Minderung des Familienaufwandes nach dem BKGG erhielten im Jahre 1984 ca. 6,4 Millionen Personen für ca. 10,8 Millionen Kinder. Davon waren

Erstkinder	6,3 Millionen
Zweitkinder	3,2 Millionen
Dritte und weitere Kinder	1,0 Millionen.

Der durch die Kindergeldzahlungen entstehende Finanzaufwand betrug 1983 ca. 15,4 Milliarden DM oder 0,9% des Bruttosozialproduktes. Weitere 70 Millionen DM wurden für Leistungen nach dem UhVG aufgewendet.[6]

---

[1] Siehe oben § 7 VI.
[2] Siehe oben § 12 II 2 b) aa) (3).
[3] Siehe oben § 17 II 4 d).
[4] Siehe oben § 34 II 4.
[5] Vgl. auch Bley, S. 391.
[6] Zu den statistischen Angaben vgl. BR-Drucks. 565/83 S. 91 f.; BArbBl 1985, Heft 4, S. 133 ff.; Stat. Jahrbuch 1985, S. 411.

§ 41. Bundeskindergeldgesetz

Literatur: *Käss/Schroeter*, BKGG, 1975 ff.; *Maschler*, Das Kindergeldrecht, 1974; *Richter*, Das Kindergeld, 1975; *Ruland*, Kindergeldrecht in: Sozialrechtsprechung, Festschrift zum 25jährigen Bestehen des Bundessozialgerichts, Band 1, S. 437; *Schieckel*, Kindergeldgesetze, 1971 ff.; *Sixtus/Haep*, Die Kindergeldgesetze und ihre Anwendung, 4. Aufl. 1976 ff.; *Wickenhagen/Krebs*, BKGG, 1971 ff.

I. Anspruchsvoraussetzungen

Der Anspruch auf Kindergeld nach dem BKGG ist abhängig vom Wohnsitz des Anspruchstellers, dem Vorliegen eines Kindschaftsverhältnisses und der Bezugsberechtigung des Anspruchstellers. Außerdem darf der Anspruch nicht ausnahmsweise durch den Bezug anderer kindergeldähnlicher Leistungen ausgeschlossen sein.

1. Wohnsitz

Voraussetzung für einen Anspruch auf Kindergeld ist zunächst grundsätzlich, daß der Anspruchsteller seinen Wohnsitz oder seinen gewöhnlichen Aufenthalt im Geltungsbereich des BKGG hat (§ 1 Abs. 1 Nr. 1 BKGG). Auf die Staatsangehörigkeit des Anspruchstellers kommt es dagegen nicht an. Das Kindergeldrecht wird damit u. a. geprägt durch das Territorialitätsprinzip.[7] Ausnahmen vom Territorialitätsprinzip bestehen u. a. für Personen, die von ihrem im Geltungsbereich des BKGG ansässigen Arbeitgeber oder Dienstherren vorübergehend ins Ausland entsandt worden sind, für die Empfänger von Versorgungsbezügen und für Entwicklungshelfer (§ 1 Abs. 1 Nr. 2 BKGG). Diesen Personen kann auch dann ein Anspruch auf Kindergeld zustehen, wenn sie ihren Wohnsitz oder gewöhnlichen Aufenthalt nicht im Geltungsbereich des BKGG haben.

2. Kindschaftsverhältnis

Neben einem inländischen Wohnsitz oder Aufenthalt ist grundsätzlich weitere Voraussetzung für einen Anspruch auf Kindergeld, daß der Anspruchsteller in einem Kindschaftsverhältnis zu einem Kind im Sinne des BKGG steht.

Als Kinder im Sinne des BKGG gelten insoweit eheliche, für ehelich erklärte, an Kindes Statt angenommene und nichteheliche Kinder sowie – wenn sie in den Haushalt aufgenommen worden sind – Stief- und Pflegekinder, Enkel und Geschwister (§ 2 Abs. 1 BKGG). Zur Bestimmung dieser Begriffe ist, soweit nicht das BKGG eine eigene Legal-

---

[7] Maschler, S. 65.

definition enthält (vgl. z. B. § 2 Abs. 1 Nr. 2 BKGG), grundsätzlich das Bürgerliche Recht heranzuziehen.[8]

Die genannten Personen werden grundsätzlich nur bis zur Vollendung des 16. Lebensjahres als Kinder im Sinne des BKGG angesehen. Darüber hinaus werden sie nur in Ausnahmefällen noch als Kinder im Sinne der Anspruchsvoraussetzungen für einen Kindergeldanspruch berücksichtigt.

Derartige Ausnahmeregelungen bestehen z. B. für Personen, die eine Berufsausbildung mangels eines Ausbildungsplatzes nicht beginnen oder nicht fortsetzen können sowie für Personen, die nicht erwerbstätig sind, weder Arbeitslosengeld noch Arbeitslosenhilfe beziehen und der Arbeitsvermittlung zur Verfügung stehen. Sie gelten bis zur Vollendung des 21. Lebensjahres als Kinder im Sinne des BKGG (§ 2 Abs. 4 BKGG).

Bis zur Vollendung des 27. Lebensjahres wird u. a. als Kind berücksichtigt, wer ein freiwilliges soziales Jahr leistet oder sich in einer Schul- oder Berufsausbildung befindet und nicht über ein ausreichendes eigenes Einkommen verfügt (vgl. § 2 Abs. 2 Nr. 1, 2, 4 und 5 BKGG). Unter einer Schul- oder Berufsausbildung sind dabei nur solche Ausbildungsmaßnahmen zu verstehen, die die Zeit und die Arbeitskraft des Kindes überwiegend beanspruchen.[9] Der Besuch eines Abendgymnasiums erfüllt daher die Anspruchsvoraussetzungen nicht, wenn die Ausbildung so gestaltet ist, daß daneben eine Halbtagsbeschäftigung möglich ist. Wird dagegen die Zeit und die Arbeitskraft überwiegend in Anspruch genommen, so kann auch eine Praktikantentätigkeit oder der Erwerb von Sprachkenntnissen im Ausland als Ausbildung anzusehen sein.[10]

Über das 27. Lebensjahr hinaus werden Personen in einer Schul- oder Berufsausbildung berücksichtigt, deren Ausbildungsabschluß sich infolge des Wehr- oder Zivildienstes, mangels eines Studienplatzes oder aus ähnlichen, in § 2 Abs. 3 BKGG aufgeführten Gründen verzögert hat. Die in Betracht kommenden Gründe für eine Verlängerung sind im Gesetz abschließend aufgeführt; ist die Verzögerung auf andere Gründe, z. B. auf eine Erkrankung, zurückzuführen, so erfolgt keine Berücksichtigung über das 27. Lebensjahr hinaus.[11]

Lebenslang als Kinder im Sinne des BKGG können schließlich Personen gelten, die infolge einer körperlichen, geistigen oder seelischen Behinderung nicht in der Lage sind, sich selbst zu unterhalten (vgl. § 2 Abs. 3 BKGG) und deren Behinderung vor der Vollendung des 27. Lebensjahres eingetreten ist.[12]

---

[8] Ruland, S. 437, 462 m. w. N.
[9] Vgl. BSG E 27, 192.
[10] Vgl. BSG Breith. 1965, 252.
[11] BSG Breith. 1978, 602.
[12] BSG E 44, 106.

Eine gewisse Ausnahme von dem Grundsatz, daß die Inanspruchnahme von Kindergeld vom Bestehen eines Kindschaftsverhältnisses abhängig ist, bildet das mit Wirkung vom 1.1.1986 neu eingeführte Kindergeld für alleinstehende Kinder. Anspruch auf Kindergeld für sich selbst hat danach, wer Vollwaise ist oder den Aufenthalt seiner Eltern nicht kennt und nicht bei einer anderen Person als Kind zu berücksichtigen ist (§ 1 Abs. 2 Nr. 2 und 3 BKGG).

3. Bezugsberechtigung

Infolge der weiten Definition des Begriffes „Kind" in § 2 BKGG besteht die Möglichkeit, daß mehrere Personen, z.B. Eltern und Pflegeeltern, zu demselben Kind in einem Kindschaftsverhältnis stehen. Da jedoch entsprechend der Funktion des Kindergeldes – Ausgleich der durch Kinder erhöhten finanziellen Belastungen einer Familie[13] – für jedes Kind nur einer Person Kindergeld gewährt werden soll (§ 3 Abs. 1 BKGG),[14] ist weitere Voraussetzung für einen Anspruch auf Kindergeld, daß der Anspruchsteller Bezugsberechtigter ist.

Nach der in § 3 Abs. 2 BKGG aufgestellten Rangfolge sind, wenn mehrere Personen zu demselben Kind in einem Kindschaftsverhältnis stehen, zunächst Pflegeeltern, Großeltern und Geschwister, dann Stiefeltern und erst zuletzt die leiblichen Eltern bezugsberechtigt. Aus dieser gesetzlich festgelegten Rangfolge ergibt sich, daß nicht der Verwandtschaftsgrad entscheidet, denn sonst müßten die leiblichen Eltern an erster Stelle stehen, sondern der Umstand, in wessen Obhut sich das Kind befindet, da diese Person die Hauptlast für das Kind zu tragen hat.[15]

Eine Ausnahme von der genannten Reihenfolge gilt, wenn das Kind im gemeinsamen Haushalt eines leiblichen Elternteils und einer anderen gemäß § 3 Abs. 2 S. 1 BKGG normalerweise vorrangig bezugsberechtigten Person lebt. In diesem Fall ist der leibliche Elternteil zum Bezug des Kindergeldes berechtigt (§ 3 Abs. 2 S. 2 BKGG). Die Konkurrenz der Ansprüche der Eltern untereinander ist in der Weise geregelt, daß derjenige bezugsberechtigt ist, den sie zum Bezugsberechtigten bestimmen, bzw., solange keine entsprechende Bestimmung getroffen worden ist, derjenige, der das Kind überwiegend unterhält (§ 3 Abs. 3 BKGG).

4. Ausschlußgründe

Schließlich ist Voraussetzung für einen Anspruch auf Kindergeld, daß für das Kind keine anderen Leistungen gewährt werden, die ähnlich dem Kindergeld dem Ausgleich der durch Kinder verursachten finanziellen Belastung einer Familie dienen. Insoweit kommt es allein darauf an, daß

---

[13] BSG E 6, 213, 225; 25, 295, 297.
[14] Vgl. zum sog. Einheitsprinzip auch Maschler, S. 113.
[15] Käss/Schroeter § 3 Anm. 2.

die andere Leistung **wegen** des gleichen Kindes gewährt wird und nicht darauf, daß sie derselben Person gewährt wird.[16] Dies hat z. B. zur Folge, daß der Anspruch eines im öffentlichen Dienst beschäftigten Ehegatten auf Kinderzuschlag die Gewährung von Kindergeld an seine geschiedene Ehefrau auch dann ausschließt, wenn das gemeinsame Kind bei ihr lebt und sie allein sorgeberechtigt ist.[17] Ebenso steht der geschiedenen Mutter eines ehelichen Kindes – unabhängig davon, daß das Kind in ihrem Haushalt lebt und ihr das Sorgerecht übertragen worden ist – kein Anspruch auf Kindergeld zu, wenn der Vater des Kindes einen Kinderzuschuß zu seiner Rente aus der gesetzlichen Rentenversicherung bezieht.[18]

Welche Leistungen kindergeldähnlich und damit anspruchsausschließend sind, ist in § 8 Abs. 1 BKGG abschließend geregelt. Insbesondere gehören hierzu die Kinderzulagen bzw. Kinderzuschüsse der gesetzlichen Unfallversicherung und der gesetzlichen Rentenversicherungen, vergleichbare ausländische Leistungen und der Kinderzuschlag nach § 56 Bundesbesoldungsgesetz. Sind die kindergeldähnlichen Leistungen geringer als das Kindergeld, so wird Kindergeld in Höhe des Unterschiedsbetrages gezahlt (vgl. § 8 Abs. 2 BKGG).

II. Anspruchsinhalt

Sind die vorgenannten Anspruchsvoraussetzungen gegeben, besteht ein Anspruch auf Kindergeld für jedes Kind. Das Kindergeld beträgt nach verschiedenen Änderungen gegenwärtig für das erste Kind 50 DM, für das zweite Kind 100 DM, für das dritte Kind 220 DM und für das vierte und jedes weitere Kind 240 DM. Das Kindergeld für das zweite und jedes weitere Kind reduziert sich allerdings, sofern die Bezugsberechtigten bestimmte Einkommensgrenzen überschreiten (§ 10 BKGG). Die für die Höhe des Kindergeldes maßgebliche Rangfolge der Kinder richtet sich auch bei Pflegekindern ausschließlich nach deren Lebensalter.[19]

Für die Ermittlung der „Ordnungszahl" eines Kindes sind alle Kinder im Sinne des § 2 BKGG (sog. „Zählkinder")[20] zu berücksichtigen, und nicht nur jene, für die tatsächlich ein Anspruch auf Zahlung von Kindergeld besteht, weil der Anspruchsteller gleichzeitig Bezugsberechtigter ist und keine Ausschlußgründe vorliegen (sog. „Zahlkinder"). Dies hat zur Folge, daß z. B. ein Anspruchsteller, der vier Kinder im Sinne des § 2 BKGG hat, von denen das erste bei bezugsberechtigten Pflegeeltern lebt,

---

[16] BSG Breith. 1971, 684 ff.
[17] BSG E 32, 46.
[18] BSG SGb 78, 157 (Nr. 28).
[19] BSG E 25, 291; Breith. 1978, 697.
[20] Wickenhagen/Krebs § 10 Rdnr. 3; Käss/Schroeter § 10 Anm. 2.

Kindergeld für das zweite bis vierte Kind (= 560 DM) erhält, weil das erste Kind als Zählkind bei der Ermittlung der Ordnungszahl mitberücksichtigt wird. Ist das älteste Kind dagegen mehr als 18 Jahre alt und daher aus dem Kreis der Zählkinder ausgeschieden, so wird lediglich Kindergeld für das erste bis dritte Kind (= 370 DM) gewährt.[21]

III. Zuständigkeit und Finanzierung

Die Durchführung des BKGG obliegt der Bundesanstalt für Arbeit, die insoweit die Bezeichnung Kindergeldkasse führt (§ 15 BKGG). Zuständig für die Gewährung von Kindergeld im Einzelfall ist das Arbeitsamt, in dessen Bezirk der Berechtigte seinen Wohnsitz hat. Sonderregelungen gelten für Personen, die keinen Wohnsitz im Geltungsbereich des BKGG haben (§ 24 BKGG).

Die Aufwendungen, die der Bundesanstalt für Arbeit für die Durchführung des BKGG entstehen, werden vom Bund getragen. Dieser stellt der Bundesanstalt die für die Zahlung des Kindergeldes erforderlichen Mittel nach Bedarf zur Verfügung und erstattet ihr außerdem die entstehenden Verwaltungskosten (§ 16 BKGG).

§ 42. Unterhaltsvorschußgesetz

Literatur: *Köhler,* Das neue Unterhaltsvorschußgesetz, NJW 1979, 1812; *Rehnelt,* Das Gesetz zur Sicherung des Unterhalts von Kindern alleinstehender Mütter und Väter durch Unterhaltsvorschüsse oder -ausfalleistungen vom 23. 7. 1979, NDV 1980, 57; *Scholz,* Unterhaltsvorschußgesetz, 1980.

Das Gesetz zur Sicherung des Unterhalts von Kindern alleinstehender Mütter und Väter durch Unterhaltsvorschüsse oder -ausfalleistungen (Unterhaltsvorschußgesetz), das am 1. Januar 1980 in Kraft getreten ist, soll nach seiner Zielsetzung den Schwierigkeiten begegnen, die alleinstehenden Elternteilen und ihren Kindern entstehen, wenn der andere Elternteil, bei dem das Kind nicht lebt, sich der Pflicht zur Zahlung von Unterhalt ganz oder teilweise entzieht, hierzu nicht oder nicht in ausreichendem Umfang in der Lage ist oder wenn er verstorben ist.[1] Die Leistungen nach dem Unterhaltsvorschußgesetz weisen insofern Parallelen zum Kindergeld nach dem BKGG auf, als sie für jedes Kind unabhängig von einer Bedürftigkeitsprüfung in gleicher Höhe erbracht werden und einen Ausgleich der durch Kinder erhöhten finanziellen Belastungen der Familie zur Folge haben. Es erscheint daher gerechtfertigt, sie dem

---

[21] Vgl. Wickenhagen/Krebs § 10 Rdnr. 3; Rüfner, S. 61.
[1] Vgl. BT-Drucks. 8/1952, S. 6.

Recht der Minderung des Familienaufwandes im Sinne des § 25 SGB I zuzurechnen.

I. Anspruchsvoraussetzungen

Einen Anspruch auf Unterhaltsleistungen nach dem UhVG kann nur erlangen, wer das sechste Lebensjahr noch nicht vollendet hat, d. h. es werden nur Kinder im vorschulpflichtigen Alter berücksichtigt (vgl. § 1 Abs. 1 Nr. 1 UhVG). Diese Beschränkung auf Kinder im vorschulpflichtigen Alter erklärt sich daraus, daß diese Kinder typischerweise in besonderem Maße der persönlichen Betreuung bedürfen.[2] Der alleinstehende Elternteil, bei dem sie leben, soll daher nicht gezwungen sein, den Unterhaltsausfall durch eine (vermehrte) Erwerbstätigkeit auszugleichen.[3]

Weitere Voraussetzungen für einen Anspruch auf Unterhaltsleistungen nach dem UhVG ist, daß das Kind im Geltungsbereich des Gesetzes bei einem seiner Elternteile lebt und dieser Elternteil ledig, verwitwet oder geschieden ist oder von seinem Ehegatten dauernd getrennt lebt (§ 1 Abs. 1 Nr. 2 UhVG). Ohne Bedeutung für den Anspruch auf Unterhaltsvorschuß ist also die Staatsangehörigkeit des Kindes und seiner Eltern sowie die Ursache für die Unvollständigkeit der Familie. Auch ist nicht erforderlich, daß jener Elternteil, bei dem sich das Kind befindet, einen eigenen Haushalt führt, sondern das Kind muß nur bei diesem Elternteil leben. Dies ist dann zu bejahen, wenn das Kind bei dem alleinstehenden Elternteil persönliche Betreuung und Versorgung findet. Diese Betreuung kann auch in einem Haushalt erfolgen, der anderen – etwa den Großeltern des Kindes – allein zuzuordnen ist oder der von dem alleinstehenden Elternteil mit anderen gemeinsam geführt wird.[4]

Entsprechend der Zielsetzung des UhVG ist weitere Anspruchsvoraussetzung, daß ein Unterhaltsausfall vorliegt, d. h. Ansprüche nach dem UhVG hat nur, wer nicht oder nicht regelmäßig Unterhalt von dem anderen Elternteil oder, wenn dieser verstorben ist, Waisenbezüge in Höhe des Regelbedarfs für nichteheliche Kinder erhält (vgl. § 1 Abs. 1 Nr. 3 UhVG). Zu den Waisenbezügen gehören dabei die Waisenrenten aus der gesetzlichen Unfallversicherung und den gesetzlichen Rentenversicherungen, das Waisengeld nach den beamtenversorgungsrechtlichen Vorschriften und Schadensersatzleistungen wegen des Todes des unterhaltspflichtigen Elternteils. Nicht zu den Waisenbezügen gehören dagegen z. B. Renten aus einer privaten Lebensversicherung.[5]

Letzte Anspruchsvoraussetzung ist schließlich, daß das Kind über

---

[2] Vgl. BT-Drucks. 8/2774, S. 4.
[3] Bley, S. 391.
[4] Scholz § 1 Rdnr. 5 ff.
[5] Scholz § 1 Rdnr. 15.

§ 42. Unterhaltsvorschußgesetz

einen vollstreckungsfähigen Titel für seine Unterhaltsansprüche verfügt oder einen solchen innerhalb von drei Monaten nach Klageerhebung noch nicht erlangt hat (§ 1 Abs. 1 Nr. 4 UhVG). Von dieser Voraussetzung bestehen jedoch eine Vielzahl von Ausnahmen. Ein vollstreckbarer Titel ist u. a. dann nicht erforderlich, wenn der normalerweise unterhaltspflichtige Elternteil verstorben ist, seinen gewöhnlichen Aufenthalt außerhalb des Geltungsbereichs des UhVG hat, sein Aufenthalt nicht bekannt ist oder die Rechtsverfolgung aussichtslos erscheint. Bei nichtehelichen Berechtigten wird auch dann auf einen vollstreckbaren Titel verzichtet, wenn die Mutter den Vater nicht kennt oder dieser die Vaterschaft bestreitet (§ 1 Abs. 5 UhVG).

II. Anspruchsinhalt

Sind die vorgenannten Voraussetzungen erfüllt, so bestehen ein Anspruch auf Unterhaltsleistung in Höhe des Regelbedarfs für nichteheliche Kinder nach der Regelsatzverordnung[6] in ihrer jeweils gültigen Fassung. Dieser Anspruch vermindert sich um die Hälfte des für ein erstes Kind zu zahlenden Kindergeldes, wenn der Elternteil, bei dem das Kind lebt, für das Kind Anspruch auf volles Kindergeld nach dem BKGG oder eine kindergeldähnliche Leistung im Sinne des § 8 Abs. 1 BKGG[7] hat (§ 2 Abs. 1 und 2 UhVG). Geht man davon aus, daß der Regelunterhalt eines nichtehelichen Kindes bis zur Vollendung des sechsten Lebensjahres nach der Regelunterhaltsverordnung ab 1. 1. 1985 monatlich 188 DM beträgt[8] und daß jener Elternteil, bei dem das Kind lebt, meist einen Anspruch auf Kindergeld haben wird, welcher in Höhe von 25 DM anzurechnen ist, so wird die monatliche Unterhaltsleistung nach dem UhVG in der Regel 203 DM betragen.

Auf die Unterhaltsleistung werden die Einkünfte des Berechtigten angerechnet, sofern diese aus Unterhaltszahlungen des Elternteils, bei dem der Berechtigte nicht lebt, oder aus Waisenbezügen resultieren (§ 2 Abs. 3 UhVG). Außerdem ist der Anspruch auf Unterhaltsleistungen zeitlich auf längstens 36 Monate begrenzt (§ 3 UhVG).

Müssen Unterhaltsleistungen nach dem UhVG erbracht werden, weil dem Kind zwar ein Unterhaltsanspruch zusteht, der Unterhaltsverpflichtete aber tatsächlich nicht leistet, so gehen die Ansprüche des Kindes gegen den Unterhaltsverpflichteten in Höhe der Unterhaltsleistung auf den zuständigen Sozialleistungsträger über (vgl. § 7 UhVG). Das UhVG trifft damit eine ähnliche Regelung wie das BSHG (vgl. § 90 BSHG) und das BAföG (vgl. § 37 BAföG).

---

[6] Vom 27. Juni 1970, BGBl I S. 1010.
[7] Siehe oben § 41 I 4.
[8] Vgl. die 4. Verordnung zur Änderung der Regelunterhaltverordnung (Regelbedarf-Verordnung 1979) vom 28. September 1979, BGBl I S. 1601.

III. Zuständigkeit und Finanzierung

Das UhVG wird von den Ländern im Auftrag des Bundes durchgeführt (§ 8 Abs. 1 UhVG). Die Länder wiederum werden die Durchführung des Gesetzes den Jugendämtern übertragen.[9]

Finanziert werden die Unterhaltsleistungen nach dem UhVG je zur Hälfte vom Bund und von den Ländern (§ 8 Abs. 2 UhVG).

---

[9] Vgl. BT-Drucks. 8/1952, S. 7.

3. Abschnitt. Zuschuß für eine angemessene Wohnung

Literatur: *Schwerz*, Das neue Wohngeldrecht, 1972 ff.; *Stadler/Gutekunst*, Zweites Wohngeldgesetz, 1971 ff.

Sind für eine angemessene Wohnung unzumutbare Aufwendungen erforderlich, so kann zur wirtschaftlichen Sicherung angemessenen und familiengerechten Wohnens Wohngeld nach den Bestimmungen des Wohngeldgesetzes (WoGG) als Zuschuß zu den Aufwendungen für den eigengenutzten Wohnraum in Anspruch genommen werden (vgl. §§ 7, 26 Abs. 1 SGB I, § 1 WoGG). Als sozial sichernder Ausgleich für unzumutbare Aufwendungen für die Befriedigung eines speziellen Bedarfs steht das Wohngeld nach dem WoGG der Sozialhilfe in besonderen Lebenslagen nahe,[1] es handelt sich jedoch nicht um eine Leistung der Sozialhilfe im Sinne des BSHG (vgl. § 1 S. 2 WoGG a.F.). Gegenüber den Leistungen der Sozialhilfe hat der Wohngeldanspruch daher Vorrang, während er gegenüber funktionsgleichen Leistungen anderer Sozialleistungsbereiche nachrangig ist.[2]

1982 erhielten ca. 1,8 Millionen Personen Leistungen nach dem WoGG, wodurch dem Bund und den Ländern Ausgaben von insgesamt 2,9 Milliarden DM entstanden. Das monatliche Wohngeld betrug im Durchschnitt ca. 109 DM.[3]

§ 43. Leistungsvoraussetzungen und Leistungen

Voraussetzung für einen Anspruch auf Wohngeld ist zunächst, daß der Anspruchsteller Antragsberechtigter ist, d.h., daß er zum begünstigten Personenkreis gehören muß. Da Wohngeld entweder als Miet- oder als Lastenzuschuß gewährt wird (vgl. § 2 Abs. 1 WoGG) ist insoweit zu unterscheiden zwischen der Antragsberechtigung für einen Miet- und für einen Lastenzuschuß.

Antragsberechtigt für einen Mietzuschuß sind zunächst die Mieter von Wohnraum, und zwar unabhängig davon, ob es sich um ein Miet- oder Untermietverhältnis handelt, ob eine ganze Wohnung oder nur ein einzelner Raum gemietet ist und ob das Mietverhältnis sich auf eine leere oder eine möblierte Wohnung bezieht.[4] Weiterhin antragsberechtigt sind

---

[1] Vgl. Gitter, BochKomm § 7 Rdnr. 4 m.w.N.
[2] Bley, S. 393; zum Verhältnis zur Sozialhilfe vgl. BVerfG E 27, 220; BVerwG E 45, 157.
[3] Vgl. BR-Drucks. 565/83 S. 111; BArbBl 1985, Heft 4, S. 133 ff.
[4] Schwerz § 3 Rdnr. 5.

die Nutzungsberechtigten von Wohnraum bei einem dem Mietverhältnis ähnlichen, d. h. entgeltlichen,[5] Nutzungsverhältnis. Als Nutzungsberechtigte gelten dabei auch die Inhaber von mietähnlichen Dauerwohnrechten und die Insassen von Heimen, die überwiegend Wohnzwecken dienen. Hierzu gehören u. a. Jugend- und Studentenwohnheime sowie Altenheime und Altenwohnheime. Antragsberechtigt für einen Mietzuschuß sind schließlich auch Wohnsitzberechtigte[6] sowie diejenigen, die Wohnraum im eigenen Haus bewohnen, sofern es sich nicht um ein Eigenheim, sondern um ein Mehrfamilien- oder Geschäftshaus handelt (§ 3 Abs. 1 WoGG).

Einen Lastenzuschuß für den eigengenutzten Wohnraum können die Eigentümer eines Eigenheimes, einer Eigentumswohnung oder eines eigentumsähnlichen Dauerwohnrechts (vgl. §§ 31 ff. Wohnungseigentumsgesetz – WEG) beantragen. Als Eigentümer gelten dabei auch Miteigentümer.[7] Den Eigentümern bzw. Miteigentümern gleichgestellt sind Erbbauberechtigte bzw. Wohnungserbbauberechtigte (vgl. § 30 WEG). Darüber hinaus sind diejenigen Personen antragsberechtigt, die zwar noch nicht Eigentümer oder Erbbauberechtigte sind, denen aber ein Anspruch auf Übertragung des Eigentums bzw. des Erbbaurechts zusteht (vgl. § 3 Abs. 2 und 3 WoGG).

Ob und in welcher Höhe einem Antragsberechtigten ein Anspruch auf Wohngeld zusteht, ist abhängig von der Zahl der Familienmitglieder, den tatsächlichen Aufwendungen für den Wohnraum und dem Familieneinkommen.

Der Kreis der Familienangehörigen im Sinne des WoGG wird von § 4 Abs. 1 WoGG relativ weit gezogen. Zu den Familienangehörigen zählen nicht nur der Ehegatte, Verwandte gerader Linie und Pflegekinder, sondern u. a. auch Verwandte und Verschwägerte zweiten und dritten Grades in der Seitenlinie. Voraussetzung für eine Berücksichtigung als Familienangehörige ist jedoch stets, daß sie zum Haushalt des Antragsberechtigten gehören. Sie müssen mit ihm eine Wohn- und Wirtschaftsgemeinschaft bilden, d. h. Wohnraum gemeinsam bewohnen und sich ganz oder teilweise gemeinsam mit dem täglichen Lebensbedarf versorgen (§ 4 Abs. 2 WoGG). In der Regel kann ein gemeinsamer Haushalt dann angenommen werden, wenn ein wesentlicher Teil der Einnahmen für den gemeinsamen Lebensbedarf zur Verfügung gestellt wird; die Intensität der familiären Beziehungen ist dagegen nicht von entscheidender Bedeutung.[8]

---

[5] OVG Münster DÖV 72, 393.
[6] Vgl. dazu das Gesetz zur Förderung von Wohnungseigentum und Wohnbesitz im sozialen Wohnungsbau vom 23. März 1976, BGBl I S. 737.
[7] OVG Münster BBauBl 73, 428.
[8] Schwerz § 4 Anm. 13 m. w. N.

§ 43. Leistungsvoraussetzungen und Leistungen

Abwesende Familienangehörige rechnen dennoch zum Haushalt des Antragsberechtigten, wenn sie nur vorübergehend abwesend sind. Ob eine nur vorübergehende Abwesenheit vorliegt ist davon abhängig, ob der Familienhaushalt auch während der Abwesenheit Mittelpunkt der Lebensbeziehungen des Abwesenden bleibt. Dies ist insbesondere dann anzunehmen, wenn der Abwesende für seine Lebensführung noch überwiegend von anderen zum Haushalt rechnenden Familienmitgliedern unterstützt wird (§ 4 Abs. 3 WoGG). Von Bedeutung ist diese Regelung insbesondere für Wehrpflichtige und Studenten, die auch bei einer mehrjährigen Abwesenheit in der Regel noch als vorübergehend abwesende Familienmitglieder anzusehen sind.[9] Hieraus folgt zugleich, daß ihnen keine eigenen Wohngeldansprüche zustehen.[10]

Neben der Zahl der Familienmitglieder sind die tatsächlichen Aufwendungen für den eigengenutzten Wohnraum von Bedeutung für die Gewährung von Wohngeld. Macht der Antragsberechtigte einen Anspruch auf einen Mietzuschuß geltend, so werden als Aufwendungen das Entgelt für die Gebrauchsüberlassung von Wohnraum sowie Umlagen, Zuschläge und Vergütungen berücksichtigt. Nicht angerechnet werden dagegen u.a. die Heizkosten (vgl. §§ 5, 7 Abs. 1 WoGG). Für einen Lastenzuschuß werden die Belastung aus dem Kapitaldienst und der Bewirtschaftung als Aufwendungen anerkannt (§§ 6 Abs. 1, 7 Abs. 1 WoGG). Sowohl für einen Miet- als auch für einen Lastenzuschuß werden die tatsächlichen Aufwendungen allerdings nur berücksichtigt, soweit sie nicht bestimmte gesetzlich fixierte Höchstbeträge übersteigen. Diese Höchstbeträge sind abhängig von der Zahl der Familienmitglieder, der Art der Wohnung und der Einwohnerzahl des Ortes (vgl. § 8 WoGG). Durch die Begrenzung der zuschußfähigen Wohnkosten soll sichergestellt werden, daß Zuschüsse nur für eine „angemessene" Wohnung gezahlt werden.[11]

Als dritter Faktor ist schließlich das Familieneinkommen für den Wohngeldanspruch von Bedeutung. Das Familieneinkommen im Sinne des WoGG entspricht grundsätzlich dem Gesamtbetrag der Jahreseinkommen der zum Haushalt rechnenden Familienmitglieder (§ 9 WoGG). Bei seiner Ermittlung bleiben jedoch eine Vielzahl von Sozialleistungen und anderen Einnahmen außer Betracht. Nicht angerechnet werden z.B. Leistungen der gesetzlichen Kranken- und Unfallversicherung, die nicht zum Lebensunterhalt bestimmt sind, Grundrenten nach dem BVG und Leistungen zur Förderung der beruflichen Bildung (vgl. §§ 12 ff. WoGG). Darüber hinaus werden für Kinder und einige andere Personengruppen Freibeträge berücksichtigt (vgl. §§ 15 f. WoGG).

---

[9] Stadler/Gutekunst § 4 Anm. 4; Schwerz § 4 Anm. 14.
[10] Vgl. BVerfG E 44, 265, 267 ff.
[11] Bley, S. 395.

Ob und in welcher Höhe ein Anspruch auf Wohngeld besteht, ergibt sich aus den Anlagen 1 bis 10 zum WoGG. Diese Tabellen berücksichtigen sowohl die Zahl der Familienmitglieder als auch die zuschußfähigen tatsächlichen Wohnkosten und das Jahreseinkommen der zum Haushalt rechnenden Familienmitglieder.

Ausnahmsweise versagt wird das Wohngeld, wenn seine Gewährung zur Vermeidung sozialer Härten nicht erforderlich ist, wenn die Familienmitglieder infolge eigenen schweren Verschuldens nicht in der Lage sind, die Wohnkosten aufzubringen,[12] wenn ein Familienmitglied im Sinne des WoGG Vermögenssteuer zu entrichten hat oder wenn andere öffentliche Leistungen zur wirtschaftlichen Sicherung von Wohnraum erbracht werden. Als vergleichbare öffentliche Leistungen gelten dabei insbesondere Leistungen der individuellen Ausbildungsförderung nach dem BAföG soweit diese Leistungen als Zuschuß gewährt werden.[13] Wohngeld wird schließlich auch dann versagt, wenn für mehrere Wohnungen Wohnkosten aufzubringen sind und für eine dieser Wohnungen bereits Wohngeld oder vergleichbare öffentliche Leistungen gewährt werden (§§ 18 ff. WoGG).

§ 44. Zuständigkeit und Finanzierung

Die Zuständigkeit zur Feststellung und Auszahlung des Wohngeldes richtet sich nach landesrechtlichen Vorschriften (§ 23 WoGG, § 26 Abs. 2 SGB I). Nach den Zuständigkeitsverordnungen der Länder obliegt die Bewilligung des Wohngeldes in der Regel den kreisfreien Städten und Kreisen.[1]

Finanziert werden die Leistungen nach dem WoGG je zur Hälfte vom Bund und den Ländern (§ 34 WoGG).

---

[12] Vgl. BVerwG E 41, 220; 44, 278.
[13] Vgl. BVerwG 54, 358, 359.
[1] Abgedruckt bei Stadler/Gutekunst Anhang 5.

4. Abschnitt. Jugendhilfe

Literatur: *Abel,* Grundriß der Jugendhilfe, 4. Aufl. 1982; *Brunner,* Jugendgerichtsgesetz, 7. Aufl. 1984; *Dallinger-Lackner,* Jugendgerichtsgesetz, 2. Aufl. 1965; *Friedeberg/Polligkeit/Giese,* JWG, 3. Aufl. 1972; *Grethlein,* Jugendgerichtsgesetz, 4. Aufl. 1980; *Harrer,* Jugendhilfe, 4. Aufl. 1980; *Hill,* Jugendwohlfahrtsgesetz, 1975; *Jans/Happe,* JWG, 1971 ff.; *Krug,* Gesetz für Jugendwohlfahrt, 1974 ff.; *Münder,* Frankfurter Kommentar zum JWG, 3. Aufl. 1985; *Potrykus,* JWG, 2. Aufl. 1972; *Ribbert,* Jugendrecht, Jugendhilfe, 1976; *Riedel,* JWG, 8. Aufl. 1983.

Das Jugendhilferecht sollte ursprünglich noch in der 8. Legislaturperiode des Deutschen Bundestages einer grundlegenden Reform unterzogen werden. Ein entsprechender Gesetzesentwurf der Bundesregierung[1] wurde aber ebensowenig Gesetz wie ein vom Bundesrat vorgelegter Entwurf eines Gesetzes zur Verbesserung der Jugendhilfe,[2] das nicht Teil des SGB sein sollte. Damit gilt bis auf weiteres das Jugendwohlfahrtsgesetz (JWG) vom 11. August 1961, das weitgehend noch dem Reichsjugendwohlfahrtsgesetz von 1922 entspricht, als Teil des SGB und bildet die wesentliche Grundlage des Jugendhilferechts. Daneben sind als Rechtsgrundlagen insbesondere die zu § 74 JWG erlassenen Ausführungsgesetze der Länder von Bedeutung.[3]

Ziel der Maßnahmen nach dem JWG ist die Integration des jungen Menschen in die Gesellschaft durch Hilfen zur Erziehung und Bildung im Sinne einer gesunden Entwicklung und Entfaltung seiner Persönlichkeit. Die Hilfen sollen sowohl die Entfaltung seiner körperlichen, geistigen und seelischen Anlagen fördern, als auch Störungen seines Erziehungs-, Entwicklungs- und Reifeprozesses verhindern bzw. beseitigen.[4]

Gegenüber dem durch Art. 6 Abs. 2 S. 1 GG garantierten Erziehungsrecht der Eltern sind die Maßnahmen nach dem JWG grundsätzlich subsidiär (vgl. § 1 Abs. 2 S. 1 JWG, § 8 S. 2 SGB I). Leistungen der öffentlichen Jugendhilfe zur Erziehung kommen daher nur in Betracht, soweit der Anspruch des Kindes auf Erziehung von der Familie nicht erfüllt wird (§ 1 Abs. 3 JWG). Ein Eingreifen gegen den Willen der Erziehungsberechtigten ist nur zulässig, wenn Bestimmungen des JWG (vgl. §§ 57, 58 Abs. 1, 64, 69 Abs. 3 JWG) oder andere gesetzliche Regelungen (z.B. §§ 1666 ff. BGB) dies ausdrücklich erlauben (§ 1 Abs. 2 S. 2 JWG). In jedem Fall hat die öffentliche Jugendhilfe bei ihren

---

[1] „Entwurf eines Sozialgesetzbuches (SGB)-Achtes-Buch-Jugendhilfe-" vom 14. Februar 1979, BT-Drucks. 8/2571.
[2] Vom 10. August 1979, BT-Drucks. 8/3108.
[3] Vgl. den Fundstellenkatalog bei Jans/Happe A 10.
[4] Bley, S. 379 f.

Maßnahmen eine Zusammenarbeit mit den Personensorgeberechtigten anzustreben und die von ihnen bestimmte Grundrichtung der Erziehung zu beachten, soweit hierdurch das Wohl des Kindes nicht gefährdet wird. Wünschen der Personensorgeberechtigten soll die öffentliche Jugendhilfe ebenfalls entsprechen soweit diese angemessen sind und keine unvertretbaren Mehrkosten verursachen (vgl. § 3 JWG).

Leistungen der öffentlichen Jugendhilfe haben im Jahre 1983 insgesamt Ausgaben in Höhe von 7,1 Milliarden DM oder 0,4% des Bruttosozialproduktes erforderlich gemacht. Den größten Anteil hieran hatten die

Kindertagesstätten	2,2 Milliarden DM
Heimpflege	2,2 Milliarden DM
freiwillige Erziehungshilfe	0,6 Milliarden DM.[5]

§ 45. Leistungsempfänger

Die Bestimmungen des Jugendhilferechts gelten gemäß § 1 Abs. 1 S. 1 JWG – in Abweichung von § 8 S. 1 SGB I, der jedem jungen Menschen ein Recht auf Erziehung einräumt – grundsätzlich nur für „deutsche Kinder". Unter Kindern im Sinne des JWG sind dabei Minderjährige im Sinne des § 2 BGB zu verstehen, also Personen, die das 18. Lebensjahr noch nicht vollendet haben. In Ausnahmefällen können allerdings auch Volljährige Leistungen nach dem JWG in Anspruch nehmen (vgl. § 6 Abs. 3 JWG).

Die in § 1 Abs. 1 JWG enthaltene Beschränkung auf deutsche Kinder bedeutet allerdings nicht, daß ausländischen oder staatenlosen Kindern keine Leistungen nach dem JWG gewährt werden, sondern soll lediglich Kollisionen mit dem internationalen Recht vermeiden helfen.[6] Auch ausländischen Kindern können daher Erziehungshilfen gewährt werden, soweit nicht das Recht ihres Heimatlandes oder internationale Vereinbarungen entgegenstehen.[7] Soweit die Gewährung von Leistungen an ausländische oder staatenlose Kinder von einer Ermessensausübung abhängig ist, wird man unter Berücksichtigung des § 8 S. 1 SGB I im Zweifel zu ihren Gunsten entscheiden müssen.[8]

---

[5] Vgl. BR-Drucks. 565/83 S. 76, 108 ff.; BArbBl 1985, Heft 4, S. 133 ff.
[6] RGZ 117, 376, 377 f.
[7] Jans/Happe § 1 Anm. 2; Potrykus § 1 Anm. 5.
[8] Rode, BochKomm § 8 Rdnr. 8.

§ 46. Leistungen

§ 27 Abs. 1 SGB I nennt als Leistungen der Jugendhilfe Hilfen zur Erziehung, Hilfen zur außerschulischen und außerberuflichen Bildung, Hilfen zur Verhinderung und Beseitigung von Entwicklungsstörungen, Hilfen zur Förderung von Veranstaltungen der Jugendwohlfahrt und die Vormundschafts- und Gerichtshilfe. Dieser Leistungskatalog des § 27 Abs. 1 SGB I korrespondiert jedoch – anders als bei den übrigen Bestimmungen des 2. Titels des 2. Abschnitts des SGB I – nur teilweise mit im geltenden Recht vorgesehenen Leistungen[1] und entspricht auch nicht der üblichen Gliederung der Leistungen nach dem JWG.

Die Leistungen nach dem JWG werden üblicherweise untergliedert in Maßnahmen der Jugendpflege und Maßnahmen der Jugendfürsorge. Bei den Maßnahmen der Jugendpflege handelt es sich dabei um Maßnahmen, die sich an die Gesamtheit der Jugendlichen wenden und deren leibliche, seelische und gesellschaftliche Tüchtigkeit fördern, ohne daß eine Gefährdung der Erziehung im Einzelfall vorzuliegen braucht. Im Gegensatz dazu haben die Maßnahmen der Jugendfürsorge die Aufgabe, einer drohenden oder bereits eingetretenen anlage- oder umweltbedingten Entwicklungsstörung vorbeugend oder heilend unter Berücksichtigung der Besonderheiten des Einzelfalls entgegenzuwirken.[2]

I. Jugendpflege

Zu den Maßnahmen der Jugendpflege, die im JWG nur ansatzweise geregelt sind, gehören u.a. die Beratung in Fragen der Erziehung, Hilfen für Mutter und Kind vor und nach der Geburt, die erzieherische Betreuung von Säuglingen, Kleinkindern, Kindern und Jugendlichen im Rahmen der Gesundheitshilfe, die allgemeine Kinder- und Jugenderholung sowie die erzieherische Betreuung von Kindern und Jugendlichen im Rahmen der Familienerholung, weiterhin Freizeithilfen, die Förderung der politischen Bildung und internationaler Begegnungen sowie Erziehungshilfen während der Berufsvorbereitung, Berufsausbildung und Berufstätigkeit (§ 5 Abs. 1 JWG). Die Jugendämter nehmen diese Aufgaben wahr, indem sie die zur Durchführung der genannten Maßnahmen erforderlichen Einrichtungen und Veranstaltungen fördern oder erforderlichenfalls schaffen bzw. durchführen. Maßnahmen der Jugendpflege sind heute z.B. die Unterstützung von Jugendverbänden, die Einrichtung von Jugendfreizeitheimen, Jugendbildungsstätten, Jugend-

---

[1] Vgl. Rode, BochKomm § 27 Rdnr. 1.
[2] Bachof in: Wolff/Bachof, Verwaltungsrecht III, § 152 Rdnr. 4 und 7; vgl. auch Bley, S. 382f.; kritisch zu dieser Untergliederung Jans/Happe § 2 Anm. 4.

herbergen und Jugendwohnheimen sowie die Veranstaltung von Theater- und Filmabenden, Jugendkonzerten und Jugendlagern.[3] Darüber hinaus gehört zu den Maßnahmen der Jugendpflege auch die Aufsicht über Heime und andere Einrichtungen, in denen Minderjährige dauernd oder zeitweise betreut werden oder Unterkunft erhalten (vgl. § 78 JWG).

II. Jugendfürsorge

Im Gegensatz zur Jugendpflege ist die Jugendfürsorge im JWG eingehend geregelt. Zu den Maßnahmen der Jugendfürsorge gehören u. a. der Schutz von Pflegekindern, die Mitwirkung im Vormundschaftswesen, die Mitwirkung bei der Erziehungsbeistandschaft, der freiwilligen Erziehungshilfe und der Fürsorgeerziehung sowie die Jugendgerichtshilfe (vgl. § 4 JWG).

1. Maßnahmen zum Schutz von Pflegekindern

Die Maßnahmen zum Schutz von Pflegekindern (§§ 27 ff. JWG) beziehen sich auf Personen unter 16 Jahren, die sich dauernd oder für einen Teil des Tages, jedoch regelmäßig, außerhalb des Elternhauses in Familienpflege befinden (§ 27 Abs. 1 JWG). Zu ihrem Schutz sieht das JWG zunächst vor, daß derjenige, der ein Pflegekind aufnehmen will, hierzu einer Erlaubnis des Jugendamtes bedarf (§ 28 JWG). Darüber hinaus unterstehen Pflegekinder der ständigen Aufsicht des Jugendamtes, die sich darauf erstreckt, daß ihr leibliches, geistiges und seelisches Wohl gewährleistet ist (§ 31 Abs. 1 JWG).

2. Mitwirkung im Vormundschaftswesen

Die Stellung des Jugendamtes im Rahmen der Amtspflegschaft und der Amtsvormundschaft bestimmt sich im wesentlichen nach den entsprechenden Bestimmungen des BGB. Kraft Gesetzes wird das Jugendamt danach mit der Geburt eines nichtehelichen Kindes Pfleger (§ 40 JWG, §§ 1706, 1709 BGB) oder, soweit ein Vormund zu bestellen ist, Vormund des Kindes (§ 41 JWG, §§ 1773, 1791 c BGB). Darüber hinaus kann das Jugendamt auch vom Vormundschaftsgericht zum Beistand, Pfleger, Vormund oder Gegenvormund bestellt werden (vgl. §§ 45 f., 54 a JWG). Die Ausübung der Pflegschaft oder der Vormundschaft wird vom Jugendamt einzelnen seiner Beamten und Angestellten übertragen (§ 37 JWG).

Neben der Wahrnehmung seiner Pflichten als Pfleger oder Vormund sind dem Jugendamt im Rahmen des Vormundschaftswesens eine Reihe weiterer Aufgaben übertragen worden. Hierzu gehören u. a. die Mitwir-

---

[3] Vgl. Bachof in: Wolff/Bachof, Verwaltungsrecht III, § 152 Rdnr. 4.

kung bei der Auswahl von Vormündern (§ 47 JWG, §§ 1779 Abs. 1, 1849 BGB), die Überwachung von Vormündern (§ 47a JWG, § 1850 BGB), die Förderung des Vormundschaftswesens durch die Beratung von Vormündern (§ 47d JWG), Hilfen für unvollständige Familien, insbesondere in Form von Beratung und Unterstützung des Personensorgeberechtigten bei der Geltendmachung von Unterhaltsansprüchen (§ 51 JWG), und Hilfen für werdende Mütter, sofern hierfür ein Bedürfnis erkennbar geworden ist (§ 52 JWG).

3. Erziehungsmaßnahmen

Hinsichtlich der Erziehungsmaßnahmen im Rahmen der Jugendfürsorge ist zu unterscheiden zwischen der Erziehungsbeistandschaft, der freiwilligen Erziehungshilfe und der Fürsorgeerziehung.

Ein Erziehungsbeistand ist für Minderjährige zu bestellen, deren leibliche, geistige oder seelische Entwicklung gefährdet oder beeinträchtigt ist (§ 55 JWG). Eine Erziehungsgefährdung im Sinne des § 55 JWG ist dann anzunehmen, wenn deutliche Anzeichen dafür vorliegen, daß die erzieherische Entwicklung des Minderjährigen vom normalen Verlauf abweichen wird. Auch gelegentliche und weniger schwerwiegende Abweichungen können die Erziehung gefährden, wenn sie sich zu dauerhaften Verhaltensweisen zu entwickeln und auf die Gesamtpersönlichkeit auszuwirken drohen.[4] Neben der Gefährdung oder Schädigung ist für die Bestellung eines Erziehungsbeistandes Voraussetzung, daß die Maßnahme einerseits geboten und andererseits ausreichend ist, d. h., daß Maßnahmen der freiwilligen Erziehungshilfe oder der Fürsorgeerziehung nicht erforderlich sind.

Der Erziehungsbeistand hat die Aufgabe, den Personensorgeberechtigten bei der Erziehung des Minderjährigen zu unterstützen. Außerdem hat er dem Minderjährigen zur Seite zu stehen und ihn insbesondere hinsichtlich der Verwendung seines Arbeitsverdienstes zu beraten (§ 58 JWG). Während der Erziehungsbeistandschaft bleibt der Minderjährige normalerweise bei seiner Familie und in seiner bisherigen Umgebung.

Eingeleitet wird die Erziehungsbeistandschaft entweder auf Antrag des Personensorgeberechtigten (freiwillige Erziehungsbeistandschaft, § 56 JWG) oder auf Anordnung des Vormundschaftsgerichts (angeordnete Erziehungsbeistandschaft, § 57 JWG). Sie endet grundsätzlich mit der Volljährigkeit. Bereits vorher ist sie aufzuheben, wenn der Erziehungszweck erreicht oder seine Erreichung auf andere Weise sichergestellt ist, wenn die weitergehenden Maßnahmen der freiwilligen Erziehungshilfe oder der Fürsorgeerziehung eingeleitet werden oder – im Fall der freiwilligen Erziehungsbeistandschaft – wenn der Personensorgeberechtigte dies beantragt (§ 61 JWG).

---

[4] Jans/Happe § 55 Anm. 3 A a.

Freiwillige Erziehungshilfe wird Minderjährigen, die das 17. Lebensjahr noch nicht vollendet haben, gewährt, wenn ihre leibliche, geistige oder seelische Entwicklung gefährdet ist, die Maßnahme zur Abwendung der Gefahr oder zur Beseitigung des Schadens geboten ist, die Personensorgeberechtigten bereit sind, die Durchführung der freiwilligen Erziehungshilfe zu fördern und ein entsprechender Antrag des Personensorgeberechtigten vorliegt (§§ 62 f. JWG). Eine Gefährdung oder Schädigung ist dabei unter denselben Voraussetzungen zu bejahen, wie im Fall der Erziehungsbeistandschaft.

Die Fürsorgeerziehung, die gegenüber der Erziehungsbeistandschaft und der freiwilligen Erziehungshilfe subsidiär ist, wird vom Vormundschaftsgericht angeordnet, wenn ein Minderjähriger, der das 17. Lebensjahr noch nicht vollendet hat, zu verwahrlosen droht oder verwahrlost ist (§ 64 JWG, vgl. auch §§ 9ff. Jugendgerichtsgesetz-JGG). Unter Verwahrlosung ist dabei ein erhebliches Sinken des geistigen, sittlichen oder körperlichen Zustandes unter den Durchschnitt der jeweiligen Altersstufe zu verstehen, d.h. eine Entwicklung, die zur leiblichen, seelischen oder gesellschaftlichen Untüchtigkeit führt. Die Abweichung von dem Erziehungsziel darf nicht nur geringfügig, sondern muß erheblich sein.[5]

Im Gegensatz zur Erziehungsbeistandschaft wird der Minderjährige sowohl im Rahmen der freiwilligen Erziehungshilfe als auch der Fürsorgeerziehung in der Regel in einer geeigneten Familie oder in einem Heim untergebracht (vgl. § 71 JWG). Die freiwillige Erziehungshilfe und die Fürsorgeerziehung enden grundsätzlich mit dem Eintritt der Volljährigkeit. Bereits vorher werden sie aufgehoben, wenn ihr Zweck erreicht oder seine Erreichung anderweitig sichergestellt ist. Die freiwillige Erziehungshilfe ist außerdem aufzuheben, wenn die Personensorgeberechtigten dies beantragen. Auf Antrag des Leistungsempfängers können die Maßnahmen auch über den Zeitpunkt des Eintritts der Volljährigkeit hinaus fortgesetzt werden (§§ 75 f. JWG).

4. Jugendgerichtshilfe

Abgesehen von der Aufgabenzuweisung (vgl. § 4 Nr. 4 JWG) nicht im JWG, sondern im JGG geregelt sind die ebenfalls der Jugendfürsorge zuzurechnenden Maßnahmen der Jugendgerichtshilfe. Aufgabe der Jugendgerichtshilfe ist es, die erzieherischen, sozialen und fürsorgerischen Gesichtspunkte im Verfahren vor den Jugendgerichten zur Geltung zu bringen. Diesem Zweck dienen insbesondere die Erforschung der Persönlichkeit, der Entwicklung und der Umgebung des Beschuldigten, die Überwachung während der Bewährungszeit und die Hilfe zur Wiedereingliederung in die Gemeinschaft (vgl. § 38 JGG).

---

[5] Jans/Happe Vorbem. vor §§ 62 bis 77 Anm. 4 B b; Riedel § 64 Anm. 7.

§ 47. Zuständigkeit und Finanzierung

I. Zuständigkeit

Die Durchführung der Maßnahmen nach dem JWG obliegt den Jugendwohlfahrtsbehörden, d. h. im wesentlichen den Jugendämtern und den Landesjugendämtern (vgl. § 2 Abs. 1 JWG).

Jugendämter sind von den kreisfreien Städten und den Kreisen errichtet worden (§ 12 Abs. 2 JWG). Sie bestehen aus dem Jugendwohlfahrtsausschuß und der Verwaltung des Jugendamtes (§ 13 Abs. 2 JWG). Während die Verwaltung des Jugendamtes zuständig ist für die laufenden Geschäfte des Jugendamtes, obliegt es dem Jugendwohlfahrtsausschuß, der u. a. aus Mitgliedern der zuständigen Vertretungskörperschaft, sachkundigen Bürgern und Vertretern der Jugendverbände und der freien Vereinigungen der Jugendwohlfahrt besteht, sich anregend und fördernd mit den Aufgaben der Jugendwohlfahrt zu befassen und im Rahmen der vom Kreistag bzw. vom Gemeinderat bereitgestellten Mittel über Angelegenheiten der Jugendhilfe zu beschließen (§§ 14 ff. JWG). Die Jugendämter sind sachlich zuständig für die Durchführung aller Maßnahmen nach dem JWG, die nicht den Landesjugendämtern zugewiesen worden sind. Die örtliche Zuständigkeit richtet sich grundsätzlich nach dem gewöhnlichen Aufenthaltsort des betroffenen Jugendlichen.

Die Landesjugendämter bestehen ebenfalls aus einem Landesjugendwohlfahrtsausschuß und der Verwaltung des Landesjugendamtes. Neben einer Reihe von Koordinierungsaufgaben obliegen den Landesjugendämtern u. a. die Heimaufsicht und – sofern keine abweichenden landesgesetzlichen Regelungen bestehen – die Ausführung der freiwilligen Erziehungshilfe und der Fürsorgeerziehung (§§ 20 f. JWG).

II. Finanzierung

Die Finanzierung der Jugendhilfe ist im JWG nur teilweise geregelt.

Die durch die Gewährung von Hilfen zur Erziehung einzelner Minderjähriger entstehenden Kosten haben grundsätzlich der Minderjährige bzw. seine Eltern aufzubringen. Nur soweit ihnen die Aufbringung der Mittel aus eigenem Einkommen oder Vermögen nicht zuzumuten ist, werden die Kosten vom zuständigen Träger der öffentlichen Jugendhilfe, also von den kreisfreien Städten bzw. Kreisen oder dem Land getragen (§ 81 Abs. 1 JWG). Die freiwillige Erziehungshilfe und die Fürsorgeerziehung wird dagegen unabhängig davon gewährt, ob dem Minderjährigen oder seinen Eltern die Aufbringung der Kosten zuzumuten ist. Sie haben allerdings, soweit ihnen dies zuzumuten ist, mindestens in Höhe der ersparten Aufwendungen[1] zu den Kosten beizutragen (§ 85 Abs. 1 JWG).

Die Finanzierung anderer Maßnahmen der öffentlichen Jugendhilfe richtet sich nach landesrechtlichen Bestimmungen. In der Regel hat der für die Leistungsgewährung zuständige Träger der Jugendhilfe auch die zu ihrer Finanzierung erforderlichen Mittel aufzubringen.

---

[1] BVerwG E 52, 51; vgl. auch E 35, 304.

Siebter Teil. Sozialrechtliches Verwaltungsverfahren und Sozialgerichtsbarkeit

Abschließend soll kurz auf das sozialrechtliche Verwaltungsverfahren und auf das Gerichtsverfahren für die verschiedenen Bereiche des Sozialrechts eingegangen werden. Die hierfür geltenden Bestimmungen entsprechen weitgehend denen für das allgemeine Verwaltungsverfahren und für die allgemeine Verwaltungsgerichtsbarkeit, so daß insoweit auf das entsprechende Schrifttum verwiesen werden kann. Die folgende Darstellung beschränkt sich daher im wesentlichen darauf, bestehende Unterschiede aufzuzeigen.

§ 48. Sozialrechtliches Verwaltungsverfahren

Literatur: *André*, Neuregelung des Zusammenwirkens der Sozialleistungsträger im Sozialgesetzbuch X. Buch, ZfSH/SGB 1985, 97; *Bley*, Der Verwaltungsakt nach dem VwVfG des Bundes und dem Entwurf zum Verwaltungsverfahren des Sozialgesetzbuchs, DOK 1978, 805 und 861; *Boecken*, Probleme des Auftragsrechts im Zehnten Buch Sozialgesetzbuch, DB 1983, 2034; *Brackmann*, Zu den Vorschriften des SGB X über den Auftrag – §§ 88 ff., BKK 1985, 260; *Burdenski/von Maydell/Schellhorn*, Gemeinschaftskommentar zum Sozialgesetzbuch – Allgemeiner Teil, 2. Aufl. 1981; *Casselmann*, Die Amtshilfe im Entwurf zum X. Buch SGB, BlStSozArbR 1980, 151; *Dörr*, Die Aufhebung von Verwaltungsakten nach dem Entwurf des Sozialgesetzbuches, Buch X (E SGB X), ZfS 1980, 127; *Häberle*, Das Verwaltungsrechtsverhältnis – Eine Problemskizze, Schriftenreihe des Deutschen Sozialgerichtsverbandes, Band XVIII, S. 60; *Kaltenbach*, Bestandskraft des Verwaltungsaktes, Mitteilungen der Landesversicherungsanstalt Oberfranken und Mittelfranken 1980, 441; *Kesselheim*, AOK-Kundendienst, Veränderungen durch das 3. Kapitel SGB X?, DOK 1983, 384; *Krasney*, Zur Neuregelung der Rücknahme rechtswidriger Leistungsbescheide der Sozialversicherung im Entwurf eines Sozialgesetzbuches (Zehntes Buch) – Verwaltungsverfahren, SozSich 1978, 367; *Küppersbusch*, Die Ablösung der §§ 1542, 1543 RVO durch die §§ 116 bis 119 SGB X, VersR 1983, 193; *Martens*, Verwaltungsverfahrensrecht, DOK 1979, 169; *Mayer*, Verfügung über Leistungsansprüche im Sozialrecht unter besonderer Berücksichtigung des Entwurfs zum X. Teil des Sozialgesetzbuches, SGb 1978, 504; *von Maydell/Schellhorn*, Gemeinschaftskommentar zum Sozialgesetzbuch – Zusammenarbeit der Leistungsträger und ihre Beziehungen zu Dritten, 1984; *Meydam*, Die Regelung des Sozialdatenschutzes im Sozialgesetzbuch – Verwaltungsverfahren (SGB X), BlStSozArbR 1980, 278; *Neumann-Duesberg*, Das Verwaltungsverfahren des Sozialgesetzbuches, Mitteilungen der Landesversicherungsanstalt Oberfranken und Mittelfranken 1980, 434; *Pappai*, Schwerpunkte des neuen sozialrechtlichen Verwaltungsverfahrens, DOK 1979, 17; *Pappai*, Rücknahme und Widerruf von Verwaltungsakten im Bereich der Sozialleistungsträger nach dem Sozialgesetzbuch, BlStSozArbR 1980, 275; *Pappai*, Gesetz über die Zusammenarbeit der Leistungsträger und ihre Beziehungen zu Dritten, BKK 1983, 2; *Pickel*, Auftragsweise Aufgabenwahrnehmung im Sozialrecht, SGb 1984, 1; *Rische*, Der öffentlich-rechtliche Vertrag nach dem Sozialgesetzbuch – SGB X – Verwaltungsverfahren, BlStSozArbR 1980, 330; *Schmitt*, Der Übergang von Beitragsansprüchen auf die Sozialversicherungsträger gem. § 119 SGB X, SGb 1983, 465; *Schnapp*, Der beteiligte Bürger im sozialrechtlichen

Verwaltungsverfahren, BlStSozArbR 1980, 87; *Schroeder-Printzen/Engelmann/Wiessner/von Wulffen,* SGB X, Sozialgesetzbuch Verwaltungsverfahren, 1981/1984; *Wiese,* Neuordnung des Schutzes der Sozialdaten, Mitteilungen der Landesversicherungsanstalt Oberfranken und Mittelfranken 1980, 456.

Die sozialrechtlichen Verwaltungsverfahrensvorschriften waren in der Vergangenheit in zahlreichen Einzelgesetzen uneinheitlich und unübersichtlich geregelt. Für alle Bereiche des Sozialrechts geltende Verwaltungsverfahrensvorschriften sind erst durch das am 1. Januar 1981 bzw. am 1. Juli 1983 in zwei Schritten in Kraft getretene Zehnte Buch des Sozialgesetzbuches – Verwaltungsverfahren, Schutz der Sozialdaten, Zusammenarbeit der Leistungsträger und ihre Beziehungen zu Dritten – (SGB X)[1] geschaffen worden. Es zerfällt in drei Kapitel: Verwaltungsverfahren (§§ 1–66), Schutz der Sozialdaten (§§ 67–85) und Zusammenarbeit der Leistungsträger und ihre Beziehungen zu Dritten (§§ 86–119).

Die im ersten Kapitel des SGB X getroffenen Regelungen über das Verwaltungsverfahren entsprechen weitgehend denen des Verwaltungsverfahrensgesetzes (VwVfG),[2] das gemäß § 2 Abs. 2 Nr. 4 VwVfG für das Sozialrecht nicht gilt. Zur Wahrung der Einheitlichkeit des Rechts sind für gleich gelagerte Sachverhalte die Vorschriften des VwVfG jedoch soweit wie möglich wörtlich in das SGB X übernommen worden.[3]

Weitestgehend identisch sind die Vorschriften des ersten Abschnitts über die örtliche Zuständigkeit (§ 2 SGB X, § 3 VwVfG) und die Amtshilfe (§§ 3 ff. SGB X, §§ 4 ff. VwVfG).[4]

Auch die „Allgemeinen Vorschriften über das Verwaltungsverfahren" (§§ 8 bis 30 SGB X) lehnen sich eng an das VwVfG an. Dies gilt für den Begriff des Verwaltungsverfahrens (§ 8 SGB X, § 9 VwVfG) ebenso wie für die Vorschriften über die Nichtförmlichkeit des Verwaltungsverfahrens (§ 9 SGB X, § 10 VwVfG), die Beteiligten (§§ 10 ff. SGB X, §§ 11 ff. VwVfG) und ihre Vertretung (§§ 13 ff. SGB X, §§ 14 ff. VwVfG), den Ausschluß von Personen und die Besorgnis der Befangenheit (§§ 16 f. SGB X, §§ 20 f. VwVfG), die Amtssprache (§ 19 SGB X, § 23 VwVfG), die Ermittlung des Sachverhalts (§§ 20 ff. SGB X, §§ 24, 26 f. VwVfG) und die Akteneinsicht (§ 25 SGB X, § 29 VwVfG). Identisch sind auch die Bestimmungen über Fristen, Termine und die Wiedereinsetzung in den vorigen Stand sowie amtliche Beglaubigungen (§§ 26 ff. SGB X, §§ 31 ff. VwVfG). Formale Unterschiede ergeben sich insoweit, als das SGB X keine Regelungen über Beratungen und Auskünfte enthält (§ 25 VwVfG). Hieraus ergeben sich jedoch kaum sachliche Unterschiede, da

---

[1] Vom 18. August 1980, BGBl. I S. 1469 bzw. vom 4. November 1982, BGBl I S. 1450.

[2] Vom 25. Mai 1976, BGBl. I S. 1253.

[3] BT-Drucks. 8/2054, S. 29; vgl. auch Martens, DOK 1979, 169; Pappai, DOK 1979, 17.

[4] Zur Amtshilfe nach dem SGB X vgl. Casselmann, BlStSozArbR 1980, 151.

entsprechende Vorschriften bereits in SGB I enthalten sind (vgl. §§ 14f. SGB I). Eine sachliche Abweichung besteht lediglich insoweit, als das SGB X keine Bestimmungen hinsichtlich der Vertretung bei gleichförmigen Eingaben bzw. gleichförmigen Interessen enthält (§§ 17ff. VwVfG). Auf die Übernahme dieser Regelungen in das SGB X konnte verzichtet werden, da sie für das sozialrechtliche Verwaltungsverfahren nicht von praktischer Bedeutung sind.

Unterschiede bestehen im wesentlichen zwischen dem dritten Abschnitt des SGB X (§§ 31 bis 52) und dem dritten Teil des VwVfG (§§ 35 bis 53). Die Vorschriften über den Verwaltungsakt stimmen insoweit überein, als für sein Zustandekommen nahezu identische Regelungen gelten. Im SGB X fehlt lediglich eine Bestimmung über die Ermessensausübung (vgl. § 40 VwVfG), auf diese konnte jedoch verzichtet werden, da eine vergleichbare Regelung bereits im SGB I enthalten ist (§ 39 SGB I). Weitestgehende Übereinstimmung zwischen dem SGB X und dem VwVfG besteht auch hinsichtlich der Bestimmungen über die Wirksamkeit und die Nichtigkeit von Verwaltungsakten, die Heilung von Form- und Verfahrensfehlern und ihre Folgen und die Umdeutung fehlerhafter Verwaltungsakte (§§ 39 bis 43 SGB X, §§ 43 bis 47 VwVfG).

Entscheidende Abweichungen bestehen dagegen hinsichtlich jener Vorschriften, die sich mit der Rücknahme und dem Widerruf von Verwaltungsakten befassen (§§ 44 bis 51 SGB X). In diesem Bereich waren abweichende Regelungen erforderlich, um den Besonderheiten des Sozialrechts gerecht zu werden.[5] Ihnen kommt besondere Bedeutung zu, da im Sozialleistungsbereich die Gewährung von Leistungen aufgrund eines Verwaltungsaktes im Vordergrund steht. Darüber hinaus erlangen die Vorschriften über die Rücknahme und den Widerruf von Verwaltungsakten auch dann Bedeutung, wenn – wie dies insbesondere im Krankenversicherungsrecht weitgehend geschieht[6] – Leistungen schlichthoheitlich erbracht werden, da sie in diesen Fällen entsprechend anzuwenden sind (§ 50 Abs. 2 SGB X).

Gemäß § 44 Abs. 1 SGB X ist der Leistungsträger verpflichtet, einen rechtswidrigen, belastenden Verwaltungsakt, z.B. die Ablehnung eines Rentenantrages zurückzunehmen, wenn sich herausstellt, daß das Recht unrichtig angewandt oder von einem unzutreffenden Sachverhalt ausgegangen worden ist und deshalb Sozialleistungen zu Unrecht nicht erbracht oder Beiträge zu Unrecht erhoben worden sind. Dies gilt auch dann, wenn der Verwaltungsakt unanfechtbar geworden ist. Die Rücknahme erfolgt mit ex-tunc-Wirkung und hat zur Folge, daß Sozialleistun-

---

[5] BT-Drucks. 8/2054, S. 30.
[6] Vgl. BSGE 25, 280; 32, 150, 157.

gen für einen Zeitraum von bis zu 4 Jahren vor der Rücknahme rückwirkend zu erbringen sind (§ 44 Abs. 4 SGB X).

Die Regelungen hinsichtlich der Rücknahme rechtswidriger begünstigender Verwaltungsakte entsprechen im wesentlichen denen des Verwaltungsverfahrensgesetzes (§ 45 SGB X, § 48 Abs. 2 VwVfG). Sie sind für den Betroffenen allerdings teilweise günstiger, da sein Vertrauen auf den Bestand des Verwaltungsaktes in weiterem Umfang geschützt wird. Dies hat u.a. zur Folge, daß eine Rücknahme nicht schon dann in Betracht kommt, wenn der Verwaltungsakt auf unrichtigen Angaben des Begünstigten beruht (§ 48 Abs. 2 Nr. 2 VwVfG), sondern nur dann, wenn er insoweit grob fahrlässig gehandelt hat (§ 45 Abs. 2 Nr. 2 SGB X). Weitere Besonderheiten hinsichtlich der Rücknahme rechtswidriger begünstigender Verwaltungsakte bestehen für Verwaltungsakte mit Dauerwirkung, denen insbesondere im Recht der gesetzlichen Unfallversicherung und der gesetzlichen Rentenversicherung, aber auch im Recht der sozialen Entschädigung bei der Gewährung von Renten eine erhebliche Bedeutung zukommt. Das Vertrauen des Begünstigten wird in diesen Fällen zusätzlich dadurch geschützt, daß eine Rücknahme grundsätzlich nur bis zum Ablauf von zwei Jahren nach der Bekanntgabe des Verwaltungsaktes zulässig ist (§ 45 Abs. 3 S. 1 SGB X). Selbst wenn der Begünstigte die Rechtswidrigkeit des Verwaltungsaktes kannte oder der Verwaltungsakt auf vorsätzlich falschen Angaben beruht, ist eine Rücknahme nach Ablauf von 10 Jahren ausgeschlossen (§ 45 Abs. 3 S. 3 SGB X).

Sonderregelungen bestehen darüber hinaus auch für den Fall, daß sich bei einem Verwaltungsakt mit Dauerwirkung die tatsächlichen oder rechtlichen Verhältnisse nach dem Erlaß des Verwaltungsaktes wesentlich ändern. Sowohl rechtmäßige als auch rechtswidrige Verwaltungsakte sind bei einer Änderung der Verhältnisse mit Wirkung für die Zukunft aufzuheben, wobei zu beachten ist, daß eine Änderung der Verhältnisse auch dann vorliegt, wenn sich die ständige Rechtsprechung eines Obersten Bundesgerichts ändert und das Recht nunmehr anders ausgelegt wird, als die Behörde dies bei Erlaß des Verwaltungsaktes getan hat (vgl. § 48 SGB X).[7]

Keine wesentlichen Unterschiede zwischen dem SGB X und dem VwVfG bestehen hinsichtlich der übrigen Vorschriften des dritten Abschnitts über den Verwaltungsakt. Der Widerruf rechtmäßiger belastender oder begünstigender Verwaltungsakte, die Erstattung zu Unrecht erbrachter Leistungen und die verjährungsrechtlichen Wirkungen des Verwaltungsaktes unterliegen nahezu identischen Regelungen (vgl. §§ 46f., 49 SGB X, §§ 49ff. VwVfG).

---

[7] Zur Aufhebung von Verwaltungsakten nach dem SGB X vgl. Dörr, ZfS 1980, 127; Krasney, SozSich 1978, 367; Martens, DOK 1979, 169; Pappai, BlStSozArbR 1980, 275.

Auch die Regelungen des vierten Abschnitts über öffentlich-rechtliche Verträge im Sozialrecht entsprechen weitestgehend den entsprechenden Bestimmungen des VwVfG (vgl. §§ 53 ff. SGB X, §§ 54 ff. VwVfG). Eine bedeutsamere Abweichung ergibt sich nur insoweit, als gemäß § 53 Abs. 2 SGB X ein Vertrag über Sozialleistungen nur geschlossen werden kann, soweit die Erbringung der Leistung im Ermessen des Leistungsträgers steht. Nach Auffassung des Gesetzgebers ist diese Beschränkung sozialrechtlicher Verträge auf Ermessensleistungen bei subordinationsrechtlichen Verträgen im Interesse des Leistungsberechtigten erforderlich.[8]

Nicht in das SGB X übernommen worden sind die Vorschriften des fünften und des siebten Teils des VwVfG über besondere Verfahrensarten und ehrenamtliche Tätigkeiten. Die Übernahme der Regelungen für besondere Verfahrensarten war entbehrlich, da diese im Sozialrecht keine Bedeutung haben und die Schaffung von Vorschriften über ehrenamtliche Tätigkeiten war nicht mehr erforderlich, da diese bereits im SGB IV enthalten sind.[9]

Das Zweite Kapitel des SGB X – Schutz der Sozialdaten (§§ 67–85 SGB X) – hat im VwVfG keine Parallele, es besteht vielmehr eine enge Verwandtschaft zum Bundesdatenschutzgesetz, auf das auch teilweise verwiesen wird. Der Schutz der Sozialdaten aufgrund der §§ 67 ff. SGB X ist jedoch insgesamt gesehen wesentlich umfassender, als dies bei einer generellen Anwendung des Bundesdatenschutzgesetzes der Fall wäre. Dies gilt insbesondere für die Geheimhaltungspflicht (§§ 67–78 SGB X).

Die Geheimhaltung der Sozialdaten wird dadurch gewährleistet, daß eine Offenbarung von personenbezogenen Daten oder Betriebs- oder Geschäftsgeheimnissen nur dann zulässig ist, wenn der Betroffene im Einzelfall schriftlich eingewilligt hat oder einer der in den §§ 68–77 SGB X aufgeführten Offenbarungstatbestände eingreift. Bei diesen gesetzlichen Offenbarungstatbeständen handelt es sich um die Offenbarung im Rahmen der Amtshilfe, die Offenbarung für die Erfüllung sozialer Aufgaben, die Offenbarung zur Durchführung des Arbeitsschutzes, die Offenbarung zur Erfüllung besonderer gesetzlicher Pflichten, wie z. B. der Abwendung geplanter Straftaten nach § 138 StGB, die Offenbarung zum Schutz der inneren und äußeren Sicherheit, die Offenbarung für die Durchführung eines Strafverfahrens, die Offenbarung bei Verletzung der Unterhaltspflicht beim Versorgungsausgleich und die Offenbarung für die Planung und Forschung. Selbst wenn einer dieser Offenbarungstatbestände vorliegt, so besagt dies allerdings noch nicht in jedem Fall, daß eine Offenbarung zulässig ist. Es bestehen vielmehr zusätzliche Ein-

---

[8] BT-Drucks. 8/2054, S. 30; zum sozialrechtlichen Vertrag nach dem SGB X vgl. Rische, BlStSozArbR 1980, 330.
[9] BT-Drucks. 8/2054, S. 29.

schränkungen bei besonders schutzwürdigen Daten, z. B. medizinischen Daten oder Daten, die an ausländische Stellen vermittelt werden sollen.

Diese teilweise sehr restriktiven Regelungen hinsichtlich der Geheimhaltung von Sozialdaten schienen dem Gesetzgeber erforderlich, da gerade die Sozialleistungsträger über eine Vielzahl medizinischer Daten und Daten über die Vermögensverhältnisse der Sozialleistungsempfänger verfügen.[10] Im Hinblick auf den Schutz der Sozialdaten bei der Datenverarbeitung (§§ 79–85 SGB X) konnte dagegen weitgehend auf die Vorschriften des Bundesdatenschutzgesetzes verwiesen werden, da insoweit kaum sozialrechtliche Besonderheiten zu beachten waren.

Von außerordentlicher Bedeutung für die praktische Arbeit ist schließlich auch das nachträglich in Kraft getretene Dritte Kapitel des SGB X – Zusammenarbeit der Leistungsträger und ihre Beziehungen zu Dritten (§§ 86–119 SGB X).

Den ersten Teil dieser Vorschriften bilden dabei Regelungen über die Zusammenarbeit der Leistungsträger untereinander und mit Dritten. Im Mittelpunkt dieser Vorschriften stehen die §§ 88–93 SGB X, mit denen das öffentlich-rechtliche Auftragsverhältnis erstmals gesetzlich eine abstrakte Regelung gefunden hat. Vorbild für diese Regelungen war der bürgerlich-rechtliche Auftrag gem. §§ 662 ff. BGB, es finden sich jedoch eine Reihe von Modifikationen, die auf die öffentlich-rechtlichen Besonderheiten Rücksicht nehmen.[11]

Nach der Konzeption des Gesetzes ist zu unterscheiden zwischen vertraglich begründeten öffentlich-rechtlichen Auftragsverhältnissen und gesetzlich begründeten öffentlich-rechtlichen Auftragsverhältnissen. Im Vordergrund stehen dabei die vertraglich begründeten Auftragsverhältnisse, auf die bei gesetzlichen Auftragsverhältnissen weitgehend verwiesen wird (vgl. § 93 SGB X).

Vertraglich kann ein öffentlich-rechtliches Auftragsverhältnis begründet werden, indem ein Leistungsträger (Auftraggeber) ihm obliegende Aufgaben durch einen anderen Leistungsträger oder seinen Verband (Beauftragter) mit dessen Zustimmung wahrnehmen läßt, weil dies wegen des sachlichen Zusammenhangs der Aufgaben von Auftraggeber und Beauftragtem zur Durchführung der Aufgaben und im wohlverstandenen Interesse der Betroffenen zweckmäßig ist. Dies gilt allerdings nicht für das Recht der Ausbildungsförderung, der Kriegsopferfürsorge, des Kindergeldes, der Unterhaltsvorschüsse und Unterhaltsausfalleistungen, ihm Wohngeldrecht sowie im Recht der Jugendhilfe und der Sozialhilfe, so daß die Möglichkeit der Auftragserteilung im wesentlichen für die Sozialversicherungsträger von Bedeutung ist.[12] Der Auftrag kann für Einzel-

---

[10] Zum Sozialdatenschutz nach dem SGB X vgl. Meydam, BlStSozArbR 1980, 278; Wiese, Mitteilungen der LVA Oberfranken und Mittelfranken 1980, 456.
[11] v. Maydell in GK – SGB X 3 vor §§ 88–93 Rdn. 4.
[12] vgl. André, ZfSH/SGB 1985, 97, 98.

§ 48. Sozialrechtliches Verwaltungsverfahren 259

fälle sowie für gleichartige Fälle erteilt werden, wobei im letztgenannten Fall die Auftragserteilung vom Auftraggeber in der für seine amtlichen Veröffentlichungen vorgeschriebenen Weise bekanntzumachen ist (vgl. § 88 SGB X).

Die Rechtsstellung der betroffenen Sozialleistungsempfänger wird durch eine Beauftragung nicht eingeschränkt, da nicht nur eventuelle Verwaltungsakte, die der Beauftragte zur Ausführung des Auftrages erläßt, im Namen des Auftraggebers ergehen, sondern der Auftraggeber durch die Beauftragung auch nicht von seiner Verantwortung gegenüber den Betroffenen entbunden wird. Im Hinblick auf die fortbestehende Verantwortung des Auftraggebers ist der Beauftragte verpflichtet, dem Auftraggeber die erforderlichen Mitteilungen zu machen und auf Verlangen Auskunft über die Ausführung des Auftrages zu erteilen. Des weiteren ist der Auftraggeber berechtigt, die Ausführung des Auftrags jederzeit zu prüfen und den Beauftragten an seine Auffassung zu binden. Die Rechtsstellung der betroffenen Sozialleistungsempfänger wird schließlich auch dadurch gewahrt, daß sie Anträge sowohl beim Auftraggeber als auch beim Beauftragten stellen können (§§ 89 f. SGB X).

Hinsichtlich der Rechtsbeziehungen zwischen Auftraggeber und Beauftragtem ist vorgesehen, daß der Auftraggeber dem Beauftragten zur Erstattung verpflichtet ist, wenn ein Beauftragter Sozialleistungen für den Auftraggeber erbringt. U. U. hat der Auftraggeber dem Beauftragten auch einen angemessenen Vorschuß für die erforderlichen Aufwendungen zu zahlen. Eine Kündigung des Auftragsverhältnisses kann grundsätzlich sowohl durch den Auftraggeber als auch durch den Beauftragten erfolgen. Sie ist allerdings nur zu einem Zeitpunkt zulässig, der es ermöglicht, daß der Auftraggeber für die Erledigung der Aufgabe auf andere Weise rechtzeitig Vorsorge treffen und der Beauftragte sich auf den Wegfall des Auftrags in angemessener Zeit einstellen kann. Dies ist eine der Abweichungen vom Auftragsrecht der §§ 662 ff. BGB, die auf öffentlich-rechtlichen Besonderheiten zurückzuführen ist.

Neben diesen Auftragsvorschriften enthalten die Regelungen über Zusammenarbeit der Leistungsträger untereinander und mit Dritten Vorschriften über die Bildung von Arbeitsgemeinschaften durch die Leistungsträger und ihre Verbände zur gemeinsamen Wahrnehmung von Aufgaben zur Eingliederung Behinderter, über die Zusammenarbeit der Leistungsträger bei Planung und Forschung sowie zur Vermeidung von ärztlichen Doppeluntersuchungen im Auftrag verschiedener Leistungsträger (§§ 94 ff. SGB X).

Neben den bisher erwähnten Regelungen, die die Zusammenarbeit der Leistungsträger untereinander betreffen, enthält der Erste Teil des SGB X 3 aber auch Vorschriften über die Zusammenarbeit der Leistungsträger mit Dritten. § 97 SGB X bestimmt insoweit, daß dann, wenn ein Leistungsträger oder eine Arbeitsgemeinschaft von einem Dritten Aufgaben wahrnehmen lassen kann, sichergestellt sein muß, daß der Dritte die Gewähr für eine sachgerechte, die Rechte und Interessen des Betroffenen wahrende Erfüllung der Aufgaben bietet. Im übrigen gelten die Vorschriften über die Ausführung von öffentlich-rechtlichen Auftragsverhältnissen auf vertraglicher Basis weitgehend entsprechend. Diese Regelung ist z.B. immer dann von Bedeutung, wenn ein Sozialversicherungsträger sich zur Erbringung der von ihm geschuldeten Sozialleistung privater Dritter bedient, wie z.B. bei der Inanspruchnahme von Einrichtungen zur medizinischen oder beruflichen Rehabilitation durch die Bundesanstalt für Arbeit bzw. durch die Träger der gesetzlichen Rentenversicherung.[13]

Des weiteren werden im Hinblick auf die Zusammenarbeit der Leistungsträger mit Dritten eine Reihe von Auskunftspflichten statuiert. Nach diesen Vorschriften ist z.B. der Arbeitgeber verpflichtet, dem Leistungsträger oder der zuständigen Einzugsstelle Auskunft über die Art und Dauer der Beschäftigung, den Beschäftigungsort und das Arbeitsentgelt zu erteilen, soweit es in der Sozialversicherung einschließlich der Arbeitslosenversicherung im Einzelfall für die Erbringung von Sozialleistungen erforderlich ist (§ 98 SGB X). Diese Auskunftspflicht ist für die Sozialversicherungsträger sowohl im Hinblick auf eine möglicherweise bestehende Versicherungspflicht als auch hinsichtlich der Beitragspflicht von Bedeutung.

Gem. § 99 SGB X sind auch Angehörige von Sozialleistungsempfängern und andere ihnen nahestehenden Personen u. U. zur Erteilung von Auskünften verpflichtet. Dem liegt die Überlegung zugrunde, daß zahlreiche Sozialleistungen, z.B. die Arbeitslosenhilfe oder die Familienhilfe der gesetzlichen Krankenversicherung, vom Einkommen anderer Familienmitglieder abhängig sind. Dementsprechend sind Angehörige des Leistungsberechtigten und sonstige Personen zur Auskunftserteilung verpflichtet, wenn ihr Einkommen oder Vermögen nach dem Recht der Sozialversicherung bzw. der Arbeitslosenversicherung oder dem sozialen Entschädigungsrecht bei der Gewährung oder Erstattung einer Sozialleistung zu berücksichtigen ist oder wenn die Sozialleistung oder ihre Erstattung von der Höhe eines Unterhaltsanspruchs abhängig ist, der dem Leistungsempfänger gegen einen Unterhaltspflichtigen zusteht.[14]

Ähnliche Überlegungen liegen schließlich auch der Auskunftspflicht von Ärzten oder Angehörigen eines anderen Heilberufs zugrunde. Da der Sozialleistungsanspruch häufig von medizinischen Fragestellungen abhängig ist, z.B. davon, ob eine Körperschädigung auf einen Arbeitsunfall oder eine Kriegseinwirkung zurückzuführen ist, sind Ärzte und

---

[13] zum Anwendungsbereich ausführlich Schellhorn in GK – SGB X 3 § 97 Rdn. 12 ff.
[14] André, ZfSH/SGB 1985, 97, 103.

andere Heilpersonen verpflichtet, dem Leistungsträger im Einzelfall auf Verlangen Auskunft zu erteilen, soweit es für die Durchführung der Aufgaben des Leistungsträgers erforderlich ist und die Auskunftserteilung entweder gesetzlich zugelassen ist oder der Betroffene im Einzelfall (schriftlich) eingewilligt hat (§ 100 SGB X). Unter Angehörigen anderer Heilberufe sind dabei z. B. Hebammen, Krankengymnastinnen, Logopäden und ähnliche Berufe zu verstehen, nicht aber z. B. eine Sprechstundenhilfe. Es kommt darauf an, daß die betreffende Person ihren Beruf selbständig ausübt.[15] Mit der Auskunftspflicht des Arztes gegenüber dem Sozialleistungsträger korrespondiert eine Auskunftspflicht des Sozialleistungsträger gegenüber dem Arzt (§ 101 SGB X). Diese ist für den behandelnden Arzt insbesondere dann von Bedeutung, wenn es für ihn darauf ankommt, die Krankengeschichte zu erfassen und Daten eines früher behandelnden Arztes nicht zur Verfügung stehen. In derartigen Fällen teilt der Leistungsträger – sofern der Patient eingewilligt hat – dem Arzt die erforderlichen Untersuchungsbefunde mit.

Einen weiteren Schwerpunkt innerhalb der Vorschriften über die Zusammenarbeit der Leistungsträger bilden sodann die Regelungen über die Erstattungsansprüche der Leistungsträger untereinander. Diese Materie war bis zum Inkrafttreten des SGB X von wenigen Ausnahmen abgesehen (z. B. § 183 RVO a. F., § 90 BSHG a. F.) nicht gesetzlich geregelt. Nunmehr gibt es für Erstattungsansprüche von Sozialleistungsträgern untereinander vier Fallkonstellationen.

Dies sind zunächst Ansprüche eines vorläufig leistenden Leistungsträgers, die dann eingreifen, wenn ein Leistungsträger auf Grund gesetzlicher Vorschriften vorläufig Sozialleistungen erbracht hat. Es muß also immer eine gesetzliche Regelung vorliegen, die ausdrücklich zur Erbringung vorläufiger Leistungen verpflichtet. Ein Beispiel für eine solche Regelung ist § 43 SGB I.[16] Hat ein Träger auf Grund einer solchen Regelung vorläufig Leistungen erbracht, so kann er nach § 102 SGB X von dem eigentlich zur Leistung verpflichteten Träger die Erstattung seiner Aufwendungen verlangen. Der Umfang des Erstattungsanspruches richtet sich dabei nach den für den vorleistenden Leistungsträger geltenden Rechtsvorschriften.

Die zweite Gruppe von Erstattungsansprüchen bilden die Ansprüche des Leistungsträgers, dessen Leistungsverpflichtung nachträglich entfallen ist. Sie kommen dann in Betracht, wenn ein Träger zurecht geleistet hat und später auf Grund der Leistungspflicht eines anderen Trägers die Leistungspflicht rückwirkend entfällt. Entsprechende Regelungen sind vor allem in § 183 Abs. 3 und 5 RVO für die Zahlung von Krankengeld durch einen Träger der gesetzlichen Krankenversicherung nach dem Tage

---

[15] André, ZfSH/SGB 1985, 97, 103; vgl. auch Kesselheim, DOK 1983, 384, 391.
[16] vgl. Schroeder-Printzen/Engelmann § 102 Anm. 2.1.

der Zubilligung einer Rente vorgesehen.[17] Für derartige Fälle bestimmt § 103 SGB X, daß ein Leistungsträger, der Sozialleistungen erbracht hat, auf die der Anspruch nachträglich ganz oder teilweise entfallen ist, von dem für diese Leistung zuständigen Leistungsträger Erstattung verlangen kann. Der Umfang des Erstattungsanspruches richtet sich in diesem Fall nach den für den zuständigen Leistungsträger geltenden Rechtsvorschriften.

Die dritte Art von Erstattungsansprüchen bilden Ansprüche des nachrangig verpflichteten Leistungsträgers. Hat ein nachrangig verpflichteter Sozialleistungsträger Sozialleistungen erbracht, so ist der Leistungsträger erstattungspflichtig, gegen den der Berechtigte vorrangig einen Anspruch hat oder hatte, soweit dieser Leistungsträger nicht bereits selbst geleistet hat, bevor er von der Leistung des anderen Leistungsträgers Kenntnis hatte. Als nachrangig verpflichtet gilt dabei ein Leistungsträger, soweit er bei rechtzeitiger Erfüllung der Leistungsverpflichtung eines anderen Leistungsträgers selbst nicht zur Leistung verpflichtet gewesen wäre. Dieser Regelung liegt die Überlegung zugrunde, daß es sich infolge des gegliederten Systems des Sozialrechts nicht vermeiden läßt, daß für den gleichen Leistungstatbestand Ansprüche aus verschiedenen Sozialleistungsbereichen gegeben sein können. Solche Kumulierungen sind in der Regel unerwünscht und werden deshalb durch den Vorrang und den Nachrang der einzelnen Leistungen ausgeschlossen. Ein Beispiel für eine solche Regelung ist § 2 Abs. 2 BSHG. Leistet der nach dieser Ordnung nachrangige Leistungsträger zuerst, hat er – in Gestalt des § 104 Abs. 1 SGB X – einen Erstattungsanspruch gegen den vorrangig verpflichteten Leistungsträger.[18] § 104 SGB X schafft insoweit für alle Sozialleistungsbereiche eine einheitliche Erstattungsregelung bei Gewährung von Leistungen durch einen nach der Rangordnung des Sozialrechts nachrangigen Leistungsträgers gegen den zuständigen, vorrangigen Leistungsträger. Dabei geht die Regelung von dem Grundgedanken aus, daß durch den Erstattungsanspruch nachträglich der Zustand wiederhergestellt werden soll, der vorgelegen hätte, wenn von Anfang an die vom Gesetzgeber vorgesehene Rangordnung gewahrt worden wäre. Der vorrangig verpflichtete Träger braucht deshalb nicht mehr zu erstatten, als er hätte gewähren müssen, wenn er seine Leistungen direkt an den Leistungsberechtigten erbracht hätte.[19]

Die letzte Gruppe von Erstattungsansprüchen der Leistungsträger untereinander bilden schließlich die Ansprüche des unzuständigen Leistungsträgers. Hat ein unzuständiger Leistungsträger Sozialleistungen erbracht, ohne daß die Voraussetzungen des § 102 SGB X vorliegen, ist

---

[17] Schellhorn in GK – SGB X 3 § 103 Rdn. 1.
[18] Schellhorn in GK – SGB X 3 § 104 Rdn. 1.
[19] Schellhorn in GK – SGB X 3 § 104 Rdn. 8.

der zuständige bzw. der zuständig gewesene Leistungsträger erstattungspflichtig, soweit dieser nicht bereits selbst geleistet hat, bevor er von der Leistung des anderen Trägers Kenntnis erlangt hat. § 105 SGB X geht damit von dem Fall aus, daß ein örtlich oder sachlich nicht zuständiger Leistungsträger Sozialleistungen erbracht hat. Diese Leistungen sind ihm vom örtlich oder sachlich zuständigen Leistungsträger desselben oder eines anderen Sozialleistungsbereichs zu erstatten. Damit wird zum einen erreicht, daß die Lasten zwischen den Sozialleistungsträgern so verteilt werden, wie sie nach der Grundordnung des Sozialleistungsrechts verteilt werden sollten, und zum anderen wird verhindert, daß der Berechtigte Doppelleistungen erlangen kann.[20] Der Umfang des Erstattungsanspruches richtet sich in diesem Fall nach den für den zuständigen Leistungsträger geltenden Rechtsvorschriften.

Für sämtliche dargestellten Erstattungsansprüche der Sozialleistungsträger untereinander gelten einheitliche Regelungen hinsichtlich der Behandlung von Verwaltungskosten und Auslagen, der Möglichkeit, die Erstattungsansprüche pauschal abzugelten, der Ausschlußfristen, der Rückerstattung und der Verjährung (§§ 107 ff. SGB X).

Den letzten Komplex innerhalb der Vorschriften über die Zusammenarbeit der Leistungsträger und ihre Beziehungen zu Dritten bilden die Erstattungs- und Ersatzansprüche der Leistungsträger gegen Dritte. Dazu gehört zunächst der Erstattungsanspruch gegen den Arbeitgeber, der gegeben ist, soweit der Arbeitgeber den Anspruch des Arbeitnehmers auf Arbeitsentgelt nicht erfüllt und deshalb ein Leistungsträger Sozialleistungen erbracht hat. Sind diese Voraussetzungen gegeben, so geht der Anspruch des Arbeitnehmers gegen den Arbeitgeber im Wege der Legalzession bis zur Höhe der erbrachten Sozialleistungen auf den Sozialleistungsträger über (§ 115 Abs. 1 SGB X). Bedeutung hat diese Regelung vor allem im Bereich der Sozialhilfe und der Leistungen der Bundesanstalt für Arbeit. Sie kann aber z.B. auch für die Krankenkassen von Bedeutung sein, wenn der Arbeitgeber die Lohnfortzahlung im Krankheitsfalle nicht durchführt und somit bereits unmittelbar nach der Erkrankung Krankengeld fällig wird.[21]

Ebenfalls einen Anspruchsübergang im Wege der Legalzession ordnet § 116 SGB X an, wonach ein auf anderen gesetzlichen Vorschriften beruhender Anspruch auf Ersatz eines Schadens auf den Sozialversicherungsträger oder den Träger der Sozialhilfe übergeht, soweit dieser aufgrund eines Schadensereignisses Sozialleistungen zu erbringen hat, die der Behebung eines Schadens dergleichen Art dienen und die sich auf denselben Zeitraum wie der vom Schädiger zu leistende Schadensersatz beziehen (§ 116 Abs. 1

---

[20] Schellhorn in GK – SGB X 3 § 105 Rdn. 5.
[21] André, ZfSH/SGB 1985, 97, 104.

SGB X). Diese Regelung, die an die Stelle des § 1542 RVO getreten ist, ist für das gesamte Sozialversicherungsrecht einschließlich des Arbeitsförderungsrechts (vgl. § 127 AFG) von größter Bedeutung, denn sie verhindert zum einen, daß bei einem Zusammentreffen von Ansprüchen aus der Sozialversicherung und (zivilrechtlichen) Schadensersatzansprüchen eine als ungerechtfertigt empfundene Entlastung des Haftpflichtigen eintritt, und sie sorgt zum anderen dafür, daß eine doppelte Entschädigung des Verletzten vermieden wird.[22]

Voraussetzung für einen Erstattungsanspruch aus § 116 SGB X ist zunächst, daß das schädigende Ereignis zur Entstehung eines Schadensersatzanspruches aufgrund anderer gesetzlicher Vorschriften geführt hat. Das bedeutet, daß es sich um Vorschriften außerhalb des SGB handeln muß. In Betracht kommen dabei insbesondere § 823 Abs. 1 und 2 BGB sowie das Straßenverkehrsgesetz.[23]

Dieser Anspruch geht kraft Gesetzes auf die Versicherungsträger, d. h. die Träger der gesetzlichen Kranken-, Unfall- und der Rentenversicherungen sowie die Träger der Sozialhilfe über, soweit diese Sozialleistungsträger aufgrund des Schadensereignisses Sozialleistungen zu erbringen hatten, die der Behebung eines Schadens dergleichen Art dienen und die sich auf denselben Zeitraum wie der vom Schädiger zu leistende Schadensersatz beziehen. Diese Voraussetzung wird auch als sachliche und zeitliche Kongruenz bezeichnet. Sachliche Kongruenz bedeutet dabei, daß die Leistung des Sozialversicherungsträgers denselben Zwecken dienen muß, wie der vom Schädiger zu leistende Schadensersatz. So sind etwa die Leistungen der Berufshilfe gem. § 567 RVO in Höhe der tatsächlich entstandenen Aufwendungen dem Schadensersatzanspruch des Verletzten wegen Verdienstausfalls kongruent. Ebenso sind Heilungskosten (ärztliche Behandlung, Arzneimittel, sonstige Heilmittel) der Schadensersatzforderung kongruent, da sie die Wiederherstellung der Gesundheit in natura zum Gegenstand haben. Dagegen gehen z. B. zivilrechtliche Schmerzensgeldansprüche nicht auf die Sozialleistungsträger über, da diese keine entsprechenden (sachlich kongruenten) Leistungen gewähren.[24] Zeitliche Kongruenz bedeutet, daß die Leistungen des Sozialversicherungs- bzw. Sozialhilfeträgers sich auf denselben Zeitraum beziehen müssen wie der vom Schädiger zu leistende Schadensersatz. Die Forderung des Verletzten geht nur insoweit auf den Sozialleistungsträger über, als dieser für denselben Zeitraum, für den Schadensersatz zu leisten ist, Sozialleistungen erbracht hat. Reichen in einem Zeitabschnitt die Ansprüche des Verletzten gegen den Schädiger nicht aus, um den Sozial-

---

[22] BGHZ 26, 365.
[23] Gitter in SGB – SozVers – GesKom, X § 116 Anm. 5.
[24] Gitter in SGB – SozVers – GesKom, X § 116 Anm. 11.

§ 48. *Sozialrechtliches Verwaltungsverfahren* 265

versicherungsträger voll zu befriedigen, so kann dieser nicht auf andere Zeitabschnitte zurückgreifen.[25]

Unter der Geltung des § 1542 RVO war nicht gesetzlich geregelt, wie zu verfahren ist, wenn der Ersatzanspruch des Schädigers aus rechtlichen Gründen oder wegen eines mitwirkenden Verschuldens des Geschädigten begrenzt ist und er nicht ausreicht, den entstandenen Gesamtschaden auszugleichen. § 116 Abs. 2 SGB X sieht insoweit zunächst vor, daß in jenen Fällen, in denen der Anspruch auf Ersatz eines Schadens durch Gesetz der Höhe nach begrenzt ist, der Schadensersatzanspruch nur insoweit auf den Versicherungsträger oder den Träger der Sozialhilfe übergeht, als er nicht zum Ausgleich des Schadens des Geschädigten oder seiner Hinterbliebenen erforderlich ist. An einem einfachen Beispiel verdeutlich bedeutet dies folgendes: ein Versicherter, der infolge eines Verkehrsunfalls erwerbsunfähig wird, erleidet dadurch einen Verdienstausfall von 3000,- DM. Wenn sein Schadensersatzanspruch gegen den Schädiger gem. § 12 StVG auf 2500,- DM pro Monat begrenzt ist und er eine Erwerbstätigkeitsrente von 1600,- DM erhält, so bekommt zunächst der Geschädigte die Differenz zwischen seinem Gesamtschaden (3000,- DM) und der Sozialleistung (1600,- DM), also 1400,- DM. Auf den Sozialleistungsträger geht nur der verbliebene Schadensersatzanspruch (2500,- DM − 1400,- DM = 1100,- DM) über.[26] Dem Geschädigten wird damit das sog. Quotenvorrecht gegenüber dem Sozialleistungsträger eingeräumt.

Eine abweichende Regelung für die Fälle, in denen der Anspruch auf Ersatz eines Schadens durch ein mitwirkendes Verschulden oder durch eine mitwirkende Verantwortlichkeit des Geschädigten begrenzt ist, trifft § 116 Abs. 3 S. 1 SGB X. In diesen Fällen geht auf den Versicherungsträger oder den Träger der Sozialhilfe von dem nach Abs. 1 bei unbegrenzter Haftung übergehenden Ersatzanspruch der Anteil über, welcher dem Vom-Hundert-Satz entspricht, für den der Schädiger ersatzpflichtig ist. § 116 Abs. 3 S. 1 SGB X sieht damit für jene Fälle, in denen der Schadensersatzanspruch infolge eines mitwirkenden Verschuldens oder einer mitwirkenden Verantwortlichkeit des Geschädigten beschränkt ist und die Sozialleistungen nicht ausreichen, um den Gesamtschaden zu decken, eine Verteilung des Schadensersatzanspruches nach der sog. relativen Theorie vor. Bei der Anwendung der Vorschrift ist zunächst der eingetretene Schaden festzustellen und mit der erbrachten Sozialleistung zu vergleichen. Ist der Schaden höher als die Sozialleistung, so erhält der Geschädigte von dem nach Abzug der Sozialleistung verbleibenden Schaden jene Quote, die seinem Mitverschulden entspricht, während der Sozialleistungsträger auf den verbleibenden Rest des durch das Mitver-

---

[25] BGH VersR 1973, 436.
[26] Küppersbusch, VersR 1983, 193, 202f.

schulden verringerten Schadensersatzanspruchs Zugriff nehmen kann. Er erhält jenen Prozentsatz der von ihm erbrachten Sozialleistungen, der der Haftungsquote des Schädigers entspricht. An einem einfachen Beispiel verdeutlich bedeutet dies folgendes: ein Versicherter, der infolge einer Schädigung erwerbsunfähig wird, erleidet dadurch einen Verdienstausfall von 2000,- DM. Sein Mitverschulden beträgt 40%, so daß der Schadensersatzanspruch 60% von 2000,- DM, also 1200,- DM beträgt. Er erhält eine Erwerbsunfähigkeitsrente von 1500,- DM. Die Sozialleistung deckt den entstandenen Schaden nicht ab, vielmehr verbleibt ein Schaden von 500,- DM (2000,- DM Erwerbsschaden − 1500,- DM Erwerbsunfähigkeitsrente). Entsprechend seinem Mitverschulden von 40% erhält der Geschädigte neben der Erwerbsunfähigkeitsrente 60% von den verbleibenden 500,- DM, also 300,- DM, d.h. insgesamt 1800,- DM. Der Sozialversicherungsträger kann auf den verbleibenden Rest des durch das Mitverschulden reduzierten Schadensersatzanspruches Zugriff nehmen, d.h. er erhält 900,- DM (1200,- DM reduzierter Anspruch − 300,- DM für den Geschädigten bzw. 60% von 1500,- DM).[27]

Ein Befriedigungsvorrecht des Geschädigten und seiner Hinterbliebenen für jene Fälle, in denen der Durchsetzung von Schadensersatzansprüchen gegen den Schädiger zwar keine rechtlichen, wohl aber tatsächliche Hindernisse entgegenstehen, enthält § 116 Abs. 4 SGB X. Die Regelung knüpft damit an die Rechtsprechung des BGH zu § 1542 RVO an, denn der BGH hatte dem Geschädigten bei tatsächlichen Hindernissen unter Hinweis auf den allgemeinen Rechtsgrundsatz, daß ein Altgläubiger bei der Befriedigung durch den Schuldner dem Neugläubiger vorgehe, ein Befriedigungsvorrecht im Verhältnis zum Sozialversicherungsträger zugebilligt.

Eine ähnliche Anknüpfung an die frühere Rechtsprechung des BGH findet sich schließlich auch noch in § 116 Abs. 6 SGB X, wonach ein Übergang des Schadensersatzanspruches bei nicht vorsätzlichen Schädigungen durch Familienangehörige, die im Zeitpunkt des Schadensereignisses mit dem Geschädigten oder seinen Hinterbliebenen in häuslicher Gemeinschaft leben, ausgeschlossen ist. Diese Regelung entspricht sowohl dem Interesse an der Erhaltung des häuslichen Familienfriedens und damit dem Schutz der Familiengemeinschaft, als auch dem Zweck der Sozialleistungen, denn die in häuslicher Gemeinschaft zusammenlebenden Familienangehörigen bilden meist eine wirtschaftliche Einheit. Bei einem Forderungsübergang müßte der Geschädigte anderenfalls im Ergebnis das, was er mit der einen Hand erhalten hat, mit der anderen Hand wieder herausgeben.[28]

Während der Übergang von Schadensersatzansprüchen gem. § 116

---

[27] Gitter in SGB − SozVers − GesKom, X § 116 Anm. 18.
[28] BT-Drucks. 9/95, S. 28.

SGB X auf die Regelung des § 1542 RVO bzw. die dazu ergangene Rechtsprechung zurückgeht, handelt es sich bei dem in § 119 SGB X geregelten Übergang von Beitragsansprüchen um eine völlig neuartige Vorschrift, die keine gesetzlichen Vorläufer hat. Sie knüpft vielmehr an die frühere Rechtsprechung des BGH an, der wiederholt entschieden hatte, daß zu den gem. §§ 842, 843 BGB zu ersetzenden Unfallschäden auch Nachteile gehören, die der Verletzte als Sozialversicherter erleidet, weil für ihn durch den Verlust der versicherungspflichtigen Beschäftigung infolge der Arbeitsunfähigkeit von seinem Arbeitgeber keine Versicherungsbeiträge mehr abgeführt werden müssen.[29] Soweit ein solcher Schadernsersatzanspruch entsteht, geht er nunmehr kraft Gesetzes auf den Sozialleistungsträger über, wodurch sichergestellt wird, daß der Geschädigte später Sozialleistungen erhält, die auch die Zeit seiner Verletzung umfassen.[30] Das Besondere an dieser Sache ist, daß – im Gegensatz zu anderen Bestimmungen, die eine Legalzession vorsehen – zivilrechtliche Schadensersatzansprüche übergeleitet werden, ohne daß der Sozialversicherungsträger eine Leistung an den Geschädigten erbringt. Der Verletzte verliert die Verfügungsbefugnis über einen Teil seines Anspruchs, ein Dritter, der Sozialversicherungsträger, übernimmt die Realisierung dieses Schadensersatzanspruches.[31]

Da § 119 SGB X keinen eigenen Schadensersatzanspruch begründet, sondern nur regelt, unter welchen Voraussetzungen und in welchem Umfang Beitrags- (Schadensersatz-)ansprüche des Geschädigten auf den Versicherungsträger übergehen, ist stets zu prüfen, ob nach anderen Vorschriften ein Schadensersatzanspruch besteht, der den Ersatz von Beiträgen mit umfaßt. Derartige Ansprüche können sich primär aus den §§ 842, 843 BGB ergeben. Werden unfallbedingt keine Pflichtbeiträge zur gesetzlichen Rentenverischerung entrichtet, so ist eine dadurch verursachte Minderung einer künftigen Alters-, Erwerbsunfähigkeits- oder Berufsunfähigkeitsrente vom Schädiger zu ersetzen. Dieser Schadensersatzanspruch geht gem. § 119 SGB X auf den Rentenversicherungsträger über.[32]

§ 49. Sozialgerichtsbarkeit

Literatur: *Bley,* Grundzüge der Sozialgerichtsbarkeit, 1976; *Dapprich,* Das sozialgerichtliche Verfahren, 1959; *Doetsch-Ortlepp,* Das Sozialgerichtsverfahren, 1976; *Meyer-Ladewig,* Sozialgerichtsgesetz mit Erläuterungen, 2. Aufl. 1981; *Miesbach/ Ankenbrank/Hennig/Danckwerts,* Sozialgerichtsgesetz; *Peters-Sautter-Wolff,* Kommentar zur Sozialgerichtsbarkeit, 1974ff.; *Plagemann,* Vorläufiger Rechtsschutz im

---

[29] BGHZ 69, 347, 348 m.w.N.
[30] BT-Drucks. 9/95, S. 67.
[31] Küppersbusch, VersR 1983, 193, 205.
[32] Gitter in SGB – SozVers – GesKom, X § 119 Anm. 2.

Verfahren vor den Sozialgerichten, 1979; *Rohwer-Kahlmann,* Aufbau und Verfahren der Sozialgerichtsbarkeit, Kommentar, 4. Aufl.; *Schraft,* Sozialgerichtsgesetz, Kommentar, 1961.

Im Gegensatz zum sozialrechtlichen Verwaltungsverfahren ist das gerichtliche Verfahren für die verschiedenen Bereiche des Sozialrechts nicht einheitlich geregelt. Die Zuständigkeit der Sozialgerichte erstreckt sich nur auf solche Streitigkeiten, die ihnen durch § 51 Sozialgerichtsgesetz (SGG)[1] ausdrücklich zugewiesen werden. Sonstige Streitigkeiten sozialrechtlichen Inhalts fallen als „öffentlich-rechtliche Streitigkeiten..., die ... nicht durch Bundesgesetz einem anderen Gericht ausdrücklich zugewiesen sind" (§ 40 Abs. 1 Verwaltungsgerichtsordnung – VwGO[2]) in den Zuständigkeitsbereich der allgemeinen Verwaltungsgerichte.

Im Einzelnen ergeben sich folgende Zuständigkeiten:

Die Sozialgerichte sind sachlich zuständig für:
- die Sozialversicherung (§ 51 Abs. 1 SGG) einschließlich des Kassenarztrechts (§ 51 Abs. 2 SGG)
- die Altershilfe für Landwirte (§ 51 Abs. 4 SGG i. V. m. § 30 GAL)
- das Recht der Arbeitsförderung (§ 51 Abs. 1 SGG)
- die soziale Entschädigung nach dem BVG (§ 51 Abs. 1 SGG) mit Ausnahme der Kriegsopferfürsorge (§ 51 Abs. 2 SGG)
- die soziale Entschädigung nach dem SVG, dem BGSG, dem ZDG, dem BSeuchG, dem OEG und dem HHG (§ 51 Abs. 4 SGG i. V. m. § 88 Abs. 5 SVG, § 51 Abs. 1 BGSG i. V. m. § 88 Abs. 5 SVG, § 51 Abs. 3 ZDG, § 61 Abs. 2 BSeuchG, § 7 OEG, § 10 Abs. 3 HHG) jeweils mit Ausnahme von Fürsorgeleistungen
- das Kindergeldrecht (§ 51 Abs. 1 SGG).

Die allgemeinen Verwaltungsgerichte sind sachlich zuständig für:
- die Kriegsopferfürsorge nach dem BVG, dem SVG, dem BGSG, dem ZDG, dem BSeuchG, dem OEG und dem HHG
- die Sozialhilfe
- die Ausbildungsförderung
- Streitigkeiten nach dem UhVG
- das Wohngeldrecht
- die Jugendhilfe (soweit nicht nach dem JGG die Vormundschaftsgerichte zuständig sind).

Soweit eine Streitigkeit sozialrechtlichen Inhalts in den Zuständigkeitsbereich der allgemeinen Verwaltungsgerichte fällt, gelten für das gerichtliche Verfahren grundsätzlich die Regelungen der VwGO. Insoweit wird auf die Rechtsprechung und das Schrifttum zur VwGO verwiesen. Soweit sich aus § 51 SGG eine Zuständigkeit der Sozialgerichte ergibt,

---

[1] Vom 3. September 1954, BGBl. I S. 1239.
[2] Vom 21. Januar 1960, BGBl. I S. 17.

greifen die Vorschriften des SGG ein, die in einigen Punkten von der VwGO abweichen und im folgenden kurz dargestellt werden sollen.

I. Aufbau der Sozialgerichtsbarkeit

Der Aufbau der Sozialgerichtsbarkeit ist wie in fast allen anderen Gerichtszweigen dreistufig (vgl. § 2 SGG). In allen Instanzen sind die Sozialgerichte mit Berufsrichtern und ehrenamtlichen Richtern besetzt (§ 3 SGG). Die ehrenamtlichen Richter werden aus den Kreisen der Versicherten, der Arbeitgeber, der Ärzte, der Krankenkassen und der Versorgungsberechtigten berufen. Durch ihre Mitwirkung soll sichergestellt werden, daß für die Rechtsprechung Erfahrungen und Einsichten nutzbar gemacht werden, über die Personen verfügen, die mit den der Sozialgerichtsbarkeit zugewiesenen Sachgebieten vertraut sind.[3] Die ehrenamtlichen Richter sind daher weniger Laienrichter im Sinne von Schöffen als vielmehr sachkundige Beisitzer wie die ehrenamtlichen Richter in der Arbeitsgerichtsbarkeit.[4] Ihre Sachkunde wird durch ein besonderes Auswahlverfahren gewährleistet (vgl. §§ 13 f., 35, 46 f. SGG). In jeder Instanz wirken zwei ehrenamtliche Richter mit, die in Angelegenheiten der Sozialversicherung und der Arbeitslosenversicherung dem Kreis der Versicherten und Arbeitgeber, in Angelegenheiten der Kriegsopferversorgung dem Kreis der mit der Kriegsopferversorgung vertrauten Personen und der Versorgungsberechtigten und in Angelegenheiten des Kassenarztrechts dem Kreis der Krankenkassen und der Kassenärzte angehören (vgl. §§ 12 Abs. 2 bis 4, 33, 40 SGG).

In erster Instanz werden die Sozialgerichte durch fachliche Kammern tätig, die mit einem Berufsrichter als Vorsitzendem und zwei ehrenamtlichen Richtern als Beisitzern besetzt sind (§ 12 Abs. 1 SGG). Sie entscheiden im ersten Rechtszug über alle Streitigkeiten, für die der Rechtsweg vor die Sozialgerichte eröffnet ist (§ 8 SGG).

Die zweite Instanz bilden die Landessozialgerichte. Ihre Spruchkörper, die als Senate bezeichnet werden, sind mit einem Berufsrichter als Vorsitzendem, zwei weiteren Berufsrichtern und zwei ehrenamtlichen Richtern besetzt. Sie entscheiden über die Berufungen gegen die Urteile und die Beschwerden gegen andere Entscheidungen der Sozialgerichte (vgl. §§ 28 ff. SGG).

Die dritte Instanz bildet das Bundessozialgericht mit Sitz in Kassel. Es entscheidet durch Senate, deren Zusammensetzung der der Senate an den Landessozialgerichten entspricht, über das Rechtsmittel der Revision. Daneben besteht ein Großer Senat, der in Rechtsfragen von grundsätzlicher Bedeutung vom erkennenden Senat angerufen werden kann und

---

[3] BSGE 23, 105, 109 f.
[4] Meyer-Ladewig § 53 Rdnr. 2; BSGE 11, 181, 183; 18, 18, 20.

angerufen werden muß, wenn ein Senat von der Entscheidung eines anderen Senates oder einer Entscheidung des Großen Senates abweichen will (vgl. §§ 38 ff. SGG).

II. Allgemeine Verfahrensgrundsätze

Die allgemeinen Grundsätze des sozialgerichtlichen Verfahrens entsprechen weitgehend denen der Verwaltungsgerichtsordnung. Für das sozialgerichtliche Verfahren gilt der Amtsermittlungsgrundsatz, d. h. das Gericht hat den Sachverhalt von Amts wegen zu erforschen, ohne an das Vorbringen und die Beweisanträge der Beteiligten gebunden zu sein (§ 103 SGG). Eine Ausnahme bildet insoweit der Antrag eines Versicherten, einen bestimmten Arzt gutachtlich anzuhören (§ 109 SGG). An den Klageantrag ist das Gericht inhaltlich gebunden, nicht jedoch an dessen Fassung (§§ 53, 123 SGG). Diese und andere Regelungen, die u. a. einen weitgehenden Verzicht auf Formalien, umfangreiche Hinweispflichten des Gerichts und Gerichtskostenfreiheit vorsehen (vgl. §§ 90 f., 106 Abs. 1, 183 SGG), dienen dazu, dem in der Regel rechtsunkundigen Bürger die Geltendmachung sozialrechtlicher Ansprüche möglichst zu erleichtern („Grundsatz der Klägerfreundlichkeit"[5]).

Weitere allgemeine Verfahrensgrundsätze sind die Konzentrationsmaxime (vgl. § 106 Abs. 2 SGG), die Gewährung rechtlichen Gehörs (§ 62 SGG) und die Grundsätze der Unmittelbarkeit des Verfahrens (§ 117 SGG) und der Mündlichkeit (§ 124 SGG). Auf diese allgemeinen Verfahrensgrundsätze braucht jedoch nicht näher eingegangen zu werden, da insoweit keine wesentlichen Abweichungen gegenüber anderen Verfahrensordnungen bestehen.

III. Allgemeine Sachentscheidungsvoraussetzungen

Die allgemeinen Sachentscheidungsvoraussetzungen für eine sozialgerichtliche Klage entsprechen ebenfalls im wesentlichen denen für ein verwaltungsgerichtliches Verfahren nach der VwGO. Abweichungen ergeben sich nur hinsichtlich der Zuständigkeit und der Vorschriften über die Klageerhebung.

Die Zuständigkeiten im sozialgerichtlichen Verfahren sind entsprechend dem „Grundsatz der Klägerfreundlichkeit" möglichst einfach geregelt. Sachlich zuständig sind in erster Instanz grundsätzlich immer die Sozialgerichte (§ 8 SGG; Ausnahme: § 39 Abs. 2 SGG). Ist der Kläger eine natürliche oder juristische Person des Privatrechts, so ist örtlich zuständig wahlweise entweder das Sozialgericht, in dessen Bezirk der Kläger zur Zeit der Klageerhebung seinen Wohnsitz hat, oder das

---

[5] Bley, S. 402 ff.

Sozialgericht, in dessen Bezirk er in einem Beschäftigungsverhältnis steht. Klagt eine Körperschaft oder Anstalt des öffentlichen Rechts (z. B. ein Sozialversicherungsträger) gegen eine natürliche oder juristische Person des Privatrechts (z. B. einen Versicherten), so ist das Sozialgericht am Wohnsitz des Beklagten zuständig (§ 57 SGG; Ausnahmen: §§ 57 a und b SGG). Abweichende Gerichtsstandsvereinbarungen sind nicht zulässig (§ 59 SGG).

Ebenfalls im Interesse des häufig rechtsunkundigen Klägers weichen die Vorschriften über die Klageerhebung von den vergleichbaren Bestimmungen der VwGO ab. Während die Klage nach der VwGO zumindest den Kläger, den Beklagten und den Streitgegenstand bezeichnen muß, bestehen nach dem SGG auch insoweit nur Soll-Vorschriften (§ 92 SGG, § 82 Abs. 1 VwGO). Klägerfreundlich ist schließlich auch die Regelung des § 91 SGG, wonach die Klagefrist als gewahrt gilt, wenn die Klage nicht bei dem zuständigen Sozialgericht, sondern bei einer inländischen Behörde oder einem Sozialversicherungsträger eingegangen ist.

Die übrigen allgemeinen Sachurteilsvoraussetzungen für ein sozialgerichtliches Verfahren – Beteiligtenfähigkeit und Prozeßfähigkeit, Fehlen einer rechtskräftigen Entscheidung in gleicher Sache, Fehlen einer anderweitigen Rechtshängigkeit und allgemeines Rechtsschutzbedürfnis – entsprechen denen für das allgemeine Verwaltungsgerichtsverfahren (vgl. §§ 69 ff., 94 Abs. 3 SGG, §§ 61 ff., 90 Abs. 2 VwGO).

IV. Klagearten

Die Klagearten im sozialgerichtlichen Verfahren – Anfechtungs-, Verpflichtungs-, Leistungs- und Feststellungsklagen – entsprechen grundsätzlich denen des allgemeinen verwaltungsgerichtlichen Verfahrens (§§ 54 f. SGG, §§ 42 f. VwGO).

Isolierte Anfechtungsklagen, mit denen ausschließlich die Aufhebung oder Abänderung eines Verwaltungsaktes begehrt wird, sind im sozialgerichtlichen Verfahren allerdings selten. Sie haben ihre wesentliche Bedeutung in der Eingriffsverwaltung. Im sozialgerichtlichen Verfahren begehrt der Kläger dagegen in der Regel neben der Aufhebung eines Verwaltungsaktes den Erlaß eines neuen, günstigeren Verwaltungsaktes oder die Gewährung einer Sozialleistung, so daß die Anfechtungsklage mit einer Verpflichtungsklage oder mit einer Leistungsklage verbunden wird. Ist ein ablehnender Verwaltungsakt ergangen und begehrt der Kläger eine Sozialleistung auf die ein Rechtsanspruch besteht, ist daher eine Anfechtungsklage verbunden mit einer Leistungsklage zu erheben. Besteht auf die begehrte Sozialleistung kein Rechtsanspruch, sondern steht ihre Gewährung im Ermessen des Sozialleistungsträgers, so ist die Anfechtungsklage mit einer Verpflichtungsklage zu verbinden, da das Gericht – außer in Fällen der Ermessensschrumpfung auf null – sein

Ermessen nicht an die Stelle des Ermessens des Sozialleistungsträgers setzen und diesen nur zu einer Ermessensentscheidung unter Berücksichtigung der Rechtsauffassung des Gerichts verurteilen darf (vgl. § 54 Abs. 4 SGG).[6]

Hinsichtlich der Klagebefugnis und der Durchführung eines Vorverfahrens gelten für Anfechtungs- und Verpflichtungsklagen nach dem SGG ähnliche Regelungen wie nach der VwGO (vgl. §§ 54 Abs. 2, 78ff. SGG, §§ 42 Abs. 2, 68ff. VwGO). Von dem Erfordernis eines Vorverfahrens bestehen allerdings zahlreiche Ausnahmen, nach denen ein Vorverfahren u. a. nicht erforderlich ist in Angelegenheiten der gesetzlichen Unfallversicherung, der gesetzlichen Rentenversicherungen und der sozialen Entschädigung, wenn die Aufhebung oder Abänderung eines Verwaltungsaktes begehrt wird, der eine Leistung betrifft, auf die ein Rechtsanspruch besteht (vgl. § 78 Abs. 2 SGG).

Die sozialgerichtliche Feststellungsklage weist gegenüber der Feststellungsklage nach § 43 VwGO insoweit eine Abweichung auf, als mit ihr nicht nur die Feststellung des Bestehens oder Nichtbestehens eines Rechtsverhältnisses oder die Feststellung der Nichtigkeit eines Verwaltungsaktes begehrt werden kann, sondern auch die Feststellung, welcher Sozialleistungsträger zuständig ist, sowie die Feststellung, daß eine Gesundheitsstörung oder der Tod die Folge eines Arbeitsunfalls, einer Berufskrankheit oder einer Schädigung im Sinne des BVG ist (vgl. § 55 SGG).

V. Verfahrensabschluß

Die verschiedenen Möglichkeiten zur Beendigung eines sozialgerichtlichen Verfahrens weichen teilweise von der VwGO ab.

Unzulässige oder offenbar unbegründete Klagen kann der Vorsitzende des Gerichts bis zur Anberaumung der mündlichen Verhandlung durch einen mit Gründen versehenen Vorbescheid abweisen. Beantragt ein Beteiligter dennoch innerhalb eines Monats mündliche Verhandlung, so gilt der Vorbescheid als nicht ergangen, andernfalls steht er einem rechtskräftigen Urteil gleich (§ 105 SGG). Die Regelung des SGG entspricht insoweit der VwGO (vgl. § 84 VwGO).

Abweichend geregelt ist dagegen die Klagerücknahme. Anders als nach der VwGO kann der Kläger diese bis zum Ende der mündlichen Verhandlung jederzeit erklären, ohne daß es der Einwilligung des Beklagten bedarf. Die Klagerücknahme erledigt unmittelbar den Rechtsstreit, eine Einstellung des Verfahrens durch Gerichtsbeschluß erfolgt grundsätzlich nicht (vgl. § 102 SGG, § 92 VwGO).

Ähnliches wie für die Klagerücknahme gilt auch für das Anerkenntnis.

---

[6] Vgl. Meyer-Ladewig § 54 Rdnr. 3ff.

Wird das Anerkenntnis angenommen, erledigt sich damit der Rechtsstreit in der Hauptsache. Ein Anerkenntnisurteil ergeht nicht (§ 101 Abs. 2 SGG).

Keine Besonderheiten ergeben sich hinsichtlich der Beendigung des Verfahrens durch Vergleich oder durch Urteil. Die Regelungen des SGG entsprechen insoweit weitestgehend denen für das allgemeine verwaltungsgerichtliche Verfahren (vgl. §§ 101 Abs. 2, 123 ff. SGG, §§ 106 ff. VwGO).

VI. Rechtsmittel

Gegen Urteile der Sozialgerichte ist in der Regel das Rechtsmittel der Berufung an das Landessozialgericht gegeben (§ 143 SGG). Von diesem Grundsatz bestehen allerdings zahlreiche Ausnahmen (vgl. §§ 144 ff. SGG), die den Zweck haben, die Landessozialgerichte von „Bagatellfällen" zu entlasten.[7] Auch in derartigen Fällen ist die Berufung allerdings ausnahmsweise zulässig, wenn das Sozialgericht sie in seinem Urteil zugelassen hat, ein wesentlicher Mangel des Verfahrens gerügt wird, oder der ursächliche Zusammenhang einer Gesundheitsstörung oder des Todes mit einem Arbeitsunfall, einer Berufskrankheit oder einer Schädigung im Sinne des BVG streitig ist (vgl. § 150 SGG).

Das Rechtsmittel der Revision, das nur zu einer rechtlichen Überprüfung der angefochtenen Entscheidung führt, besteht gegen Urteile der Landessozialgerichte sowie – in Form der Sprungrevision – gegen Urteile der Sozialgerichte. Seit der Änderung des SGG durch das Änderungsgesetz vom 30. Juli 1974[8] ist eine Revision allerdings nur noch in Ausnahmefällen zulässig. Jede Revision bedarf der Zulassung. Diese kann erfolgen entweder durch das Landessozialgericht oder durch das Bundessozialgericht, sofern eine Nichtzulassungsbeschwerde eingelegt worden ist. Im Fall der Sprungrevision ist neben der Zulassung durch das Sozialgericht außerdem die Zustimmung des Prozeßgegners erforderlich. Die Zulassung darf nur erfolgen, wenn die Rechtssache grundsätzliche Bedeutung hat oder das Urteil von einer Entscheidung des Bundessozialgerichtes abweicht. Darüber hinaus kann die Revision zugelassen werden bei schwerwiegenden Verfahrensmängeln eines Verfahrens vor dem Landessozialgericht, nicht jedoch bei Mängeln des erstinstanzlichen Verfahrens (vgl. §§ 160 ff. SGG). Die Revisionsinstanz dient damit in erster Linie zur Wahrung der Rechtseinheit und zur Fortbildung des Rechts.[9]

---

[7] Meyer-Ladewig § 144 Rdnr. 1.
[8] BGBl. I S. 1625.
[9] Vgl. die amtliche Begründung zum Änderungsgesetz vom 30. Juli 1974, BT-Drucks. 7/861, S. 10.

Anhang:
Hinweise zum Aufbau sozialrechtlicher Fallösungen

I. Kein allgemein gültiges Fallösungsschema

Für Fallösungen im Sozialrecht gibt es im Hinblick auf die unterschiedlichen Teilrechtsgebiete, deren Strukturprinzipien nicht übereinstimmen, kein durchgehend verbindliches Schema.[1] Der Student wird regelmäßig mit Fallösungen aus dem Sozialversicherungsrecht konfrontiert werden. Dabei wird es sich vorwiegend um Klausuren aus dem Leistungsrecht oder um Ausgleichsansprüche handeln.[2] Deshalb ist auch als Beispielsfall ein derartiger, auf die Wahlfachgruppe zugeschnittener Fall gewählt worden, der im Anschluß besprochen werden soll.

Eine Reihe von Gesichtspunkten sind jedoch bei allen Fällen aus dem Sozialrecht zu beachten.

II. Zulässigkeit der Klage

1. Der Rechtsweg für die Realisierung sozialrechtlicher Ansprüche ist doppelgleisig. Die Sozialgerichte entscheiden nur über solche sozialrechtlichen Streitigkeiten, die ihnen entweder durch § 51 Abs. 1 und 2 SGG oder durch andere Gesetze ausdrücklich zugewiesen worden sind (§ 51 Abs. 4 SGG). Für andere sozialrechtliche Streitigkeiten sind dagegen die allgemeinen Verwaltungsgerichte zuständig (§ 40 Abs. 1 VwGO). Welche sozialrechtlichen Streitigkeiten im einzelnen in die Zuständigkeit der Sozialgerichte bzw. der Verwaltungsgerichte fallen, ist aus der Zusammenstellung auf Seite 268 zu entnehmen.

2. Die Durchführung eines Vorverfahrens ist nicht Teil des Gerichtsverfahrens, sondern Sachurteilsvoraussetzung nur bei Anfechtungsklagen gem. § 78 Abs. 1 S. 1 SGG. Ist kein Vorverfahren durchgeführt worden, so darf die Klage dennoch nicht als unzulässig abgewiesen werden, vielmehr ist das Vorverfahren wenn möglich nachzuholen.[3] Neben den auch in der Verwaltungsgerichtsbarkeit üblichen Ausnahmen von der Vorverfahrenspflicht ist gem. § 78 Abs. 2 SGG auch die Anfechtungsklage ohne Vorverfahren zulässig, wenn es sich um Angelegenheiten der Unfallversicherung, der Rentenversicherung der Arbeiter und der Angestellten und der Kriegsopferversorgung handelt und der Verwaltungsakt eine Anspruchsleistung betrifft.

---

[1] Henke, S. VII.
[2] Bley, S. 409 f.
[3] BSG E 20, 199; 25, 66.

Im übrigen gelten für förmliche Rechtsbehelfe gegen Verwaltungsakte gem. § 62 SGB X die Regelungen des Sozialgerichtsgesetzes, wenn der Sozialrechtsweg gegeben ist bzw. der Verwaltungsgerichtsordnung und der zu ihrer Ausführung ergangenen Rechtsvorschriften, soweit durch Gesetz nichts anderes bestimmt ist.

III. Begründetheit bei Leistungsfällen

Wenn ein Anspruch auf Sozialleistungen geltend gemacht wird, kann die Anspruchsprüfung nach ganz ähnlichen Grundsätzen wie im Zivilrecht erfolgen: Wer begehrt was von wem?[4] Es ist also die Anspruchsgrundlage aufzusuchen und die Anspruchsvoraussetzungen des Ausgleichstatbestandes (Versicherungsfall, Versorgungsfall, Hilfefall) sind im einzelnen durchzuprüfen. Das soll im folgenden im Hinblick auf Fälle aus dem Sozialversicherungsrecht[5] geschehen.

1. Versicherteneigenschaft

Es muß geprüft werden, ob der Betreffende zum versicherten Personenkreis des jeweiligen Versicherungszweiges gehört (§§ 165 ff., 539 ff., 1227 ff. RVO). Ist dies zu verneinen, muß geprüft werden, ob ihm trotz seines Ausscheidens aus dem versicherten Personenkreis „nachgehende Ansprüche" (z. B. §§ 202, 214 RVO) zustehen.

2. Versicherungsfall

Bei Vorliegen der Anspruchsberechtigung im eben gekennzeichneten Sinne muß geprüft werden, ob ein Versicherungsfall eingetreten ist (z. B. §§ 182, 548 ff., 1246 ff. RVO).

Wenn kein Versicherungsfall vorliegt, können Präventionsleistungen in Betracht kommen (z. B. § 1236 RVO).

Dabei sind für Präventionsleistungen oder beim Versicherungsfall sämtliche Anspruchsvoraussetzungen durchzuprüfen (z. B. bei § 548 RVO Unfall, Kausalzusammenhang nach der Theorie der wesentlichen Bedingung). Ferner ist zu prüfen, ob dem Leistungsbegehren rechtliche Hindernisse (Ruhen, Versagung, Einrede der Verjährung, Verwirkung) entgegenstehen. In diesem Zusammenhang sind neben den Regelungen der RVO insbesondere die Bestimmungen des SGB I und des SGB IV zu beachten.

3. Leistungen

Wenn die Anspruchsvoraussetzungen zu bejahen sind, ist der Anspruchsumfang zu prüfen (z. B. § 581 RVO, Voll- oder Teilrente). Es ist

---

[4] Vgl. zum folgenden Bley, S. 410 f.
[5] Fallösungen zu anderen Sozialrechtsgebieten bei Henke, S. 45 ff.

ferner zu prüfen, ob gegebenenfalls der Versicherungsfall den Anspruch auf mehrere Leistungen auslöst (z. B. §§ 557, 560, 567, 569 a, 580 RVO).

Das vorstehende Schema bezieht sich auf die Erstfeststellung der Leistungen. Es kann aber auch eine Neufeststellung in Betracht kommen (z. B. § 622 RVO). Dann muß geprüft werden, ob die jeweiligen Voraussetzungen (z. B. wesentliche Veränderung der Verhältnisse) gegeben sind. In Betracht kann gegebenenfalls auch ein Erstattungsanspruch des Versicherungsträgers kommen (z. B. § 50 SGB X).

IV. Begründetheit bei Ausgleichsfällen

Wiederum ist zu fragen, wer von wem Ausgleich begehrt und auf welche Norm das Ausgleichsbegehren gestützt wird. Typische Ausgleichsnormen sind § 116 SGB X und § 640 RVO.

1. Die Prüfung nach § 116 SGB X

a) Haben der Versicherte oder seine Hinterbliebenen nach anderen gesetzlichen Vorschriften (außerhalb des SGB) einen Anspruch auf Ersatz des Schadens, der ihnen durch Krankheit, Unfall, Berufs- oder Erwerbsunfähigkeit oder durch den Tod des Ernährers entstanden ist? Dabei ist zu berücksichtigen, daß dieser Anspruch immer nach der Norm außerhalb des SGB zu beurteilen ist (z. B. BGB, StVG), also beispielsweise durch Mitverschulden reduziert sein kann (§ 254 BGB).

b) Dieser – möglicherweise reduzierte – Anspruch geht dann auf den Versicherungsträger kraft Gesetzes mit seiner Entstehung über. Der Anspruchsübergang findet jedoch nur insoweit statt, als die Versicherungsträger nach dem SGB Leistungen zu gewähren haben. Es ist also die Leistungspflicht des Versicherungsträgers nach dem SGB zu prüfen.

Weiter ist zu prüfen, ob und inwieweit der Versicherungsträger Leistungen gewährt, die dem Anspruch des Versicherten gegen den Dritten entsprechen (Kongruenz).

c) Im Anschluß daran ist zu prüfen, ob dem Übergang Hindernisse entgegenstehen, z. B. § 116 Abs. 3 S. 3 und Abs. 6 S. 1 SGB X. Danach findet kein Anspruchsübergang statt, soweit der Geschädigte oder seine Hinterbliebenen dadurch hilfebedürftig im Sinne des BSHG werden, oder wenn der Schädiger ein Familienangehöriger ist, der mit dem Geschädigten oder seinen Hinterbliebenen in häuslicher Gemeinschaft lebt.

d) Schließlich muß geprüft werden, ob dann, wenn die Leistungen des Versicherungsträgers den Schaden des Versicherten nicht völlig decken, aber auch der übergegangene Anspruch, z. B. wegen Mitverschuldens des Anspruchsberechtigten, reduziert ist, zunächst der Versicherte wegen seines Restschadens Befriedigung verlangen kann oder der Versicherungsträger zur Deckung seiner Kosten (Quotenvorrecht, § 116 Abs. 2 bis 5 SGB X).

2. Die Prüfung nach § 640 RVO

Ein anderer Ausgleichsanspruch ist in § 640 RVO geregelt. Es handelt sich nicht um einen gesetzlichen Forderungsübergang, d.h. es erfolgt keine „Überleitung" eines Anspruchs des Versicherten auf den Versicherungsträger, sondern das Gesetz begründet einen originären Anspruch.

a) Zu prüfen ist zunächst, ob ein Arbeitsunfall bei einem Versicherten vorliegt.

b) Weiter ist zu prüfen, ob der Arbeitsunfall durch eine gem. §§ 636, 637 RVO haftungsprivilegierte Person vorsätzlich oder grob fahrlässig herbeigeführt wurde.

c) Ist dies der Fall, muß festgestellt werden, was die Sozialversicherungsträger – das können auch Träger der Kranken- und Rentenversicherung sein, letztere z.B. bei Erwerbsunfähigkeit, die durch Arbeitsunfall herbeigeführt wurde – nach Gesetz und Satzung infolge des Arbeitsunfalls aufwenden mußten.

d) Abschließend ist zu prüfen, ob gem. § 640 Abs. 2 RVO ein Verzicht des Versicherungsträgers „nach billigem Ermessen" in Betracht kommt.

Sachverhalt

Die Arbeitnehmer A und B sind im Holzbearbeitungsbetrieb des AG beschäftigt. AG hat an einer Hobelmaschine nicht die nach den Unfallverhütungsvorschriften vorgeschriebenen und von der Berufsgenossenschaft BG ausdrücklich angeordneten Sicherheitsvorrichtungen angebracht, weil er diesen teuren „Firlefanz" nicht für erforderlich hält. An einem Montagmorgen diskutieren A und B die Fußballergebnisse des Vortags und geraten dabei in Streit. In seiner Erregung konzentriert sich A nicht auf die Arbeit und verletzt sich beim Einlegen des Holzes schwer an der Hand.

AG beauftragt den B, den A im firmeneigenen Wagen auf schnellstem Wege in die Klinik zu bringen. Bei der schnellen Fahrt kollidiert infolge leichter Unachtsamkeit des B der firmeneigene Wagen mit einem anderen PKW, wobei an beiden Fahrzeugen Schäden entstehen. Auf der Rückfahrt zum Betrieb will sich B „zur Beruhigung" Zigaretten kaufen. Er parkt am Straßenrand, kauft Zigaretten und wird auf dem Rückweg vom PKW des P erfaßt und schwer verletzt.

A muß die Hand amputiert werden. Er kann 6 Monate nach dem Unfall die Arbeit wieder aufnehmen, wird aber nunmehr als Pförtner beschäftigt. Sein Arbeitsverdienst liegt um 20 DM monatlich höher als vor dem Unfall. Bei B sind infolge eines ärztlichen Kunstfehlers bei der Operation Lähmungen aufgetreten, die es ihm unmöglich machen, einer Arbeit nachzugehen.

1. A beansprucht eine Unfallrente, hat aber Bedenken, ob ihm diese wegen des Unfallherganges und seiner Lohnhöhe zusteht.

Er möchte ferner gegen AG vorgehen und von diesem ein Schmerzensgeld verlangen.

Schließlich sollte nach Auffassung des A auch der Rentenversicherungsträger RT an ihn eine Leistung erbringen, da er ursprünglich Tischler (Lehrberuf) gewesen sei und nunmehr mit der untergeordneten Pförtnertätigkeit (ungelernte Tätigkeit) beschäftigt werde.

2. B möchte wissen, ob er gegen BG einen Rentenanspruch geltend machen kann. Für den Fall, daß diese Rente geringer als sein bisheriges Arbeitseinkommen sein sollte, möchte er wissen, ob er daneben Ansprüche gegen AG oder RT geltend machen kann.

3. Die Berufsgenossenschaft macht im Wege des Regresses vor dem Sozialgericht sämtliche Aufwendungen für A und B gegenüber AG geltend.

AG hält das Sozialgericht für unzuständig. Außerdem ist er der Auffassung, ein Regreßanspruch sei nicht gegeben, weil er von BG wegen der fehlenden Unfallverhütungsvorrichtungen bereits mit einer Geldbuße belegt worden sei.

Schließlich meint er, daß man bei dem erheblichen Mitverschulden der Arbeitnehmer A und B ihm doch nicht den Gesamtschaden überbürden könne. Im übrigen könne sich die Berufsgenossenschaft doch auch an P halten.

4. AG fragt an, von wem er seinen Sachschaden am PKW ersetzt verlangen könne. Bei den hohen Sozialabgaben müßte doch dafür ein Sozialversicherungsträger zuständig sein. An seinen früheren Arbeitnehmer B wolle er sich nur ungern halten.

Lösungshinweise

I. Frage 1

1. Anspruch des A gegen BG auf Gewährung einer Unfallrente

a) Ein Anspruch des A gegen BG auf Gewährung einer Unfallrente setzt voraus, daß A zum versicherten Personenkreis gehört, er einen Arbeitsunfall erlitten hat und dieser zu einer Minderung der Erwerbsfähigkeit geführt hat.

Da der A als Arbeitnehmer im Betrieb des AG beschäftigt ist, gehört er gemäß § 539 Abs. 1 Nr. 1 RVO zum Kreis der kraft Gesetzes gegen Arbeitsunfälle versicherten Personen.

Fraglich erscheint allerdings, ob der Unfall des A als Arbeitsunfall im Sinne des § 548 RVO anzusehen ist. Zwar steht der Unfall des A in einem engen zeitlichen und räumlichen Zusammenhang mit der versicherten Tätigkeit im Sinne des § 539 Abs. 1 Nr. 1 RVO, seine Ursache ist aber nicht ausschließlich ein betriebliches Risiko, sondern auch der der Privatsphäre zuzurechnende Streit zwischen A und B. Damit stellt sich die Frage, ob die versicherte Tätigkeit für den Unfall kausal im Sinne der Kausalitätslehre der gesetzlichen Unfallversicherung, der Theorie der wesentlichen Bedingung, geworden ist. Als Ursachen und Mitursachen für einen Unfall sind danach unter Abwägung ihres verschiedenen Wertes jene Bedingungen anzusehen, die wegen ihrer besonderen Bedeutung für den Erfolg zu dessen Eintritt wesentlich beigetragen haben. Legt man diesen Maßstab zugrunde, so ist der Unfall des A als Arbeitsunfall anzusehen, denn nicht nur der dem privaten Risikobereich zuzurechnende Streit mit B war ursächlich für den Unfall, sondern auch die betriebsbezogene Tätigkeit stellte eine rechtlich wesentliche Bedingung für den Schadenseintritt dar.

Durch den Unfall, der zum Verlust einer Hand führte, ist die Erwerbsfähigkeit des A, d.h. seine Fähigkeit, sich unter Ausnutzung der Arbeitsgelegenheiten, die sich ihm nach seinen Kenntnissen und Fähigkeiten im ganzen Bereich des wirtschaftlichen Lebens bieten, einen Erwerb zu verschaffen, beeinträchtigt worden.

Die Voraussetzungen eines Anspruchs auf eine Unfallrente sind insoweit erfüllt. Dem Anspruch könnte jedoch entgegenstehen, daß A trotz seines Unfalles keine Einkommenseinbuße erlitten hat.

Die Höhe der Unfallrente – in Betracht kommt eine Teilrente gemäß § 581 Abs. 1 Nr. 2 RVO – ist abhängig vom früheren Jahresarbeitsverdienst des Geschädigten und dem Grad der Minderung der Erwerbsfähigkeit. Für die Ermittlung der Minderung der Erwerbsfähigkeit gilt, anders als im Zivilrecht, das Prinzip der abstrakten Schadensberechnung. Dies bedeutet, daß zunächst die individuelle Erwerbsfähigkeit des Verletzten vor dem Unfall ermittelt und rechnerisch mit 100% bewertet wird. Ihr wird das nach dem Unfall verbliebene Ausmaß der Erwerbsfähigkeit gegenübergestellt. Die Differenz beider Werte ergibt die Minderung der Erwerbsfähigkeit. Entschädigt wird also nach dem Unterschied der auf dem gesamten Gebiet des Erwerbslebens bestehenden Erwerbsmöglichkeiten vor und nach dem Arbeitsunfall. Ob der Arbeitsunfall tatsächlich zu einem Einkommensausfall führt, ist dagegen bedeutungslos.

Ein Anspruch des A gegen BG auf Gewährung einer Teilrente ist damit gegeben.

b) Sollte BG diesen Anspruch des A ablehnen, müßte A Klage vor dem für seinen Wohn- oder Beschäftigungsort zuständigen Sozialgericht erheben (§ 57 Abs. 1 SGG), da es sich um eine öffentlich-rechtliche Streitigkeit in Angelegenheiten der Sozialversicherung handelt (§ 51 Abs. 1 SGG). Als Klageart wäre eine kombinierte Anfechtungs- und Leistungsklage zu wählen (§ 54 Abs. 4 SGG). Die Durchführung eines Vorverfahrens wäre gemäß § 78 Abs. 2 SGG nicht erforderlich.

2. Anspruch des A gegen AG auf Schmerzensgeld

Die Voraussetzungen eines Anspruchs auf Schmerzensgeld gemäß §§ 823, 847 BGB sind erfüllt. Der Anspruch ist jedoch gemäß § 636 Abs. 1 RVO ausgeschlossen, da es sich um einen Anspruch auf „Ersatz des Personenschadens" handelt und AG den Arbeitsunfall nicht vorsätzlich herbeigeführt hat.

Obwohl in der gesetzlichen Unfallversicherung – jedenfalls nach der gesetzlichen Beschränkung auf die Minderung der Erwerbsfähigkeit – keine dem Schmerzensgeld vergleichbaren Leistungen zum Ausgleich immaterieller Schäden gewährt werden, ist die Regelung der §§ 636 f. RVO als verfassungsmäßig anzusehen. Die §§ 636 f. RVO führen zwar zu einer Ungleichbehandlung von Personen, die einen Arbeitsunfall erleiden einerseits, und Personen, die durch eine andere unerlaubte Handlung verletzt werden andererseits, diese Ungleichbehandlung ist jedoch sachlich gerechtfertigt.

Die Regelung des Unfallversicherungsrechts bezweckt einmal den Schutz der Arbeitnehmer (soziales Schutzprinzip). Diesem steht bei einem Arbeitsunfall stets ein leistungsfähiger Schuldner gegenüber. Die Ansprüche des Arbeitnehmers werden ohne Verzögerung durch langwierige Streitigkeiten über Verschulden oder Mitverschulden und ohne Prozeßrisiko von Amts wegen festgestellt. Auf der anderen Seite dient der Haftungsausschluß auch dem Arbeitgeber; dieser wird von der zivilrechtlichen Schadensersatzpflicht freigestellt, weil allein die Arbeitgeber die Aufwendungen der gesetzlichen Unfallversicherung zu tragen haben (Haftungsersetzungsprinzip). Weiterhin soll der Haftungsausschluß sicherstellen, daß gerichtliche Auseinandersetzungen zwischen Arbeitgebern und Arbeitnehmern um die Haftung aus Arbeitsunfällen nicht den Betriebsfrieden gefährden. Diese vom Zivilrecht abweichenden Grundgedanken der gesetzlichen Unfallversicherung rechtfertigen den Ausschluß auch von Schmerzensgeldansprüchen durch die §§ 636 f. RVO.

Darüber hinaus ist zu berücksichtigen, daß als Folge des Prinzips der abstrakten Schadensberechnung häufig Unfallrenten gezahlt werden, obwohl durch den Arbeitsunfall keine Lohneinbußen entstanden sind. Der Gesetzgeber ging bei der Einführung des Prinzips der abstrakten Schadensberechnung davon aus, daß der abstrakt berechneten Minderung der Erwerbsfähigkeit typischerweise ein entsprechender Schaden in Form des Verdienstausfalls gegenübersteht. Diese damals zutreffende Annahme entspricht nur noch teilweise den heutigen Gegebenheiten. Die Arbeitsplatzgestaltung läßt es besonders wegen der fortschreitenden Automation in stärkerem Maße als früher zu, Unfallverletzte zu den gleichen Bedingungen wie zuvor zu beschäftigen. Außerdem kommt Unfallverletzten häufig die Bestimmung eines Tarifvertrages zugute, die eine Lohnminderung unter individuellen Gesichtspunkten weitgehend einschränkt. Diese Umstände haben dazu geführt, daß die Minderung der Erwerbsfähigkeit normalerweise überhaupt erst in mittelschweren Fällen (30 bis 50%) beginnt, Lohneinbußen zu verursachen. In den leichteren Fällen steht der Verletztenrente in der Regel keine Verdienstminderung gegenüber. Der Verletztenrente kommt dann – wie auch im Fall des A – faktisch die Funktion eines Schmerzensgeldes zu.

Da die Regelung des § 636 Abs. 1 RVO aus diesen Gründen als verfassungsgemäß anzusehen ist, ist ein Anspruch des A gegen AG auf Schmerzensgeld ausgeschlossen.

3. Anspruch des A gegen RT

A könnte ein Anspruch auf Gewährung einer Berufsunfähigkeitsrente gemäß § 1246 RVO zustehen. Dies setzt voraus, daß er zum Kreis der gesetzlich rentenversicherten Personen gehört, der Versicherungsfall der Berufsunfähigkeit eingetreten ist, er zuletzt vor Eintritt der Berufsunfähigkeit eine versicherungspflichtige Beschäftigung ausgeübt hat und die erforderliche Wartezeit erfüllt ist.

Als Arbeiter ist A gemäß § 1227 Abs. 1 Nr. 1 RVO gesetzlich rentenversichert. Die Erfüllung der Wartezeit für eine Berufsunfähigkeitsrente (§ 1246 Abs. 3 RVO) wird hier gem. § 1252 Abs. 1 Nr. 1 RVO fingiert. Damit ist auch die Voraussetzung der versicherungspflichtigen Beschäftigung vor Eintritt des Versicherungsfalles erfüllt (§ 1246 Abs. 2a Nr. 2 RVO). Problematisch ist damit lediglich, ob A als berufsunfähig im Sinne des § 1246 Abs. 2 RVO anzusehen ist.

Da A als Pförtner mehr als 50% seines bisherigen Einkommens erzielen kann und dieser Verweisungsberuf ihn nicht gesundheitlich oder wissens- und könnensmäßig objektiv überfordert, kommt es für die Frage, ob er berufsunfähig ist, darauf an, ob dieser Verweisungsberuf ihm subjektiv zumutbar ist. Insoweit ist von dem vom Bundessozialgericht entwickelten Drei- bzw. Fünfstufenschema auszugehen. Da A vor seinem Unfall einen Lehrberuf ausgeübt hat, bedeutet eine Tätigkeit als Pförtner (ungelernte Tätigkeit) einen Abstieg um zwei Stufen. Zumutbar ist jedoch in der Regel nur ein Abstieg um eine Stufe, so daß A als berufsunfähig anzusehen ist und die Voraussetzungen eines Anspruchs auf eine Berufsunfähigkeitsrente erfüllt sind.

Dieser Anspruch besteht grundsätzlich neben dem Anspruch auf die Unfallrente. Der Anspruch auf Berufsunfähigkeitsrente ruht jedoch zumindest teilweise, da die Berufsunfähigkeitsrente mit der Unfallrente zusammentrifft (§ 1278 Abs. 1 RVO).

b) Hinsichtlich der Zulässigkeit einer Klage gilt das unter 1 b Gesagte entsprechend.

II. Frage 2

1. Anspruch des B gegen BG auf Gewährung einer Unfallrente

B ist ebenso wie A gemäß § 539 Abs. 1 Nr. 1 RVO pflichtversichert. Problematisch erscheint jedoch, ob die Schädigung des B die Folge eines Arbeitsunfalls ist.

Der Unfall des B auf der Fahrt von der Klinik zum Betrieb ist nicht als Wegeunfall im Sinne des § 550 RVO anzusehen. Vielmehr liegt ein sog. Betriebsweg vor, da der Versicherte im Auftrag des AG und im betrieblichen Interesse diese Fahrt durchgeführt hat. A könnte daher einen Arbeitsunfall im Sinne des § 548 RVO erlitten haben. Dies erscheint jedoch zweifelhaft, da das Besorgen von Zigaretten während der Arbeitszeit grundsätzlich nicht der versicherten betrieblichen Sphäre, sondern der Privatsphäre zuzurechnen ist. Im vorliegenden Fall ist jedoch eine abweichende Beurteilung geboten, da die Nervosität, die B zum Kauf der Zigaretten veranlaßte, auf betrieblichen Gründen beruhte. Eine wesentliche Bedingung für den Unfall resultierte also aus der betrieblichen Sphäre, so daß der Unfall des B auf dem Rückweg von der Klinik als Arbeitsunfall zu qualifizieren ist.

Damit erhebt sich die weitere Frage, ob auch der ärztliche Kunstfehler noch als Arbeitsunfall anzusehen ist. Dies ist zu bejahen, da gemäß § 555 RVO auch ein Unfall als Arbeitsunfall gilt, den der Verletzte bei der Durchführung der Heilbehandlung erleidet.

Da B seine Erwerbsfähigkeit vollständig verloren hat, sind die Voraussetzungen für die Inanspruchnahme einer Vollrente gemäß § 581 Abs. 1 Nr. 1 RVO erfüllt. Diese Rente beträgt ⅔ des Jahresarbeitsverdienstes und liegt – obwohl sie steuerfrei ist und keine Sozialabgaben zu entrichten sind – regelmäßig knapp unter dem bisherigen Arbeitseinkommen.

2. Anspruch des B gegen AG

Auch wenn dem B ein Erwerbsschaden entstanden ist, der durch die Unfallrente nicht vollständig ausgeglichen wird, kann B im Hinblick auf § 636 Abs. 1 RVO keine Ansprüche gegen AG geltend machen.

3. Anspruch des B gegen RT

B könnte ein Anspruch auf Gewährung einer Erwerbsunfähigkeitsrente gemäß § 1247 RVO zustehen.

Als Arbeiter ist B ebenso wie A gemäß § 1227 Abs. 1 Nr. 1 RVO gesetzlich rentenversichert. Da B infolge des Unfalls keiner Erwerbstätigkeit mehr nachgehen kann, ist der Versicherungsfall der Erwerbsunfähigkeit (§ 1247 Abs. 2 RVO) eingetreten. Für die Erfüllung der Wartezeit gilt wiederum die Fiktion des § 1252 Abs. 1 Nr. 1 RVO. § 1246 Abs. 2a RVO gilt gem. § 1247 Abs. 2a RVO entsprechend, so daß über § 1252 RVO auch die Voraussetzung der versicherungspflichtigen Beschäftigung vor Eintritt der Erwerbsunfähigkeit erfüllt ist.

Die Voraussetzungen eines Anspruchs auf Gewährung einer Erwerbsunfähigkeitsrente sind damit erfüllt. Auch dieser Anspruch ruht allerdings wegen des gleichzeitig bestehenden Anspruchs auf eine Unfallrente zumindest teilweise (§ 1278 Abs. 1 RVO).

III. Frage 3

Anspruch der BG gegen AG

Ein Anspruch der BG gegen AG könnte sich aus § 640 RVO ergeben.

1. Die Frage, ob Regreßansprüche gemäß § 640 RVO als „öffentlich-rechtliche Streitigkeiten in Angelegenheiten der Sozialversicherung" in die Zuständigkeit der Sozialgerichte fallen, ist umstritten. Gegen eine Qualifizierung als öffentlich-rechtliche Streitigkeit spricht, daß der Rückgriffsanspruch gemäß § 640 RVO in einem engen Zusammenhang mit § 116 SGB X sowie den §§ 636 und 637 RVO steht. Soweit ein Versicherungsträger bei einem Arbeitsunfall einem Versicherten oder seinen Hinterbliebenen Leistungen nach dem SGB gewährt hat, geht deren bürgerlich-rechtlicher Schadensersatzanspruch gegen den Schädiger gemäß § 116 SGB X auf den Versicherungsträger über. Ein solcher Übergang findet jedoch dann nicht statt, wenn der Schädiger der Unternehmer ist, in dessen Betrieb der Versicherte beschäftigt ist, oder wenn er ein in demselben Betrieb tätiger Betriebsangehöriger ist, da deren bürgerlich-rechtliche Haftung durch die §§ 636, 637 RVO beschränkt ist. Statt dessen haften diese Schädiger bei vorsätzlicher oder grob fahrlässiger Herbeiführung des Arbeitsunfalls nach § 640 Abs. 1 RVO dem Träger der Sozialversicherung. Während also die RVO einerseits die bürgerlich-rechtliche Haftung der in den §§ 636, 637 RVO angeführten Schädiger gegenüber dem Versicherten oder seinen Hinterbliebenen beschränkt, bestimmt das Gesetz andererseits zum Ausgleich dafür die Haftung der Schädiger gegenüber den Sozialversicherungsträgern. Wenn aber der – originäre – Anspruch aus § 640 RVO an die Stelle der abgelösten bürgerlich-rechtlichen Ansprüche tritt, liegt es nahe, ihn ebenfalls als bürgerlich-rechtlichen Anspruch anzusehen. Dementsprechend verneint die herrschende Meinung die Zuständigkeit der Sozialgerichte für Ansprüche aus § 640 RVO.

2. Unabhängig davon, welches Gericht über einen Rückgriffsanspruch gemäß § 640 RVO zu entscheiden hat, erscheint fraglich, ob ein solcher Anspruch begründet ist.

Die Voraussetzungen des § 640 RVO sind erfüllt, da AG den Arbeitsunfall grob fahrlässig herbeigeführt hat. Er ist jedoch von BG bereits gemäß § 710 RVO mit einer Geldbuße belegt worden. Wenn er nun zusätzlich im Wege des Regresses in Anspruch genommen wird, könnte hierin eine unzulässige Doppelbestrafung zu sehen sein. Die Geldbuße gemäß § 710 RVO und der Regreßanspruch gemäß § 640 RVO haben jedoch unterschiedliche Funktionen. Eine Erziehungs- bzw. Straffunktion hat nur § 710 RVO. Der Ersatzanspruch gemäß § 640 RVO ist den Sozialversicherungsträgern dagegen in erster Linie aus finanziellen Erwägungen eingeräumt worden. Als Zweck steht ihre Schadloshaltung zum Ausgleich für die infolge des Arbeitsunfalls erwachsenen Aufwendungen im Vordergrund. Angesichts dieser unterschiedlichen Funktionen kann in der Geltendmachung des Anspruches aus § 640 RVO keine unzulässige Doppelbestrafung gesehen werden. Die Verhängung der Geldbuße gemäß § 710 RVO steht einem Anspruch der BG aus § 640 RVO folglich nicht entgegen.

Der Hinweis des AG auf das erhebliche Mitverschulden von A und B ist ebenfalls unbeachtlich. Das Mitverschulden von A und B, das ihre zivilrechtlichen Ansprüche gegen AG schmälern könnte, wäre nur dann von Bedeutung, wenn die Berufsgenossenschaft auf sie übergegangene Ansprüche von A und B geltend machte. Der Regreßanspruch aus § 640 RVO ist jedoch ein originärer Anspruch, der keine Beziehung zu dem Schadensersatzanspruch der Geschädigten aufweist.

Einem Anspruch der BG aus § 640 RVO könnte damit nur noch entgegenstehen, daß sie den P in Anspruch nehmen kann.

Einen Anspruch gegen P könnte die BG geltend machen, wenn P dem B zum Schadensersatz verpflichtet und dieser Anspruch auf die BG übergegangen wäre. Da dem Sachverhalt keine Anhaltspunkte für ein schuldhaftes Verhalten des P zu entnehmen sind, kommt ein Anspruch des B gegen P aus Delikt nicht in Betracht. Dagegen dürfte ein Anspruch des B aus § 7 StVG gegeben sein, da nach dem Sachverhalt nicht davon ausgegangen werden kann, daß es sich bei dem Unfall für P um ein unabwendbares Ereignis handelte. Dieser Anspruch ist gemäß § 116 SGB X auf die BG übergegangen.

Damit stellt sich die weitere Frage, in welchem Verhältnis zueinander die Ansprüche der BG aus § 640 RVO und aus § 116 SGB X stehen. Im Falle des § 116 SGB X handelt es sich um einen auf bürgerlichem Recht beruhenden Anspruch des Geschädigten gegen den Schädiger und um einen Rechtsübergang kraft Gesetzes (cessio legis) auf den Versicherungsträger, im Falle des § 640 RVO dagegen um die auf der RVO beruhende originäre Verpflichtung des Unternehmers oder des ihm nach § 637 RVO Gleichgestellten, den Versicherungsträger für die durch den Arbeitsunfall verursachten Aufwendungen schadlos zu halten. Beide Ansprüche sind folglich sowohl in ihrer rechtlichen Struktur als auch in ihrer Zweckbestimmung verschieden.

Wenn also zwei Schädiger vorhanden sind, von denen der eine nach § 640 RVO haftet, während der andere von dem Versicherungsträger aufgrund des § 116 SGB X in Anspruch genommen werden kann, so besteht zwischen den Schädigern kein echtes, sondern ein unechtes Gesamtschuldverhältnis. Daraus folgt, daß ein Ausgleich zwischen den beiden Schuldnern nach § 426 BGB nicht stattfindet. Der Versicherungsträger kann nach seinem freien Ermessen aufgrund des § 421 BGB die Leistung von jedem Schuldner ganz oder zum Teil fordern. Keiner der Ansprüche hat Vorrang vor dem anderen. Der nach § 640 RVO Haftende kann also nicht verlangen, daß der Versicherungsträger zunächst ganz oder zum Teil den gemäß § 116 SGB X auf ihn übergegangenen Anspruch gegen den zweiten Schädiger geltend macht.

Ein Anspruch der BG gegen AG aus § 640 RVO ist daher gegeben. Er ist allerdings auf dem Zivilrechtsweg geltend zu machen.

IV. Frage 4

1. Anspruch des AG gegen einen Sozialversicherungsträger

Ansprüche des AG gegen einen Sozialversicherungsträger sind nicht ersichtlich. Durch die gesetzliche Unfallversicherung werden nur Körperschäden ausgeglichen. Andere Versicherungszweige kommen für den Ausgleich des entstandenen Sachschadens ebenfalls nicht in Betracht.

2. Anspruch des AG gegen B

Ein Anspruch des AG gegen B könnte sich sowohl aus positiver Verletzung des Arbeitsvertrages als auch aus Delikt ergeben. Nach den allgemeinen zivilrechtlichen Grundsätzen sind die Voraussetzungen beider Ansprüche erfüllt. Zu berücksichtigen ist aber, daß es sich bei der im Auftrag des AG durchgeführten Fahrt für B um eine schadensgeneigte Tätigkeit handelte. Nach der Lehre von der schadensgeneigten Arbeit ist aber ein Anspruch des Arbeitgebers gegen den Arbeitnehmer dann nicht gegeben, wenn dem Arbeitnehmer nur leichte Fahrlässigkeit vorzuwerfen ist. AG kann folglich keinen Schadensersatz von B verlangen.

Sachverzeichnis

Die Angaben verweisen auf die Paragraphen des Buches und ihre Untergliederungen. Hauptfundstellen sind durch Fettdruck gekennzeichnet.

Abfindung von Renten
- Rentenversicherung der Arbeiter und Angestellten 17 III 4
- Unfallversicherung 12 II 2b cc
Abgeleitete Rente 17 III 1
Abstrakte Schadensberechnung 12 II 2b aa (1)
Adäquanztheorie 12 II 1b
Äquivalenztheorie 12 II 1b
Allgemeine Bemessungsgrundlage 17 II 4b
Altenhilfe 34 II 1j
Altersgeld 26 II 1
Altersgrenzen 17 II 3a
Altershilfe für Landwirte
- Altersgeld 26 II 1
- Altersgeld für Hinterbliebene 26 III 1
- Berechnung der Versichertenrente 26 II 4
- Freiwillige Weiterversicherung 25
- Finanzierung 27
- Hinterbliebenengeld 26 III 2
- Landabgaberente 26 II 3
- Personenkreis 25
- Rehabilitationsleistungen 26 I
- Versicherungsfreiheit 25
- Versicherungspflicht 25
- Vorzeitiges Altersgeld 26 II 2
- Waisengeld 26 III 4
Altersruhegeld
- Knappschaftliche Rentenversicherung 20 II 3
- Rentenversicherung der Arbeiter und Angestellten 17 II 3
Altersstruktur der Bevölkerung 3 III
Angestellte
- Begriff 7 I
- Versicherungsfreiheit in der Krankenversicherung 7 II 2
Anspruchsübergang
- Ausbildungsförderung 38 II
- Unterhaltsvorschußgesetz 42 II
Apotheken 8 VII 3
Arbeiter 7 I
Arbeitnehmerähnliche Personen 11 I 1

Arbeitsausfall
- Kurzarbeitergeld 31 III 1
- Schlechtwettergeld 31 IV 2
Arbeitsberatung 31 I 1
Arbeitsbeschaffung 31 V
Arbeitsförderung
- Anteil am Bruttosozialprodukt vor 30
- Arbeitsberatung 31 I 1
- Arbeitsbeschaffung 31 V
- Arbeitslosengeld 31 VI
- Arbeitslosenhilfe 31 VII
- Arbeitsvermittlung 31 I 1
- Beitragsfreiheit 30 II
- Beitragshöhe 32 II
- Beitragspflichtige 30 I
- Berufliche Fortbildung 31 II 2
- Berufsausbildung 31 II 1
- Berufsberatung 31 I 2
- Finanzierung 32 II
- Konkursausfallgeld 31 VIII
- Kurzarbeitergeld 31 III
- Personenkreis 30
- Schlechtwettergeld 31 IV 2
- Träger der Maßnahmen 32 I
- Umschulung 31 II 3
- Winterbauförderung 31 IV 1
- Ziele vor 30
Arbeitsgeräteunfall 12 II 1f aa
Arbeitslosengeld 31 VI
Arbeitslosenhilfe 31 VII
Arbeitslosigkeit 31 VI 1
Arbeitsunfähigkeit 8 II 2
Arbeitsunfall 12 II 1
Arbeitsvermittlung 31 I 1
Aszendentenrente
- Sozialversorgung 33 III 1
- Unfallversicherung 12 II 2b bb (3)
Ausbildungsförderung
- Anspruchsvoraussetzungen 38
- Anteil am Bruttosozialprodukt vor 38
- Ausbildungsausschüsse 40
- Ausländische Ausbildungsstätten 38 I 1
- Bedarfssätze 38 II

Zahlen = §§ und deren Untergliederung 287

- Beirat für Ausbildungsförderung 40
- Darlehen 39
- Durchführungsbehörden 40
- Eignung 38 I 2
- Elternunabhängige Förderung 38 II
- Finanzierung 40
- Förderungsbedürftigkeit 38 II
- Förderungsfähige Ausbildung 38 I 1
- Förderungshöchstdauer 38 I 1
- Kostentragung 40
- Persönliche Voraussetzungen 38 I 2
- Rückzahlung 39
- Vorleistungspflicht 38 II
- Zusatzdarlehen 39
- Zuschüsse 39
- Zweite Ausbildung 38 I 1

Ausfallzeiten 17 II 4 c; 23
Ausgleichssysteme 1
Ausländer 7 IV; 17 III 4

Behandlungsbedürftigkeit 8 II 1
Behinderung 36 II 1 f
Beitragserstattung 17 III 4
Beitragszeiten
- Berufsunfähigkeitsrente 17 II 1 b
- Erwerbsunfähigkeitsrente 17 II 2 b
Beitrittsberechtigte siehe unter Versicherungsberechtigte
Bergmannsrente 20 II 1
Berufliche Fortbildung 31 II 2
Berufsausbildung 31 II 1
Berufsberatung 31 I 2
Berufsgenossenschaften 14
Berufshilfe 12 II 2 a
Berufskrankheiten 12 II 1 f cc
Berufsunfähigkeit
- Handwerkerversicherung 23
- Rentenversicherung der Arbeiter und Angestellten 17 II 1 a
Berufung 49 VI
Beschäftigung
- Begriff 7 I
- Geringfügige 7 II 1
Betriebskrankenkassen 9
Betriebssport 12 II 1 a
Blindenhilfe 36 II 1 e
Bundesanstalt für Arbeit 32 I
Bundesgrenzschutzgesetz 33 II
Bundeskindergeldgesetz 41
Bundesknappschaft 21
Bundesmantelverträge 8 VII 1
Bundesseuchengesetz 33 III
Bundessozialgericht 49 I

Bundesversicherungsanstalt für Angestellte 18 I
Bundesversorgungsgesetz 33 I

Eigenunfallversicherungsträger 14
Einarbeitungszuschuß 31 II 3
Elternrente siehe unter Aszendentenrente
Empfängnisregelung
- Krankenversicherung 8 IV
- Sozialhilfe 36 II 1 b
Entschädigungssysteme 1
Ersatzkassen 9
Ersatzzeiten 17 II 1 b; 17 II 2 b; 23
Erste Hilfe 12 I
Erwerbsfähigkeit 12 II 2 b aa (1); 17 I
Erwerbsunfähigkeit 17 II 2 a
Erziehungsbeistandschaft 46 II 3
Erziehungsrente 17 III 2; 4 V

Fahrgemeinschaften 12 II 1 f bb
Familienhilfe 8 VI
Flexible Altersgrenzen 17 II 3 a
Fluchthelfer 33 V
Förderungsausschüsse 40
Förderungslehrgänge 31 II 1
Fortsetzungsberechtigte 7 III 2
Freiwillige Erziehungshilfe 46 II 3
Freiwillige Versicherung siehe unter Versicherungsberechtigte
Früherkennung von Krankheiten 8 I
Fürsorgeerziehung 46 II 3

Generationenvertrag 5 II
Gerichtsstandsvereinbarungen 49 III
Gesamtverträge 8 VII 1
Geschiedenenwitwer-, -witwenrente
- Rentenversicherung 17 III 2
- Unfallversicherung 12 II 2 b bb (1)
Gesundheit 8 II 1
Graduiertenförderungsgesetz vor 38

Häftlingshilfegesetz 33 V
Haftungsausfüllende Kausalität
- Soziale Entschädigung 33
- Unfallversicherung 12 II 1 d
Haftungsbegründende Kausalität
- Soziale Entschädigung 31
- Unfallversicherung 12 II 1 b
Haftungsersetzungsprinzip vor 11
Handwerkerversicherung 22
Heilbehandlung 12 II 2 a
Heilmittel 8 II 2

Heimaufsicht 46 I
Hilfen in besonderen Lebenslagen
- Anrechnung von Einkommen und Vermögen 36 I 2; 36 II 2
- Arten und Umfang 36 I 1; 36 II 1
Hinterbliebenengeld 26 III 2
Hinterbliebenenrente
- Knappschaftliche Rentenversicherung 20 III
- Rentenversicherung der Arbeiter und Angestellten 17 III
- Sozialversorgung 33 III 1
- Unfallversicherung 12 II 2b bb
Höherversicherung 16 III; 17 II 4d; 19
Hofübergabe 26 II 1

Impfschaden 33 III

Jahresarbeitsverdienst 12 II 2b aa (2)
Jugendämter 37 I
Jugendfürsorge
- Erziehungsmaßnahmen 46 II 3
- Maßnahmen zum Schutz von Pflegekindern 46 II 1
- Mitwirkung im Vormundschaftswesen 46 II 2
Jugendgerichtshilfe 46 II 4
Jugendhilfe
- Anteil am Bruttosozialprodukt vor 36
- Finanzierung 47 II
- Jugendfürsorge 46 II
- Jugendpflege 46 I
- Leistungsempfänger 45
- Zuständigkeit 47 I
Jugendpflege 46 I

Kaiserliche Botschaft 2 IV
Kassenärzte 8 VII 1
Kindergeld
- Anspruchsvoraussetzungen 41 I
- Ausschlußgründe 41 I 4
- Bezugsberechtigte 41 I 3
- Finanzierung 41 III
- Funktion 41 I 3
- Gesetzgebungskompetenz 3 I 1
- Höhe 41 II
- Kindergeldähnliche Leistungen 41 I 4
- Kindergeldkasse 41 III
- Zuständigkeit 41 III
Kindergeldkasse 41 III
Klagearten 49 IV

Knappschaftliche Rentenversicherung
- Berechnung der Versichertenrente 20 II 4
- Bergmannsrente 20 II 1
- Berufsunfähigkeit 20 II 2
- Erwerbsunfähigkeit 20 II 2
- Finanzierung 21
- Freiwillige Versicherung 19
- Hinterbliebenenrenten 20 III
- Höhe der Beiträge 21
- Kinderzuschuß 20 II 4
- Knappschaftsruhegeld 20 II 3
- Leistungszuschlag 20 II 4
- Personenkreis 19
- Rehabilitationsleistungen 20 I
- Versicherungsfreiheit 19
- Versicherungspflicht 19
Konkursausfallgeld 31 VIII
Kostenerstattungsprinzip 8 VII; 12 II 2c
Krankengeld 8 II 2
Krankenhäuser 8 VII 2
Krankenhilfe 8 II
Krankenkassen 9
Krankenpflege 8 II 2
Krankenversicherung
- Anteil am Bruttosozialprodukt vor 7
- Finanzierung 10
- Fortsetzungsberechtigte 7 III 2
- Höhe der Beiträge 10 II
- Kostenentwicklung vor 7
- Leistungserbringung 8 VII
- Mehrleistungen 8
- Personenkreis 7
- Pflichtversicherte 7 I
- Regelleistungen 8
- Sonstige Hilfen 8 IV
- Versicherungsberechtigte 7 III
- Versicherungsfreiheit 7 II
Krankheit, Begriff
- Krankenversicherung 8 II 1
- Rentenversicherung 17 II 1a aa
- Sozialhilfe 36 II 1f
Krankheitsverhütung 8 I
Kriegsopferfürsorge 33 IV
Künstlersozialversicherung
- Krankenversicherung 7 I, 7 II 2
- Rentenversicherung 28, 29
Kurzarbeit 31 III

Landabgaberente vor 25; 26 II 3; 26 III 3
Landesjugendämter 47 I

Landessozialgerichte 49 I
Landesversicherungsanstalten 18 I
Landwirtschaftliche Alterskassen 27
Lastenzuschuß 43
Leiharbeiter 13 I
Lohnfortzahlung 8 II 2

Mehrleistungen 8
Mietzuschuß 43
Militärischer Dienst 31 I
Minderung der Erwerbsfähigkeit 12 II 2 b aa (1); 17 I; 17 II 1 a aa
Minderung des Familienaufwandes
– Anteil am Bruttosozialprodukt vor 41
– Bundeskindergeldgesetz 41
– Unterhaltsvorschußgesetz 42
– Zuschuß für eine angemessene Wohnung 43 f.
Mißglückter Arbeitsversuch 7 I
Mutterschaftsgeld 8 III
Mutterschaftshilfe 8 III

Nachteilsausgleichende Systeme 1
Nachversicherung 16 II 3
Notwendiger Lebensunterhalt 36 I 1

Opferentschädigungsgesetz 33 IV
Ortskrankenkassen 9

Persönliche Bemessungsgrundlage 17 II 4 a
Pflegehilfe 36 II 1 f
Pflegesätze 8 VII 2
Pflichtversicherung
– Arbeitsförderung 28 I
– Krankenversicherung 7 I
– Rentenversicherung 16 I; 19; 22; 25
– Unfallversicherung 11 I
Praktikanten 7 II 2
Privatversicherung 4 I 2

Quotenvorrecht 13 IV

Rechtsmittel 49 VI
Regelleistungen 8
Rehabilitationsleistungen
– Altershilfe für Landwirte 26 I
– Knappschaftliche Rentenversicherung 20 I
– Krankenversicherung 8 II 2
– Rentenversicherung der Arbeiter und Angestellten 17 I

– Unfallversicherung 12 II 2 a
Renten an Versicherte
– Altershilfe für Landwirte 26 II
– Knappschaftliche Rentenversicherung 20 II
– Rentenversicherung der Arbeiter und Angestellten 17 II
– Unfallversicherung 12 II 2 b aa
Rentenanpassung 17 II 4 b
Rentenversicherung der Arbeiter und Angestellten
– Altersruhegeld 17 II 3
– Berechnung der Versichertenrente 17 II 4
– Berufsunfähigkeitsrente 17 II 1
– Erwerbsunfähigkeitsrente 17 II 2
– Finanzierung 18 II
– Hinterbliebenenrenten 17 III
– Höhe der Beiträge 18 II
– Kinderzuschuß 17 II 4 d
– Personenkreis 16
– Rehabilitationsleistungen 17 I
– Versicherungsberechtigte 16 III
– Versicherungsfälle 17
– Versicherungsfreiheit kraft Antrags 16 II 2
– Versicherungsfreiheit kraft Gesetzes 16 II 1
– Versicherungspflicht kraft Antrags 16 I 2
– Versicherungspflicht kraft Gesetzes 16 I 1
Rentenversicherung der Handwerker
– Finanzierung 24
– Freiwillige Versicherung 22
– Leistungen 23
– Personenkreis 22
– Versicherungsfreiheit 22
– Versicherungspflicht 22
Revision 49 VI
Rücknahme von Verwaltungsakten 48

Sachleistungsprinzip 8 VII; 12 II 2 c
Schadensausgleichende Systeme 1
Schlechtwettergeld 31 IV 1
Schonvermögen 36 I 2
Schutzprinzip 5 I
Schwangerschaftsunterbrechung
– Krankenversicherung 8 IV
– Sozialhilfe 36 II 1 b
Schwerverletzte 12 II 2 b aa (3)
Soldatenversorgungsgesetz 33 II
Solidaritätsprinzip 5 II

19 Gitter, SozialR 2. A.

Sozialbudget 3 III
Sozialdatenschutz 48
Soziale Entschädigung siehe auch unter Sozialversorgung
- Allgemeinversorgung 1
- Kennzeichen 1
- Sonderversorgung 1
Soziale Sicherung
- Finanzierung 3 III
- Geschichtliche Entwicklung 2
Sozialer Ausgleich 5 III
Sozialgerichte 49 I
Sozialgerichtsbarkeit
- Aufbau 49 I
- Klagearten 49 IV
- Klagebefugnis 49 IV
- Rechtsmittel 49 VI
- Sachentscheidungsvoraussetzungen 49 III
- Verfahrensabschluß 49 V
- Verfahrensgrundsätze 49 II
- Vorbescheid 49 V
- Vorverfahren 49 IV
- Zuständigkeit 49
Sozialgesetzbuch 2 VII
Sozialhilfe
- Altenhilfe 36 II 1 i
- Anteil am Bruttosozialprodukt vor 36
- Aufgaben vor 36
- Blindenhilfe 36 II 1 e
- Eingliederungshilfen für Behinderte 36 II 1 c
- Finanzierung 37 II
- Gesetzliche Regelung vor 36
- Hilfen in besonderen Lebenslagen 36 II
- Hilfen zum Lebensunterhalt 36 I
- Individualisierung vor 36
- Kennzeichen 1
- Medizinische Leistungen 36 II 1 b
- Nachrang der Sozialhilfe vor 36
- Pflegehilfe 36 II 1 f
- Subsidiaritätsprinzip vor 36
- Träger 37 I
- Tuberkulosehilfe 36 II 1 d
- Überwindung besonderer sozialer Schwierigkeiten 36 II 1 h
- Weiterführung des Haushalts 36 II 1 g
Sozialleistungsquote 3 III
Sozialrecht
- Begriff 1

- Gesetzgebungskompetenz 3 I 1
- Gliederung 1
- Grundrechte 3 I 2
- und Arbeitsrecht 3 II 3
- und Verwaltungsrecht 3 II 1
- und Zivilrecht 3 II 2
- Verwaltungskompetenz 3 I 1
- Verwaltungsverfahren 48
- Wirtschaftliche Bedeutung 3 III
Sozialstaatsprinzip 3 I 2
Sozialversicherung
- Abgrenzung zur Privatversicherung 4 I 2
- Begriff 4 I 1; 1
- Gestaltungsprinzipien 5
- Rechtsgrundlagen 6
- Selbstverwaltung 4 III
- Territorialitätsprinzip 7 IV
- Vorläufer der Sozialversicherung 2 II
- Wesen 4 II bis V
Sozialversicherungsverhältnis 7 I; 11 I; 16 I
Sozialversorgung siehe auch soziale Entschädigung
- Anteil am Bruttosozialprodukt vor 31
- Ausgleichsrente 33 II 2
- Berufsschadensausgleich 33 II 3
- Bundesgrenzschutzgesetz 33 II
- Bundesseuchengesetz 33 III
- Bundesversorgungsgesetz 33 I
- Durchführungsbehörden 35
- Ehegatten- und Kinderzuschlag 33 II 4
- Finanzierung 35
- Grundrente 33 II 1
- Häftlingshilfegesetz 33 V
- Heil- und Krankenbehandlung 34 I
- Hinterbliebenenbeihilfen 33 III 2
- Hinterbliebenenrenten 33 III 1
- Kriegsopferfürsorge 33 IV
- Opferentschädigungsgesetz 33 IV
- Pflegezulage 33 II 5
- Soldatenversorgungsgesetz 33 II
- Sterbegeld 33 III 3
- Versorgungsfälle 33
- Zivildienstgesetz 33 II
Sperrzeiten 31 VI 3
Sprungrevision 49 VI
Staatsbürgerversorgung 4 IV
Sterbegeld
- Krankenversicherung 8 V

- Sozialversorgung 33 III 3
- Unfallversicherung 12 II 2 b bb
Sterilisation
- Krankenversicherung 8 IV
- Sozialhilfe 36 II 1 c
Studenten
- Krankenversicherung 7 II 2
- Unfallversicherung 11 I 1
Subsidiaritätsprinzip vor 36

Teilhaberente 17 III 1
Territorialitätsprinzip
- Kindergeld 41 I 1
- Sozialversicherung 7 IV; 16 I 1
Theorie der wesentlichen Bedingung 12 II 1 b
Träger
- der Arbeitsförderungsmaßnahme 32 I
- der gesetzlichen Krankenversicherung 9
- der gesetzlichen Rentenversicherung der Arbeiter und Angestellten 18 I
- der gesetzlichen Unfallversicherung 14
- der Handwerkerversicherung 24
- der knappschaftlichen Rentenversicherung 21
- der landwirtschaftlichen Altershilfe 27
- der Sozialhilfe 37 I
Tuberkulosehilfe 36 II 1 d

Überbrückungshilfe 12 II 2 b bb
Übergangsgeld 12 II 2 a
Umwege 12 II 1 f bb
Umschulung 31 II 3
Unfall
- Alkohol 12 II 1 b; 12 II 1 f bb
- Begriff 12 II 1 c
- Krankheitsanlage 12 II 1 d
Unfallverhütung 12 I
Unfallversicherung
- Anteil am Bruttosozialprodukt vor 11
- Beschäftigungsverhältnis 11 I 1
- Echte Unfallversicherung vor 11
- Finanzierung 15
- Forderungsübergang 13 IV
- Haftungsausschluß der Arbeitskollegen 13 II

- Haftungsausschluß des Unternehmers 13 I
- Hinterbliebenenrenten 12 II 2 b bb
- Kausalität **12 II 1 b**; 12 II 1 d
- Leistungen nach Arbeitsunfällen 12 II 2
- Personenkreis 11
- Präventionsleistungen 12 I
- Prinzipien vor 11
- Regreß 13 III
- Rehabilitanden 11 I 1
- Rehabilitationsleistungen 12 II 2 a
- Unechte Unfallversicherung vor 11
- Unternehmer 11 I 1
- Versicherungsberechtigte 11 III
- Versicherungsfall 12 II 1
- Versicherungsfreiheit 11 II
- Versicherungspflicht kraft Gesetzes 11 I 1
- Versicherungspflicht kraft Satzung 11 I 2
Unterhaltsgeld 31 II 2, 3
Unterhaltsvorschußgesetz
- Anspruchsübergang 42 II
- Anspruchsvoraussetzungen 42 I
- Finanzierung 42 III
- Leistungen 42 II
- Zuständigkeit 42 III

Verletztenrente 12 II 2 b
Verschollenheit 12 II 2 b bb (3); 17 III 4
Versicherte Tätigkeit 12 II 1 a
Versicherungsberechtigte
- Krankenversicherung 7 III
- Rentenversicherung 16 III
- Unfallversicherung 11 III
Versicherungsfreiheit
- Arbeitsförderung 30 II
- Krankenversicherung 7 II
- Rentenversicherung 16 II; 19; 22; 25
- Unfallversicherung 11 II
Versicherungspflicht siehe unter Pflichtversicherung
Versicherungszeiten 17 II 1 b; 17 II 4 c
Versorgungsämter 35
Verträge über Sozialleistungen 48
Verwaltungsverfahren 48
Verweisungsberuf 17 II 1 a bb; 17 II 2 a
Vorgezogene Altersgrenzen 17 II 3 a
Vorsorgesysteme 1
Vorsorgeuntersuchungen 8 I

Waisenrente
- Altershilfe für Landwirte 26 III 4
- Rentenversicherung der Arbeiter und Angestellten 17 III 3
- Unfallversicherung 12 II 2 b bb (2)
Wartezeiten 17 I; 17 II 1 b, 2 b, 3 b
Wegeunfall 12 II 1 f bb
Wehrdienstbeschädigung 33 I
Wesentliche Bedingung 12 II 1 b
Widerruf von Verwaltungsakten 48
Winterbauförderung 31 IV 1
Wintergeld 31 IV 1
Witwen- und Witwerrenten
- Rentenversicherung der Arbeiter und Angestellten 17 III 1
- Unfallversicherung 12 II 2 b bb (1)

Wohngeld siehe unter Zuschuß für eine angemessene Wohnung

Zählkinder 41 II
Zahlkinder 41 II
Zivildienstgesetz 33 II
Zurechnungszeit 17 II 4 c
Zusatzversicherung 11 III
Zuschuß für eine angemessene Wohnung
- Antragsberechtigte 43
- Finanzierung 44
- Lastenzuschuß 43
- Mietzuschuß 43
- Zuständigkeit 44